中国工程院院士

是国家设立的工程科学技术方面的最高学术称号，为终身荣誉。

中国工程院院士传记

汤鸿霄自传

环境水质学求索60年

汤鸿霄 著

科学出版社
人民出版社

图书在版编目(CIP)数据

汤鸿霄自传：环境水质学求索60年 / 汤鸿霄著. —北京：科学出版社, 2019.9

（中国工程院院士传记）

ISBN 978-7-03-062053-8

Ⅰ. ①汤…　Ⅱ. ①汤…　Ⅲ. ①汤鸿霄－自传　Ⅳ. ①K826.14

中国版本图书馆CIP数据核字（2019）第168412号

责任编辑：张　莉　刘巧巧 / 责任校对：韩　杨

责任印制：吴兆东 / 封面设计：有道文化

科学出版社 出版

北京东黄城根北街16号

邮政编码：100717

http: //www.sciencep.com

涿州市般润文化传播有限公司印刷

科学出版社发行　各地新华书店经销

*

2019年9月第　一　版　开本：720×1000　1/16

2025年3月第四次印刷　印张：28 3/4　插页：6

字数：400 000

定价：158.00 元

（如有印装质量问题，我社负责调换）

汤鸿霄　中国工程院院士

同济大学、苏联院所的专家访问哈尔滨工业大学给水排水教研室合影（1959 年）
（汤鸿霄位于第二排右二）

访问瑞士联邦水资源与水污染控制研究所（EAWAG）期间合影（1983 年）
（汤鸿霄位于右五）

在德国内卡尔河采集水及沉积物样品（1986 年）

在水处理单元实验室（1998 年）

参加湘江镉污染攻关项目期间在调查污水排水口（1982 年）

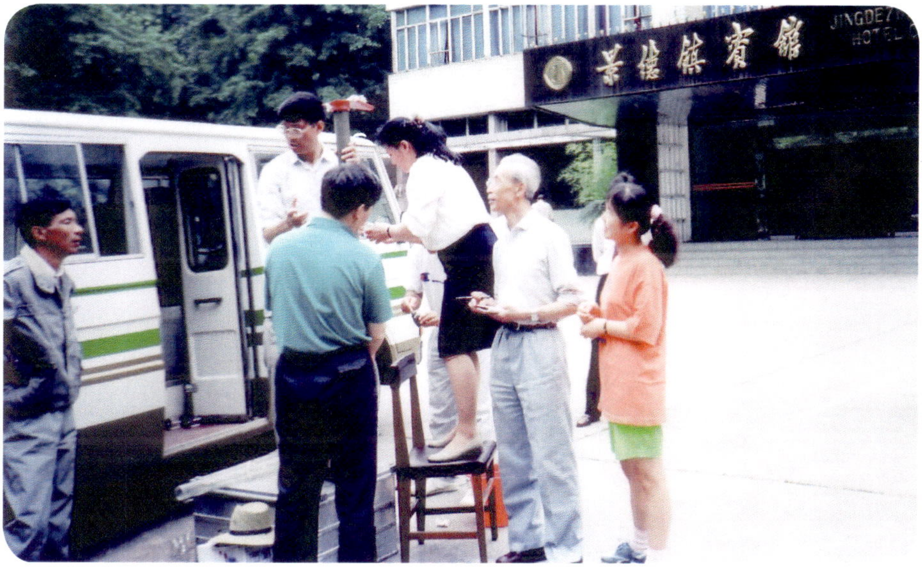

在鄱阳湖采集沉积物柱状样（1992 年）

Stumm 教授夫妇访问中国科学院环境化学研究所（1984 年）

参加中国水处理技术研讨会暨第 28 届年会（2006 年）

参加全国无机高分子絮凝剂技术发展研讨会代表合影（1997 年）

联合国教科文组织人和生物圈中德合作项目
参与专家学者合影（1990 年）

在国际化学水处理会议上
做报告（1995 年）

访问日本名古屋环境科学研究所（1989 年）

参加第二届中日水环境国际研讨会合影（2001 年）

环境水化学国家重点实验室部分师生合影（2000 年）

环境水质学国家重点实验室校友会合影（2017 年）

国家科学技术进步奖

证 书

为表彰国家科学技术进步奖获得者、特颁发此证书。

项目名称：无机高分子絮凝剂及高效絮凝技术

奖励等级：二等

获 奖 者：中国科学院生态环境研究中心

证书号：2004-J-231-2-02-D01

获国家科学技术进步奖证书

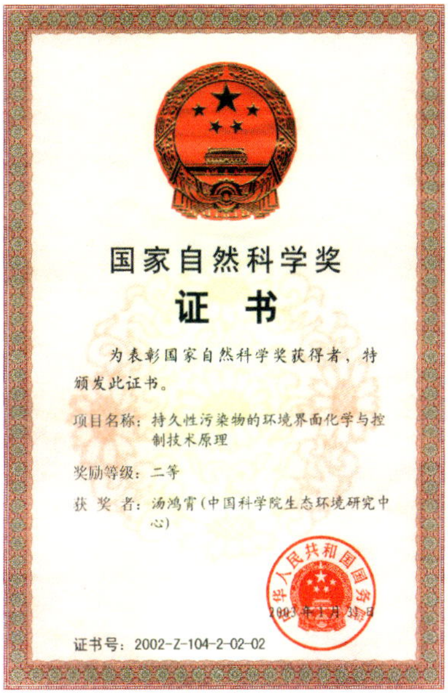
国家自然科学奖

证 书

为表彰国家自然科学奖获得者、特颁发此证书。

项目名称：持久性污染物的环境界面化学与控制技术原理

奖励等级：二等

获 奖 者：汤鸿霄（中国科学院生态环境研究中心）

证书号：2002-Z-104-2-02-02

获国家自然科学奖证书

获美国 SCI 经典引文奖（2000 年）

在工作室中写作（2002 年）

全家合影（2009 年）

中国工程院院士传记系列丛书

总序

20 世纪是中华民族千载难逢的伟大时代。千百万先烈前贤用鲜血和生命争得了百年巨变、民族复兴，推翻了帝制，击败了外侮，成立了新中国，独立于世界，赢得了尊严，不再受辱。改革开放，经济腾飞，科教兴国，生产力大发展，告别了饥寒，实现了小康。工业化雷鸣电掣，现代化指日可待。巨潮洪流，不容阻抑。

忆百年前之清末，从慈禧太后到满朝文武开始感到科学技术的重要，办“洋务”，派留学，改教育。但时机瞬逝，清廷被辛亥革命推翻。五四运动，民情激昂，吁求“德、赛”升堂，民主治国，科教兴邦。接踵而来的，是 18 年内战、14 年抗日战争和 3 年解放战争。恃科学救国的青年学子，负笈留学或寒窗苦读，多数未遇机会，辜负了碧血丹心。

1928 年 6 月 9 日，蔡元培主持建立了中国近代第一个国立综合科研机构——中央研究院，设理化实业研究所、地质研究所、社会科学研究所和观象台 4 个研究机构，标志着国家建制科研机构的诞生。20 年后，1948 年 3 月 26 日遴选出 81 位院士（理工 53 位，人文 28 位），几乎都是 20 世纪初留学海外、卓有成就的科学家。

中国科技事业的大发展是在新中国成立以后。1949 年 11 月 1 日成立了中国科学院，郭沫若任院长。1950—1960 年有 2500 多名留学海外的科学家、工程师回到祖国，成为大规模发展中国科技事业的第一批领导骨干。国家按计划向苏联、东欧各国派遣1.8万名各类科技人员留学，全都按期回国，成为建立科研和现代工业的骨干力量。高等学校从新中国成立初期的200所增加到600多所，年招生增至28万人。到21世纪初，高等学校有2263所，年招生600多万人，科技人力总资源量超过5000万人，具有大学本科以上学历的科技人才达1600万人，已接近最发达国家水平。

新中国成立60多年来，从一穷二白成长为科技大国。年产钢铁从1949年的15万吨增加到2011年的粗钢6.8亿吨、钢材8.8亿吨，几乎是8个最发达国家（G8）总年产量的两倍，20世纪50年代钢铁超英赶美的梦想终于成真。水泥年产20亿吨，超过全世界其他国家总产量。中国已是粮、棉、肉、蛋、水产、化肥等世界第一生产大国，保障了13亿人口的食品和穿衣安全。制造业、土木、水利、电力、交通、运输、电子通信、超级计算机等领域正迅速逼近世界前沿。“两弹一星”、高峡平湖、南水北调、高公高铁、航空航天等伟大工程的成功实施，无可争议地表明了中国科技事业的进步。

党的十一届三中全会以后，改革开放，全国工作转向以经济建设为中心。加速实现工业化是当务之急。大规模社会性基础设施建设、大科学工程、国防工程等是工业化社会的命脉，是数十年、上百年才能完成的任务。中国科学院张光斗、王大珩、师昌绪、张维、侯祥麟、罗沛霖等学部委员（院士）认为，为了顺利完成中华民族这项历史性任务，必须提高工程科学的地位，加速培养更多的工程科技人才。中国科学院原设的技术科学部已不能满足工程科学发展的时代需要。他们于1992年致书党中央、国务院，建议建立“中国工程科学技术院”，选举那些在工程科学中做出重大创造性成就和贡献，热爱祖国，学风正派的科学家和工程师为院士，授予终身荣誉，赋予科研和建设任务，指导学科发展，培养人才，对国家重大工程科学问题提出咨询建议。中央接受了他们的建议，于1993年决定建立中国工程院，聘请30名中国科学院院士和遴选66名院士共96名为中国工程院首批院士。1994年6月3日，召开了中国工程院成立大会，选举朱光亚院士为首任院长。中国工程院成立后，全体院士紧密团结全国工程科技界共同奋斗，在各条战线上都发挥了重要作用，做出了新的贡献。

中国的现代科技事业起步比欧美落后了200年，虽然在20世纪有了巨大进步，但与发达国家相比，还有较大差距。祖国的工业化、现代化建设，任重道远，还需要数代人的持续奋斗才能完成。况且，世界在进步，科学无止境，社会无终态。欲把中国建设成科技强国，屹立于世界，必须接续培养造就数代以千万计的优秀科学家和工程师，服膺接力，担当使命，开拓创新，更立新功。

中国工程院决定组织出版《中国工程院院士传记》丛书，以记录他们对祖国和社会的丰功伟绩，传承他们治学为人的高尚品德、开拓创新的科学精神。他们是科技战线的功臣、民族振兴的脊梁。我们相信，这套传记的出版，能为史书增添新章，成为史乘中宝贵的科学财富，俾后人传承前贤筚路蓝缕的创业勇气、魄力和为国家、人民舍身奋斗的奉献精神。这就是中国前进的路。

宋健

目录

引　子

第一节　实验室 20 周年纪念会

我出生于 1931 年 10 月 4 日（农历八月二十三），到 2011 年 10 月恰满 80 周岁，成为资深院士。我从 1995 年被评选为中国工程院院士，倏忽已有 24 年时间。这二十几年是我的人生衰老末期，却又是我科技任务和会议应对最繁重的时期。我虽然仍奔走于“前线”，貌似不眠不休，也获得累累成果，但时常力不从心，默然恐惧老之已至、心力俱疲的状态。特别是在 2009 年，艰辛、尽力扶持我一生的老伴纪新（我一直昵称她为 MM）不幸先我而去，享年 78 岁。她不能再与我同生共老、相濡以沫，对我的身心造成了强烈的冲击，更使我痛不欲生。资深院士的半退休身份对我恰似是一种解脱而顺其自然。

金婚五十周年纪念（2008 年）

按照中国科学院和中国工程院的规定，年满 80 岁的院士要转为资深院士，不再享有选举权、被选举权和推荐权，进入一个新的特殊时期。此后，这些院士们繁忙出席的各种会议和承担的社会义务自然也就会逐渐减少，进入半退休状态。至于是否会从此养老闲居、颐养天年则是因人而异了。或许由于20世纪30年代出生的院士较多而相应转为资深院士的也较多，恰在2010年，各院士所在单位兴起一股潮流，即纷纷召开祝寿和纪念仪式，向他们祝贺。

依照我的习性，根本不愿意举办祝寿会，更何况研究室和所领导已经先后两次借其他聚会给我送过蛋糕庆贺生日。我被称为中国科学院生态环境研究中心内第一个国家重点实验室的创始人和所内第一个所谓取得“零的突破”的院士，不得不受之有愧地谢领这些祝贺词，同时希望就此作罢。

不料，在一次实验室会议上，当时的所长曲久辉又提此话题，说是在此潮流下若无行动表示，他们作为领导将很难决策。我在情之无奈下突然灵机一动，遂说咱们实验室成立也有20年了，在我和王子健、杨敏等先后建立及主持领导下进展显著，何不开个实验室建立20周年纪念会，会上我也可讲讲人生感言，就算是两全其美了。这个建议得到了大家的赞许，事情就这样定下来了。会后，实验室决定由张利田、王东升、葛小鹏等人来全权筹办。他们都曾是我的博士后、博士研究生。张利田是人事处处长，王东升是研究组组长，葛小鹏当时正在实验室办公室工作，他们对实验室的历史和我本人都比较熟悉，都是筹办这次纪念会的合适人选。想不到后来这个筹办的班子竟真的大搞起来，还正式成立了筹备工作组，其计划举办的规模也远超过我的预想。

首先遇到的问题是会议的名称如何确定。在上报和邀请科技部主管国家重点实验室事务的领导参加会议时，一位司长提出在他掌握的全国建立国家重点实验室的批准名单上并没有“环境水化学”或“环境水质学”，而只有“环境模拟与污染控制国家重点联合实验室”的名称，因此，我们若以“国家重点”的名义开会不太合适。这个意见使我们有些错愕，但也可以理解，毕竟很多人并不了解20年前实验室建立及后来发展的历史沿革。

当年世界银行贷款确定项目时，根据国务院大评估组在香山工作会议的安排，其中的中国科学院环境水化学实验室，一方面成为“环境模拟与污染控制国家重点联合实验室”的成员，同时又列入中国科学院20个国家重点实验室之一，得到世界银行单独贷款，同时接受中国科学院和国家教育委员会双重领导并分别进行评估验收。随即，该室对国内外一律定名为“环境水质学国家重点实验室”（State Key Laboratory of Environmental Aquatic Chemistry，SKLEAC）。该室于1993年和1995年先后由中国科学院主持进行验收和对外开放，并且列入中国科学院该批世界银行贷款20个国家重点实验室，在建设期间得到中国科学院相应的附加拨款补偿，额外的建设费用和以后历年贷款偿还则全由生态环境研究中心承担。直至1995年10月，联合实验室才通过专家组验收拨由国家教育委员会主管，得到国家教育委员会正式批准对外开放，而且其中直属国家教育委员会的其他三个高校分室完全没有得到任何额外建设拨款。因此，1996年2月在科技部下达国家教育委员会的名单上才只有该联合实验室。后来，各实验室所在单位分别偿还了世界银行贷款，国家才开始对各室发放运行经费。不过出于某些原因，环境水质学国家重点实验室只能从联合实验室得到平均1/4的运行费，而直接来自中国科学院的经费自然也相应停止，其运行经费变得相对拮据，并且造成与本所后继的其他国家重点实验室不平衡的局面。由于联合实验室的管理和发展一直受到各种因素的局限，而水化学（因学科需求更名为水质学）实验室则要求分开独立而退出联合实验室，这些情况促使联合实验室也多次要求进行改组。虽然这个难题数年来一直得不到妥善解决，但是，“环境水质学国家重点实验室”作为我国首批由世界银行贷款建立的实验室，其贡献和成果显著，20年来得到国内外的承认和好评，成为一个实验室品牌已是不争的事实，对此加以纪念并且适时恢复系列名称是合理而正当的。于是，“环境水质学国家重点实验室”就仍得到科技部的默许，以模棱两可的名称召开纪念会，并继续在国内外沿用已有名称，而这次纪念会的筹办随即得以按计划继续进行。

会议筹备工作组集中收集资料，首先编印了两大本精美的纪念册：一本是《"环境水质学国家重点实验室"20周年发展历程》，另一本是《汤鸿霄先生八十华诞纪念册》。前一本详细记述了实验室建立和发展20年来的历程；后一本不但以文字和照片反映了我的生平记录，而且收集了我全部六十余位研究生校友的祝词和生活近照。我在纪念册上又集中看到他们那些亲切、欢快的面容，真是喜悦极了。当年与每位学生相处数年共同驰骋于环境科学领域探索的情景历历在目，我强烈感到这才是真正不虚此生的经历，为此开一次纪念会是十分值得的。

经过繁忙的筹备过程，2011年9月2—3日，环境水质学实验室成立20周年纪念暨庆贺汤鸿霄院士八十华诞学术研讨会终于在北京新大都饭店礼堂隆重举行。有关部委、中国科学院、中国工程院的代表，多名院士，高等学校及本所的来宾，我来自全国各地的学生和校友们，共200余人出席了纪念会。

环境水质学实验室成立20周年纪念暨庆贺汤鸿霄院士八十华诞学术研讨会参会人员合影

环境水质学实验室成立 20 周年纪念暨庆贺汤鸿霄院士八十华诞学术研讨会会场

各位来宾祝贺致辞后，首先由室主任杨敏介绍环境水质学国家重点实验室的发展历程与展望，然后是系列学术报告，都是各位报告者精心准备的重要研究成果，包括：王子健的《环境污染物的生态健康和风险评估》；潘纲的《经典吸附理论的固有局限》；单保庆的《浅谈我国河流生态修复面临的几个问题》；陈求稳的《流域污染负荷管理与河流生态基流保障》；胡春的《电子转移的调控与水质安全转化》；曲久辉的《强化常规饮用水处理工艺的原理和实践》。最后，我做了《分析实践与综合集成——回忆与感悟》的自述报告，综述自己生平治学的道路和主要方法的体会。

我在研讨会上做《分析实践与综合集成——回忆与感悟》报告

第二天，专门举行了我

的学生们与我的座谈联欢会。从全国各地前来赴会的我历年指导过的硕士生、博士生、博士后，除在国外的数十人外，其余几乎全体到齐，还有当年团队的秘书和朋友也到会。他们不少也是天各一方多年未见，彼此唤师兄弟、师姐妹，欢声笑语，济济一堂，真是一次团队前后“战友”的大聚会。

我和到会的我的学生们共聚一堂

我仔细辨认着一个个亲切而又久违的面孔，心潮澎湃，感慨万千。我逐个询问他们的近况，谈论共同的片段往事，我几乎还记得他们每个人的学习过程，大家共享那些逝去岁月的记忆，其乐融融。这对我来说是一次空前难得的聚会，即使会后的全体照片也是历史性地不可再得了。

第二节　我 80 岁的回忆与感悟

在环境水质学实验室成立 20 周年纪念暨庆贺汤鸿霄院士八十华诞学术研讨会上，我做了一个长篇报告《分析实践与综合集成——回忆与感悟》。回忆是真实的记录，感悟则未必确切。以前我也应邀写过几次自述，都是横剖面的综合解析，这次则是按时间顺序叙述，大抵算是历史性纵剖面的回顾。其中也有一些新思考和感悟，算是我活到 80 岁才自觉弄明白的一些人生道理。实际上，不但过去远没有做到“四十而不惑”，而且即使到了 80 岁，仍然感觉对人生大惑不解。自己还是在迷宫里打转，活得很累，疲于奔命且不能自拔。

我把自己的人生分为少年、青年、壮年至老年三个阶段。各阶段的主旋律分别是文化人、政治人、科技人，不过实际上可以说是“多元一体”。每阶段或许都有自己的愿望和选择，但更多的是由时代环境决定而被选择，似是身不由己，命中注定。因此第一个感悟就是人生虽有自我选择的可能，但其实那是很难如愿的。我并不自认为是一个意志薄弱的人，但时代的巨浪总是推动和塑造着自己，归根结底总脱离不了时代环境，结果仍成为一个随波逐流的“社会人”而已。唯一可以自我安慰的是，在任何条件下我总是不甘人后，拼命奋斗，尽力向前而没有沉沦随俗。

美国华裔儒家学者杜维明曾给“公共知识分子”下过定义，大致是：关切政治并不从政，参与社会不以为职业，注重文化并不专研某一门学问。我当然不是所谓公共知识分子，更称不上儒家，但我的大部分人生轨迹确实是：关切政治和国内外时事，但自己不愿从政，虽然厌恶世俗礼仪，但也不能完全脱离人群而免除应酬；参与社会活动并以科研教育为主要职业，虽不经商但还要介入生产实践过程，还要同企业家打交道；名和利仍是动力，不过尽量取予有道，不触及心中道德红线；注重和爱好文化，好读书而欣赏文史哲，但缺乏深入钻研，限于时间而只能碎片式阅读，却不求甚解。所以，总的看来，我还是在一堆矛盾中过着社会世俗生活。杜维明等所谓理想的知识分子对我或许只是理念和幻想，比较真实的我还是“多元一体”的“社会人”，自称“杂家”而已。

其实，我所谓“文化人”时期只不过是我在童少年时期，自己向往将来成为某种文化人。那时处于日本及国民党统治下，我杂乱地读了许多文史书籍，但不求甚解，愤世嫉俗，期望国强民富，自以为作为文人墨客或许能够达到理想、目的。当我接触和接受革命思潮后，激情奔放，可谓身先士卒地投入群众运动，自然也免不了成为运动群众。我在大学毕业前后十余年，做一名业余兼职的“政治人”，从教研室党支部书记到城建系党总支书记，历经各种起伏后，我成为一名中层干部。

经过政治运动起伏和面对某些干部的腐败现象，而且在“文化大革命”中遭到批判后，我终于扪心自问：我的秉性、能力是否适合做“政治人”？与此同时，我实际被选择的职业是理工专业教师，这是祖国培养和自己安身立命的岗位。实践表明，从事政治非我的性格和志趣所能兼任。我逐渐因不舍讲课而成为“只专不红”的书记，可能为干部队伍所不屑容纳，遂逐步自我转化，遁入近似“科技人”的状态。

所幸在“文化大革命”时期，我竟在被选择从事的“环境水化学”学科中初步寻觅到途径。我归纳历年教学所得，编著出版了《用水废水化学基础》一书，确定了“环境水质学”的求索目标，于是从此安心，准备沿此道路前进而不动摇，立志在余生不再追求政治职务。

1977 年，我正式调入中国科学院环境化学研究所，全家回到故乡北京，不久又由情报室转入水污染化学研究室，成为全职科研人员，从而转化为真正的“科技人”。这对当时已46岁的我来说，不仅是职业身份和工作性质的转变，而且是人生目标和劳作贡献进入新阶段的截然变化。我在憧憬文化和激情革命中度过青壮年的宝贵岁月，后半生正值国家进入改革开放和探索创新的奋起年代，我则处于继续学习积累知识，更要实践和自我塑造，适应做个“科技人”报效社会的时期。

首先是工作场景从教学课堂、工厂、工地按需求转向江河流域等自然环境。不过，我又不舍化学工程和水处理混凝剂的知识积累基础，于是同时结合进行着实验室及生产企业间的操作。这种二元交叉的活动性质贯穿了我此后长时期的工作内容，而且逐步接近多元化的边缘集成实践活动，成为我提出以“环境水质学”为学科目标的背景。

在这后半生，工作场景的变换对我身心潜移默化的影响便成为巨大和根本的因素。

我在北京这个文化中心眼界大开，接触到全国环境界的精英学者，讨论着与国家建设直接有关的论题，提升了我的学术思想境界，并且投入更广阔的环境污染控制实际领域。

首次出国和在瑞士联邦水资源与水污染控制研究所（EAWAG）的研究实践，使我得到摆脱一切事务的乐趣，全身心投入科学研究实验，见识和掌握了调试操作先进仪器的技巧，有了真正“脱胎换骨”成为“科技人”的感觉。

幸遇国际水化学权威学者斯塔姆（Stumm）教授及若干国际知名学者，直接接受他们的指导，当面向他们请教，与其讨论学术及科研路径细节，使我把对苏联、日本的已有知识与西方会议报告文献上的理解相互印证，自觉萌生了全面涉猎科学的新意念，不时激发我创新立异。

我见识到若干国际环境研究中心的仪器装备设施水平后，禁不住痛感祖国的国力不逮，期望着有朝一日能够与其并驾齐驱，此时自卑与自傲的心态并存且与日俱增。在实验室调试和操作各种现代仪器，使我增强了实践检测鉴别数据资料的能力。

在有限的条件下，我终于主持建成略有特色的中等规模的国家重点实验室，并集合组织起尚称精干的研究团队。团队合力完成了数项国际和国家的重要环境课题项目，在环境水质学领域开辟了新模式，提出了几类新概念，以各项成果在国内外发表了数百篇文章，并编著了相关书籍。

遗憾的是，我参与十数年的蓟运河汞污染、湘江镉污染、鄱阳湖铜污染的考察规划，与全国环境界一起，集体综合提出了控制治理方案，但大多都限于国家财力未能完全兑现实施，只能以大量数据资料当作历史文献留存。

所幸的是，我致力多年实践研发，结合国情建立聚合氯化铝现代化生产厂，终于在团队通力合作与外商合资经营下于唐山建成投产。它的固体粉状喷雾干燥生产模式在国际独具特色，随后逐步推广到全国多地，产品规模扩大出口行销东南亚。研究领域贯穿着基础理论—形态鉴定—生产工艺—优化模式等水处理无机高分子混凝剂系列，形成有特色的一条龙研究-生产链。

1995年，我有幸被推荐评选为中国工程院院士，进入我人生的又一新阶段。这时我已经64岁，实际已接近暮年，但我仍壮心未已，奋力不负这偶得的礼遇和头衔，拼尽全力度过80岁前这力不从心却貌似辉煌的十余年。

我的工作场景和活动内容显然又有相应的变化。一方面，我要继续完成研究团队未了的科技项目任务，但离开了实验室仪器台，只能凭着读文献掌握动态科研方向，凭着经验检查学生们的数据曲线图谱来改进并发表论文，尽力把分散的分析成果综合为验证创新的前导，并以此成为我的优势强项，不断充实、发展着我的环境水质学和水质微界面学科观念；另一方面，我还要责无旁贷地应对纷至沓来的鉴定评审会议，发表一知半解的评论签署，亲自做PPT去做大会报告，即时应答国内外学者的咨询交流，以这些作为我撑持外界需求压力的手段。

在此期间，我还有幸在钱正英、钱易两位院士的指导和协作下，参加了全国，尤其是西北水资源的战略咨询项目与现场考察，重温了我青年时期曾经跋山涉水、如今公路和铁路畅通的云贵川青地区。还随团访问考察了美国加利福尼亚州南部水资源再生利用系统的实践模式，并受到莫大启发。这两次大规模活动显著提高了我对国家水资源环境污染现状的实感和控制方略的思考，初步产生社会发展与环境污染之辩证关系的哲学概念。

凭借团队集体历年来的辛勤劳动成果，我们又先后获得国家自然科学奖二等奖、中国科学院自然科学奖一等奖、国家科学技术进步奖二等奖、何梁何利奖、美国 SCI 经典引文奖等一系列奖项，为环境水质学国家重点实验室添上了浓墨重彩的一笔。

当我在纪念会上做完报告，说了几点人生感悟走下讲台时，听见观众席上不知哪位听众评论说："思想家啊！"我不禁为之愕然。我想如果这是褒义的赞许，可能他对我的感悟有所同感；如果这包含着贬义的批评，则恰触到我的软肋。纵观自己一生所为，作为科技知识界分子，除了建设水处理混凝剂工厂尚算是属于硬件行为外，大部分活动都致力于发展多元学科综合思想软件研究领域，也不知其社会贡献为正为负能值几何。即使建设生产工厂也仍是团队主要出力，而我自己主要参与谋划组织构思模式而已。总体上，我自认为不过是个强于思想而弱于行动的知识分子，这才应是我最重要而猛回头已百年身的感悟！

第三节　自撰回忆录的缘起

进入资深院士阶段后，特别是在一生相濡以沫的妻子因病先我而去世后，我因极度感伤而精神迷茫了一段时期，时常独居静思。同多数老人类似，我对近日诸事往往健忘，早年琐事却常常涌上心头，记忆反倒似乎清楚，逐渐萌生记录下来成为回忆录的想法。

过去虽也应约写过几次自述，但都是历史横切面片段，这次纪念会上的人生感悟也不过是浮光掠影的大略构思。记得有一次，在研究生院做报告后，竟有两个青年人找我说准备做一个项目，采访我的生平写一本纪实录，我不知他们从何处了解并找到我这所谓“不知名学者”作为对象，连忙敬谢不敏，婉言避开。后来，正在自己反思一生在环境科技界曲折转换的经历时，中国工程院提出资深院士写传记的号召。我自觉对中华人民共和国成立后环境科技事业同步探索成长的历史有亲身感受，或许有些可记录的意义，遂一时兴起，大胆报上一个“环境水质学求索60年”的写作计划，至于何时、如何完成它却尚未加以深思。

孰料不久后，中国科学技术协会竟致函给我的助手葛小鹏博士，征求对我入选老科学家采集工程的意见，他当然跃跃欲试地找我问询，我想反正已有写中国工程院院士传记的计划，不妨合并一试，就答应下来。中国科学技术协会随后陆续立下项目，拨来经费，并有详细提纲要求，我们研究所也大力支持，还成立了以张利田（人事处处长）、王东升（研究组组长）两位参与的编写组，由葛小鹏、杨晓芳来具体操作。他们几个人都是我原来的博士后、博士生，对我的后半生经历比较了解，我虽感觉这事来得突兀，有些不敢当，但木已成舟只得努力配合。等到详细讨论计划提纲时，竟然出乎我的意料。原来中国科学技术协会的提纲细节要求专访故校老友，还要录音、录像，为求资料翔实，这似也是必不可少的对照见证程序。不过，这对我素来的性格和行事行为却成为难以为之和不愿为之的课题。我不过是一个受祖国培育多年对社会回报甚微，忝为院士的科技人，实在不愿扰动母校老友，恰似炫耀自身求取谀辞。至于录音、录像，我这副尊容相貌也不值得广传于世。过去每遇电视传媒约请时我都一再辞谢。这次已作茧自缚，只得勉强允诺在回忆录写作基本完成后，自己在有把握真实可靠、不误世人的情况下，再考虑一次录像，而访问调查就坚决免除了。如果最终不得不对中国科学技术协会毁约，责任则全由我自己承担，不必怪罪编写组诸君和研究所。经过与中国科学技术协会联系人协商，给他们出的难题可能一时尚未正式答复，事情就拖了下来。反正我的回忆录还在闭门自撰中，只能等完成后再有所交代了。

写作之初，本想自己一生经历过从苏联式环境工程专业，扩入欧美式卫生学，并且再加化学、地学、生态学、社会人文诸学科，虽有长期探索的过程，但最终期望融合一体而难以并得。如果以诸此种种亲身经历的若干体会，来反映我国环境科学与工程学界逐步发展形成的历史，或许有一些意义。但我也反思个人经历毕竟只是一个侧面缩影，无法以偏概全，或许仅能作为线索参照而已。

又想以自己一生的经历来反映中华人民共和国成立后成长的这一代科技知识分子的历程，他们虽经历曲折，但念念不忘科技救国的初心，面对西方强国，仍坚持于一穷二白的条件下劳作不息，终致随着众志成城的大军，迎来扬眉的新时代。但我个人的所遇所求不过是不平凡事业中的平凡一角，又怎能反映他们战斗在核爆实验场上、在高原工程队筑路建设中度过的可歌可泣的青春岁月？正是他们才构筑成今日人民群众信心满满，高喊“厉害了，我的国”，持续前进的基础。

这本回忆录既为自撰就表示完全是本人亲自写成的，其中正误虽曾力求真实，但记忆取舍或有漏洞难免，若有个人体验感受的偏颇自当由本人负责。再加本人写作笔墨半文半白，语句或常颠倒不通，读者难解原意，也未可知。

不过“自撰”并非“自传”，它主要叙述自己一生在求索环境水质学学科的历程中的感受。从接触、学习、实验、实践到构思、创作、综合，最终仍是心愿未了，空留遗憾的结局。在这些情节中虽也夹写了一些对我有恩有违的人与事，不过是衬托背景、剖析本心。至于我们夫妻二人及两个家族，在中华人民共和国成立前后所经历的悲欢苦难则大多未曾涉及，只能赋予别集和历史长流之中了。

文中或包容、掺杂若干难舍的专业性记述，实为表达我求索环境水质学实践往事的具体内容。因在长时间断续进行，集成回述分散于各章节，则不免画蛇添足惹读者厌烦。不得已而加之，借以慰存历年团队诸君共思共勉而已。对有同类思考而感兴趣的读者敬请阅读，或许有所启发，而对无关紧要者略之即可。

第一章

家族往事

第一节　我的出生地

我于 1931 年 10 月 4 日出生于河北省徐水县大辛庄一个庄户院内。那时正是我国东北遭到日本侵略的“九一八事变”发生后的第 16 天，不过，在那个内地的农村小院，恐怕还感受不到祖国遥远地区有外国侵略者入侵的事件。实际上，在我有记忆的时候，加上后来的整个少年时代，都是生活在北京。在日伪统治的阴影下和国统区混乱的时局中，我也培育了持续一生最强烈的民族屈辱和渴望强国复兴的情感。

至于家乡大辛庄，只记得在三四岁的时候又回去过一次，住了没几天，印象十分模糊。我一直都认为自己是生在北京、长在北京的，所谓籍贯写为河北省徐水县，不过是一种中国习俗的传统惯例。所以，当填写履历表的出生地时，我总是写北京，特别是在英文履历上写 Born in Beijing 时，似乎感到作为北京人还有一种光荣感。

直到 2005 年，我想弄清楚自己的出生地到底在哪里，就打电话给已经定居美国比我大 8 岁的哥哥，问我到底是在哪里出生的。哥哥想了想，问旁边大我 6 岁从小就住在我们家的嫂子，她同哥哥一起很肯定地说，我确实是生在大辛庄，大概是母亲暂时从北京回到家乡时生下了我。在那个年代，回老家生孩子或许也是一种习俗。

姓　　名	汤鸿霄	户主或与户主关系	户主
曾　用　名		性　　别	男
出　生　地	北京市	民　　族	汉
籍　　贯	河北省徐水县	出生日期	1931年10月4日

我的户口本正式登记记录

这样，我到了 74 岁才确实肯定出生地是在与籍贯一样的河北省徐水县，甚至当时还有一点儿失望的感觉，似乎不如我的老伴纪新。不过一想她是 13 岁就离开北京到解放区去参加革命的，我却是 18 岁才离开北京，终究比她在北京多待了几年。可是话说回来，她确实是地道的北京人，虽然也和我一样多年在哈尔滨学习和工作，但一直是满口的京腔，别人一听就说她是北京人。我从小在家里就和家人一样说河北家乡口音的话，到外边才说北京话，又在哈尔滨生活了 27 年，所以现在说的只能算是普通话，在哈尔滨上学时还因为口音纯正当过课余广播员。

再细想我的童年，由于时代交错，几乎未能得到父亲、母亲直接的言传身教。不过，家庭环境和母亲乡亲们都有河北人的习俗风度，我作为一个河北籍入住北京的外乡人，潜移默化，有不少观念仍打上不算是北京人的烙印。

在我明确了自己的出生地以后，虽然我再也没有到过徐水县大辛庄，但我每每想到那里无论如何是我人生呱呱落地第一天的见光场所，再想到我的父亲、母亲和亲戚、祖辈们都曾在那块土地上休养生息过，那里终究是我北京以外的又一个“根”，就不由得对大辛庄产生一种亲切感，希望更多了解一些家乡的现状。

我在互联网上搜索到大辛庄在保定市徐水县城东 7 千米，是下属崔庄镇的一个行政村。崔庄镇总面积有 94.5 平方千米，总人口有 6.6 万多人（第五次全国人口普查数据）。据网上材料介绍，镇上至少有两所中学，有众多内外贸易企业，经济状况比较发达，交通有高速公路通过，看来情况还算不错。特别是在2015年，徐水县撤县改为保定市徐水区，邻近的京津冀一体化又有新的发展，这都使我对我的“根”有了更乐观的期望。

保定市徐水区新貌

在我的记忆中，徐水似是在我国“大跃进”时期，由于农业特高产或人民公社化早熟创立而出过一阵风头，以后就无声无息了。说到人文接触，我童年和少年时家乡亲友们人来人往传言的不少战乱烽火信息，使我在观看抗日电视剧的画面时获得了实感，心想那些英雄事迹也许就都在我家乡的田野上出现过吧!

此外，直接接触的同乡倒真有一位，即著名科学家师昌绪先生。他是金属和材料学家、中国科学院院士、国家最高科学技术奖获得者。正是他向国务院建议并坚持建立了中国工程院，并作为当时的两院院士，担任副院长，他还设计和主持了中国工程院各学部的划分。我在并未当选为中国工程院院士时，负责组建世界银行贷款的环境水质学国家重点实验室，他与陈述彭两位先生是总评委，我得以向他们当面汇报新学科实验室的设想，并接受咨询。他那时已是高龄，但思路清晰、问题针对性强。后来我从材料中了解到他是保定市徐水区人，他在县里上过小学，又到保定读师范学校，后来赴美留学，是地道的徐水人。我除参加几次由他主持的会议外与他再没有更多交往，更不要说攀认同乡。他比我年长十余岁，只能说是老前辈。他于2014年逝世，享年94岁。

另一位著名人物也值得提一下，就是著名歌曲词作家阎肃先生，也是保定人，但不知具体何地。他生于1930年，据说十岁时离开保定去云南，可能只算得上是半个保定人。不过他可是妇孺皆知的大名人，歌剧《江姐》的主题曲《红梅赞》、电视剧《西游记》的片尾曲《敢问路在何方》等无数脍炙人口的歌词都出自他手。我虽自认是个音乐盲，却在中年时期免不了听着唱着他的歌曲来享受闲暇时光。我虽然算不上他的“粉丝”，但作为几乎是同龄人和远同乡，在聊天中同别人谈起来也与有荣焉。他于2016年逝世，享年86岁。

2017年，中共中央、国务院宣布要建立雄安新区，称其是“千年大计”。它地处河北省的雄县、容城县、安新县，正处于徐水的邻区。我的家乡想必会有幸更加发展兴旺，未来不可限量。生态环境研究中心环境水质学国家重点实验室也参与了雄安新区的环境保护与建设，我虽得知信息但已年迈不能再亲临现场，可惜我这移居的“北京人”只能心向往之、遥致祝福了。

第二节　我的父亲和母亲

虽然我几乎算是从来没有到过我的出生地，但我的家族往事也确实都是在那里发生的，与我有着千丝万缕的联系，有些遗事说起来还有些传奇性呢！在我记忆中，小时候听说过一些家族的故事，谁说的已经记不清了，无非是来自母亲和亲戚们闲聊的片段记忆，至今仍然有一些不一定准确的印象。

据说我的祖母是个十分了不起的女人。我祖父不知多大年龄时遛马被马踢死了，我祖母拿着标枪隔着窗户就把马给刺死了。她守寡带大了我父亲兄弟三人，家境自然不会很好。

说起来我的父亲也是一个有传奇色彩的人。他年轻时是个挑担子的，走村串乡卖油及杂货，据说年轻时很潇洒。我把他想象为小说《今古奇观》中独占花魁一类的卖油郎。听说后来他到保定府，入了当时军阀曹锟侄子的军队，当了一名马弁，即最低等的勤务兵。他生活很艰苦，没有饭吃就饿得吃喂马的料豆。不知是何因，竟被调去当了一名军需兵，并且逐步升为有些实权的军需官。

据说在民国时期的军阀混战中，父亲所在的部队被打垮冲散，恰好有部分尚待发放的军饷留在他手中，他就带着这笔舍命飞来的外财回到家乡，购置了一些土地给兄长们耕种，自己到北京东城区买了一个大四合院，出租周围若干房间来补贴生活。这个大四合院也就是我童年和少年时期成长的地方，直到中学毕业离开北京才离开此处。如今它虽已经过数年拆迁而变成几栋高楼了，但留在我脑海中的仍然是早年十分亲切而抹之不去的旧有影像。不过，几年前又回去过一次，那故居的踪迹，除了一棵仅存的老槐树，其他已经难以寻觅，我的内心深处有强烈的沧桑感。

我的父亲和哥哥（1940 年）

父亲获得外财后，除购置了一些家产外，还广泛照顾家族子弟。他把侄子们送入大学接受教育，其中一人直到燕京大学毕业。他还把祖父在家外的两个妹妹接回上学，为她们选择女婿结婚成家，也供女婿们上军校。一个女婿后来成为空军飞行员，一个女婿成为陆军军官。可见他当时有一番振兴家族的计划和期望，不过这些都被卢沟桥事变冲击得云消雾散了。

1937 年，卢沟桥事变后，日本侵略者已逼近北京，大批的中国人纷纷逃往南方。我的父亲扬言自己绝不做亡国奴，就丢下全家妇幼，带着我哥哥随众逃往南方了。据说他最终在四川成都郊区买了两亩[①]地定居，自己种菜并以卖菜为生，供养我哥哥上华西大学。直到抗日战争胜利后，我哥哥和他才先后回到北京。他那时已年过六十岁，却仍亲自修缮房屋，不服老之将至，不听家人劝告，不肯停下来休养生息。也许这性格基因正遗传给我了。

在我的印象中，父亲是个很精明又懂些文化的老农民。他回到北京时，我已是高中生。当时我为分得美国善后救济的三人两袋面粉而住校

① 1 亩≈ 666.7 平方米。

上学。我直到毕业去哈尔滨工业大学读书前，很少回家与他相聚。算起来我一生中与他直接见面的时间，累计也不过三个月，他不可能与我交谈他的过去和抱负，我也只能凭着听母亲三言两语说过的片断来揣测他早年的人生经历和生活细节。

我中学毕业准备离开北京去哈尔滨上大学，回家取行李走出家门时恰看见父亲正在旁边漏雨的一间平房屋顶上，蹲着身子用抹子抹灰修理房顶。对六十多岁的父亲，我心中有些不忍和内疚，他转头看看我没有更多表示，我也只得打声招呼离去。谁知这竟是我见到他的最后一面。那情景深深刻在我的脑海中，至今仍很鲜明，我自责不已。

据我哥哥的书面记载，我父亲名汤正华（1888—1960），字执中，享年 72 岁。我母亲名汤田淑德（1896—1959），享年 63 岁。他们两人相差 8 岁，都在清朝时出生，经历了整个民国乱世，是在中华人民共和国成立初期先后逝去的一代人。

我父亲的第一任妻子早亡，留下一个男孩，即我同父异母的大哥。他长大后娶了大嫂，但年轻时因病去世，没有孩子。大嫂一直在我家守寡 60 多年，80 多岁时去世。我父亲后来又娶了我的母亲，先后生了我们兄弟姐妹四人。

我的母亲不识字，是典型的农村妇女。她正直善良，父亲因躲避日寇而逃亡四川后的八年岁月里，母亲一直负重艰难地操持家务。她还尽力照顾她的一些生活困难的亲戚们，同寡居的儿媳妇相互扶持，辛苦操劳地度过一生。记得她中年后有些信佛，当时家里只有苞米面的窝头吃，她和我的大嫂却蒸了满笼的白馒头送到外面佛堂去上供，祈求神佛保佑，弄得我们眼馋得不行。不过，也没有听她正式谈过什么宗教信仰，同亲戚们聊天也无非是谈论中国人农村传统的因果报应观念。或许我脑中类似的这种中国人深信不疑的精神背景，就是她们在我童年撒下的种子。

她也不大懂得如何用言辞“教育”子女，对孩子们能够照顾起居温饱，免除病灾，抚养长大，就认为尽了天职。孩子们能够老实、听话、

母亲和她的孙子孙女们

不胡闹，得到些亲友们的夸赞，她就很满意而对孩子们放任自流了。她对子女很少有什么抚爱亲热的话语和动作，特别是对男孩子更少亲近，也很少谈到什么希望、寄托、励志的话语。我在她身边直到上小学数年间，似乎只是与同龄的孩子们玩耍，或沉迷在书本中，整日同母亲也说不上几句话。她操劳自己的事也很少管孩子们起居以外的活动。看来，母亲对我的影响可能都在身教不言中，现在细想起来，在吃苦忍让的性格方面，我和母亲还是真有几分相似呢！

抗日战争胜利后，哥哥先从四川回到北京，母亲才完全卸掉家务这副重担交给哥哥料理。她自己虽然能够松懈下来，却常因身体虚弱抱病在床，也不再过问家里的事情。我远在哈尔滨读书、工作，偶尔回一次北京，却也和母亲说不上多少话。她总是关心地对我嘘寒问暖，怜惜我的生活拮据，问我每月是否能收到哥哥给的钱，似乎她能照顾到我的也只有这些了。

1959 年，我已从哈尔滨工业大学毕业开始工作，哥哥打电报来说母亲已经去世，要我回北京一趟奔丧。那时正在搞“反右倾”运动，我是教师党支部书记，要领导学习离不开。恰好我的妻子 MM 当时在北京，在她自己家中生养我们的第一个女儿，我就让她替我去参加葬礼料理后事，而自己没有回去。据说我的母亲临终前不久，还曾亲自带着两个孙子，提着两只鸡，从东城区跑到西城区西单 MM 家，看望她的儿媳妇和才生养不久的孙女。不久后母亲故去，MM 得到消息赶忙奔赴参加母亲的葬礼，总算还来得及亲自为母亲穿上袜子替我给母亲送终。我和妻子这一代人，虽说都早年因参加革命而离家，思想上仿佛已经现代化了，但遇到家庭琐事，仍是抛不开照顾亲情俗礼。

听到母亲去世的消息后，我真是伤感极了，思念着母亲的面容，躺在学校大楼外的草地上仰望着天空流泪。恰好同室好友老刘来看我，我叙说了自己的心情，说人一去世什么都没了，再也见不到了，心中一片茫然。他同情地安慰我几句才离开。次年，我父亲也去世了，我仍然没有能够回北京参加葬礼，哥哥对此很不满意。

母亲一生劳累，在 63 岁时病逝，也不能说与中年的过度辛苦愁闷全无关系。一个没有文化的农村妇女，如此度过坎坷的一生，在乱世中养育了我们四个子女，对全家敬老爱幼，无怨无悔地一直坚持着。回想起来作为儿子的我没有在她身边协助、安慰，没有帮上一点忙，不能不惭愧于心。我深深感到像母亲这样的中国农村女性，虽然并没有多少知识，却能够一生坚毅，忍辱负重，固守传统美德，是很了不起的。

第三节 我家的大四合院

从有记忆时到上高中三年级住校，我一直居住在父亲购买的大四合院里。它容纳了我童年和少年时期的全部记忆，所以我对院内的房舍和草木都异常熟悉、亲近。这个大院落占据了两条胡同之间的末端空间，前后的通街门就有四处。整个建筑群以一座比较正规的四合院为核心，前后有三进院落，院落周围有数十间瓦顶平房，中间还有一个小园子。园中有一眼苦水井和亭台，西北侧还有一座两层上下四房间的小楼。周围的房舍可以出租，这在北京算是有一定规模的中等四合院。我家作为房主，就住在中心四合院的主屋北房，以收入的租费来维持全家的生计。

关于这座大四合院落的兴建历史，以及我父亲偶得发迹后如何在北京购得这处房产，我就不得而知了。我想他可能是想以出租房屋为主要生活来源，做一辈子衣食无忧的安乐房主吧！谁知日本侵略者发动的卢沟桥事变，打破了他和全家的美梦，促使他流亡到四川去种菜、卖菜。直到抗日战争胜利后返乡，他才又见到已面目全非、破落不堪的北京旧居，而这大四合院在革命风雨、拆迁改建的曲折历史中最终荡然无存，淹没在高楼林立、焕然一新的街区中。

抗日战争时期，父亲与哥哥因日本侵华而不愿当亡国奴，随着大众流民逃亡去四川避居，母亲只好带着其余三个孩子留在北京这座大四合院中。她是农村妇女，不懂现代文化，只会忙于家务，照顾好家内衣食事务和应酬来往亲友起居已经费尽心力。初期数年，房租能够勉强收上，家境还算过得去，后来房租收不上来，全家生活每况愈下，真变得过不下去，只靠变卖大四合院的存留物来维持了。我们孩子们只见到隔墙的砖一道道地被拆散，园中的树木一根根地被锯断，亭台的屋顶铁皮一张张地被揭去，这大四合院自然也就凋零破落，全非昔日之景了。

我的整个童年都是在这种环境中度过的，对这种变化自然感受深切。大四合院的房舍是我最熟悉的场地，那边缘黑暗的角落是孩子们玩捉迷藏时的安全藏匿之所。我还时常独自沿着树干爬上墙头，再走到平房的屋顶上，平躺在上面沐浴着温暖的阳光，或是读着一本有趣的书自得其乐，几个小时不下来，直到家人到处喊叫寻找，才不得不循原路返回。平躺在屋顶上仰望蓝天四顾无人的日光浴，是我童年沉思默想忘乎所以的乐事。回想起来，其愉悦的心情不亚于成年后躺在沙滩上遐想无极世界的逍遥自在。

大四合院中的小园里，生长着花草树木，也少不了飞鸟昆虫。我们有时把树上的鸟儿当作弹弓射击的靶子，却又把园子里的虫鸟看作自己要保护的生物。有时邻居的孩子们闯入我们这块“禁地”，残害了一些蚂蚁和螳螂等小昆虫，我立刻感到心中不忍，要把他们赶出去并警告不要再来。当院内几棵枣树的果实成熟时，累累的红枣挂满枝头，街上的几个日本孩子就会强行闯入，爬上树去肆意摘取糟蹋。我们却远远躲在旁边看着不敢出声，心中愤愤不平，却又不敢反抗。

我在童年时遇到大四合院的一次火灾遭难，印象特别深刻、难忘。那时租出去的一排平房中，有的租户大约属于小商贩一类人家，据说是因为炉火漏失燃烧起来，终致不可营救，火焰冲破屋顶延烧到相连的一片住房。住户们喊叫着从井里打水泼洒上房救火，市里的消防队却迟迟不见到来，据说是因为索要救火费价码一时达不成一致。直到火光冲天，六七间房屋都燃烧塌陷殆尽，才有消防车来到现场射水扑灭。那时正是日伪统治时期，善后如何是大人们的事，我们这些孩子们就不得而知了。不过当大火熊熊烧起时，一位从农村来暂居的伯父牵着我的手远远在旁观看，我的心怦怦地跳。伯父说：“如果这火最终救不下来，就得带你回农村老家去了。”那惊惧情景至今难忘，总是感觉高楼火警是最可怕的灾难。

北平（北京）解放后，我高中毕业离开此地到哈尔滨上大学，只在个别暑假回北京一次，也仅住几天。父母逝世后，家里主持房屋出租事宜全由哥哥做主，每月能够按时给我寄到生活费，我就万事不问了。在公私合营高潮中，据说这大四合院，除了自住的小院落外，原来出租的外围几十间房屋连同中间的小园部分，都改为公私共同经营了。

到20世纪70年代后我得以从哈尔滨回北京工作时，四合院原址只剩下自留居住而等待拆迁的一座小院落了。后来兄嫂和其子女们几经周折在姑父的支持下得以陆续定居美国，我在北京另居的姐姐和在河南定居的弟弟，都已各自成家，我们曾同时回到北京残存尚待拆迁的老家中团聚一次。在欢聚和伤感的心情交汇之余，一同到旧宅门前合影留念。这是我们兄弟姐妹的最后一次团聚，也是我告别童年欢乐嬉戏成长最熟悉园地的最后机会。

在面临拆迁的大四合院门前合影
左起：哥哥、弟弟、嫂子、姐姐、我

几年之后，当地又经过一番区域性大拆迁，那时，我童年时的大四合院已经荡然无存了，只在心中留下影像。我父亲早年偶得发迹购置的这一处产业，虽然也曾养活过我们一大家子人，但最终也难逃脱历史变迁的命运。我也曾回到原址寻访，只见新建楼宇园林，又是一番别样气象。我满怀沧桑之感，觉得人世形势的快速变化，似乎更远远超过人心思想留存影像的回忆变换了。

第二章

日伪和民国统治下的京城

第一节　阴影笼罩下的难民

日本侵略者在“七七事变”后逐步占领并统治了北京（那时叫北平）。由于北平城里没有发生过大的战乱，世面虽然异样凋零，但表面看来还算平静。留在城里的难民们也尝试着适应新环境的生活，仍然各自忙于应付日伪统治阴影下不同的生计。

日伪统治下的不寻常景象是：街道上有时会走过一队队日本军兵或宪兵，肩扛亮闪闪带刺刀的步枪，耀武扬威地走过，路人远避不敢斜视。一些日本浪人只围一条腰布招摇过市，妇女们慌忙逃避唯恐不及。即使是日本儿童也会肆无忌惮地进入民居院内，随意爬到房顶、树上，摘取成熟的果实吃。

全面抗日战争初期，日本人的这些行径不过才使中国居民尝到些被侵略的滋味。到后来，日常生活状况开始逐渐发生明显的变化。一般居民在市面上已经买不到大米、白面，只能买到玉米面、小米面，而且质量也大幅下降，最后竟出现了所谓的“混合面”，实际是掺杂着麸皮等残渣甚至泥土一类东西的混合面，粗糙，牙碜得难以下咽。人们只得私下以高价买些偷运的粮食，还有日本军营外边推车私卖的餐余物。那些下脚料不过是大木桶中装着的白米锅巴和残羹剩菜，都是有门路的商贩从军营先得的废弃垃圾，却也成为大家拥挤抢购的货品。一次，我看到日本军营北门仓外路上有几个日本小孩围着一辆推车，拳打脚踢一个不敢还手的中国人。我一时气愤，上去呵斥，日本小孩们竟然四散而逃。挨打的中国人连忙说："别惹他们，你快走吧。"我也只得转身赶快跑回家去了。

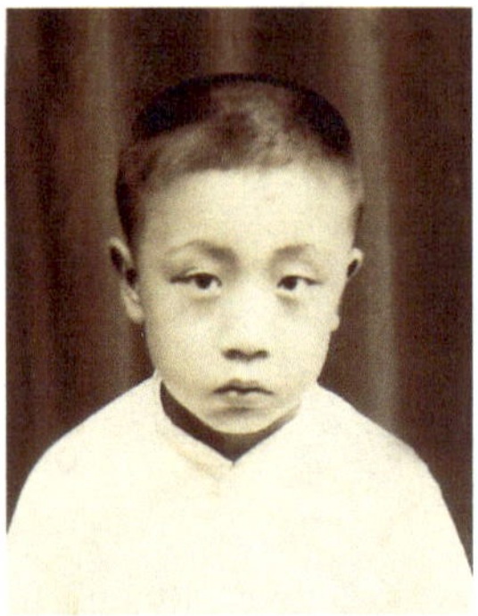

小学入学照（1937 年）

那时，每个小学都派来日本教官，教授学生日语，还监督学生每天早晨的朝会和早操。校长首先要宣读所谓的天皇圣谕，全体学生集合排队在下面"恭听"。学校经常在礼堂播放新闻纪录片，宣扬"圣战"取得胜利的场面。"皇军无敌""击灭英米（美）"等标语满布校园。我在学校里似也是顺从、老实的好学生，但放学后在家里经常阅读中国文化传统读物，特别是每况愈下的生活家境和对逃避到中国南方的父兄离愁之情，使我充满着愤懑情绪。只是当时天天要学习日语，不得不反复背诵，到如今看日文文献时倒仍能有些用处，而日语口语则除几句寒暄语外大多已经忘记了。

我儿时的玩伴是两个同龄但家族排行比我小一辈的堂侄，他们称我为八叔，但我们一起玩得不分彼此。他们两个来自农村，自然经常述说过去田间地头上发生的许多传闻和亲身经历过的故事，我自然感觉十分新奇，开阔了我这没有出过大四合院的城市孩子的想象空间。

当我们年纪稍大些时，也曾多次相约偷着躲着家人出远门，跑到东直门野地里，我这个城市孩子感受到一些郊外的"野趣"。我与同年的两个侄子跑到田野去捉鸟的情景至今难忘：我们所用的拍网是自己以柳条编成框架，再用细线绳编上小孔眼的网子，里面支上一个活杆，再插上在地里循着泥土沟迹挖出的昆虫或蝼蛄作为饵料，构成类似捕鼠器的装置。把拍网放在野地里的适当位置，我们则躲在不远的树丛里守望着，或是从远处驱赶着鸟儿们向着拍网处集中。鸟儿们被诱惑着去啄食拍网杆上的钓饵，拍网会突然合拢，把鸟儿缠困在网中。这时我们真是高兴极了，扑上去把鸟儿捉到手，有麻雀等，偶尔守望一天还能捉到一只会鸣叫但不知名的美丽幼鸟，就大获全胜地喊叫着拿回家养。我们有时还冒险到苇塘里淌水，到窑坑边下水扑腾练“狗刨式”游泳。我随着他们接触到大自然，向往着自由放纵的农村天地。到现在，我仍然怀念着那份喜悦心情，钦佩着农村中孩子们游戏的机智和技巧，感叹着时光不会再倒流。

我们还曾潜入临近的朝阳大学校园内寻觅捕捉优种蟋蟀，回来饲养相斗比赛，也常被校警们打骂追跑。有一段时间，大家用粗树枝叉绑缚皮筋做成弹弓，射打树上的小鸟和鸣蝉，比赛谁的弹法更准确。所用的弹子是校园施工剩余的小石子，我们着迷似地不断地射向天空，弹丸掉在附近邻居院子里甚至人头顶上，免不了被寻找上门来叫骂一通，逼得我们不得不停止这城里儿童不适宜尝试的演练。

总之，从童年到小学期间，我的生活中夹杂着城市和农村两种世界的儿童乐趣，留下了许多难以忘怀的情景，直到上小学以后，读书生活吸引我的内容才日益增多起来。

小学低年级时，前后两位班主任都是女老师。她们都姓朱，一位很瘦，另一位很胖，对孩子们都很和善，我至今还模糊记得她们的身影与面容。五六年级时的班主任是一位中年男性，姓方，十分严厉。他上课还算认真，但经常对学生施暴，打骂、体罚无所不为。有一次，他又发脾气，要一个同学罚站，教室门上的窗户是用纸糊的，破了一个大洞，方老师大约怕日本教官看见，就要一个学生起来站在窗口用后背遮住。我坐的位子在前排，又是听话的好学生，有一次，这一“任务”轮到我，但我错误地领会了他的意图，就探头向窗洞外面观看。这引起了他的大怒，一拳把我打倒在地尚余怒不息，我则莫名其妙地赶紧懵懂爬起。因为我从未挨过外人打，很是委屈，所以这件事留存在记忆里至今难忘。

父亲离家后，我家的日常经济来源就只有房租了，但又收不上来，生活日益艰难，只得靠变卖家中物品勉强度日。有时是卖一件能撑一日，后来甚至把围墙都拆了，卖拆下来的砖，院内几棵老树也都齐根锯了卖掉。我虽感到家境窘迫，但也无能为力，仍埋头于读书。偶尔有房客交来一两袋面粉代替房租，我家也舍不得自己吃，就让我和我的堂侄们推着小车到市场上去叫卖换成粗粮。日常的劳作就是从一口深十几米的苦水井中提桶打水，浇灌园内自己种的一块菜地。种的菜有韭菜、菠菜等，一茬茬地按季节割、种、浇水、浇粪，收获的蔬菜也不过够包几顿饺子，改善一下伙食。我也由此学了不少农学知识，锻炼了劳动技能。

在此期间，如果说还有一点与科学思考沾边的事情，就是我做了一两年免费的家庭教师，每天准时给我的两位堂侄上课。他们两个来自农村，虽然会识字、读书，但没有上过现代学校，他们准备在城里考中学，只得由我来给他们补习算术。我必须从阿拉伯数字教起，直到算术解四则题。按照当时《算术之友》一类的课本，鸡兔同笼、大小和尚分馒头等种种难题都要用普通算术方法解算，再用常规思路解释清楚，着实费了我一番功夫。待我教了他们一两年之后，他们双双考上了初级中学。他们高中毕业后，一个考取了北京矿业学院，另一个则考上了清华大学。这表明我对他们的科学启蒙是起了一定作用的。对我而言，在挖空心思寻求方法，把看似复杂的思路化解为简明、易懂的条理知识讲解后，也得到了初级的教学锻炼。这可能对我后来从事教师和科研工作，以至于培养分析事物的思考能力不无影响。

我的小学六年（1938 年 9 月至 1944 年 9 月）生活就是这样，虽精神压抑、生活艰辛，却幸运、平安，没遇到什么大祸事。恰是在我转入初中一年级后不久，北平市民从噩梦中迎来了抗日战争胜利的喜讯。原来平静、顺从的北平民众，在一番鼓舞欢腾之后，一些人竟似发疯一样，满街追打那些原来不可一世、现今则如丧家之犬的日本人。围观的人虽然也感到解气，但看着那些或者也并无辜的日本妇孺，反倒报以同情甚至庇护，这就是以德报怨、天性善良的中国人！

第二节　好读书，但不求甚解

据我的家人们说，我三四岁时就会认字，而且整天抱着书看图、识字。上学前后，天天缠着姐姐们从她们学校图书馆给我借安徒生、格林童话书看，它们算是我的第一批启蒙读物。不过，上学不久后我发现，家里存有堂兄和他的大学同学们的一批尘封旧物，其中包括大批书籍。它们就成为我的私人读物，我得以随意抽看。这些书的内容真是古今中外、五花八门，使我如获至宝。那些年代大学生们的读书涉猎范围可能也是相当广泛且杂乱的，这一大批书竟开启了我一生随意浏览中国文化杂集而不求甚解的读书史。

以我当时的文化水平，又没有老师和指导书目，起初自然挑选易懂有趣的书籍来读。先是翻看一套套历史通俗演义，大致建立起中国历史朝代顺序的知识体系。接着是对《三国演义》和《水浒传》看得入迷，特别是《三国演义》中的精彩故事片断，吸引我反复读了许多遍。有一位从农村来暂住一段时间的伯父，虽然也没有多少文化，但对三国人物故事特别熟悉。他对书中的长段文字对话都能背诵如流，对我仅有的一套《绣像三国演义》爱不释手。他到回乡的前夕竟不情愿把书还我而有意带走，我当然舍不得给他，赶紧把书要回来。这位伯父次日竟跑到书市上买了一套类似的书，如获至宝地带回老家去了。他是个在家数着米粒过日子的老农民，这套书不知要换他多少粮食才够拿钱买来，而他竟舍得买。这件事使我了解了这类通俗名著是如何深入中国老百姓的心田里，经久传诵，从而得以经久不朽的。

《西游记》《红楼梦》等小说的故事情节虽然也吸引我反复翻阅，但其中有大量诗词文字不易明白，我只得似懂非懂地先跳过去，后来竟忍不住开始学习查阅字典，从而逐渐达到能够浏览文言文读物的境界。我的古代文学知识也从此丰富起来。从《论语》《孟子》《史记》《古文观止》，到唐诗、宋词、元曲等，我囫囵吞枣地徜徉在中国古代文化的海洋中，享受着似懂非懂的乐趣，感受着有内涵的故事和道义。当然，“三言二拍”、《老残游记》等小说更得到我的青睐。虽然以这样的浏览阅读方式得到的只是残缺不全的宏观知识框架，但这在小学时代建立起的体系概念，却使我受益匪浅。后来每逢见到一本书或一个作者名字时就能够对号入座，联想到他在中国历代文化史中的位置，这时记忆中的历史知识框架就会发挥它的作用。

对于鲁迅、胡适、郭沫若等的作品自然是到抗日战争后的初中时期，我才作为当代文学读物大量阅读的。不过在日伪时期，鲁迅的杂文和小说似乎并不在查禁之列。还记得在小学六年级时，我曾在一篇作文中提到《阿Q正传》和《狂人日记》，说到鲁迅原名周树人，周家三兄弟都是作家等语。曾经打过我的那位方老师竟大为欣赏，在全班学生面前表扬我说：“你们还有谁知道周家三兄弟是何人？”我自然受宠若惊，暗自扬扬得意，自以为在同学中出类拔萃。

俄罗斯和欧美小说的大量翻译名著我是到中学以后才广泛涉猎的。托尔斯泰的《复活》《安娜·卡列尼娜》、契诃夫的短篇精品、屠格涅夫的《父与子》以及德莱塞的小说等，都成为我一个时期的主要课外读物。图书馆管理员成了我的好友，他可以为我预留新书或长期借阅过期不罚。我为学习英语，借阅了林语堂的英文版《京华烟云》，整个学期未还。外国翻译小说虽然也因新奇的世界人物引我入胜，但真正使我沉迷的还是中国小说。

东四大街一个租书摊是我经常光顾和消磨时间的场所，摊上的小徒弟是个山西人，我的零用钱作为租书费大多被他赚去。那里的中国文学和异国风情的传奇小说是我的最爱。记得有一套《人猿泰山》全集，绘图印刷十分精美，每册的押金都不太高。我一册册分租回家存起来，前后积累到全部十多册。后来因为我想买一部英文字典，但没有钱，只得把全套书一起还回去换回全部押金。那个小徒弟偷偷告诉我：这套书若整体再卖出去，能值你这押金好几倍的钱。我当然满心无奈却不好反悔，只得把分散租来的原书仍旧割爱还给他。中国的剑侠小说，如还珠楼主的《蜀山剑侠传》和《青城十九侠》，故事情节虽新奇但不少文字描述难读，这套书当时类似连续剧一样分册出版，陆续出租。我往往等得心焦耐不住总要去书摊急切询问，下一集何时才能出版到来。不过，直到抗日战争胜利后仍然没有见到全书完结出版，使我心中仍然留有不舍之情。直到 1998 年，有一次到西单图书大厦，我偶然发现这两种书作为剑侠小说扛鼎名作，已经再次全部重印出版，全书几十大卷成箱发行。我竟似故友重逢一样兴奋，将其一起购回。但时过境迁，我那时已经再也没有时间和勇气从头完整读一遍以重温旧梦，只能把前后人物命运情节翻一翻，摆上书架而仅余望书兴叹了。

我杂读的部分图书

《蜀山剑侠传》

说起我与中国传统武侠小说的渊源，不能不提一位老人，他就是我六七岁家境尚好时的一位厨工——老王。有一次，我在捉迷藏时偶然闯进他的独居小屋，发现他的枕头下压着一本租来的《雍正剑侠图》，不由得有滋有味地读起来。他回屋后很惊讶地问我："你也识字？"我自鸣得意地与他交谈着书中情节并读出他不认识的难字。从此我经常到他的小屋里读他租来的武侠小说，我俩成了亲密的忘年交。他是农村里终生没有娶到老婆的帮工，十分喜爱孩子，常常在工余带着我和弟弟坐有轨电车到前门外的天桥地摊游乐场，在那里听相声、大鼓，看杂耍、拉洋片，吃煎肝儿，喝羊汤。我从童年就熟悉了老北京的民俗文艺，都是得益于他的带领，而他把仅得的两三元月薪都花在我和弟弟身上，也因此享受着类似天伦之乐。不过两三年后，我的家庭也穷困下来，生活自顾不暇，不得不辞退他回乡。我们只得与他洒泪而别，从此音信隔绝。到我上中学时曾打听到，才知道他已经在家乡故去了。

第三节　胜利后的北平乱象

由于我大量读书，中国的传统文化使我形成了渴望国家、民族复兴昌盛的思想，加之我所处的家境从小康走向贫困，又经受了劳苦生活的考验，从而怀有强烈的中华民族复兴的愿望。抗日战争胜利后，我本来对国民党抱有强国富民的期望，但实际所见却是社会、经济的极端乱象，内心十分失望、不满，感到前途茫然。记得当时学校曾组织一次演讲比赛，我也报名参赛了。按那时国民党教官的意图，当然是要宣扬“戡乱救国”一类的论调，但我讲了一个莫名其妙的题目“中国人的一桩小毛病：随地吐痰”，效仿鲁迅等嘲讽社会百态的杂文笔法。这说明我当时思绪混乱又对时局不满，反而有埋怨中国人性低劣的心态。

1944 年秋，我从东四十二条小学毕业，考入北平市立第二中学。考这所中学的原因主要是离家相对较近，而且它是一所不错的公立中学。当时它位于内务部街，离我家有四五千米。开始时我家没有钱给我买自行车，我每天要走路上学。在日伪统治下，只有一些道路修了柏油水泥路面。到北平市立第二中学去的这条路是沿北门仓粮仓墙外军车运输的大通道，路较宽，两边还有水泥人行道，人行道上画着不到一平方米的格子线，我都是跨大步，一步一格地奔跑着去上学的。中午回

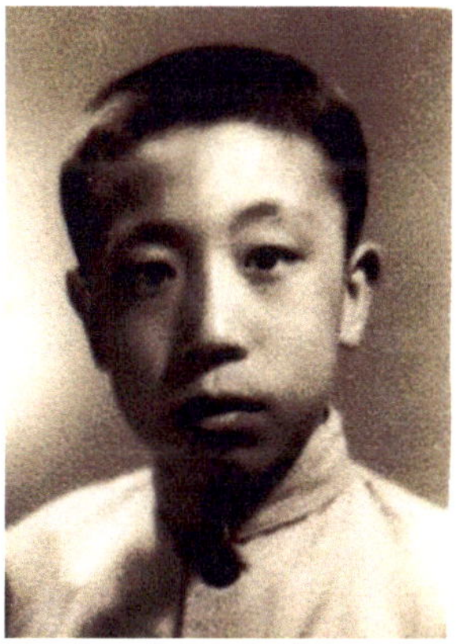

初中一年级照（1944 年）

家吃午饭，饭后赶快再回校上下午的课，因此每天要走四趟，这锻炼和养成了我快速走路的习惯。后来因为太累，母亲每天给我一毛钱，在学校旁边可以买一个豆馅大贴饼子当午饭，中午就不用赶回家了。

这样走路上学有一年多，家人才下决心给我买了一辆二手自行车，我就不再走路上学了。这辆男式自行车牌子是有名的铁锚，车轮尺寸为26英寸①，车架子很耐用，我一直骑到高中毕业离开家乡。不过车胎经常漏气或开裂，我逐渐学会了补内胎和外胎打卡子，也能够掌握拆洗车轴的全部手艺。整个中学期间，无论平时上学还是暑假去颐和园游泳，它一直是我必不可少的出行工具。记得我到哈尔滨上学后，一次写信向家里要钱，哥哥寄来30元钱，说是卖了这辆车得的钱，可见它真是对我贡献到底、鞠躬尽瘁了。

抗日战争胜利后，日伪统治换为国民党政府管辖，北平的民众们直起腰来扬眉吐气了一阵，期望着过和平宁静的生活。谁知不久南方回归大员的劫收，加上与本地汉奸的合流，操纵的市场物价依然起伏不定，法币信用渐失。我家收的房租仍然要以40斤袋装面粉计价。我与堂兄弟不得不推着小车，载两三袋面粉到北新桥市场人群中去叫卖，探索着随行就市的行情。每袋面可以换两到三块的银圆，而每块银圆又要去换若干法币，算计着买多少斤玉米面回去。它们的黑市价格是每日波动变化的，稍失算计就会丢掉几天的口粮，免不了回家受一顿埋怨。

解放战争期间，东北蒋军不断溃退，大批携美式装备的青年军官涌入北平，吉普车在街道上横冲直撞。我养的一条狗因躲闪不及，也被撞死横尸在街头，等我去收尸时，早已被人拖走，令我痛心不已。有一次，一位军官进入我家说部队当夜经过要暂住一宿，我们自然只能听命。全家老少遂都缩居到一间小屋内过夜，听到外面人声马嘶也不敢窥视，早晨等到安静无声后才敢出来。只见各屋地面一片狼藉，院内满布马粪，

① 1英寸=2.54厘米。

好在尚未打人抢东西，总算躲过一劫。还有一次是解放军已入关，北平守军开始备战，要围城筑战壕工事，征召每户壮丁一人，摊派到我家论理我该前去。当然我哥哥是不能容许的，只得挤出四块银圆买通代替名额，我才得以逃过此难，却不知是何人代我前去。对于战乱下的苦难，我也算略有身受。

初中时期，我的主要生活内容还是钻入传统文化的书堆，涉猎虽甚广，但对于自然科学倒并不十分接近。只是从《少年百科全书》《中学生》等现代书刊，接受一些世界历史和科学知识。记得我曾经按《中学生》杂志的一篇介绍，制作过一台简易的水滴显微镜玩具。从两层铁片小孔，滴上水珠作为透镜，观察蚂蚁、花叶等放大数十倍的微观形象而十分惊奇，这算是我最早的科学体验。后来曾应用所取得的经验将两片小透镜上下叠加，增大倍数来阅读缩微胶片。

以节省零用钱订阅的《英文月刊》

有一段时期，我热衷于快速读懂英文书籍，又完全不学英语语法。竟然一个字一个字地查阅英文字典，企图把它们堆积起来就可以弄明白含义，结果得出一堆不三不四的句子而总体仍然莫名其妙。此外，还为扩大词汇学习试用一种卡片逐日记诵法：就是在纸片两面各写英文和汉字，日益减少背诵、记忆次数，但效果也不明显。我用节省下来的零用钱订了一份《英文月刊》，连续数年没有间断。但有一天突然得到广告通知，说次年的定价要涨两倍，十分无奈，就给该刊编辑部写了一份诉苦信，说从此惜别了。该刊编辑部比较照顾穷困的读者，竟同意免费给我三个月的赠刊，这在当时已算是特别优待了。这一时期开明书店编辑出版的英语四用词典是最有名也是最实用的英语词典，但部头大且价格高。我渴望拥有一本就央求哥哥去买，但他没有那么多钱。我哥哥恰巧见到朝阳大学广告板上有一出让旧书告示，索价只约半数，于是就用约两袋面粉的代价为我换回这本旧字典。哥哥现已去世，但这桩往事我至今铭记于心。另外有一本《牛津袖珍英语词典》，我见到东安市场书摊有卖，当然价钱甚高非我所能问津。但在一次询价中，书商竟告诉我有一本退回的残书，因其中有脱页可以降价出售。我则兴趣大增但又不能容忍残缺，遂凑够了钱并与书商达成协议，每天到书摊上去抄写脱页文字。连续几天到书摊处抄录，最终把一页两面蝇头小字全部抄录下来，后又用钢笔仿照原书写同样大小的一页两面字补入残书，以求全璧。实际上后来我查阅这本字典也没有用到过该页文字，这表明我当时虽穷得可怜也痴得可以。

面对这些不大不小类似的遭遇，我在日伪统治时盼望抗日战争胜利后富民强国的心愿自然烟消云散，从书堆中爬出而倾向改变和接受革命思潮也是必然趋势。

第四节　懵懂中接触革命

初中到高中几年间，我由少问世事的“书呆子”转变为具有强烈民族主义思想的革命拥护者，这种变化也并非偶然。在北平，当时经常可以感觉到各学校的进步学生运动和地下党的外围影响，与此同时，硬性和柔性的镇压反革命斗争也很激烈。

1944年秋，我从东四十二条小学毕业，考入北平市立第二中学。北平市立第二中学的校园不算小，体育场在大门对面，面积不算很大，可是男子排球队很出名，在比赛中经常拿冠军，篮球队也不错。这些队员都是高中生，是我们这些低年级学生的偶像。

我们同班的几个年龄较小的同学也组建了一支篮球队，名为“黑风”，统一穿黑背心，上面印着大红字“黑风”。“黑风”篮球队参加过一阵全校比赛，但输多胜少。我算队中个子较高的，这也是被选中入队的原因。篮球队队长姓刘，还有队员李晶，中华人民共和国成立后都南下参军，回来后成为区级干部。介绍我入队的好友张芷超，高中毕业后也参加南下工作团，我猜想他后来是地下党员，对我接近革命的思想有一定影响。

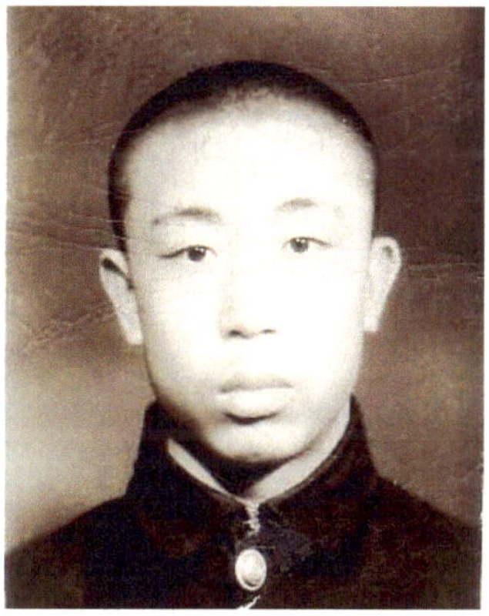
高中时期（1948年）

当时有位崔姓化学老师，不用拿讲稿，就能在黑板上写满化学方程式，讲课时以故事形式讲解化学反应，十分风趣。他在学校组织了一个国乐团，名为“松风社”，经常到电台表演，非常出名。

在初中毕业后的暑假里，我接到好友高学忠的一封诉苦信，他说连考高中的报名费都没有着落，于是我连忙把自己的零用钱——一张二十元钞票给他寄了过去。过了很久，他写信约我见面，说他在一个店铺里做账房，并请我去看电影。影片名字是“松花江上”，描述东北抗联战士英勇抗击日寇的故事，是有名的抗日进步影片。不久后，一位青年军官找到我家，说高学忠是我的朋友，他从队伍里开小差逃跑了，要查问是否藏在我家，他们没有见到踪迹就不了了之了。20世纪70年代的某一天，我偶然在电视里看到儿童艺术剧院公演的话剧《鲁迅传》，鲁迅的饰演者就是高学忠。可见他早年定是已投奔革命。我自然不便再去打扰他的艺术生涯，于是再未去寻续旧情而从此阔别了。

我家靠近朝阳大学，它以法律学科闻名，学校也会有革命思潮和地下党力量渗入，因而时常闹学潮。学校里有学生剧团，有时在晚上演出话剧，我也去看过。剧目有《雷雨》《日出》等，全剧多幕能够完整演出，说明有相当强的进步力量在活动。有时国民党特警会包围学校，甚至戒严街道，成为新闻事件。

我的青少年时代，就是在这样的时势中度过的，老百姓经常受到骚扰，我虽然没有亲身卷入战乱，但耳闻目睹和杂览群书，也确实熏陶我成长具有强烈的改变现状及民族趋稳的意识，抱有渴望富国强军却又厌恶战争而悲天悯人的心态。北平解放前后我能迅速地接受革命思潮进步入党也是可以想见的。

第五节　入党前后

1947年，我从北平市立第二中学初中部转入河北省立北平高级中学高中部学习，主要是听从同班好友张芷超的劝告。一方面，河北省立北平高级中学与北平市市立第四中学齐名，都是当时北京最好的中学；另一方面，他说那个学校比较自由，约我一起报考转学。实际上，我们都是“黑风”篮球队的队员，后来我才猜想到那个篮球队有可能是地下党的外围活动组织，因为其中很多队员包括张芷超，到北平解放后都参加南下工作团，随军走了。

河北省立北平高级中学的地下党革命活动确实十分活跃，有许多读书会、壁报等公开活动举办，国民党的控制则相对是潜在的，处于弱势。

在长达八年的日伪统治下，成长环境异常压抑，家庭生活也从小康到贫困，我形成了强烈的民族主义强国复兴思想，面对国民党统治的乱局，自然倾向于革命思潮。当时，我自发地参与一些不满当局的外围活动，实际思想尚处于不自觉的朦胧状态。在高中阶段，起初我的爱好主要在于读文学书籍，对英语阅读也有兴趣，科学知识只满足于普及读物，对数理化课程学习并不认真，不过应付考试而已。以我“好读书，但不求甚解”的求知方式发展下去，可能会成为一个杂家，或者不专业的文化人。当时我很崇拜《大公报》的著名记者范长江，还有《观察》杂志的主编储安平等人。

除了初中时的化学老师崔老师，河北省立北平高级中学有一位化学

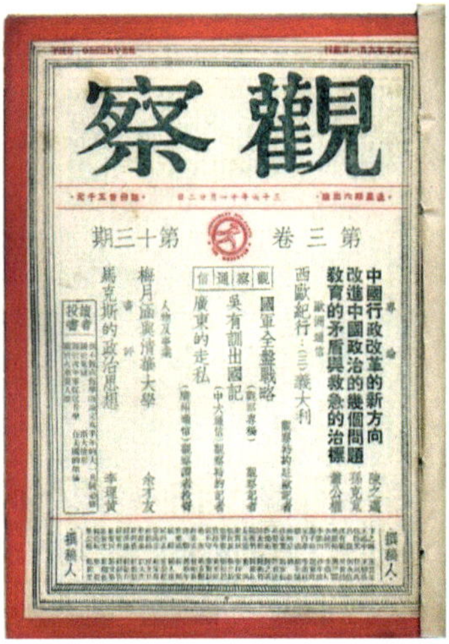

中华人民共和国成立前的《观察》杂志封面

老师也对我之后学习化学产生了很大影响。他是在北平市市立第四中学同时兼课的一位有名的老先生。他要求我们死背化学元素周期表各族元素名称，还编成顺口溜，如“氢锂钠钾铷铯，铜银金，铍镁钙锶钡镭，锌镉汞”等。到考试时，他会要求我们先背诵一遍，否则就不能过关。在后来我从事化学相关专业时，这些顺口溜仍然不时在脑海中涌现，颇能显示强记硬背的方法在记忆中长期存在的作用。中国私塾小学生熟读死记并不理解的《三字经》《千字文》以及“四书五经”等，后期再慢慢弄懂、消化应用，并不是完全没有道理的。

河北省立北平高级中学学生饭厅外墙在一个时期成为大字报战场。1948 年临近北平解放，校内两派势力的革命斗争形势日趋激烈，壁报也形成对骂的局面。

在校内的壁报潮流中，我不甘寂寞，自己一个人出了一份小字壁报，名为“野玫瑰”。其实半个版面是英语学习内容，另一半是中文杂记，又求一个初中好友为我绘制报头，我不会为贴出几期就受到欢迎而自鸣得意。张芷超遂来找我投稿，我当然照发不误。记得一篇内容是“现在课程负担过重就是为了压制学生，不让参加课外活动”。当时河北省立北平高级中学是名师名校，课程要求很严，几门不及格就要留级，这种呼吁则带有革命反抗性。实际上“野玫瑰”壁报的名称也是遭忌有色彩的，我则浑然不觉而沉迷于写作发表的愉悦中，我还常到“孑民图书会”去借书、捐书，也算是参加了一些外围活动。有时还被组织到街头卖报。下午放学后先到东安市场后门外集合，等候派报的来批发。报纸是进步的《世界晚报》。每人免费分发 20 份，一拿到手后，立刻抱着跑，我跑的路线是去东四市场，边跑边喊“晚报，晚报……”跑得快就可以早到多卖几份，一般跑到市场尽头卖不完又往回跑。我叫卖时就有些张不开嘴，怕碰到熟人，卖不完的报只好自己拿回家了。

那时东北已经解放，大批学生涌入北平，河北省立北平高级中学也住了很多。美国的“善后救济总署”发给住校的学生每三个人两袋面粉。为了分到面粉，我也从此离开家搬到学校住宿，开始了独立的生活，但学生宿舍里的臭虫太多，刚搬去时被咬得彻夜都无法睡觉。

校内的斗争与校外国共谈判和战场形势密切联系。1948 年 4 月 17 日，学生会在大礼堂组织一次公开演唱会。开幕前礼堂窗户旁站满人，都是外来国民党打手。开始节目是陶行知的歌曲，窗户旁站的人立刻鼓噪喊起来：“为什么不唱国歌？”接着台上坚持演《兄妹开荒》秧歌剧。演妹妹的演员是男同学扮演的，演哥哥的演员挑着扁担刚一出场唱了一句，立即遭到外来特务们预谋的暴力镇压，他们拥上台去将扁担折断，于是双方就打起来。台下观众慌乱逃走，一批人被打得头破血流被抓走。北平解放后他们才被释放。这在河北省立北平高级中学被称为“四一七惨案”。当时校中一片白色恐怖，出入校门都要搜身。我则没有受到直接波及，只是辛苦制作的最后一期壁报被扯得粉碎，在家躲了几天又照常去上学。

1949 年年初，北平欢庆和平解放，举行了解放军入城式。我一改常态十分兴奋，积极参与各种活动和学习，阅读《中国革命与中国共产党》《从猿到人》等书，在小组会上试着发言。河北省立北平高级中学是男校，与北平女一中联合举行活动，组成合唱团，经常一起练歌，青年男女们享受着解放后的喜悦。我对拼音的“新文字”很感兴趣，暑假时还在青年暑期乐园组织了“新文

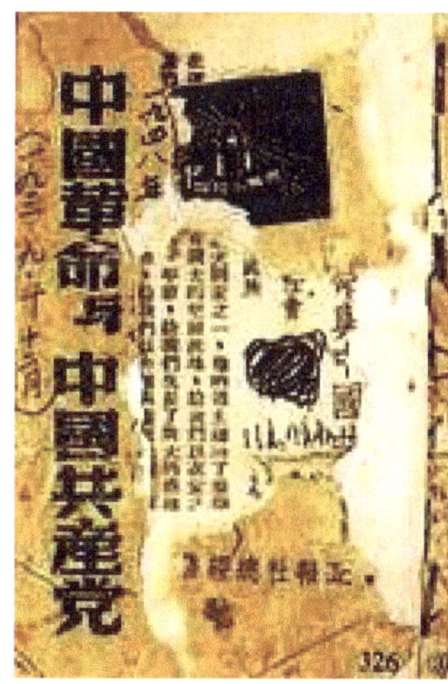

最初的革命读物

字学会”，油印小册子，宣传拼音文字运动。在一次联欢会上，我竟独自演出了一幕单人播音剧，个人变嗓音分饰不同角色。剧本取材于《英文月刊》的一篇翻译作品，描写的是资本主义国家的一家人住在地下室的悲苦生活。

我对从解放区传过来的打腰鼓特别感兴趣，简直着了迷。于是同一位华侨同学刘晓军没日没夜地练习，很快就掌握了多种打法，并且担任了腰鼓队队长。1949 年 10 月 1 日，我很荣幸地参加了开国大典，并且作为腰鼓队队长列队在天安门前游行接受检阅。我们的腰鼓队组成镰刀、锤头的党旗图形，在天安门楼下停下来变换着队形，喊着“毛主席万岁”，真是既高兴又激动极了。

在革命浪潮的推动下，我从一个不懂世事死啃书本的青年转变为革命积极分子，并且在 1949 年和 1950 年年初先后加入了中国共产主义青年团和中国共产党。1950 年秋天，面临高中毕业，要选择新的去路，当时全国尚未完全解放，不少同学参加南下工作团，从军而去，我则有些犹豫未定。恰在此时，北京市委有指示：国家建设也需要高级人才，鼓励青年也去上大学继续学习。苏联援助建立的哈尔滨工业大学在北京开始招生，我最后决定同一批同学一起报名，走上了到东北去建设新中国的征途，这成了我生命中一个大大的转折点。

第三章

『东方莫斯科』的大学生活

第一节　从北京到哈尔滨

中华人民共和国成立后，全国解放迫在眉睫，大规模经济建设已经展开。此时苏联援建的文科院校中国人民大学和理工科院校哈尔滨工业大学正在北京招生。我从小没有出过北京，哈尔滨在我看来虽较遥远，但传说堪称“东方莫斯科”，在东北地区也是工业建设重地。所以，我没有参加南下工作团，怀着建设祖国的热望，同另一批同学去报考哈尔滨工业大学。当时该校的招生处设在北京大学内，接待我们的是清华大学毕业的助教陈雨波老师。他就是后来哈尔滨工业大学分建的哈尔滨建筑工程学院院长，他与我一生的渊源由此开始。我们同班考到哈尔滨的有六人，其中哈尔滨工业大学三人，农学院两人，外专一人（是我的入党介绍人王绍顺同志）。我们在通过考试录取后同乘火车，去往哈尔滨，一起谈论着自己成为新中国第一批大学生的自豪感，向往着未来的学习和参加祖国工业建设的生活，心潮澎湃，无比兴奋。

哈尔滨工业大学原是苏属中长铁路办的本地侨民大学，位于市内南岗区一座俄罗斯式的两层圈楼中。中国接管后计划派来多名苏联专家，建成完全实行苏联教学体制的大学。

中央先后选派陈康白、李昌等任校长。李昌是“一二·九”运动主将，当时任中国共产主义青年团中央书记处书记，办学很有气魄，到校不久就主持在原址续建十分壮观的大楼。哈尔滨工业大学先后有数十位苏联斯大林奖金获得者、博士专家组成顾问团到校考察。从全国各地蜂拥而

哈尔滨工业大学前校长
李昌（1914—2010）

哈尔滨工业大学主楼（1954 年）

至的国内教授、研究生和大学生齐聚一校，合力奋斗，学习苏联教学体制，建设中国一流现代化大学，这个群体被李昌校长誉为“八百壮士”。

不过在 1950 年我们第一批新生入学时，该校原址已有本地苏侨和一批中国当地学生在校学习。我们新学员到达时，南岗区原址已容纳不了，于是全体被送到远在郊区沙曼屯的哈尔滨工业大学预科校区。那里有被日本占领时遗留的一栋楼和一座座日式低矮的平房，采暖还要自己烧煤烤热砖制火墙。校区周围圈着铁丝网，网外是一片荒野农田，冬天白雪茫茫形同域外世界。预科校区内还有从各老解放区送来的例如育才学校的中学生，甚至还有近中年的调干人员。他们按文化级别分为初、中、高级班，全用俄语学习，补习着从初中到高中的数理化课程。哈尔滨工业大学预科校区共有一千多名学生，文化层次和来源各不相同，却都奋力地随着本地苏侨老师练习着俄语，用舌头打嘟噜发声，这是何等奇异的风景！这充分表现出中华人民共和国成立初期，来自各条战线的人为未来建设争当人才的战略决心。他们中的许多人后来确实都成为各条建设战线上的重要骨干，成为精英、佼佼者甚至高级领导人员。

我们学习俄语完全用直接法进行。由本地苏侨女教师从 ruka（手）和 noga（脚）的形象教学起始，逐步进入日常会话，记诵俄语繁杂的文法变格变性。有时还发起竞赛活动，在一定时期和场合中只许以俄语交谈，如果说出中文就要输一张票。在这样的环境中我们进步很快，一年时间下来，大多数人都能够以俄语进行日常会话，并且是标准的莫斯科发音，我原来脑中残存的英语和专业知识反而所剩无几。

不过，紧张的俄语学习并非总是在脱离社会的孤岛中进行的。抗美援朝运动的热潮席卷全国，临近边境的哈尔滨更是紧张起来。全体动员挖掘防空壕和支援朝鲜前线炒面的活动与俄语练习日夜交错展开。在零下二十多摄氏度的严寒中凿挖冻土，边烧火边在直径一米多的大锅中翻搅炒面，对我们这些城市来的青年学生都是新的考验。炒面的颜色要恰到好处，散发的烟雾非常刺眼，偶一不慎面粉就会焦煳甚至燃烧。我作为班长带头参加这项沉重的劳动，在任务圆满完成的庆功会上还被评为劳动模范佩戴了红花。

另一场动情的活动是欢送一批朝鲜族同学。开完送别会后，大家簇拥着把他们抬起送上火车，亲吻和泪水都使得我们难以说出告别的话。对于这些热情、激动的场面，我至今还留有深刻的印象。我在欢送会上朗诵了一首自创的诗，又重操旧业担任起腰鼓队的教练和队长，不时带领着几十人的队伍到城里游行宣传，动员群众支援前线捐款用于购买飞机和大炮。

在哈尔滨的日常生活除紧张地学习和参加运动外，自然也带有俄罗斯的格调色彩。若到市内一游，可见铺石街道、木制独屋、塔顶教堂、金发人群，满目欧式风格，不虚“东方莫斯科”之名。不过那时的松花江时有洪水泛滥，尚无太阳岛风景区。我们主要的粮食是高粱米、玉米碴子，南方来的人只得勉强下咽。我们偶尔到俄式小店去吃大面包、香肠及特制的肉饼，改善一下伙食。哈尔滨工业大学本部举办交际舞会，听专业的乐队伴奏，这种集会虽然每周都有，但一般学生难得出席。沙曼屯预科校区有时也在餐厅举办舞会，来哈尔滨工业大学学习俄语的也有个别华侨子弟、少数民族兄弟姐妹，甚至有当地俄罗斯侨民，他们与老解放区来的工农子弟，混杂一处又相映成趣，也是哈尔滨这种新解放区的特有景象。

我当时担任班长，班里有来自各地学习俄语的学员。有一位新疆维吾尔族的小伙子名叫艾沙，浓眉大眼，体格强壮彪悍，只会说几句汉语。他与我同住在八个人一间的平房内，同我关系还不错，相互以不大通顺的俄语交谈，他要我教他学汉语。我们相处近一年，他被调回新疆，临走时他同我依依惜别，以后便再也没有联系。班里还有一大一小两位学员，年长的段峰约有三十岁，年幼的梁荣厚只有十几岁，两人关系特别好。他们学习都很出色，按计划俄语结业分到哈尔滨工业大学各专业去学工程技术。后来直到20世纪80年代，我突然接到梁荣厚的电话，他在哈尔滨工业大学毕业后到第一机械工业部工作，担任过总工程师职务，现已退休，我们回忆起老友往事相谈甚欢。由此可见，中华人民共和国成立初期以各种方式培养的人才，在后来各自的建设岗位上，都发挥了重要作用。

1951年秋，为时一年的俄语预科培训终告结束，按计划要进入本科进行正规学习。不过，南岗区的校本部仍然在建设中，我们还需要住在沙曼屯预科校区，每天早晨我们需要坐卡车去南岗区上课。在冬季，在零下二十多摄氏度的严寒中大家拥挤着站在露天的卡车车厢上，戴着大皮帽，只露出沾满白霜的眉毛和眼睛，还要提防卡车不时动停的摇摆，以免有人从边缘掉下去。这样的历程直到来年才逐渐缓解，大家分散地住进市内学校附近的住屋里，结束了进入哈尔滨工业大学一年多犹如战斗般的学俄语生活，按照苏联本科五年制大学教育计划开始了另一种紧张而企盼已久的生活。

第二节　苏式的专业教育

1951年秋，哈尔滨工业大学第一批约400人的大学生组成的班称为甲班，在预科学习俄语一年结业后，升入本科一年级。同时升入本科的还有同在预科以俄语学习高中课程的高级班上百人，他们称为A班。双方混合起来，按照苏联大学本科的专业模式，编为土木、机械、电机、化工等各系。当时正值全国高校院系大调整，我原被分配到采矿专业，由于该专业并入东北工学院（现东北大学），我们全班又都转入地质专业。当时大家都服从分配，并且开展热爱专业教育活动，立志将来做一名地质工程师，到山地、沙漠为祖国勘探矿藏。不到一年后，又因地质专业并入长春地质学院，我们全班又转入土木系给水排水工程专业，从此确定了我一生的专业方向和职业范围，与水科学及工程结下了不解之缘。说来也凑巧，我的名字“汤鸿霄”三个字偏旁竟都带有水的含义，也许真是命中注定该当如此。开始时我们只是服从分配，对学习内容和工作方向不大清楚。后来进行专业教育活动时，全班同学还编了一首集体朗诵长诗，记得有“水是生命之源”“没有水，机器不能转动，姑娘穿不上花布，电灯也不会亮”等。表演该节目时，我由于北京口音纯正又是班长，被选为领诵者。表演深受欢迎，又被选去参加全市大学文艺会演，最后还得了奖。

本科一年级学习基础课，如数学、物理、化学等，用的都是影印的苏联教科书，教师大多是本地苏侨。在二三百人的大阶梯教室上课时，

哈尔滨工业大学原校门（1951 年）

由于没有扩音器，坐在后面的人只能看到老师的嘴在动，听不到老师在说什么。于是，上课前大家会早早去抢占前面的座位，同时，学生会还集体组织翻译专业名词字典，人手厚厚的一大本拼命地查阅背诵。我们地质学专业还有矿物学课程，由一位真正的苏联专家授课，所以大家学得很起劲，对照着木制的矿物结晶模型，背诵大量近乎雷同的多角多面体结晶体的俄文名词，类似背绕口令一样，因为那时有面试提问，俄语名为 zaqiaot，是必须要通过的关口。

还有土木、地质类专业特有的大地测量学课程，由中国助教老师担任辅导老师，暑假期间老师会带我们到鞍山钢铁公司的工地去实习，我们的任务是控制、测量新建无缝钢管厂工地的大三角。在一个月的时间内，我们扛着塔尺和经纬仪在原野大地上奔跑，呼叫、响应着反复测定的高程数据，心想着脚下地面将要建起苏联援建的祖国第一个现代化无缝钢管厂。再结合参观的鞍山炼铁炼钢厂中铁水奔流和通红的钢坯穿行轨道的壮观场面，心中不禁对新中国的富强远景无限向往。当时，带领我们，与我们同吃、同住一铺大炕的助教朱厚生老师后来担任哈尔滨工业大学土木系主任，再后来到华北水利水电大学当教授。我后来了解他曾主张设“环境水利学”学科，与我提出的“环境水化学”有异曲同工之处，颇有同道之感。

升入给水排水工程二年级仍然要学习专业基础课，包括各种材料力学、工程力学、水力学、建筑学、机械零件制图，以及电工学、热工学等，土木类课程无所不有，后来又加上多个课程设计、几次数个月的现场实习、整个学期的独立毕业设计。这就是苏联五年制教学计划和给水排水工程专业课程设置的特点，全部学习时间被压缩得满满当当，现场实践也很认真切实，学生只得从早到晚紧张应对，几乎没有闲暇时候，只在每年为期数周的暑假可以松一口气。这对培养一个工程师确实可以取得手脑并用的实效，虽然也提倡独立思考，但似乎不讲求自由发展个人意志，而只着重有广泛的适应能力。学习要求踏实严格，表现为：一方面，鼓励课程考试争取全五分奖，有一门四分还可以再补考一次；另一方面，若有一门课再次补考，仍不能及格就要留级重读。对我来说，在多门课程打下的广泛基础，对于后来从事多学科交叉的环境科学与工程领域，确实感到得心应手，而自己能从环境工程结合环境科学各门类，并能扩展环境水质学的多元学科观念，也莫不与此有关。

我读到三年级时开始进入专业课学习阶段。首先是给水管网和排水管网课，我设计的计算和绘图得到苏联专家和老师们的赞许，曾被选为次年同学参考的样本。这或许因为当时我是学生班长，也算是我开始接触给水排水工程实践的启蒙练习。

在期末排水管网课程考试后，口试主考的张自杰主任随即对我说，要派我一个任务——到北京出差，同工程公司联系，为我们班暑期工地实习确定日程。一般这种工作很少找学生来做，可能因为我是班长，家又在北京，而且暑假也要回家，顺便联系就省得老师再跑一趟。我自觉是较被看重的学生干部，愿意接受这个任务。不过我此前从没有接触过任何公务事，到北京后按要求从工程局到公司又到工地，费了一番周折，跑了若干冤枉路，总算把实习任务全落实了。这是我人生中第一次为公

在北京管网工地实习时在天安门城楼前合影
（1954 年）

务直接接触社会。虽然事情办妥了，轻松之余对办事的麻烦也有不少感触。记得当时给我初恋女友MM写信时，还讽刺那些烦琐的办公程序和人员。这也说明自己在参与行政事务之初就表现出内心厌烦而格格不入的性格。

总的说来，在北京的实习过程还比较顺利。我们先是到给排水设计总院阅读工程设计全本说明书和图纸，当时设计院完成的是太原市地下水源井点网络计算设计。看到这几大本设计说明书和施工图纸，认识到真正的工程设计要复杂、细致得多，规模也要宏大得多，而且深入现场实践，需要若干人、若干月才能完成，与我们在学校的课程设计有很大的区别。接着是到给排水工程公司的施工现场实习。当时北京正修建“四海下水道”，规模很宏伟，排雨水的渠道内可以行驶一辆吉普车，这使我感到十分惊讶。到 2012 年，北京遭遇大暴雨，舆论纷纷指责原设计规模不够，使我十分疑惑问题究竟出在何处。

按苏联的教学要求，我们在工地实习的学生要担任代理工长，其实我们到现场什么也不懂，只能跟着真正的工长跑。除了学习管道施工的各种技术外，还学习书本上没有的各种材料规格、工人队伍组织，特别是工地随时可能发生的紧急事故。有一次，我正参与向沟槽中下管道的工作，每根钢筋混凝土管直径约一米，长约两米，重量过吨。那时没有现代化的吊车，是用一寸粗的麻绳吊挂在沟边的木桩上，向七八米深的沟槽中徐徐送下。不知怎得不留神，吊装的工人把胳臂卷入麻绳和木桩的缠缝中，半空悬垂在沟槽中的混凝土管紧紧地拉勒绳索和工人的胳臂。工人则大声呼叫，情况十分紧急，工长不在而我在旁边手足无措。另一个工人急忙抄起一柄斧头，几下就把粗麻绳砍断，混凝土管掉入沟槽，工人的手臂才松绑得救，然后急忙叫来一辆三轮车送往医院急救，后来听说那个工人的胳臂骨折了。在总结这次工伤事故时，我作为代理工长写了检讨书。这是我平生第一次遇到工地惊险场面，痛感自己在面对紧急事故时，竟毫无用处。

第三节　苏联的水处理技术

环境工程技术原来在我国高等教育中属于卫生工程体系，中华人民共和国成立前一直沿用欧美体制，清华大学、同济大学等都设有该类科系。中华人民共和国成立后，哈尔滨工业大学完全引用苏联教育体制，设立各种分类很细的专业，并有相应的苏联专家。1953 年，哈尔滨工业大学派来了国内第一位给水排水工程苏联专家莫尔加索夫博士，从而新建立了给水排水工程专业和相应的教研室，兴建起给水与污水处理的大比例模拟实验体系，同样的专业模式也推广到全国其他高校。我有幸成为此专业全国第一班的学生，该班约有十名学生，但我因为中间调出做其他工作，直到 1958 年才正式毕业而成为该专业的第三班毕业生。

苏联莫尔加索夫博士与学生们合照（1953 年）

新成立的教研室主任樊冠球、张自杰老师，随即在莫尔加索夫专家的指导下学习掌握苏联教学体系和教材，他们二人后来又都到苏联留学并获得副博士学位，成为国内知名的学者。因此，该教研室也成为当时学习苏联经验的先驱，与清华大学和同济大学等国内同类知名专业鼎足而立。为了培养青年教师，教研室从第一班学生中抽调出三名高才生直接随莫尔加索夫学习，他们分别是李圭白、王宝贞、邵元中，算作1955年提前的特殊毕业生。三人后来不但都成为教研室的骨干教师，也是国内环境工程界的著名学者。哈尔滨工业大学给水排水工程专业曾一度随转到哈尔滨建筑工程学院，后来又回归合并到原校。它拥有教学和科研能力甚强的师资队伍，还最早仿照苏联教材主编全国通用的全套专业教科书，其教学科研活动始终居于全国环境科学与工程类专业的前列。此外，该专业的教师和学生曾先后分别充实到重庆、天津、西安等大学同类专业，发挥了广泛的传承作用。另外，出自其门下先后当选为中国工程院院士的就有五人，也是全国该专业中为数最多者。这些都与最早学习苏联教学体制和学术成就打下的基础不无关系。

同济大学、苏联院所的专家访问哈尔滨工业大学给水排水教研室时合影（1959年）

回想我在哈尔滨工业大学学习的这八年时间：在科技方面，紧张学习的日日夜夜，使我脑海里深深刻上苏联教学体系的烙印；在政治方面，中华人民共和国成立初期连绵不断的各种运动，激励着我净化思想并产生向往强国的信念，与此同时，苏式革命的青年学生生活，也活跃充实于日常课程间隙的业余活动中；在文艺方面，如《勇敢》《日日夜夜》等小说，《保卫察里津》《斯大林格勒大血战》等电影塑造的苏联革命和卫国战争群体，都成为我们的英雄榜样。我向往苏联电影中集体农庄的富足幸福。随着我对欧美的文献资料了解得越来越多，我产生了近代科学革命的发源地实际是在欧洲各国，苏联和美国各自有所继承及发扬的印象。虽然中美建交后，我国改革开放时期能接触到的俄文资料变得寥寥无几，但我在环境工程和水化学方面的基础知识，确实是来自俄文，而且在某些方面，我至今仍觉得苏联处于同一时期国际发展的前列。

苏联在给水排水工程和水处理科技领域的学术积累，大致传承于沙皇俄国和欧洲各国，而后又形成自己的体系。英国和北欧的给水处理、德国的污水处理都较发达，同我的专业活动比较接近的给水工程和水化学，在苏联也较早地建立起学科体系。

在天然水的水质化学方面，苏联对河流湖泊的水质研究有大量文献资料和广泛的分类阐述。其中对我帮助较多的有阿列金（O. A. Алехин)的《水文化学原理》(1953 年）一书。水质分析方面当然首先是拉普申（M. И. Лапшин）和斯托洛甘诺夫（C. H. Строганов）的《饮用水与污水的化学及微生物学》(1938 年)，该书已经对水处理技术各单元操作有一般的化学叙述。

苏联原版及中、英、日文翻译书籍

在胶体化学方面特别是颗粒物相互作用综合势能理论方面，苏联杰里亚金（Б. В. Дерягин)、郎岛（Л. Д. Ландау）首先提出 DLVO 理论、异体凝聚理论以及势能曲线第二极小值等观念。荷兰的沃尔伟（E. J. W. Verwey)、欧威尔比克（J. Th. G. Overbeek）到 1948 年才提出同类理论。不过由于第二次世界大战，学术界判断两者是相互独立提出的，所以才将其合名为 DLVO 理论。该理论在有关学术领域至今仍有很大影响。

在水处理技术的原理和工程实践方面，苏联此时也已形成独立的研究体系并有较深入的机理研究，出版了一系列的教科书和专著，并建有专门的设计研究院，如ВОДГЕО、МКХ等，而且拥有著名的专家，如明茨（Д. М. Минц）、克里雅奇科（В. А. Клячко）、库里斯基（Л. А. Кульский）等。特别是《颗粒材料水力学》一书，其理论作为水处理技术中颗粒物统一的水动力学基础，定量计算应用于混合、沉淀、絮凝、过滤各种过程，成为水处理的基础名著。此书的基本理论也是来自列维奇（В. G. Левич）于1952年所著的《物理-化学流体动力学》一书。明茨（Минц）的接触澄清池工艺不但强调反向过滤增大容污量的结构型式，而且提出表面吸附絮凝的概念。这些颗粒物相互作用以及微界面过程的理论对我后来的治学思想也有不小影响。

水处理技术原来从属于土木工程学科。我最早是从苏联文献中得到启发，有了学科融合的观念，认为水处理技术应当加深化学化工知识并融入应用化学化工学科领域。后来，我接触到了更多的日文和英文文献，在英语学术研究氛围中交流，并受其熏陶，受苏联环境工程技术的影响逐渐淡化。

20世纪90年代，我参加了一次国际会议，会上我做了对颗粒物群体界面吸附絮凝观点的报告。会后场外一位女学者拦住我，用英语交谈说她是乌克兰无机和胶体化学研究所的研究员，对我的报告很感兴趣，与她的研究方向十分相近，希望以后加强交流。她还送给我一本数十页的册子，里面载有她们研究所近年的成果文章题目和摘要，是用英文和俄文书写的。我原想换说俄语与她更多交谈，只可惜，我下过苦功学习的俄语口语被英语覆盖，一时转换不过来，只得道谢告别了。后来仔细翻看，发现小册子中有不少文章与我的专业领域有关，而且发表在我过去十分熟悉的俄文胶体化学杂志上。从摘要来看，有些研究成果也是有相当深度的。想不到苏联解体后，乌克兰无机和胶体化学研究所仍然能继续着之前的学术传统。我曾想到乌克兰该所访问交流一番，但终未能如愿以偿。

第四节　生活和专业的双起跑

1955 年的哈尔滨工业大学学生生活模式几乎完全与苏联模式一样，专业课程虽然压得学生们喘不过气，少有课余时间，但青年团的活动如舞会和文工团的演出都很活跃，社团组织自由讨论，例如对印度电影《流浪者》中的父子遗传关系发表各种意见，颇有苏式的大学风气。

学生时代的 MM
（1955 年）

三年级期末考试前些日子，有一天下了晚自习已是 9 点多，我从教学楼回新完工的男生宿舍楼，独自匆忙地走在夜路上，周围也走着三三两两不认识的同学。我蓦然看到前面走着的一位女同学的背影，似曾相识，心中一动，立即感到她就是那位在哈尔滨工业大学预科时令我印象深刻而动心的姑娘。她带有一种特殊的气质，沉稳文静，似是一位高贵的“公主”。那时我并没有与她交往的机缘，只知道她是从解放区经北京师范大学附属中学转来的女学生中的一位。我们这些从老“国统区”来的男孩子，有些自惭形秽，不敢与她们接近。或许是有缘千里终相会，这次竟然传奇式地相遇，不禁感到机不可失而壮起胆来。

我随即迅速赶上前去与她并肩走，并冒昧地问她：“你怎么在这儿？你们老区来的人都进本科了吗？”她看看是我似乎并不感到意外，说她们已经过来一年多了，只是她分配在工民建专业，没有和我们一起活动过。又问我说："你也是北京人吧！"接着就主动自我介绍说，自己也是北京人，因为大哥做地下党工作，自己才去的解放区。这样几句话一说，似是两个北京人异地相遇，有很多共同语言。不过，当时她去女生宿舍楼要走另一条路，就不得不彼此告别了。虽然是一次偶然相遇，却使我十分惊喜，犹如见到相见恨晚的老朋友，引起无限遐思并难以忘怀。几天后，我又在一个食堂碰见了她，看她拿着一本新的《人民文学》杂志，就有意地向她借来看看，她随手就给了我，我有些受宠若惊，心里感到我们已经是朋友了，决心要追求她作为我的终身伴侣。她就是我后来相守一生、相濡以沫的老伴——纪新，她原名王咏菊，纪新是她 13 岁到解放区后的化名，此后沿用。我一直昵称她为 MM。

我们热恋了三年。1958 年 9 月，我们同时毕业，都服从分配留在哈尔滨，非常默契地相约去登了记，领了结婚证书。全班同学开了一个告别联欢会，也就算是我们的婚礼。幸好 MM 的学校分配给她一间宿舍，但还没有等到搬进去，我就被派去齐齐哈尔出差，参加一个水泵展览会。在中秋节后三天我才回来，我和 MM 只花了 7 元钱买了一套棉被，随即算是正式结婚组建家庭。现在回想起来似乎没有经过什么蜜月期，一切都从简。我们都很坦然，而且，我很快就又被派去带领学生下厂包建一个车间的水暖工程了。

在松花江畔留念（1957 年）

我们的结婚照（1958 年）

我们共同度过政治运动和生活最艰辛的岁月，不离不弃地共同欢庆过五十年金婚的纪念日。MM很不幸于2009年因病离我而去，终年78岁，我则痛不欲生地挣扎着、思念着，独自过着余下的残年。这里仅把我们传奇地相遇、相识的时刻，当作我一生生活方面的起跑线来回忆，其他更多细节则不适合占用这本专业回忆录的篇幅了。

参观台湾高雄净水厂时留念（2004年）

如果说我在一生的专业活动方面也有一个起跑线，那也可以追溯到1955年。那一年，从北京工地实习回到哈尔滨的学校后，党总支书记陈毓英同志找我谈话，说有个政治任务要我完成，需要我暂时休学一两年到审干办公室工作，调查甄别刚告一段落的所谓肃反运动遗留的专案。当时我作为党员自然是无条件接受的，自觉为受到组织信任而高兴。土木系审干办公室一共调来七八个学生，都是二三年级的学生，后来我们一起工作彼此都成了好朋友。

分派给我的第一个任务就是去云贵川各地出差。旅途之余，我还是忘不了自己的专业。我随身带着一本在北京工地实习时翻阅的俄文书——《上下水道管的敷设》。虽然它只是一本钳工读本，但是书中能把工具、材料和操作程序都说得清楚易懂。我觉得如果能翻译成中文出版，对中国的同行业工人也会很有用处，岂不也是一件好事。于是，我就大胆写信，尝试与建筑工程出版社联系，而且很幸运地得到了回信，要我寄去译稿试看。我寄去了精心准备的部分译稿，竟然得到了编辑的回音，并且要同我签订一份合同，约定交稿等事宜。这对我这个生平第一次与出版界打交道的译者来说，自然是一件值得高兴的事情。我还因此产生出对未来发展的许多联想。在外调结束回校后工作之余，我就按约稿要求把全书翻译出来。书写过程中才体会到，印刷出版物在格式、标点方面比随意的稿本有许多更严格的要求。这对我以后从事写作等有关工作，算是一次启蒙教育。

翻译这本书竟还得到一百多元的稿费。不知如何消费这笔“意外小财”，兴奋之余我竟暗自去给 MM 交了当月的食堂餐费，这自然得到了她的退还和亲切“责骂”。

经过一年半的时间，审干办公室的政治任务才算告一段落。我通过申请又被批准回班重新学习，但相对原班同学不得不降了一级。等待一段时间后才可以进入四年级，开始专业水处理课程的学习阶段。这时恰巧见到一本俄文参考书——《怎样加强城市给水系统的工作》，书的内容包括城市给水系统的取水、处理厂、泵站、管网等全部设施的关键细节和强化技术。我感觉这是一本有用的好书，遂又萌生了翻译成中文出版的念头，于是再次向建筑工程出版社联系翻译出版事宜。不料出版社对这次试译稿的评语却是：译文的翻译痕迹较重，不够通顺，因而难以接受。这不禁使我大跌眼镜但又不甘心。于是又致函辩解说，“一本好的翻译书需要既懂俄文又懂专业的译者与懂得中文的编辑结合才能完成，我将尽量改善译文，并请编辑

《怎样加强城市给水系统的工作》

协助校改"等。结果又得到允准，再次收到约稿合同，可以着手开始翻译。后来与好友张希衡合作，于暑假完成了全部译稿，并经我反复修订，最终于1959年正式出版，这算是我在学生时期正式翻译出版的第二本书。

这本书的翻译出版过程，一方面，在专业知识上有助于我更深入地完成给水处理厂毕业设计，并且后来在教育革命时期到水厂跟班劳动实习的半年加强了我对照水厂设施进行学习和改进操作的体验，这对我后来从事给水工程领域的研究很有影响；另一方面，也使我养成阅读外文文献时注重深究用词原意的习惯。不过，同时产生的副作用是我必须把原文献翻译成中文并写下来，心态上才感到切实掌握到了实质的内容。后来我发现，这个习惯虽然提高了我阅读文献深究其实验过程的质量，但也减慢了我阅读外文文献的速度，甚至影响到我的外语听力。另外，我在后来培养研究生时，也往往首先请他们把一篇外文专业文献译成中文稿，借此考查他们阅读外文的能力和治学态度，这有时也确实起到一定的因材施教的作用。

总结这一时期在我的生活和专业上先后发生的两件大事，都是我人生长跑的开端，虽然是站在起跑线上，但对我此后漫长的求索道路影响深远，值得在回忆录中记上一笔。

第五节　革命运动中的激情起伏

1955年，从北京工地实习回到哈尔滨的学校后，我就应党组织要求到审干办公室工作。我的第一个任务就是去云贵川各地调查、核实前段运动中尚无结论的揭发材料。当时西南地区的铁路大部分尚未建成，旅途多山路，主要乘汽车甚至敞篷卡车，夜里住公路旁的工棚小店，一铺大炕人挨人挤着睡，怕丢了随身带的公文包，只得放在头下当枕头。预计来回要三个月的时间，这也是我平生首次独自出远门，于是硬着头皮壮胆接受这次考验。沿途的艰险遭遇和各项任务尚称圆满，在此不必细表。我暂时摆脱了在校内繁重学习及政治运动中承受的双重压力，得以游览祖国西南名山大川，也可谓是终生未能再遇到的快事。不过，这样一来我在哈尔滨工业大学六年制的学业延长到八年，不可不说是一点时间上的错位。

实际上，中华人民共和国成立初期，政治运动连绵不断，高等学校师生无一例外必须参加。我在学习期间，大多担任年级党支部书记。一方面要尽力完成规定的课业任务并争取优异成绩，另一方面要负责组织全体学生的政治运动及课外活动，只能凭着自己的革命热情和青春活力，疲于奔命地勉强支撑周全，虽然乐在其中也确实苦不堪言。

本科一年级第二学期，同年级各系党员已经合组为一个支部。我们这个年级支部有五名委员，书记是来自山东老解放区的宋健同志，我担任宣传委员，另外三位都是来自上海的地下党员。后来中央下文件要调

大学二年级（1953 年）

一批学生直接去苏联留学。反复研究的最终结果是支委会除我外四人都确定去留学，只留下我代替宋健继续担任支部书记。这个职务几乎贯穿我的整个大学时光。留学苏联的宋健同志在苏联取得优异的成绩，回国后随同钱学森发展工程控制论，为我国导弹事业的发展做出杰出贡献。当我进入中国工程院有幸被选为院士后，他曾当选为第二届中国工程院院长。我们有时虽略有接触，但我本人不善交往，不愿打扰他工作，所以一直没有机会直接交谈共忆往事。

1957 年，我得到组织同意回到班级重新学习，又开始担任年级党支部书记。

不久以后，反右运动开始，我在运动中被撤销了党支部书记职务。激烈的反右运动后，哈尔滨工业大学校内，革命化的气氛笼罩着青年学生群体。1958 年，我们五年级毕业班在紧张的毕业设计答辩接近尾声时，毕业后分配和职业的何去何从这几乎能够决定一生前途的时刻接着到来了。这时，到基层去、到边疆去的口号和呼声正在高涨。国家大学生毕业统一分配的计划逐级下达了，它在事实上确是适应当时的政治经济形势。在分配计划中，中央部门、大城市、大设计院的名额很少，大部分是到地方市县和边远地区的名额。计划方案按照预定程序向毕业生们公布后，就开始个人自报志愿和组织协调谈话，进入了命运攸关的激烈思想斗争阶段。

给水排水专业按计划有四个名额须去新疆，这是去最边远地区难以确定的方案。根据党团员带头的原则，最终确定要去一名党员，另外是团支部书记、党的积极分子邓崇志和他的女友彭道崇，还有一位是广东来的赵峰同志。那名党员先定是龙振涛同志，后换了一位新入党的金长

毕业班同学惜别聚会附结婚祝贺合照（1958年），中间为党支部书记吴满山，其左右为我们两对要结婚的新人

礼同志。邓崇志夫妇在新疆给水厂工作了一生，直到退休才回到家乡。赵峰在新疆生产建设兵团工作、安家，生活到老。金长礼到新疆石油局工作数年后，调转到大庆石油设计院担任院长多年。他们都在边疆为国家基础建设做出终生贡献。更多的同学被分配到县区和工地担任技术员，他们的艰辛与奋斗事迹可以反映出那一代大学毕业生的人生道路众生相。

我因为已经不再担任党支部书记，所以没有参加毕业生分配方案的讨论决定，只是个人首先表态报名申请去新疆工作。在宣布毕业分配方案的大会上，系领导首先祝贺我们完成了大学的全部学业，并说：按照实行的苏联教学计划，你们都取得了工程师的资格，但是现在祖国正在提倡到基层去、到边疆去，参加轰轰烈烈的国家大建设。你们各自到新的岗位，有些人要从见习技术员做起，有些人要当见习设计员，有的人要留校做见习助教，譬如汤鸿霄就预定要留在教研室做教师，因为学校也需要培养学生，等等。结果，我就此未能按志愿到边疆或回北京，而只能服从分配做一名青年教师了。我的未婚妻 MM 也随我不能回到她希望去的家乡北京，只能陪我留在哈尔滨中等专业技校（后来改名为黑龙江工学院）做教师了。我们二人从此安心成为教师。

我们这个班级面临着分别，所有同学分配后将各奔他乡。大家痛感惜别，开了最后一次欢聚茶话会，在会上同学们互相珍重道别。有同学提出要借机会给两对已确定婚约的同学举行婚礼，其中一对是要共同去新疆的邓崇志和他的女友彭道崇，另一对则是要共同留在哈尔滨的我和 MM。这个提议立刻得到大家的赞许欢呼，聚拢来进行全体合影齐声庆贺。就这样促成了一次非正式的婚礼聚会，欢乐和离情并存，有些人甚至落下泪来。这也是我和 MM 一生举行的唯一革命婚礼，只在会后补了一张结婚照。再一次拍照则已是五十年后女儿们给办的金婚庆祝照了。

这时，我也只能服从分配的决定，并且立即接受任务被派出差去齐齐哈尔市参加陶瓷水泵会议，甚至没能赶上欢送各位同班同学离校，没有来得及一一珍重道别。MM 也被分配到哈尔滨一所中等专业技校做教师，该校后来改为黑龙江工学院，并与哈尔滨建筑工程学院合并，最终又一起回归到哈尔滨工业大学。于是，我们两个北京人从此在哈尔滨落户，又历时近二十年，一共在这个东北城市度过前后达 27 年的前半生青春年华。

第四章

教育革命和『文化大革命』

第一节　身为人师

哈尔滨工业大学毕业
（1958年）

1958年，“大跃进”运动开始，高等学校即开展起停课闹教育革命，不久前从哈尔滨工业大学土木系分转出来独立的哈尔滨建筑工程学院的各系各专业师生也紧跟着停课下工地去深入实践。我是才毕业留校参加工作的青年见习助教，又是不久后即当选的给水排水专业教研室党支部书记，当然会义不容辞地冲在第一线。

当时教育革命的主题应该是推动教师知识分子下基层参加劳动改造思想，但是如果不与技术革新科学研究紧密结合，也会变成没有活力的单纯的体力劳动，不受所在工程单位和老师同学们的欢迎，如何把二者有机地融合是取得双赢效果的关键。这是作为党支部书记的我，首先要思考的问题。

我的任务是带领一个班的学生到苏联援建的汽轮机厂工地，承包一个大车间的水暖管道安装工程。我没有任何当老师和承包工程的经验，只得硬着头皮和学生们一起同住同吃同劳动，在工人师傅指导下从头学习各种工序，从砌筑烘炉、焦炭生火、煅烧钢筋、打造用具等，到看图定线、套丝接口、敷设管道、填缝接口、安装设施，最后经过试压验收，学习了全套工艺流程。一方面，我得益于前几年翻译的那本俄文钳工读

在哈尔滨建筑工程学院校门前合影（1960 年）

本时的知识，再抢先一步向工人师傅求教；另一方面，又有多年当班长与学生和睦相处的习惯。三个月下来，总算平安地通过验收，完成了工程和教学双重任务，回到学校还得到教研室老师和同事们的赞许。

给水排水专业教研室主讲管网的颜虎老师等正忙着从事的工程是改造哈尔滨市区的若干管网系统，即把某些厂的冷却水或冲洗废水略加净化，再引流到其他工序重复使用，这是生产用水系统的合理设计。但在实际实施时并不一定都能完整体现出来，存在许多杂乱无章的管线布局。这时可以相应地进行调查设计和管线改建工程，适当提高节约用水的效果。这其实就是后来兴起的中水利用的技术原理，当时被称为“循环供水”。教师们积极性很高，先后改建了几个工厂和街区，重新切断和连接一些管线和设备，达到了若干节约水的效果，由此得到舆论的大宣传，被写成文章发表甚至编成歌舞表演，说什么教育革命开鲜花等，还派我为代表参加了全市的“群英会”。

排水专业的王宝贞老师则率领学生们大搞“污水污泥综合利用”研究，从各种工业废水污泥中提取回收有用物质再加以利用。当时萃取回收的有各种塑料原料，可以制成不同颜色的日常用具，还从地下水除铁沉泥中分离出磁性氧化铁，制成电子元件等，甚至还从粪便等生活污泥中经过复杂生化工序提炼出维生素 B_{12} 针剂和晶体。为了巩固和发展这些“创新成果”，学校当即专门成立了污水污泥综合利用研究室。虽然这些

二十年后重返母校与王宝贞教授合影（1997 年）

“大跃进”式的项目后来随着群众运动的衰落而有所消失，但这个研究室却一直坚持下来，多年来从事各种工业废水和核能放射性废水的处理研究，并取得了许多突出的成绩，在生产实践中发挥了重要作用。

1959 年秋，全国教育革命成果展览会在北京召开，我又被派去做筹备人员和解说员。我同哈尔滨工业大学一起组团前往北京农机学院会址，筹备展览布置会场，实际参与的是大量繁重劳动和事务活动。各类展品的运送就位和展牌的精细加工交错进行，构成展览会开幕前的纷乱场景。我除了参加派给的临时劳动任务外，还要准备好本专业的展台和解说讲稿。对比数控机床、飞机航空、电子仪器等专业，环境污染工程在当时还是鲜为人知的行业，摆出的展品不过是聊备一格，屈居角落展台作为陪衬。展览会上，我虽然努力地向参观者解说环境工程、环形供水、废弃物回收的创新性和重要意义，但与现在环境污染已成为尽人关切的日常问题不同，这些在当时仍是环境工作者热切期望社会公众能加以理解，但又求之不得，很难为人重视的科普常识。备受漠视、冷落之余，我晚上到楼顶平台俯瞰全北京市那到处闪烁着一团团大炼钢铁的烽火，反倒因自己没能参加这群众运动而感到有些遗憾。

三个月后展览会结束，我又回到哈尔滨。我同 MM 结婚后住的宿舍楼下原是一片足球场，在大炼钢铁时期充当了沸腾的战场，此时则成为满目狼藉的垃圾场，到处散落着残砖破瓦和焦炭，一堆堆黄土掩埋着异形的铁块渣，显示出群众日夜奋战的残余成果。这时正值寒假，疲劳不堪的学生和教师们都缩居在各自的斗室中，利用挖来的剩余焦炭生起小火炉自己煮饭吃，设法应对那开始消减定量后粮票不足饱腹的局面。

纵观 20 世纪 60 年代初期，我国环境污染保护治理的科技领域一般尚以卫生工程或“三废”治理为名，给水排水工程的名称也是由苏联引进。除上述我所经历的哈尔滨工业大学教育革命中的技术革新外，清华大学、同济大学等高校同类专业，及某些企业如上海、天津等自来水公司也有类似的技术革新活动。城市污水系统的建设尚未提上重要日程。总的说来，该时我国环境科学与技术领域尚处于形成的开端，实际尚以给水工程为主要内容，污水处理及污泥利用还处于起始状态。即使有一些技术革新，也往往以群众运动方式进行，难以深化巩固，对社会的影响尚较小。

第二节 饥寒交迫，但不忘技术革新

1960年年初，正是“大跃进”后三年困难时期的开始。我从北京完成展览会的任务后回到哈尔滨。结婚后，我和MM都被安排了教学任务。我开始准备主讲水化学课程，MM则被分配了主讲建筑施工课，还要时常带学生下工地实习。与此同时，我们却不得不应对着日益袭来的艰辛经济生活。

哈尔滨建筑工程学院分配给MM的一间14平方米的筒子楼房间里，两张铁床靠墙并排放置，对面摆放着两张小课桌，一个柜橱装杂物，粗木板钉的架子放书籍，这就是我们以全部公有家具构成的简陋居室，数年间未变样。没有厨房也不能自己做饭，伙食基本是从食堂打回来吃的，偶尔自己添补一些副食。口粮定量缩减后，MM教建筑施工课算作参加重劳动，被照顾定量每月27斤，我则按一般定量为26斤，粮票十分紧张，而且大部分是高粱米和苞米面，每人细粮米面只有数斤。我因为担任教研室党支部书记，经常要按时上班和开会、上课。从哈尔滨建筑工程学院住宿处到哈尔滨工业大学土木楼，每天早晨要步行约5千米。冬天早晨有第一堂课时，天不亮就要起床，到楼下食堂用一两粮票买一个窝头，赶紧吃了上路，走到学校还要连讲三堂课。我快速步行的习惯从初中时就养成了，此时也习惯于边走路边思考边备课。直到两三年后才舍得用两人积蓄买了一辆自行车，从此不再步行上班。

当时的食油和肉类副食都凭票供应，每月不过油半斤、肉三两。每天的粮票定量平均也只有八九两，高粱米饭一碗就是三两，没有油和肉，只凭粮食哪够吃饱，常是肚子空空。实际上，MM强忍着饥饿，把不少粮票都让给我了。记得有一次，我在搪瓷脸盆中放满白菜帮子，撒上一些盐，渗出好多咸汤。晚上备课饿得要命时，就捞几块白菜帮子，剁碎了用水一冲，吃了充饥。

我们二人同甘共苦地过日子，不管怎样，真似有了家的感觉，心里很满足、幸福。她有在解放区艰苦度日的经历，我也经历过穷学生吃救济面粉的日子，心想怎么也不会再回到过去那样，只是憧憬着好日子尽快到来。

到1959年秋，我和MM已经结婚一年多了，MM发现自己怀孕了，这是我们第一个孩子。三年困难时期，哈尔滨的生活尤其艰辛，我们还在紧张地投入教育革命，十分忧虑生育孩子前后的生活。经过反复思考，又与在北京的家人商量，得到MM母亲的允诺，她欢迎MM回京去生产。我们不禁大喜过望，艰难地准备着MM孕期可怜的营养品。当时市场上都没有卖鸡蛋的，只是在小巷里有农妇用手巾包着几个鸡蛋低声叫卖，我们也只得忍痛高价买几个来勉强补养身体。记得到临近产期，我送MM上火车排队等待时，又急忙奔跑回家取来给她路上吃的食品，那不过是七个煮熟的大土豆而已。据说她路上也没有吃，一直带到北京，似乎当作女儿首次回娘家的见面礼了。北京那时经济生活也很困难，但MM得到父母的贴心照顾，她妹妹还到处搜罗一些牛奶供给姐姐补养。我们的第一个女儿丽虹就是在如此尴尬的局面下降临人世的。十分不巧，正当丽虹刚过满

MM和女儿丽虹（1960年在北京）

月之时，哈尔滨校方通知MM去上海同济大学随一位苏联专家进修一年。我们经过通信商量，舍不得放弃这一难得机会，就下决心接受这份任务。MM只得在月子期刚满就直接去上海报到。MM的母亲又身患疾病，女儿丽虹留在北京，只得送进宋庆龄办的香山慈幼院全托，改由我的嫂子每周一次接送回我哥嫂家照顾。我们的第一个女儿就这样在北京出生，以我兄嫂为父母，长到三岁才由我借出差机会接回哈尔滨，她初见我时竟称我为“客人爸爸”。我们对两家亲人的照顾感激不尽，MM也经常因思念女儿而以泪洗面。我们尽所能以二人工资的一多半来供养女儿，共同度过了这段难忘的日子。

寒假过后，我同几个进行毕业论文实习的学生到哈尔滨沙曼屯第三水厂去跟班劳动，与他们同吃同住。我借此机会体验了水处理设施的生产运行及现场的操作流程，与此同时，还进行了一些生产工艺方面的科学实验。

活化硅酸是一种水处理助凝剂，早在20世纪30年代，苏联和美国就有应用。天津自来水厂配合硫酸亚铁使用活化硅酸多年，效果很好。其他厂多有效仿但成功率不高，可能是因为活化硅酸制备过程比较烦琐，大家对化学机理的理解不够。所以到60年代初，我们仍然选择活化硅酸作为科研项目，在哈尔滨水厂进行现场实验研究。同我一起住在水厂工作的是丁吉震，他是一个很聪敏好学的小伙子，毕业后被分配到重庆工作，但与我的联系不曾间断。

生产这种助凝剂用的原料是工业水玻璃黏稠液，制备过程要经过稀释、酸化、凝胶化、再稀释或酸化，并且限定在一定时间内投加使用。整个工艺要求酸度、浓度、时间三种参数达到精确配合且恰到好处，否则产品就会固化失效。当时水处理工程实践者对硅酸聚合的化学原理知之甚少，只靠大批量烧杯预实验，取得经验参数后，再到现场进行大规模使用。不过，每日数万吨饮用水的生产现场，需要制备的药剂量也达到数十立方米。从烧杯实验放大到比其大数万倍容量的药剂池生产，要保持预定参数并达到整体均匀分布，将又变成另一轮生产摸索实验。何况那时的给水处理厂投加药剂，尚未使用现代化设施，大多依靠人工操作，每次失效就会造成上千元的经济损失，所以操作时的紧张心态可想而知。

我们所有的实验都是兢兢业业、小心谨慎地进行的，但不幸还是发生了一次事故。一天夜里，我与水厂的一位张姓技术员值班，面对一台没有罩子的小鼓风机，他不小心伸手靠近去试叶轮风速，竟被飞速旋转的叶片削去一根拇指，造成急救工伤事故。我作为现场负责人，赶紧送他去医院疗伤，事后对这血的教训感到满心愧疚。

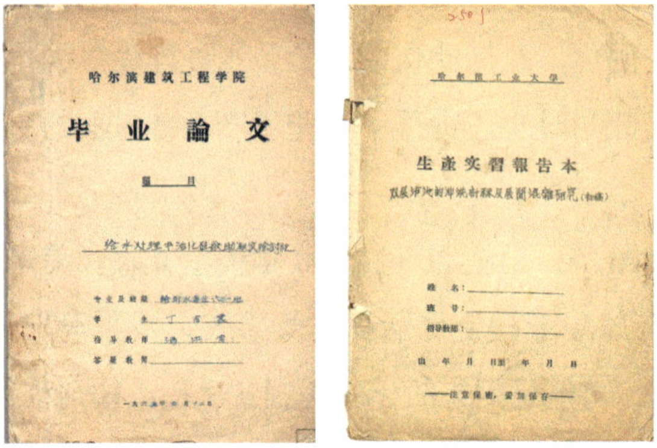

哈尔滨建筑工程学院的毕业论文

科学实验最终效果还是令人满意的，虽然是初步的成功，不过丁吉震终于写出了一篇优秀的毕业论文。同是哈尔滨工业大学的刘欣远、周定等老师，后来多年都在活化硅酸项目上进行了更深入的规律性研究，他们采用了更为深入的化学知识，并且参考了南京大学戴安邦教授和国外 Stumm 教授等的硅酸聚合化学等文献，得到定量的理论成果。这些成果都充实了我于2006年出版的《无机高分子絮凝理论与絮凝剂》一书。这次实验使我更加体会到比较深入的化学知识对水处理工艺是多么必要。

我参加的另一项双层滤池实验则几乎完全属于水力学性质的研究。水处理砂滤池的一项主要功能指标是容污能力，即滤层的孔隙率。为提高这一容污能力，要适度加大滤料的粒度，当时采取的方法是在石英砂层之上再加一层无烟煤层，无烟煤的粒度较大、比重较轻，可以在表层增大其容污量。不过需要使煤砂不相混杂，其间保持清楚的界面。在反冲洗悬浮状态中自由沉降回落后，要求两种粒度、比重甚至形状都不相同的颗粒，能够达到按设计规定的分层沉积。这是复杂的“颗粒材料水力学”计算问题，并且对两种滤料的材质、破碎、筛选都要有适用的工艺计算，最后还要通过模拟实验加以验证。

无烟煤滤料的选材由丁天石在全东北地区煤矿样品进行调查和理化鉴定，最终得出双鸭山矿无烟煤是适用的滤料品种的结论。根据调查报告写成的论文《无烟煤滤料的鉴定分析及东北地区产品调查》可以算是由我执笔并铅印成文发表的第一篇作品。滤料的破碎筛选是用大型铸铁管人工滚压来实现的，然后人工筛选也是繁重的体力劳动。过滤的模拟实验则以成排特制的透明玻管填充滤料完成。特制的多根粗玻管沿高度分层设置采集水样的出水管，在过滤实验时可以逐时监测滤过水质和滤层混杂状况。这种装置的制作也费了一番周折。我后来在建立国家重点实验室的模拟实验设施时，也曾仿照型式放大口径尺寸加以采用。在我和张静玉完成初步模拟实验数年后，李圭白、杜魁元等又进行了更深入的实验和计算研究。这些成果最终综合在一起，写成颗粒材料水力学理论计算的应用论文《煤、砂滤层反冲洗计算公式》，直到 1981 年才正式发表于《环境科学学报》上。

在“大跃进”年代，技术革新成果无处正式发表，只能成为打字油印材料和后世文献的历史记录。

第三节 第一篇专论的形成

1964年前后，三年困难时期过去不久，国家经济形势有些好转，教师在窘迫的生活和教育革命的驱动下略微松了口气。我也开始整理前段下厂、下工地参加技术改革时得到的若干体会和资料，如饥似渴地阅读久违的英文文献，试图找回失去的时间和时代感。我的第一篇专论就是在这一时期完成的。

混凝是水处理工艺中十分重要的单元过程，它是中国惯常使用的名词，代表着投加药剂使水中杂质脱除稳定性，并且聚集成为便于分离的粗粒絮体这一全过程。我按照中文词义将其解析为其中包含着三段操作，即混合、凝聚及絮凝。不过，国外并没有相应的词语。它们在俄文和英文中通用的词语分别是смещения、коагуляция、флокуляция和mixing、coagulation、flocculation，其中“凝聚”和“絮凝”两个词语在代表整个过程时常常被混用。这表明当时水处理学界对全过程中各段操作的作用机理并没有清楚的界定，缺少统一的认识。到后来，微电泳检测技术、有机和无机高分子絮凝剂等陆续出现后，不同作用机理的认识更趋于清晰，混用的现象就越发明显而不能适应发展的形势。20世纪60年代初期，美国的胶体化学权威学者拉默（La Mer）对这两个词语下了一番定义，他认为“凝聚”和“絮凝”是两种不同机理的概念，应加以区分。随之引起了欧美水处理学界的一次学术大讨论。由于混凝处理单元操作的质量可以影响到整个水处理流程和最终产水的质量，因此混凝单元的作用机理也涉及整个水处理过程的机理，因而对混凝机理的争论也促成对给水处理工艺作用机理更深入的解析和研究。各国学者在此领域分别发表了大量不同观点的理论分析和实验结果，各持己见的文献争论十分热烈。

当时的讨论分歧主要集中在混凝过程的物理观和化学观两大方面。物理观的理论基础是凝聚物理理论，也称为 DLVO 理论，它是由苏联和荷兰的四位科学家先后提出的。其主要观点认为：两个微细颗粒之间可否相互聚集，主要决定于它们各自的双电层结构和相互作用综合势能，需要判断它属于吸引还是排斥能级的物理性质和作用。化学观则是以化学态之间的化合作用作为理论基础，强调投加药剂后的水解反应及聚合产物的形态和表面络合作用。化学观论文中较为突出的是 Stumm 分别和 Morgan 及 O’Melia 等先后发表的两篇论文，它们被称为“凝聚的化学观Ⅰ、Ⅱ”，被认为是此领域的经典代表作。这两大派系观点的交叉和融合，成为其后数十年来水处理学界对混凝作用机理研究的中心话题。特别是对混凝药剂形态转化及其化学作用机理的定量模式计算的探讨一直延续至今，成为水处理混凝理论和实践发展的主流内容。

在那一时期，我作为一名中国的水处理工程初级研究者，尚没有资格和勇气写一篇英文论文去参与国际学术讨论。不过，我查阅过欧美以及俄日诸国有关文献后，经过比较分析思考，确实产生出若干独立的见解，产生了试写一篇评论的冲动。其实，除了我已读过的欧美主要论文外，凝聚态物理理论最早是由苏联学者等以俄文提出，并经苏联许多研究者加以详细阐述的。日本丹保宪仁和许多水处理学者对混凝作用机理也有独到的剖析，发表在《日本水道协会杂志》和其他日文期刊上。他们的研究深度不次于当时一般欧美文献的论述，但各种观点并不统一。我在广泛阅读和比较了数十篇各种语言的文献后，加上若干自己的见解，并且利用文献上典型实验资料进行重新计算，再结合中国各地土壤及水质的不同特征，综合写出一篇专论《浑浊水铝矾絮凝机理的胶体化学观》。该文被 1964 年上海给水净化学术会议采纳，并于会上宣读，而且

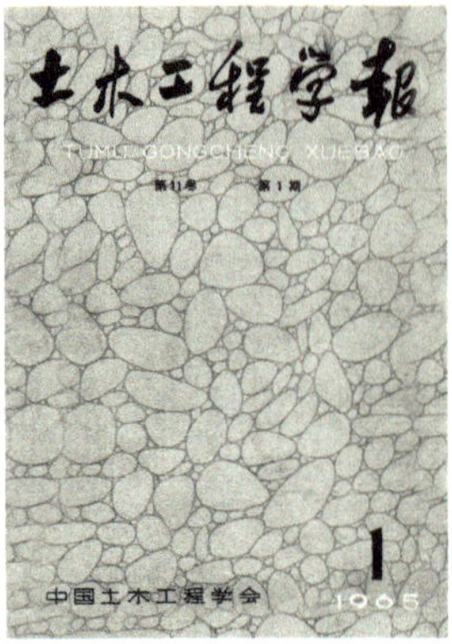

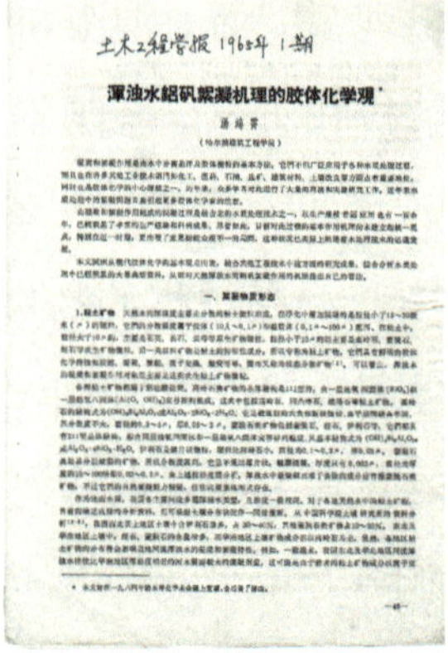
土木工程学报 1965年1期

浑浊水铝矾絮凝机理的胶体化学观

汤鸿霄

我发表的第一篇专论

得到一些从欧美留学回国的自来水工程界学者如林家濂等的赞赏，并且立即被选中刊登于次年的《土木工程学报》上。

我当时能够写出这篇专论，首先得益于我能阅读各种非英文的科学文献，遍采各家之长。另外，我曾在现场工艺操作和模拟实验中得到过若干实际体验，对真实生产过程的了解不仅限于书面。该文以胶体化学为主题也是我的创意，因为在化学领域中这类以颗粒物相互作用为对象的内容实际包含着物理力学与化学形态两方面知识的融合。混凝的物理论和化学论各坚持一方未免偏颇。我提出“胶体化学观”的概念正是对二者的融合，这实际得益于我当时对苏联和德国胶体化学的初级了解而已。在这初次尝试评论国际上水处理混凝机理争论时，我提出“絮凝形态学”的概念来剖析絮凝体各组成部分的形态和相互结合机理。这既融合了欧美及俄日文献的不同论点，阐述了新发展的化学观水解络合观点，又融合了双电层相互作用的物理观点，特别是还应用了综合势能曲线第二极小值来诠释絮凝体结构。该文还应用已有的一些文献中的典型实验结果来半定量地说明絮凝过程模型，并且结合中国地域水质混凝特征做了一些计算推论。这些观点和理念一直延续到我数十年后的同类研究中，成为我多年对混凝机理的基本认识，后来的研究虽逐步深入，但它仍旧与该领域范围内国际主流观点的发展趋势大致相符。

这篇专论不仅是我在全国性学术会议和正式刊物上发表的第一篇论文，也是我在此方向继续从事研究和实践活动的开端。可以说，它是我一生中在无机高分子絮凝理论和聚合絮凝剂形态实验研究中发表一系列论文和书籍，并且开发推广我国相应生产工艺模式的初步基础。虽然这是一篇综合评述性质的论文，但包含着我对相关领域的方向性意见及若干独立观点。我把这类评述称为专论，它成为我后来多年发表文章的一种类型。我经常对国际上环境科技领域发展情势进行论述。我在指导研究生研究方向和参与前沿课题时，也总是要他们首先阅读这类文献。

1985 年，我到 EAWAG 从事访问研究工作时，曾向 Stumm 和 O’Melia 两位美国学者陈述我的研究题目设计和观念，引起他们写作“凝聚的化学观Ⅲ”论文的兴趣。我的研究计划经过讨论后获得他们的认可，Stumm 作为指导人决定我可以首先进行聚合氯化铁的研究，再进行表面络合吸附理论的研究。当时我在混凝过程的研究思路就是得益于我写作这篇专论时广泛阅读的俄文及日文的多篇文献，这些观念拓宽了他们只关注英文文献的视野，引起了他们的注意和兴趣。

我在这篇专论中提到的综合势能曲线第二极小值的理论，就是源自苏联 Дерягин 等提出的 DLVO 理论。该理论与计算方法在许多年内没有得到在絮凝过程中的验证和应用。直到 2005 年，我见到 O’Melia 在过滤理论中也应用到这一计算，才指导研究生伍晓红在絮凝过程研究中进行有关的定量计算，最后她取得了圆满的验证和定量计算结果，在 2007 年发表了实验和计算结果，应用标准颗粒模型来定量计算出势能曲线远距第二极小值，借以判断絮凝体结构。

也是在此时期，我与李圭白等先后做的关于水处理双层滤池模拟实验，应是我在物理力学方面，对颗粒材料水力学参与研究的开端。但我后来完全偏向于化学学科发展，直到 1981 年 12 月才与李圭白合写一篇论文《煤、砂滤层反冲洗计算公式》发表在《环境科学学报》上。该文也是参考苏联《颗粒材料水力学》一书及在日本、英国、美国等多国文献的实验数据上有所创新而写出的，这已是数十年后的事情了。

根据我的体会，在某一研究方向上，广泛精读、比较世界各国有关文献，寻索出居于前沿的不同论点、矛盾和有待解决的疑难问题，再通过大量实验加以求证，就有可能产生新的观念，取得推动该领域向前发展的学术创新结果。这也是我自己在年事已高、难以亲自操作测定仪器进行实验时，为推动团队研究工作所采用的主要方式。这时，我首先提出重要前沿命题，然后指导研究生逐步完成实验验证，自己再依据所得图谱资料对结果加以审定。与此同时，我也经常就国际上环境科学与技术领域某一方面的新近进展加上自己的观点，写出综合专论发表。或者，就此专论提出前沿项目申请重点基金，并且作为一个时期的研究方向和参加会议的学术报告。这可能就是我无法再直接调试仪器进行研究时，不得不习惯从事的科技生活。

第四节　无可回避的“文化大革命”

1958年，我大学毕业留校在教研室做助教，不久后又担任党支部书记。当时党支部不但要领导政治运动，而且要过问教学活动，甚至参与教师分担教学任务和排讲课表的工作。我和室主任张自杰老师关系一直很好，他也是老地下党员，同我保持着融洽、协同的工作关系。后来在教育革命运动中，我又被调升，被任命为全系三个专业的党总支书记，管理总数为800余名师生的各项事务。不过，我那时没有完全放弃专业，仍然坚持讲课，经常备课到深夜。我的认识是：即使在高校做政治工作也不能脱离业务，结果造成我在中层干部中显得突出的形象。实际我是凉水吞下肚，冷暖自知，苦不堪言，身体也逐渐虚弱多病起来。

大约两年后，由于我的身体状况逐渐不能支撑如此繁重的事务，又感觉难以适应干部队伍中的某些官场风气，于是就坚决提出辞职请求，希望回教研室只担任党支部书记职务，打算致力于感兴趣的水化学专业教学开拓和研究工作。

我在教研室和基层教师一起活动，最初虽也关心全国政治舆论趋向，但并没有料到不久后开始的“文化大革命”运动，不知它会以如此规模延续发生。在“文化大革命”初期，我作为教师党支部书记，由于家庭关系和“只专不红”等表现，被审查定为“另类干部”，后来我只得回到教研室和教师一起参加运动。

回顾1964年夏天以后的时期，教育革命虽然从运动方式逐步转入正规的教学和科研活动，我也在其中从事了一些起步活动，寻找继续前进的方向，不过“文化大革命”的风暴却以“山雨欲来风满楼”之势来到。我们这些风华正茂、政治激情犹在的知识分子大多不自觉地亦步亦趋地卷入其中，不得不停掉原来科技救国的梦想，“投笔从戎”，主动或被动地投入群众运动。在“文化大革命”期间，我们消耗了前后约十年也即一生中最富创造力的宝贵光阴。虽然有时大家也下厂、下工地，在劳动中接触一些专业业务活动，断断续续增加了若干感性认识，不过，每当静下来无所事事时又常忍不住感叹，不禁心动手痒想去再做些科技实验。不过那时的身心均不由已，不可能单独去搞科技研究。

最高指示
农村是一个广阔的天地，在那里是可以大有作为的。
备战、备荒、为人民。
提高警惕，保卫祖国，要准备打仗。
经中共哈尔滨建筑工程学院核心组批准首批插队落户干部、教职员名单

“文化大革命”中插队落户通知书

记得在“文化大革命”运动间歇时期又推广知识分子到农村插队落户，给水排水教研室随苏联专家做助教的李圭白讲师和我都被列入首批名单。我们每人发了两个水桶、一副扁担、一个大木箱，学生们敲锣打鼓地欢送教师到农村插队落户。我因身体患有疾病没有按期去。

我过去担任党支部书记时，按规定实行“一竿子插到底”方针，实际上代替了教研室主任的工作。我同李圭白一直是朋友，钦佩他在科学研究上的干劲和许多见解，经常与其一起讨论水处理技术的一些理论问题。“文化大革命”期间，我们仍旧继续坚持走在科研教学道路上，在艰苦的条件下积累了一定成绩。到1995年时，我们又都荣幸地被评选为中国工程院院士，多次在中国工程院会议上见面，谈起往事不胜唏嘘。他现已八十余岁高龄，还在全国各地奔走，推广他提出的超滤膜滤池，发展他谓之的第三代水处理流程工艺理念。

实际上，进入20世纪70年代，“文化大革命”告一段落后，我们才

有了重操旧业的机会，但荒废的知识、时光再也无法找回，再回首已是别样年华。我们这些新中国培育的第一代知识分子，命运各种各样，立志从事科学事业的青年也有各式各样的遭遇和机遇，但无论如何，我们都会尽力支持国家科技建设不断前行。我与李圭白两人在“文化大革命”以前就心意相通，在各种政治压力前仍没有放弃科学强国的初衷，坚定不渝地在各自的科学道路上没有停步。李圭白在一次会上闲谈说，我们教研室能在本专业取得一定成绩，前后出了六位院士和分散到全国各校的专家，就是因为当时的党支部没有放弃专业教学科研，坚持鼓励大家走科学强国的道路。我听了虽然觉得有些言过其实，但也感到自己虽然作为党支部书记，本身不断受到走“只专不红”道路的批判，也仍是值得的。总的说来，“文化大革命”时期的科学人群在我国形成了一个特殊的断代队伍，所造成的后续影响，不论是对个人命运还是对国家建设的发展都难以弥补了。不过，万紫千红又一春，新生的一代在优越的改革开放条件下，正在迅速成长起来。

“文化大革命”期间，我家的一个新成员降临了。1971 年，我的第二个女儿丽野即将出生，我和妻子十分高兴地准备迎接家庭第四位成员的来到。当时哈尔滨的国家凭票供应及市场商品都极其匮乏，我不得不找到郊区一个养牛场去买回牛奶或者偶尔买来一只鸡给 MM 略作补养。一天，听到有人敲门，我打开门一看原来是 MM 的二哥从北京远路来探望。他参军后曾参加抗美援朝，回国后在北京工作，这次听说妹妹怀孕，他专门来探亲。又知我们在哈尔滨生活困难，竟在北京托人买了二十多斤肉，由二嫂煮熟一袋送到我家来。他夜里只能睡在我们 14 平方米的房间中大女儿丽虹让出的长木箱改装的小床上，他带来的肉食成为 MM 坐月子时期的救济营养品。不久，MM 即到临产期。当时社区卫生院是在一间地下室里，规定产妇只能在阵痛后才能入住生产。在 MM 阵痛后，我急忙与二哥扶 MM 坐到我的自行车后座上推着前行，不料 MM 又阵痛发作，坐不住而滑下地来。我正心痛欲背 MM 前行时，恰好路旁经过一辆运送

小女儿丽野（1972年，哈尔滨）

垃圾的卡车，二哥急忙将它喊停，司机停下来让MM坐到司机棚中。幸好只需要过一条街就到地下室产院，总算平安脱险进入室内，我和二哥只得在产院周围徘徊等候。两三小时后，我们又去看视，一位年纪稍大的助产士抱着我新生的小女儿说“是一位千金”，我们这才放下心来赶忙道谢，MM在产院休息数日后回家。我的第二个女儿丽野就是在如此惊险的情景中出生的，当时哈尔滨正上演一部电影，名为“垃圾千金”，后来我们也戏称她为“垃圾千金”，但愿她也如灰姑娘一样在奋斗中获得自己的人生幸福。

我们的两个女儿相隔十二岁，却都是在中华人民共和国成立初期中出生、成长的一代。我和MM都是从童少年就独立生活，对自己的孩子们虽爱护备至但很少有温存话语。MM对她们抚养、求学、求职费尽心思，我则忙于业务疏于亲近。每当我们同女儿们和谐共聚时，我总是真诚地忏悔表示我的愧疚。她们都大度地表示，父母独立自强的家风一直教育着她们在成长中锲而不舍、奋斗自立。的确，她们靠自己的顽强拼搏，在职场中一步一步地成为在内外资企业担任高管的白领女强人，这也是令我们做父母颇感自豪的事。

第五节　我国聚合氯化铝的发端

混凝剂在各种水处理过程中应用十分广泛，更是城市水处理厂主要的必备原料，在产水质量和制水成本中占有关键位置。我国沿用的传统混凝剂是硫酸铝和三氯化铁，特别是粗制硫酸铝占主要地位，各水厂大多以废铝灰在厂内自己制造粗制硫酸铝。我在哈尔滨水厂就制造过。在砌瓷砖的地上或池槽里铺上一层废铝灰，洒上适度的硫酸液加以混搅，即可形成块状的粗制硫酸铝。如果配比和工序合适，就可以得到有效的产品。虽然操作时有沾染浓硫酸的危险，但技术上比制备活化硅酸要容易得多，只能算是粗笨劳动。

1964 年前后，全国硫酸的供应都特别紧张，混凝剂也成为紧缺产品。在哈尔滨城市建设局任职的我原来的同学陈克任与曾经同我一起制备活化硅酸的张姓技术员合作，尝试以盐酸代替硫酸制备混凝剂。陈克任依据苏联文献资料按一定配比得到的样品称为碱式络合氯化铝，他们还制成批量产品在生产中应用，发现效果很好，甚至用量和成本还低于当时的硫酸铝。这是我国首次从苏联文献成功地引入这项混凝剂制造技术，并且以废弃原料试验成功。他们的技术报告打字交流文本发表后，很快便得到其他各地仿效，不过正式的铅字版文章则是到 1974 年才得以问世。

当时正是我集中研究，广泛收集苏联及日本、欧美有关混凝剂形态转化资料的时期，他们的研究对我在认识上也有新的启发，并且以此为参照做了一些实验。我在该时所写《浑浊水铝矾絮凝机理的胶体化学观》专论中，提出低 pH 值（<5）的络合铝离子可以促成有效的脱稳絮凝区域，正是基于苏联和美国 Stumm 等的类似观点，也是我后来一直坚持开发羟基聚合铝混凝剂和表面絮凝过程的学术基础。由于“文化大革命”，虽然在 20 世纪 60 年代仍然有一些水处理厂进行过碱式络合铝的实验，但这一领域的继续开展已是进入 70 年代之后了。

直到“文化大革命”后期的 70 年代初，教师才开始考虑专业活动。我聚集了几个水化学方面的同伴，如陈辅君、杨思纯，成立了一个混凝剂实验小组。后来，当时的研究生林振煌，甚至团委书记、水力学专业的周雹也来参加，就选定聚合氯化铝来进行实验研究。有了初步的实验体验后，恰好遇到长春水厂来联系共同试制新混凝剂，同时又得到北京建筑研究院情报所校友王扬祖、王真杰等的支持，他们帮助我们审批了一个国家建设委员会科研项目，拿到少量拨款经费和“工人毛泽东思想宣传队”批准进行的许可名义，我们才有机会在“文化大革命”的间隙中正式开展起相关研究。

我到长春水厂与该厂技术员付书世一起，开始筹建简陋的混凝剂厂。实际只收集了几口大缸和大锅，召集了一批家属妇女工人，就开始干起来。原料是废铝灰和废盐酸，经过测定，按照预定的配比，在大锅中加料、搅拌。我们和工人一起蒙住口鼻在盐酸雾气中操作，不断取样品化验。前几次批量产品经过生产试用竟得到满意的效果。虽然这只是一次小型试验成功的开端，但我感觉生活似是又回到了正轨，当时我内心的喜悦是不言而喻的。初创的聚合铝试验场不久即被建成混凝土池槽式投入正规生产，成为水厂生产工艺的前置组成部分。

其时，全国各地的水厂也纷纷建起不同原料和工艺模式的混凝剂制品厂。后来由于废铝灰在各地的存储接近枯竭、价格剧增，并且用酸溶铝灰法制造的产品质量粗糙，含有金属杂质，遂逐渐为其他原料的生产工艺代替。不过，作为我国聚合氯化铝生产的开端，其工艺原理仍具有典型性，成为我国多年来一直使用的传统模式。

我们研究组在长春水厂进行酸溶铝灰法生产后，又发现该厂有大量电解稀碱废液无法被利用，遂经过反复实验研制出碱溶铝灰法工艺。碱溶法的制成品是不含金属杂质的透明清液，保证了产水的质量，缺点是制备流程较复杂。废碱液虽然得到利用，但产品中含较多溶解盐。其他水厂不具备废碱液，因此碱溶法一时得不到推广。不过，应用废铝灰制取的产品，浑浊液需要改进成为澄清药剂，已经成为一种普遍的技术工艺。我们后来致力于研究所谓无机高分子絮凝剂正规纯净药剂也正是基于这一发展目标。

此后，四川市政设计院李润生等在成都水厂发展了以广元矿区铝矾土为原料，用酸溶法制备混凝剂的工艺流程，建立了应用矿物原料生产混凝剂的基地。抚顺南票矿区则发展了应用煤矸石焙烧，以酸溶法制备固体易溶混凝剂的工艺方法，产品呈半透明状，质量很好。同一时期，全国各地利用低品位含铝矿石，作为制备混凝剂的可选来源，曾提出很多方案，诸如煤矸石、明矾石、硅藻土、高岭土等，形成一股利用废弃物和低品位矿石作为原料制备混凝剂的热潮。这类工艺不断发展，吸引了许多高校、研究所和设计院人员参与，充分发挥了乡镇工业普及生产的作用。这类具有我国特点的工艺，实际都是适应中国当时的社会经济生产条件和原料，逐步发展成固定模式，在技术路线上不同于国外生产而有自己的特色。这对以后的发展方向起到了开辟和创新作用，形成了我国混凝剂生产的独有工艺。类似的生产模式加上不断革新的技术普及全国，各地随之建成大批现代化工厂，至今在世界上仍独树一帜，产品行销到亚洲各地，具有重要的地位。

为了适应这一生产热潮，北京建筑科学研究院情报所王扬祖、王真杰等，组织了数次全国交流会议，出版技术资料，拟定产品质量标准，组织科研项目。这些活动对新型混凝剂的认识、研究和生产发展都起到了很大的推动和提高作用。

参加全国混凝剂技术经验交流会时，我为情报所编写、出版了两本各有数十页的资料集：一本是《混凝剂及其作用原理的发展趋势》，介绍了大量日本和苏联的文献，阐述了聚合类混凝剂的基本化学原理，结合了我们在实验室和生产现场的经验；另一本是《聚合氯化铝在生产中的应用》，归纳了全国的生产原料和工艺方法的发展状况。这两本综述情报集在当时起到总结各地研究及生产成果、统一理论认识的作用，并且强调提出以“无机高分子絮凝剂”命名的原因。它们与李润生所编写的《水处理新药剂——碱式氯化铝》一书，都成为聚合类混凝剂发展开始阶段该行业流行的基本启蒙读物。

煤矸石是煤矿选煤的废弃矿料，其实它们也是较低品位的含铝矿石。废矸石往往在矿场堆积成山，不但清除困难，而且经雨水冲洗产生的酸性废水严重污染环境。1974 年，辽宁南票煤矿和抚顺煤炭研究所首先以煤矸石生产三氯化铝，再以热解法制备出聚合氯化铝，并进行二次消解，生产出容易溶解的固体聚合铝产品，混凝效果也很好，而且可以综合生产硅酸钠水玻璃等系列副产品。

这种工艺确实有一定的优越性。我们研究组正在研制聚合类混凝剂，对此也引起很大的兴趣。于是，在长春水厂已有的初级混凝剂厂基础上，我们又参与兴建了一座煤矸石高温焙烧炉，炉内温度若达到 1000℃以上，可以把含铝品位较低的矸石焙烧裂解为含硅铝灰，利用此铝灰不但可以再用盐酸或碱液溶成铝液制造聚合铝，而且可以并行生产硅酸钠、水泥原料等产品。更重要的是，大家受到建立高温焙烧炉现代生产设施的启发，把应用池槽系统生产混凝剂的设施，进一步改建为高压高温釜系统。这是我国利用废弃固体原料生产聚合混凝剂走向现代化生产方式的重要里程碑。

当时比较初级的混凝土池槽搅拌流程是流行的混凝剂生产流程。当原料由废铝灰改为各种固体矿石废料时，为提取铝液，要经过粉碎、球磨、焙烧、浸取等一系列繁重的工艺过程。对于各自来水厂自产自销混凝剂的经营方式，生产规模很难满足水量需求日益增长的要求。逐渐发展起来的独立絮凝剂生产工厂很难承担全部工艺流程，因而需寻求更便捷的原料及工艺。20 世纪 70 年代末期，开始有以氢氧化铝凝胶为原料制备聚合铝的工艺出现。

20 世纪 80 年代初期，我离开哈尔滨母校转到位于北京的中国科学院环境化学研究所工作。原来混凝剂实验小组的陈辅君、付书世等，在过去我们在长春水厂共同建设高压高温釜系统的基础上，以氢氧化铝凝胶为原料，建立起氢氧化铝“一步法”生产聚合铝的生产工艺系统，并取得成功，由建设部正式召开鉴定会并通过技术鉴定，可以说是原来煤矸石制备聚合氯化铝生产工艺系统的进一步发展。我当时听到这个消息真是喜出望外，但由于正忙于蓟运河除汞科研项目不能脱身，遂由我组研究混凝剂的栾兆坤前去参加鉴定会交流学习。

尽管当时“一步法”的聚合铝产品碱化度尚偏低，但其生产流程有显著简化，而且趋向于现代工业化的工艺方式。这种以炼铝业中间产物氢氧化铝凝胶为原料，在反应釜加温加压溶出铝液的工艺得到迅速推广，成为我国制备聚合氯化铝的主要工序，至今仍是生产应用的主流方式。

这里之所以详细叙述聚合铝生产工艺的发展历程，一方面，是想表明“文化大革命”后期科技界群体仍坚持不懈地为中国积贫积弱的生产条件群策群力寻找出路；另一方面，是想表明我立志于一生在环境工程领域求索，结合环境水化学发展混凝技术，实际是在生产实践磨炼中逐步进入状态从而建立起信心的。

第六节　环境水化学研究牛刀小试

在深入学习水化学过程中，我首先从分析化学入手，其时遇到最多的关键参数就是 pH 值。这一指标代表的是水溶液的 H^+ 浓度，即酸碱性尺度。后来我逐步认识到溶液的 pH 值即 H^+ 浓度紧密关联着各种物理化学反应以及生态活动，实际是溶液中各种反应进程和状态的重要控制参数，是溶液化学首先应该认识和理解的因素。一般土木工程人员虽也注重 pH 值的运用，但大多是知其然而不知其所以然，不能根据需要灵活地选择和调整它。我过去所关注的也大多是物理和力学方面的问题，即使涉及胶体化学也主要从颗粒物相互作用力方面考虑。因此，我试图首先阅读更多关于此关键参数的文献，再做一些思路整理和初步研究。

对环境水化学而言，首先考虑的是各种比较清洁的天然水、处理后的生活饮用水及工业用水，还有污染不甚严重的工业废水和生活污水等，它们的 pH 值主要受二氧化碳-碳酸盐平衡体系控制，构成一个缓冲溶液体系，此体系的 pH 值变化则属于 pH 值调整问题。实际上，环境工程及水质学涉及水质污染、水质分析、水质控制处理等多方面的内容，都直接关联着溶液 pH 值及其调整问题，范围颇为广泛，其内容足以构成水质学的一个专题。

我大致搜罗了一下有关文献，提出许多有关 pH 值的环境水化学问题。例如，天然水体的 pH 值缓冲容量，酸性矿水或酸碱工业废水对水体的污染效应，水体中金属氢氧化物及碳酸盐类矿物的水解、络合、沉淀等反应过程，水体底部沉积物的生成过程，水中悬浮颗粒物的胶体化学效应，水生物的呼吸作用和光合作用，水的碱度、酸度、游离 CO_2 等水质指标的定义、测定原理和精确计算方法，水质的药剂法酸化碱化，工业废水的中和处理，中和滤池，水的曝气、除气、除铁锰、除重金属，地下水取水管井的结垢和腐蚀，石油开采回注水的水质控制，锅炉用水的结垢，药剂法和离子交换法软化处理，水对混凝土和金属的腐蚀作用，水质稳定性的判断和控制，城市管网及输水管道的壁面结垢和微生物生态活动，混凝过程最优 pH 值的控制，活性污泥的消化及处置等过程，都直接关联到碳酸平衡及相应的 pH 值调整。因此，正确和全面地发现碳酸平衡规律和调整 pH 值计算方法，对环境水化学的基础理论和水质控制处理的工艺技术，都有相当重要的意义。

地球化学、湖泊化学、海洋化学、用水废水化学等学科，对这一专题的研究已有数十年之久。虽然碳酸平衡规律的基本理论实际上已经阐明，但由于各种环境条件错综复杂，许多具体问题的计算方法仍未很好地解决，特别是还缺乏一种广泛适用的统一计算体系。实际上，对各类有关问题，学者仍只是应用不同的方法，提出各自的应用公式进行计算，各种问题彼此并不相互联系，甚至有时把本来较简单的计算问题弄得十分烦琐，整体看来，类似一种杂乱无章的局面，这种现状尚有待解决。

归纳起来，碳酸平衡的计算方法主要分为两类，即数解法和图解法。前者应用查表和计算求解，后者则应用查曲线算图直接得到结果。两种方法各有优缺点，图解法较简便，种类也很多，有较多人使用，但所得数据粗略，往往不能满足实际需要。近年来，这两类方法都有专门的书籍论述，但因没有采用一种统一的计算体系，都只针对某些局部问题进行研究，而且图表篇幅浩繁，查阅仍不方便。

我在综合阐述碳酸平衡基本规律的基础上，整理出一套简明、实用的统一计算体系和若干新的计算式。其中应用了碳酸物总量和分布系数的概念，我把这个基本计算式定名为“pH 调整基本方程式”，在不同条件下可以灵活运用，统一解决各类有关具体问题。

下面只简要叙述这一基本方程式的脉络，借以表明我对它有些创新的思路。至于详细推导过程及其应用实例可以参看《碳酸平衡和 pH 调整计算》一文。

根据碳酸平衡原理，溶液碳酸物总量 $C_t = [H_2CO_3] + [HCO_3^-] + [CO_3^{2-}]$，而溶液总碱度为：$[碱] = C_t(\alpha_1 + 2\alpha_2) + [OH^-] - [H^+]$，如果令 $\alpha = 1/(\alpha_1 + 2\alpha_2)$，则可得到：

$$C_t = \alpha([碱] + \gamma)$$

当水溶液在中性左右，$[H^+]$、$[OH^-]$ 以及 γ 值若相对 [碱] 值甚小而可忽略不计时，可得到以下简化式：

$$C_t = \alpha[碱]$$

式中，各分布系数则可根据 pH 值，应用电子计算机精确地求值，或列成表格备查，在各具体问题上运用。在我进行这项研究时，个人计算机技术还没有发展起来，因此所用的实际只是一个小型的手持纸带式计算器。它可以省略重复的公式演算，所得结果列表就可以方便地查到所需数据。初步创新推导出这一简化方程式后，应用试算结果比较满意，曾使我十分喜悦。虽然只是初步的收获，但总算尝到了科研思考的甜头，也加强了对水质学深入求索的兴趣。

这一“pH 调整基本方程式”可以应用于 CO_2 同大气容许交换的开放式溶液体系，而且可以看作不挥发性气体，与大气之间没有交换，也不产生碳酸盐沉淀，溶液处于未饱和状态的封闭式体系。由于在气液界面上 CO_2 传质过程缓慢，这种体系在环境工程实践中大量存在。我把这一计算方法试用于开放体系的 pH 值和各种碳酸化合态计算，并且按照封闭体系考虑计算各种碳酸化合态含量及 pH 值问题。例如，混合水的 pH 值、水的酸化和碱化、天然水体缓冲能力、碳酸盐溶解区域、水的稳定性及稳定调整，以及地面水藻类光合作用下，污水曝气处理法和给水除铁、除锰等曝气法所需 pH 值计算，再由少量气-液-固三相平衡体系计算，均可得到合理而准确的 pH 值调整计算结果。因此，它可以普遍应用于各种有关碳酸平衡体系，成为一种可以普遍选用的方法。这种计算方法可以算作水化学碳酸平衡及缓冲溶液观念与环境工程技术结合深化的一次尝试，它可以解决环境工程技术人员往往由于水化学知识不足而束手无策的 pH 值调整计算。我把这项研究结果归纳成《碳酸平衡和 pH 调整计算（上）》《碳酸平衡和 pH 调整计算（下）》两文，于 1979 年发表于《环境科学》杂志上。

这项研究成果可以算是我学习和体验化学知识后，在环境工程中结合运用，探索出来的初步创作结果。同时，我还认识到 pH 值是在溶液化学中多元方程式联立求解时的关键参数。这在以后利用更复杂的化学平衡模式如 MINEQL 等计算机程序求参数计算时，就更是必不可缺的要素而必须广泛应用了。后来，我在瑞士联邦水资源与水污染控制研究所从事聚合铁研究时发现，聚合物溶液在加入酸碱物质进行 pH 值计算时，竟也可以利用此原理得到精确计算溶液 pH 值的方程式，从而推导出另一有创意的改进方程式。

关于这一观念，在后来的水质学研究中，我曾先后与研究生李金惠、廖伯寒、栾兆坤等探讨过酸雨的天然水体效应、酸性矿水污染、酸化容量模式等专题。这些内容总起来可以构成“酸化碱化水质学”这一领域，我把它们综合为一章列入《汤鸿霄环境水质学文集》。当然，那只是环境水质学框架中的一小章节，需要扩展、充实的专题还有很多。

我曾有意进一步探讨“酸雨水化学”有关专题，因为酸雨形成、雾霾生成、气溶胶过程等也都与水化学和微界面有关，值得深入研究扩展有关机理过程，但限于时间、条件等后来并没有开展。

虽然这次研究成果只是我在广泛综合文献资料、在案头工作中萌发出的创新收获，但它的思路和探索方法使我受益良多，甚至延伸到我后来多年的科技研究活动中。

第七节　水化学教学的启蒙

1958年，我以青年教师的身份进入给水排水教研室，按传统惯例需要给我定一个教学或学术方向。可能因为我是教研室的党支部书记，不便于让我只担任辅导教学的助教，于是优待安排我将来能主讲一门课。不过，这时教研室已经建立了稳定的教学体系和主讲教师分工，按照苏联教学计划大纲的各门主要课程，如给水和排水的管网、处理及工业独立部分，甚至水泵及站、房卫工程、设施自动化等专业课程都已有成熟的主讲老师任课。专业基础课如水力学由水力学教研室承担，而另一门"水化学及水微生物学"则由哈尔滨工业大学化学教研室承担。恰好该时他们提出要把这门课程移交给本专业自己承担，于是这个任务就落在我的身上，从而决定了我一生所从事和求索的专业方向。

其实，我的化学基础十分薄弱。中学的化学课只留下一些片断印象，除了初中的化学老师崔老师给我留下深刻印象外，高中时期在河北省立北平高级中学的化学老师是从著名的北平市市立第四中学请来兼课的一位老先生。他的教学特点是让学生背诵化学元素周期表，如"氢锂钠钾铷铯，铜银金，铍镁钙锶钡镭，锌镉汞"等，编成口诀歌谣，考试时必须先复述一遍，这给我留下了深刻的记忆。虽然现在的化学元素周期表已有很大变化且更为复杂，但这几句顺口溜我至今还记忆犹新，而且经常感觉联想有用。大学时期的普通化学课是用俄文教学，使用的是苏联通用的库里曼（Л. Г. Кулъман）教材翻印本，因此更多的精力花费在俄文化学语词的翻译和记忆上，至于化学原理本身则常被忽略，在知识上没有多大进步而只停留在普通化学水平。

依靠这样薄弱的化学知识基础，当然不能去主讲一门水化学课程，于是我就到哈尔滨工业大学化工系前后两年断断续续补修了几门课。首先是分析化学和实验操作，其次是化工原理和我感兴趣的胶体化学。其他如有机化学、物理化学等就只是听课和自学，至于结构化学、量子力学等高级课程，就完全没有精力接触了。这样说来，我曾经系统学习的化学课程还够不上一个化学或化工系的大学生，而以后陆续补充的化学知识大多是急用先学、零敲碎打逐步积累的，难说系统化，更未达到高等化学的水平。至于我对量子理论和结构化学等的粗线条认识，都是后来随着该学科的发展才逐渐有所了解的；而对爱因斯坦和玻尔的论战史及实质内容、量子力学计算和宇宙的生成学说，至今也只是高级科普的认识而已。

当时由哈尔滨工业大学化学教研室承担的给水排水专业的“水化学及水微生物学”课程是由贝有为、沈玉如两位老师主讲的。他们于 1959 年合编出版了同名教材，该书的主要内容和体制主要是参照编译自苏联教本，即拉普申（М. И. Лапщин）、斯特罗加诺夫（С. Н. Строганов）于 1938 年合著出版的《饮用水与污水的化学及微生物学》一书。该书包含水分析与水处理两方面内容，应该算是按该种体制编写最早的俄文教材。我见到的该书原本是复制的三大卷重新打字印刷版，书中的插图都是复制的照片贴补在相应书页上，可见当时哈尔滨工业大学引进苏联教材是很肯花工夫且不计成本的。贝有为、沈玉如两位老师

苏联转印本及初期改编本

于1959年出版的中文版改编本中增添了若干适合我国情况的内容，大致保持苏联原书框架，水化学部分除水质、水溶液概论及各种水质指标的含义和分析测定实验方法外，还有一些水质处理单元过程的化学原理，水微生物学部分也包含很少污水生化原理。该改编本于1961年由中国工业出版社第二次印刷，并且是1956年我国高等教育部批准该课程教学大纲的教本。

我自1960年接过该课程的主讲任务后，一方面集中加强进修化学基础知识，另一方面学习和浏览俄文、英文以至日文有关水处理化学原理方面的文献。随即发觉环境工程专业的水处理教学内容大多着重于数理力学的叙述过程，而在化学原理方面仍十分粗浅，即使广泛综合了许多专业知识的苏联给水排水教学计划，也因为从属于土木工程学科系统而有别于化学工程专业。当时处于教育革命时期，提倡大胆创新，突破传统，我遂提出强化水化学课程基础的倡议。建议除水分析化学外要加强水处理化学原理部分，并且在教学大纲中设立“给水排水化学”的名目和重新编写讲义，同时拟定出新的教学大纲甚至改写教科书。这些改编建议的提出，真有些“初生牛犊不怕虎”的感觉。

此后，由三位老师合编出版了新的《水化学及水微生物学》教材：我负责水化学部分，并协同陈惠敏分担水微生物学部分，特请邵元中增添了污水处理化学基础的章节。该书于1961年正式出版并审定为高校试用教科书，相应的教学大纲在1964年上海全国高校会议上又通过作为通用教学大纲。新编书中的水化学部分改变了过去以水分析化学为主的体系，包括天然水及污染水中的化学反应过程、水质分析原理及操作方法，新增加水质处理的化学原理。在教育革命继续发展的推动下，哈尔滨建筑工

《水化学及水微生物学》

程学院不但在污水污泥综合利用开展科研的基础上新建了由王宝贞教授主持的相应研究室，并且新开辟了水处理专业，把给水与污水处理原理统一为一门大课，其基础课则增设物理化学、有机化学、化工原理等，简直把土木工程性质的给水排水专业改变为另一化学工程性质的专业。这实际也成为后来逐步建立环境科学与工程专业和给水排水专业并存的前奏。

在学习和大胆改造了给水排水专业的水化学课程后，我先后给四届学生主讲了这门课。令我得意的是我在水分析化学实验课的讲解和辅导。我利用自己学来不久的知识，手把手地指导学生操作各种玻璃化学器皿、pH 计、比色仪等简单的水分析仪器，教几乎毫无经验的工程专业学生们如何手执口吸玻璃器皿操作。特别是在详细讲述如何精确地定量鉴定微量样品的方法等技巧时，自己也有一种帮助更多工程人员进入微观化学计量世界的满足感。我也学习和逐渐养成应用化学玻璃器皿、精确定量操作微量样品的技巧和习惯。这使我在后来使用气动仪器定量操作时，竟然有时会产生使用仪器不一定比手操作更可靠的感觉；另外，对未经我亲手操作的大量数据和曲线图，有时容易产生某些怀疑。这或许是因为我对现代计量技术存在着顽固的疏离感。

专门设立环境化学专业，形成多元化的多学科交汇的科学体系。课程中汇合最早且变化最大的要属各门化学特别是水质化学，这一进程目前仍在继续发展中，不能不说是当年教育革命和学科成长的进化演变结果。国内原来按欧美体系建立的卫生工程系，也设有给水排水工程学科。高校所用的讲义是清华大学顾夏声教授编写的《水分析化学及微生物学》，该书内容多只限于水质指标和分析方法。随着教育革命和向苏联学习的形势发展，清华大学于 1963 年出版了新编的《水分析化学及水微生物学》，同样加强了水质与水分析化学原理的内容，其将苏联体制的教本与欧美在 1928 年由巴斯威尔（A. M. Buswell）所著的《水与污水处理化学》等书籍列为参考文献。

顾夏声教授是我国从事水分析化学及水微生物学教学的前辈，与我同年（1995年）被评为中国工程院院士。1984年Stumm教授来华访问时，我曾介绍他到清华大学与顾夏声先生见面，并向Stumm教授介绍顾夏声先生是我国水化学界第一人，他们在清华大礼堂内交谈甚欢。其他如天津大学等校也有若干老师编写了新的《水化学及水微生物学》或《给水排水化学》教学讲义。当时我国高校似是都有在给水排水专业，以各种不同方式加强化学原理教学的趋势，这可能也为后来环境化学、环境工程等专业的兴起做了铺垫。

不过，不久后兴起了“文化大革命”浪潮，高校又进入了全面停课状态，前段所谓教育革命的成果几乎又都被一风吹散了。给水排水工程专业的课程设置大体恢复原来土木工程系列的体制。水化学课程改由化学教研室的张世贤老师担任，很自然恢复到以水分析化学为主体，不过其中化学原理基础仍得到大大加强。值得欣慰的是，水处理课程中的化学原理也得到进一步加强和深化，适应了环境科学技术多元化的进展。到我离开哈尔滨建筑工程学院转往中国科学院环境化学研究所后，水分析化学课转由黄君里老师主讲。他编著的教材《水分析化学》虽然仍以水质分析为主体，但其化学原理特别是仪器分析部分被大大加强和现代化。该书到2013年已更新到第四版，虽然历年各版仍挂名由我来主审，但该书的分析化学原理包含内容已加深很多，与当年不可同日而语了。

纵观我国高校环境科技教学的发展历史，水质污染控制方面由土木工程或卫生工程专业转化出来，只有少数仍保留为给水排水专业，大部分都转为环境工程、环境化学，更多的是环境科学等专业。

回想我逐步学习积累更多知识的过程，开始时我认为自己是一个被指定半路出家而难以入化学之门的教师，不过比其他环境工程人员多涂了一层化学色彩。后来在科研工作中广泛涉及更多环境领域，除化学外还不得不学习如地学、生态学等众多学科，而经常感到转变自身的专业真像骆驼穿针孔一样困难。只得主动地一再吸取不同专业知识，结果顺势自命为一个杂学家。不过，随着对水质科学的了解越多，我越感到这一领域的丰富多彩。它与人类生活和生产的错综复杂关系绝非土木工程再加单纯化学学科所能包容的，我们必须综合多种学科来探索水质与人生的规律和奥秘。勾画这一领域的细部图像逐渐成为我拥有浓厚兴趣的事业，甚至产生某种使命感。命运驱使我从爱好人文知识转而被分配到工程学科领域，又从采矿、地质转到土木工程的给水排水专业，进而从事水化学课程教学。我最终逐步认识到发展这一边缘学科领域的必要性，在努力去追求开拓多学科交汇的环境水化学以至环境水质学时，竟然产生了作为一个杂学家完成此科学事业舍我其谁的豪情壮志。

第八节 《用水废水化学基础》的诞生

大约在1975年秋季，“文化大革命”已近停顿，转成复课闹革命。学校早已迫不及待地按照教育革命中变革的教学计划安排课程，师生们似是都渴望重操旧业，认真地恢复教学讲课和实验。我依旧回教研室教授“给水排水化学”与“水处理化学”两门课程和指导实验，照例如前备课到深夜，认真写出和记诵讲课大纲，不时还能产生新的概念和心得，心情如鱼得水般欣喜。经过四次备课讲课后，我对水处理工程如何选择性地加强化学基础有了进一步的体会，并且形成了章节系统，对工程界人员在化学基本知识方面的欠缺和模糊观念也有了更具体的理解。

恰在此时，中国建筑工业出版社的编辑王扶林先生由北京专程来哈尔滨调研征求稿件，我遂起意把教育革命及教学改革所得写一本书，意图让它成为完全不同于已出版的仿苏联型《水化学与水微生物学》，而更适合中国给水排水工程界现状的教学用书。由于我与该出版社前后已有出版过三本译著的经历，与王编辑交谈后一拍即合，从而获得他的大力支持，当即签订了出版合同。这也正是我从开始学习探索，走到正式建立环境水化学这一领域学科框架的关键步骤。

实际当时我能静下心来从事案头写作工作的环境还是十分恶劣的。我当时得到照顾，从全家蜗居14平方米的房间搬到有里外间的两居室新房中。那时所有家具仍都是公有的。我们新居的卧室面积不到6平方米，中间放一张桌子，一侧是我的妻子和小女儿睡觉的床，大女儿则睡在外间一张破旧的铁床上，有一次半夜床板塌陷她竟掉到地上。里屋的另一侧是我的床，那只是一张没有腿的床板，一端架在暖气包上，另一端则绑在桌子腿上。床紧靠着窗户，窗外不远处是一辆正在施工的混凝土搅拌机，日夜不停地转动，其中的水泥和石块上下翻滚，发出巨大的撞击声，使我难得安眠，后来竟患了头痛症。

在这种条件下，我仍旧尽力争取时间写作。当时没有计算机，我完全执笔手写，编排化学方程式，选择附图，享受着创作的兴奋。按照我的习惯，凡是稿纸上出现较多修改时，就要换纸重新抄写，结果有时废稿纸竟比成品还多。我整理了数次备课前后不断增改的讲课笔记，反复修订思考，于前后不到一年的时间里，终于写作完成了这本 70 余万字的书稿。

这本书的特点是把水处理工程专业所需的基础化学知识选择性地紧密结合并且适当加深，因而也就有了更鲜明的独立特色。它综合阐述水质污染、水质分析和水质控制处理三方面的化学化工原理，最后定名为“用水废水化学基础”，实际成为环境水化学或环境水质学的雏形，系统反映了环境科学与技术的当代内容，具有边缘学科创新的含义。作为一本科技教学参考书，它试图针对性地同时满足环境工程专业人员加强化学基础和其他化学化工专业人员了解环境专业两方面的需求。

正如该书前言所述：“近年来，在我国的社会主义革命和社会主义建设中，环境保护、‘三废’综合利用和给水排水工程实践有着迅速的发展……这方面的科学实验和工程技术任务，将会更加突出地提上日程。”“环境科学与技术是一门新兴的综合性学科领域……不过，到目前为止，系统而完整地阐明这一学科的专门论著，在国内国外尚不多见，而综合介绍其基础知识的书籍也很缺乏。”

此外，该书在体系上综合了苏联、欧美和日本在环境水化学方面的文献，把天然水和水处理过程的化学原理融合为一体。书中也提出了一些新的观念和改进的定义诠释。例如，对纯水化学结构，水的自然循环和社会循环，水质系及其综合指标的分类，基准和标准，水质体系的热力学，动力学和动态学，水质 pH 值的广泛意义及其调整计算原理，有机污染物的化学氧化和生物氧化降解途径，水质的相平衡和化工传质过程，胶体的吸附、凝聚和絮凝，离子交换和膜过程，等等，都有着便于非化学人员理解的阐述和环境专业的某些特有概念。

总起来说，该书是我被动地进入水质化学领域后，经过反复学习思考和教学实践得到的心得体验，其为环境水化学的体系探索建立了一个学科框架。随后，我又在此基础上写了一篇专论——《用水废水化学试论》，先后发表在《哈尔滨建筑工程学院学报》和中国化学会刊物《化学通报》上。

这篇专论进一步详细地介绍了用水废水化学的体系组成方案，把水质转化、水质分析、水质处理三方面涉及的化学化工原理，大致按照化学理论体系综合在一起，成为统一的有机整体。这表现了该时期环境工程学与环境化学两学科的紧密结合。同时，文中还提出："环境污染和环境保护已成为世界性的重大课题。环境科学在 20 世纪 70 年代迅速发展起来，形成综合性很强的新兴科学领域。它涉及的科学、生产部门很广，包括如物理、化学、生物、地学、气象、医学、工业、农业、林业、渔业、土木建筑等各个方面，经过相互渗透，出现了许多种边缘性新学科，已有的不少有关学科也重新分类归属于环境科学总体系中。初步归纳，大致可分为以下几个方面：①环境社会科学，如环境污染发展史、环境法律学、环境经济学、环境规划和管理等，这些学科具有鲜明的阶级性；②环境地学，如环境地理学、环境地质学、环境地球化学、生物地球化学等；③环境生物学和医学，如生态学、环境微生物学、环境生理学以及环境卫生学等；④环境化学，如环境分析化学、环境工程化学、卫生工程化学、用水废水化学等；⑤环境工程学，如给水排水工程、给水及污水废水处理、供热工程、空气调节、除尘技术、冷冻技术等。"

这说明当时我对于环境科学与技术这一领域的认识已不仅限于工程

和化学的结合，而且延伸到更多学科领域。虽然我对于这些学科的内容仍然比较陌生，只不过是一种推想和预感，但这种观念为我在这些学科的结合与实践进程方面提供了兴趣及思想基础，也可以说是我后来进一步提出“环境水质学”学科观念的发端，这在我当时并不是已经充分自觉意识到的。

《用水废水化学基础》一书于 1979 年正式出版，成书竟有约 75 万字，共 885 页。当时我已身在中国科学院环境化学研究所。这虽只是一本大学参考书，但其内容体系和叙述方法经过历年教学备课中的修改锤炼，结合了如何使土木工程人员理解化学基本问题的切身体会，易于读懂，正适应了我国当时由给水排水工程扩展到环境工程方向的形势需求。该书不但同时出版了平装版和精装版，而且在 1982 年和 1986 年连续再版印刷，在数年内三版印刷发行了近三万册。这对一本科技专业书来说，当时也算超常畅销了。我先后收到数十封读者来信，彼此热情地交流了读后心得。后来，许多次遇到素不相识的环境工作者同行，他们说自己在学生时曾学习过这本书且获益良多。特别是一位环保局局长告诉我，以前他们班上有一个同学因买不到这本书而特别借来抄写了一大本，这使我深受感动。回想起“文化大革命”后期，在 6 平方米的斗室中，于窗外工地上混凝土搅拌机连续震耳的“隆隆”声下，忍着头痛工作近一年终于完成全书定稿。如今它在这一代环境工程人员跨学科学习中发挥了一定作用，遂使我颇感欣慰。

《用水废水化学基础》精装版及平装版

现把该书的章节体系作为我探索环境水质学学科体系框架的首次思

路附在这里，可以作为与以后改版比较的参考材料。

附：《用水废水化学基础》目录

第13章　相平衡和传质

13-1　传质和扩散

13-2　气液平衡和传质

13-3　气体转移原理

13-4　气液平衡和蒸馏

13-5　液-液平衡和萃取

第14章　胶体凝聚和絮凝

14-1　胶态分散系

14-2　溶胶结构和双电层

14-3　高分子化合物溶液

14-4　胶体凝聚作用

14-5　絮凝和混凝

14-6　各类混凝作用

第15章　界面吸附

15-1　气液界面现象

15-2　表面活性物质

15-3　乳浊液和泡沫

15-4　固体吸附作用

15-5　吸附剂和吸附滤池

第16章　离子交换和膜过程

16-1　离子交换剂

16-2　离子交换平衡

16-3　离子交换柱

16-4　再生过程

16-5　离子交换法的运用

16-6　电渗析

16-7　反渗透和超过滤

第五章

从环境化学研究所到生态环境研究中心

第一节　半生转折点　回京路漫漫

1976 年，我集中完成了《用水废水化学基础》的书稿，了了一桩心事。偶然听到一则新闻，说是中国科学院要成立一个环境化学研究所，这消息立即使我激动起来。我想这是有关我专业的人生大事，于是就立刻千方百计地托人打听情况。终于从北京了解到一些信息，说是主管此事的是中国科学院院部的郭方和鲍强两位领导，而且现在正在招聘人员。我和妻子大喜过望，认为这对我们真是千载难逢的机会，即使历经万难也不能轻易放过。

当时的哈尔滨建筑工程学院仍是“工人毛泽东思想宣传队”掌权，他们支持的是以政工干部为主的派别，另一派是以一般教师为主的群体，仍被看作资产阶级知识分子队伍，所受压力很大。许多教师都纷纷自寻出路，试图以各种理由调离学校而回到关内[①]。这也难怪，我们这一批教师大部分家在南方，20 世纪 50 年代响应建设东北工业基地的号召，留在哈尔滨工业大学从事教育事业，被哈尔滨工业大学前校长李昌称为“八百壮士”。在这天寒地冻、生活艰辛的“东方莫斯科”度过半生以后，又遇到诸般无奈的情境，自然有些心灰意冷，思乡心切，产生不如回乡的情绪。

我和 MM 都是北京人，亲属大多都在北京，我们独居东北也不断受

① 今指山海关以西、嘉峪关以东地区。

到家人召唤，游子归根的心情是十分浓烈的。不过，来哈尔滨为教育事业拼搏半生，再加上与朋友们共同奋斗的情感，心中同样难以割舍，何敢轻易言去。然而，北京要成立环境化学研究所的消息对我的诱惑力太大了。那时我刚下决心要把环境水化学专业当作自己终身从事的专业，有关的学科知识也才由被动学习逐步转入主动掌握。我艰难地经过知识转型也发表了几篇文章，特别是完成了一本颇为满意的书稿，正跃跃欲试地展望着未来的远景。尽管我尚不知环境化学研究所究竟为何物，但已经一厢情愿地把它当作此后一生安身立命的寄托了。在当时的情况下，要想入北京户籍难于上青天，我们只好抱着一线希望，尽人事听天命，奋力去追寻奇迹了。

恰好 MM 去北京出差，辗转打听到原来环境化学研究所的位置在怀柔县（今怀柔区），只是在中关村有一个办事处，于是 MM 就设法找到那栋楼去询问究竟。很幸运地遇到办公室内恰好有工作人员，于是就填了两张招聘人员的登记表格。她回来后我们知道了一些确切情况，从而增添了新的希望。虽然想到该研究所位于郊区县离城内尚远，但感到或许那里解决户籍会更容易些。我们打算即使转为农业户口也在所不惜，遂下决心要继续争取机会前往。于是，我再向中国科学院郭方、鲍强两位领导写了一封求职信，信中详细叙述了我们的简历以及渴求为环境化学做出贡献的心愿，并且不忘叙述我目前已取得的若干成绩。然后，我们就只能望眼欲穿地等待着反馈信息了。

过了大约两个月，我们突然接到哈尔滨建筑工程学院人事处的通知，说环境化学研究所来了一封请求借调我去工作的信函，要我院考虑能否允诺。我们想这可能是试用考查的前兆，当然急切想前去应试，但不知学院领导的意愿如何。于是我们二人就立即行动起来，遍访当时仍在任职的领导，不过得到的响应都是模棱两可的意见，看来关键决定权还是在“工人毛泽东思想宣传队”手中。我们打听到“工人毛泽东思想宣传队”队长是一位哈尔滨电线厂的老工人，家住在哈尔滨市道外某处，遂买了一条大鱼，于一天晚上摸黑路找到他家去拜访。当时恰不凑巧只遇到他十几岁的女儿在家，我们就尽情地叙述了两个北京人的苦衷和愿望，希望能获得她的同情，通过她转告她的父亲批准我们调回家乡。或许“工人毛泽东思想宣传队”认为我们的去留无足轻重，反而可以卸去我这个没有结论的干部难于处理的麻烦包袱，不久以后，我们不无意外地被通知，竟可以准许我一人先去该所借调，于是我就迫不及待地整理行装赶快出发了。

那时正是唐山大地震后不久，铁路火车尚未顺利开通。由于急于前往，我们就设法托人买了一张加班去北京的飞机票。我从来没有坐过飞机，妻子、女儿们都有些不放心，于是全家都到香坊军用小机场去送我。那是一架二十余座的小飞机，起飞后不久就到长春降落，接着到沈阳又降落一次。途中，飞机行李架处冒了一股白烟，旅客都惊呼起来，后来才明白那只是蒸汽喷放，大家才知道只是虚惊一场。最终安全抵达北京机场，不过我因为受不住颠簸，一下飞机就吐了，看来这趟北京之行确实是不太顺利的。

我来到阔别若干年已经十分陌生的北京，又见到地震后街道、胡同里到处都还是临时搭的窝棚，一阵心酸不已。我顾不得先回我原来想必已经残破的老家，急忙寻觅问询，好不容易找到去怀柔县的公交车站。经过一个多小时的行程，才到达当时环境化学研究所驻在地。车站名称叫作坟头村，我听来似是个不太吉利的名字，心想这是否就是我未来终生之处。

下车以后见一条大路只有一处分支，我只得进入支路朝前走去。正没头绪不知再寻向何方时，遇到一位女士，我连忙问询方向，不想她正是环境化学研究所的王研究员。于是得到她的热情引导，沿着田间小路一直走到环境化学研究所大门前，我经历这长途跋涉总算最终亲眼见到向往的目的地。王女士算是我进入环境化学研究所的第一位引路人，后来再见面时我总是开玩笑地这样称呼她。

到研究所办公室后，接待我的政治部主任是一位笑容满面的年轻人。他是张鸿勋，中国科学技术大学毕业的工农兵学员高才生，后来成为中国科学院大学的领导成员之一。我说明来意交了介绍信，他表示欢迎后交谈了情况，说现在的环境化学研究所就是原来中国科学院化学研究所分部改建的，几年前因战备科研任务需要才迁到郊区，现在要重建新研究所，云云。然后就带我去招待所安顿下来，并分配我去情报室工作。

到环境化学研究所时住的招待所（1976 年）

情报室主任吴景学是个能力很强的人，后来成为我在该室一年多的领导和朋友。我当时已在《化学通报》《环境科学》等杂志发表过文章，职称是讲师，他遂安排我做临时借调的文集编辑。文集内容还可以自己选编，我想这也包含着考查我能力的意思，就此暂时安顿下来。

坟头村实际是个山清水秀的风景区，不高的石山紧傍着怀柔水库。几栋小楼和一片平房散处其间，包括大路对面的家属区，就是当时由中国科学院化学研究所因备战而由城里迁居转过来的，该时已成为数百人定居的科研之家了。不过，我在一年多后就随研究所移居城区而告别此地了。

我一个人寄居在招待所中，招待所周围环境十分清幽。我按时到情报室上班，余暇登山遍览秋色，倒也自由自在。我随即开始筹划收集有关文献资料，编译《镉的溶液化学和生态毒理学》专集，还写了几篇关于环境科学的情报资料，借以显示我在被考查中的能力。与此同时，我和同事们也逐渐熟悉起来，交了几位比我年轻得多的朋友，相处十分愉快。当然，我心中念念不忘的仍是何时才能正式调转，最终能拿到全家老小的北京户口，一家团聚。

第二节　“遁入”心向往之的环境化学研究所

我借调到中国科学院环境化学研究所后不久，情报室要主持召开一次全国环境科技情报会议，地点选在安徽省著名的黄山风景区。我有幸被选作筹备组的一员，先遣到达黄山脚下秀丽的温泉区。我无暇浏览四周景色，先是没日没夜地赶忙油印数千份情报资料和会议日程，后来则陆续接待数百位来自各地的参会代表，为他们分派房间、分发资料和解答问询。我由案头编辑转为处理琐细杂务的会议接待员，不厌其烦地尽职尽责，干得十分愉快。

会议中间，全体人员按日程安排转移到黄山最高处的北海宾馆。登山途中遍游各处著名景点，欣赏迎客松，攀登狮子林、始信峰、天都峰。众多美景超过我此前在云贵地区的所见，确实不虚此行，不愧人称“黄山归来不看山”。在北海宾馆度过一晚后，不少人仍然游兴未尽。我遂同一批人相约从后山徒步下山，并且计划于午饭前赶回温泉宾馆。我们一群同行者十数人，而能如期最早到达山下宾馆的只有同我一起的三四人。我们这些大概都属于争强好胜者，不停步地沿幽径狂奔，其中就有章申和陶澍两位，他们都是在科研事业中也同样奋不顾身的人，后来都先后成为中国科学院院士。我则随他们勉强拄一根枯木，强忍膝痛蹒跚下山。我当时左膝受伤，虽然到宾馆后即时泡过温泉浴，但也未能幸免而留下病根，后来每逢冬日仍有隐痛，总是提醒我勿忘此行此举。

黄山会议后，我仍旧回怀柔住招待所，编纂文集，等待着迟迟未至的正式调令和户口信息。在此期间，我偶尔周末回到城里，在MM的兄妹家借住一宿。

1977年6月，在研究所内听到意想不到的好消息：中国科学院批准环境化学研究所迁回城里，地点就在农业机械学院的几栋大楼内。

这个消息轰动了整个环境化学研究所，全体立即动员起来。我虽然仍属借调人员，但也满怀兴奋，暗想自己的决策是正确的，于是急忙向家里报告消息。中国科学院化学研究所原来迁居的员工们在城里都是有家的，他们正是收束行囊好还乡，我则孑然一身自以为已属所内人员，参加到运送仪器用具的队伍中，暂时充当搬运工。搬去的市内地点为农业机械学院，恰是我在“文化大革命”前几年来京参加筹办教育革命成果展览会的场所，现在则全校搬迁他处，已完全空荡无人，对我来说算是旧地重游。环境化学研究所的大队人马把头一批物资运送到院内的空地上，兴高采烈地计划着分配楼层和房间，突然又进来一队陌生的搬家队伍，据说也是奉命搬来进驻的。僵持不下有大半天时间，经过交涉，才得到新的指令，要环境化学研究所改搬到隔一条路的北京林学院去。

由于备战需要，北京林学院早已全部迁校到昆明，很大一片园林楼宇完全空了下来。这时上级遂决定把校区拨给中国科学院的研究生院、半导体研究所和环境化学研究所三个单位。北京林学院的空间足够大，除大片苗圃和多处古典式楼房外，甚至还有已干涸的游泳池。环境化学研究所的员工于是又一番兴奋，急忙搬过去，分居几座楼房，才逐步安定下来。后来，北京林学院也要从昆明搬回原址，经林业部与中国科学院协商确定：中国科学院研究生院搬到中国科学院高能物理研究所新址，半导体研究所和环境化学研究所则各占有北京林学院一块场地房屋。环境化学研究所最终分到北京林学院76亩草地，自行另建新址。北京林学院后来改名为北京林业大学，原有的大片区域自然缩减不少。北京林业大学前校长沈国舫先生后来也是与我同一学部的中国工程院院士。

我被分配在北京林学院新址内作为职工宿舍的一幢筒子楼中居住，同住在一间房间内的是情报室的两位年轻朋友——陶澍和孙安强，他们都只有20多岁，而我当时已是46岁的中年人，但我们相处得很融洽，可以说是忘年交。记得一次我们一起出去吃午饭，回来时路过一条铁路，我们一时兴起，竟不顾危险在铁道上行走，并相约比赛谁走得更快。我不慎一步滑脱扭伤了脚，不得不拄拐行走了好几天。他们二人都是中国科学技术大学毕业的工农兵学员，陶澍更是其中的精英分子。他在聊天时谈起往事，说在校时他是学生中"只专不红"的落后分子，班上派团支部书记帮助、教育他，那是一位姑娘，名叫铁晓珊。帮来帮去两个人竟谈起恋爱来，毕业后又都分配在环境化学研究所。铁晓珊在杂志编辑部，主持《环境科学学报（英文版）》的工作，杂志办得很好。后来，有情人终成眷属，两人终于结婚。陶澍拿到美国堪萨斯大学全额奖学金，获得博士学位，回国后转到北京大学当教师，在陈静生教授指导下研究痕量有机有毒物的吸附规律。他没日没夜地埋头于实验工作，在《环境科学与技术》等美国著名期刊发表多篇论文。妻子铁晓珊则专心办杂志并承担起几乎全部家务，支持陶澍潜心研究科学。陶澍终于成为著名的环境地球化学家，于2009年当选为中国科学院院士。后来，我又听到一次陶澍的报告，以我的理解，他的研究方向已经转向从全球范围资料中统计探索最有影响的有机致癌物，我预祝他取得更好成果。另一同室小友孙安强现也已定居美国，亦是教授级的人物，经常与我们联络。

1977年环境化学研究所搬到城里后，我感到城区的户口可能更难拿到，又不知关键环节在何处，借调已经八个月尚无结果，问吴景学也不得要领，有些苦恼而又无可奈何。恰在此时，妻子出差来京见面，我们商议决定由她拜访她在解放区时的老同学孟昭文。孟昭文曾是哈尔滨工业大学李昌校长的秘书，李校长当时已调任中国科学院任党组书记，正从哈尔滨工业大学带来一批人员组建高能物理研究所。我写了一封信详细说明我的处境，由MM带去请孟昭文转交李校长，当时也不知是否有效果。不料一个月后，环境化学研究所人事处竟然通知我，我们全家四口人的北京户口都已批下来，可以回哈尔滨办理正式调动手续，准备搬家到北京。我喜出望外，想不到梦想确能成真，而且原以为会在怀柔终老一生，没想到竟能重回城区。这对我来说确似奇迹一般，不知是否经过老领导李校长的助力。回顾这进京的漫漫曲折路程，我不禁感慨万千，遂即电告妻子喜讯，请假辞行迫不及待地赶回哈尔滨，准备搬家回京了。

在我借调期间，MM已经做好各种搬家准备，甚至还找朋友帮忙拉车，运回搬家补助的木材，又制成几件家具。实际上，我们在哈尔滨多年，竟没有一件私人家具。只有这难得的半立方米木材，还是在哈尔滨所谓林区搬家才能申请获得的。我急忙回到哈尔滨，办理完一切调职手续。在朋友的帮忙下，我们的全部家当都打包起来上了火车。当全家老小四人都乘上火车，面对着挤满站台送行的教师、朋友，我忍不住落下泪来。在这风驰电掣般的搬家行动中，我来不及静心思考别情和友情。在火车启动后的“隆隆”声中，我们全家“遁向”首都北京似是完成了夙愿，我反倒开始思绪万千，禁不住伤感起来，多少临别往事涌上心头。

全家“遁入”环境化学研究所后留影（1977年）

记得我们办理好一切调转手续，在最后到哈尔滨市委转党员组织关系的路上，恰遇原来主持教务的李秉均副院长出差回来，据说他后来没有回家就直奔人事处，要求说“汤鸿霄不能走”，当然此时已经无济于事了。

我的另一位挚友何钟怡，在车站与我送别时仍依依不舍。他是水力学教研室的教师，学生时期是年年每门课全五分的优秀生。后来，我到北京后，他得到去美国哈佛大学进修的机会，路过北京时来看我，我们晚上在中关村的大路上往返散步多次相互道别不舍离开。他的研究方向是潜艇壁面流体薄膜减阻，颇有建树。他从哈佛大学归来回到哈尔滨后，被推举担任哈尔滨建筑工程学院的院长，在数年间完成了许多推进教育改革的措施，在教育方面也做出了突出贡献。

别了，战友、伙伴们，别了，我的母校。我在有“东方莫斯科”之称的哈尔滨学习奋斗了 27 年，度过了青春和中年岁月。我现在仍似游子还乡般茫然，不知后半生的际遇如何，能否在探索环境水化学方面展现一片新天地，一切都还是未知数。

第三节　全国环境科技研究中心

中国科学院化学研究所为贯彻“备战备荒为人民”的指示，曾在怀柔雁栖湖畔建立二部，主要从事原子能、推进剂和化学激光方面的研究工作。1973 年 8 月，我国召开第一次全国环境保护工作会议，许多专家建议在中国科学院设立全国性的环境保护研究机构。1975 年 1 月，国务院正式批准化学研究所二部改建为环境化学研究所，这也是我国建立的第一个环境科学与技术研究所。

当时我国著名的地质学家刘东生院士曾偕同他的博士研究生李长生到怀柔做报告，讲解环境科学和污染保护研究的国际发展趋势及迫切必要性，他们应该是我国推动环境科学事业发展的最早的学者。刘东生院士是我国第四纪黄土和青藏高原研究的领军人物，后来担任中国科学院环境科学专家委员会主任，一直不遗余力地关注我国环境科学事业的发展。他后来得到国际环境科学界号称环境诺贝尔奖的泰勒环境成就奖，又被授予我国的国家最高科学技术奖，可谓实至名归。我因被推荐接替他担任《环境科学学报》主编的任务，与他

刘东生院士（1917—2008）

相识，数次接触来往后感到他是一个为人十分谦和的老学者。中国工程院成立后，环境学科一度曾有机会从农林学部分离出来单独建立环境工程学部，有望请他也来加盟，但最终没有实现。后来环境与轻工业两行业合组学部，包含专业较为宽泛。设想当时如果能够由他来主持独立的中国工程院环境学部，集合各界环境学人，在我国环境科学技术事业的发展中应当会发挥更大的核心作用。

1977 年秋，环境化学研究所从北京郊区怀柔县迁到城内北京林学院旧址，不久后我也得到批准，同妻子一起成为环境化学研究所的正式工作人员。我们全家由哈尔滨迁到北京林学院旧址时，环境化学研究所也是刚安定下来，我们暂时住在原来北京林学院学生公用的洗脸房内，屋内满是洗脸池和水龙头，搬来的家具和杂物只好暂不打开包装而堆放一处。幸好一个月后，情报室分配给我们一栋筒子楼里楼道面对面两间单间，这才算是在北京真正定居下来。我和 MM 享受着与哈尔滨有“显著差异”的北京城区居民生活配给待遇，可以不凭票证一次买到二两肉，让孩子们改善一下生活。我们又能够同亲友们相聚、自由来往，孩子们分别入了学校，立马感觉幸福、满足极了。

李长生博士后来被聘为环境化学研究所副所长，他们夫妇及两个女儿也同我们一起住在筒子楼一楼内。大家意气相投，既是邻居又是朋友，两家经常来往。记得我家当时凭票证买到一台九寸的小电视，当时全城正在热播日本电视剧《姿三四郎》，每到播放时间，李氏全家四口齐聚我家，我们两家一共八口人挤在一处观看异国奇事，倒也其乐融融。后来，我参与湘江污染评估项目，到株洲冶炼厂重金属污染严重的霞湾河道踏勘采样，李长生与我同行，步入河道时双脚陷进污泥中，他也毫不在意，不愧是一位四处跋涉的地质学家。还有一次我俩在图书馆相遇，我当时正在补习英语口语，他告诉我说 daughter（女儿）一词的发音，我的口型有误，我不大服气随即同他争论起来。不过后来我想他可能不会有错，毕竟他的夫人吕瑞兰是正规的英语系大学毕业生。李长生后来调任国家环保局副局长，被派往美国国家环境保护局进行短期进修。有一次，我同一行人到美国访问时，李长生亲自开车到肯尼迪机场接我们，相见甚欢，他谈了许多在美国的琐事。后来听说他在美国大学搞研究工作，经常到各地报告他的新成果，也曾回到国内讲学，但我与他没有机会再见面。我只见过他们夫妇合译的蕾切尔·卡逊的名著《寂静的春天》在中国的版本。我想如果他们仍然留在国内，以他的才智和资历定能为我国环保事业做出更大的贡献。不料2016年春天，竟得到一个不幸的消息，说是他在2015年已经患病去世了。他们夫妇合译的名著《寂静的春天》曾推动过一个时代的环境保护热潮，当然现在世界环境科技又进入新的发展时期了。

李长生夫妇合译的《寂静的春天》

环境化学研究所迁移到北京林学院旧址以后，虽然尚散居各楼宇，但在原中国科学院化学研究所二部研究团队人员的基础上，根据环境科学与技术发展的需求，组成各个研究室，形成强有力的研究集体。特别是情报室，作为联合国环境文献查询服务点，编辑出版了国内最早的环

中国科学院生态环境研究中心

境类期刊，如《环境科学》《环境科学学报》等，主持召开各种全国性情报工作会议，十分活跃。环境化学研究所当即成为当时全国环境科技情报中心。所属无机和有机分析化学室，开展各类环境污染痕量物质检测方法研究，制定环境标准分析操作规范，居于国内前列。各污染治理室研究工业污水、大气酸雨、固体废弃物等“三废”处理工程和污染控制原理，倡导应用膜工艺、离子交换树脂、无机高分子絮凝剂等先进技术，开拓污染控制新途径。环境化学研究所还联合各研究单位主持开展京津渤、北京东南郊区等区域的环境污染评价大型项目，对全国环境科技领域的形成和发展起了推动及核心作用，俨然成为全国环境科学与技术的情报和研究中心。

此一时期前后，中国科学院成立了环境科学专家委员会，国务院成立了专门的环境保护办公室，全国环境科学学会各专业分会也相继建立。北京大学成立了环境化学专业，北京师范大学举办了环境专业研究生班，清华大学、同济大学、哈尔滨工业大学等高校都改办了环境工程专业，全国各高校有关专业都纷纷设立新的科研项目，有逐步向环境科学与技术方向靠近的趋势。因此，环境化学研究所的成立，全面开辟了我国环境科学技术的新领域，促进了该领域的发展，对我国环境科学研究事业产生了重要的影响，对发展我国的环境科学与技术领域、推动环境保护工作，起到了开拓者的作用。

环境科学与技术活动的广泛开展，吸引和聚集了各传统专业都来关注环境科学问题，除了最初称为“三废”治理的环境工程学与化学的紧密结合外，环境地学、环境生物学、环境生态学、环境经济学等多种各门类学科陆续出现，一时间，联合起来协作研究解决环境污染难题成为科学界的发展趋势。实际上，要解决环境污染的现实复杂问题，必须借助多学科的有机融合，形成新的多元化边缘科学领域才能胜任。不过，在具体研究项目的开展组合中，各学科的主次、侧重却也有从不同角度出发的各种考虑。

例如，在环境污染现状的调查检测时，大量现实数据首先由环境化学专业人员对样品测试的工作获得，但其最终结果的统计评价却由环境地学专业综合显示出优势，而针对具体问题的解决方案又仍需要环境工程专业来提出并实施。这不但说明各不同学科分工合作时会出现组织调度等现实问题，而且反映出边缘学科领域在形成过程中，本来就存在着固有的各专业内容如何融会贯通的难题。这往往需要各学科相当长期的借鉴磨合才有望圆满解决。我国环境科学与工程虽然后来在学科分类上被列为一级总体学科，但该领域的真正形成，特别是能担当总体设计的总工程师专家的产生和成熟绝非易事。当然，解决其他任何具体工程问题或者科学技术本身发展的过程也莫不如此。

在学科融合过程中，有人提出最早出现的环境化学学科似应是主导灵魂，并以美国环境科学主体仍从属于化学学会为例，但也有人提出环境地学应是包容整体的实在硬件。我在当时讨论中曾设想一个形象化的比喻，即以人体各部分器官的功能来加以类比：地学似是人体的骨骼，生物生态学似是生长联络的肌肉，工程学似是实际操作的手足四肢。若把化学比作灵魂或心脏未免估计过高，但若看作血液倒有些相似。它以大量数据循环流通于各器官整体，输送养分，充实其精细内容。当然，无论如何比喻都尚只是隔靴搔痒，各交叉学科相互渗透，彼此相通，才是促成有特色独立科学领域的必由之路。我出身于环境工程，又在环境化学研究所活动，在北京文化圈中接触各方环境科学人士，经常讨论综合性学术问题，这对我在多学科理念构思的形成上也起了很大的促进作用。

第四节　我国环境化学的领军人刘静宜

刘静宜教授（1925— ）

刘静宜是我国著名的无机化学和环境化学家，我国环境化学学科的奠基人和开拓者。她于 1946 年毕业于上海圣约翰大学化学系，1947 年赴美留学，在络合物化学权威贝勒（J. Bailar）门下做研究生。1951 年获美国伊利诺伊大学化学系博士学位。她研究的若干吡啶偶氮染料金属络合物的合成和性质等成果，目前已普遍应用于分析化学领域。她于 1951 年回国，先后在中国科学院大连工业化学物理研究所、中国科学院沈阳金属研究所、中国科学院化学研究所工作。她在中国科学院先后负责组建了分析化学、无机化学、核燃料化学等 9 个研究室，培养了一批科技人员。她先后在煤炭、资源评价、包头和大冶的矿物综合利用和原子能化学等领域开展研究工作，参加组织、领导了核燃料后处理工艺的研究。她组织了稀土络合物的合成及其性质的研究、稀土材料的合成研究等，为我国稀有金属，尤其是稀土的分离利用开辟了新途径。她在原子能后处理新工艺的研究中，提出了改进的新路线，于 1969 年试验成功将胺类萃取剂用于 BP 三循环工艺流程，并将三循环改为二循环流程，达到当时的国际水平。

20 世纪 70 年代初期，国务院环境保护领导小组办公室协同中国科学院领导，为加强环保工作的开展，拟建立环境专业研究所，决定由中国科学院化学研究所二部的刘静宜负责筹建。她根据原单位的化学基础，将该所命名为中国科学院环境化学研究所。刘静宜在国内首次提出了“环境化学”的学科方向及其内容，到1985年以后，“环境化学”才被国内学术界所认同。20世纪90年代以后，我国高等院校也陆续开设了环境化学课程。在她的推动和参与下，全国建立了环境科学学会及环境化学专业委员会，国家自然科学基金委员会逐步建立了环境化学专业处，至今已系列召开过8—10次全国环境化学学术大会。

自1975年起，她开始致力于环境科学领域的领导工作，先后主持了中国科学院环境化学研究所和中国科学院生态环境研究中心的创建工作，并任中国科学院环境化学研究所所长、水污染化学研究室主任。长期担任国际环境问题科学委员会（SCOPE）中国委员会秘书长，对推动我国环境科学和环境保护的研究与情报工作及对外国际交流合作活动，都做出了重要贡献。她主持建成了水污染化学和大气污染化学实验室，进行环境污染研究。在确定方向任务和课题计划时，她都精心策划，具体指导，亲自安排，其成果深受地方的重视和赞赏，并显示了环境化学的独特作用及其在环保科研中的重要性，在我国开创了环境污染化学研究的阵地。她与国家环保局、中国科学院及各地方环保单位，多方联系协调，合作进行了许多地区性、区域性的环境调研改进方案。1980年，她与马世骏共同主持向中央书记处会议报告我国环境保护现代化问题，先后主持和参加蓟运河、湘江的污染防治研究，鄱阳湖污染防治联合国教科文组织国际合作项目等，都取得了重要的成果。她长期担任中国环境科学学会常务理事、环境化学专业委员会主任。推动创办《环境化学》《环境科学》《环境科学学报》《环境科学学报（英文版）》等环境科学核心期刊，担任主编及编委，发展我国环境科学出版事业。她先后获得全国科技大会奖、中国科学院科技进步奖一等奖、国家科学技术进步奖二等奖等多项奖励，数次被评为全国“三八红旗手”。

她于 1945 年 5 月参加了地下党组织，作为较早期中国共产党员和 1951 年 6 月时唯一的中共党员归国博士专家，在我国国防战备的化学研究和环境科学研究的开创与推动中起到重要的奠基及领军作用。1997 年离休后继续为我国的环境科学事业奔忙，一生不计名利忘我劳动，为我国经济建设和环境保护事业做出了突出贡献。

1976 年，我借调到环境化学研究所情报室时，认识了刘静宜。那时正是“文化大革命”后期，作为所领导的刘静宜暂时在该室寄居、工作。此后，我所有的工作都是在刘静宜的领导、指导、培养和支持下完成的。可以说，她是我到环境化学研究所后，也是我后半生中对我影响和帮助最大的前辈和老师。

刘静宜在情报室工作时，与其他人一样，按时上下班，与大家有说有笑，还经常出主意和推动当时吴景学主任的工作。该时的情报室迅速成为全国环境科学情报中心，出版数种先导期刊，召开全国专业情报会议，与她的推动作用是分不开的。

在她恢复领导职务后，创建水污染化学研究室并担任主任时，我即随她到该室任研究组长，从此一直在她的领导下工作。多年来作为她紧密的助手之一，感到她工作作风和为人处世的最大特点是公平、公正、平易近人，具有不求名利、辛勤劳动的典型的共产党人形象。例如，她身兼所领导和室主任，在所内分配仪器和项目经费时，我们总是希望本室能被优待一些，结果都是大失所望。大家逐渐认识到只要是她当主任，就不要奢望“近水楼台先得月”，而照例是先人后己、委曲求全。在湘江水质研究中，我们研究组发表第一篇论文时，由于参加人很多，我列入了八位作者。尽管她作为室主任在工作进程中发挥了不少指导和具体作用，但我感觉作者已很多，就没有列入她的名字。文章发表后我才感到有些不妥，于是很后悔地向她道歉，她连说没关系，以后类似的事例也不少。

因为她有在国外读博的经历，英语口语非常地道，与国外学者交流很快就熟悉起来，所以我们随她出国访问或多次受邀吃饭时，心里总是感到轻松、有底气，讨论研究计划和开展工作比较顺利且容易落实。我到瑞士联邦水资源与水污染控制研究所做研究学者，也是她在场立即与Stumm 教授拍板决定下来的。还有一次，她在 Hahn 教授的研究所以英语做报告，德国学生们当场反映她的语速太快，希望能慢一些，可见她的英语表达能力之强。联合国教科文组织“人与生物圈”鄱阳湖项目，第一期持续三年，她与我共同主持，除了总体规划指导和细部操作外，她还常到现场调研。该项目同时与德国四所大学十余名专家合作，有时到铜矿区现场联合考察。没有她在场，我真感到有些力不能及。

1995 年，我被评为中国工程院院士，也是由刘静宜先生和钱易院士在环境科学学会上推荐上报的。当选为院士以后，有一次我感到以她在环境界的成就和贡献，理应被评选为院士，于是就同她商量是否予以推荐，她坚决不同意，说自己水平不够而最终作罢。

2009 年，钱伟长发起编辑一套概览丛书，从书名为“20 世纪中国知名科学家学术成就概览”，计划每个专业 100 名，已有的院士当然入选，其他则由推荐确定。我向中国工程院编委会推荐刘静宜，得到评选通过列入计划。在征求她意见时，她又一再推辞不愿提供材料。我数次建议后得她勉强同意，就托中心办公室主任兼学委会秘书杨克武博士来起草书稿。杨先生对她的历史素材比较了解，写出初稿后经她数次审改。她因年高眼睛不好仍是字斟句酌地修改，对早年化学专业部分事迹又提了若干意见，最后由我做主定稿，终得她同意，才完成了这件几经周折的工作。收录有刘静宜学术成就的一书于 2014 年出版后，她表示很欣慰，我们大家也很高兴。由此事可见她对自己的事迹记述十分认真、一丝不苟。

第五节　在水污染化学研究室做全职科研

我于1977年11月将全家接到中国科学院环境化学研究所正式安顿下来，在情报室继续编写《镉的溶液化学和生态毒理学》文集，结束了原来在哈尔滨的一切教学和行政事务，全力从事案头文字工作，并且逐渐与同事熟悉起来，彼此相处融洽。在吴景学主任的推动下，情报室的工作不断扩展到全国，发展蒸蒸日上。我如此这般过了半年多的平静日子，倒也心安理得。“文化大革命”时期暂时在情报室工作的所级领导刘静宜先生，根据全所的研究室布局，提出要建立水污染化学研究室，她也要重回研究岗位担任该室的主任，这个消息使我也激动起来。虽然当时我已46岁，人过中年，但我有前半生科研活动实践的基础和初步的成果，更有继续开展环境水化学及混凝剂研究的强烈愿望。实际上，我并不甘心就此止步，不满足于编译文献。这些不安于位的思绪驱使我有些“忘恩负义”地向吴景学提出希望脱离情报室，随刘静宜去水污染化学研究室重新从事科学研究工作。这时吴景学与我已经比较熟悉，他见挽留困难，就说早已预感到我不会在情报室长期安定下来，于是不得不放我走。刘静宜先生也同意我随她去水污染化学研究室从事科研工作，并且帮我调配人员组成一个研究组，由我任组长。我虽然如愿以偿，心里十分兴奋，但从教师业务转到全职的科研岗位，也有些忐忑不安，不知如何来适应新的环境。

新的研究组共有包括我在内的5名成员。薛含斌是北京大学化学系的正规毕业生，化学根底自然远胜于我。栾兆坤是清华大学高分子专业毕业的工农兵学员，也是从情报室中主动要求来研究室的。还有擅长分析检测的田宝珍和动手操作能力很强的雷鹏举，他们都是来自中国科学技术大学。我们凑在一起组成一个研究组，人员、专业比较齐整、配套。研究室很快就分配给我们一个大房间当作实验室，不过里面空荡荡的没有一件仪器。万事开头难，我作为组长还不知道如何起步来带领一个团队开始科研活动。

我只得根据过去主持水化学教学进行水分析实验室建设的经验，先领来全套的分析化学玻璃器皿和配制标准溶液等的基本药剂，又从外室讨来别人剩余的一台分光光度计和一台简易的 pH 计，就以这些全部家当开始进入“科学实验”了。当然，在刘静宜主任的调配下，研究室还有其他专业组，掌握如原子吸收、X-荧光、精密测汞仪等高级仪器，但这些高级仪器对我这并非化学专业出身的人来说仍是陌生的。看来，科学研究团队的分工组织形式与学校教学实习也是有区别的。我们作为工艺过程的研究组，任务是做好样品的前处理并且回收数据图谱进行解析得

水污染化学研究室（1979 年）

出规律性结果，而这同样需要针对性地了解仪器的性能特点甚至操作细节，熟悉数据处理绘制曲线的技巧。于是，我又开始尽力补习仪器分析这科学研究不可缺失的篇章，逐步接近实验化学家的殿堂。不过，我比一般环境工程专业人员有较多化学知识，但如人饮水，冷暖自知，长期以来我始终感觉自己没有能够真正跨进这化学家大厦的门槛，缺少的正是化学专业人员必备的基本技能素养。

我面临的另一个考验是科研现场的转移。研究组接受的第一个任务是参加中国科学院几个研究所联合进行的“京津渤地区污染状况评价”大型项目中“蓟运河污染评估及治理方案”的专题。我原来所熟悉的科研环境全是在工地或工厂室内人为条件下操作的，而这课题的工作环境则是自然条件下的河流污染场地。野外现场的研究条件和技术要求对我同样是陌生的挑战，只得去学习和适应。谁知这一研究对象及环境的转换竟延续了十几年，由蓟运河汞污染的三年到湘江洞庭湖镉污染的六年再到乐安江鄱阳湖铜污染的七年，河流及湖泊重金属污染评价反倒成了我的主要工作内容及专业方向，真是命运不由己，形势比人强。

日本水俣病公害事件使水体汞污染问题成为世界关注的焦点。我国的汞污染严重地区在20世纪70年代首先发现在东北第二松花江和天津蓟运河，两处水体污染都是汞工业废水排放造成的。在污水排放口河段蓄积有大量含汞沉积物，经微生物作用而转化为甲基汞成为二次污染源。因此，评价和提出含汞沉积底质的处置方案正是我们所承担专题的研究任务。同我们合作的是中国科学院地理研究所，他们的组长章申就是我学习水上科研作业的第一位老师。我首先学会利用绳索悬挂的抓斗来采集水下的底泥。这需要有一定的技巧，选择好地点并且收放抓斗的时间要恰到好处，才能抓起所需质和量的样品。当然，样品的保存、混合，一直到分析化验也都要遵守一定的程序。与工厂条件相比，在天然水体环境中采集有代表性的样品和群体数据，需要更多地考虑样品质量的分散性和典型性，加入数理统计的思考。我在蓟运河初次野外作业学到的实践知识，帮助我在以后多次水上采样时更精细地从事操作并能指导团队中其他人作业。例如，后来在官厅水库采集水下底泥样品时，岸上有些化学分析研究人员竟都不知如何上船进入水库。我则随着学生们上船划行，指导他们如何选择地点用抓斗采泥样，俨然成为行家里手。

关于含污染物底泥的处置方法，国外有多种，而当时我国能实施的只有疏浚法，就是把挖掘出的底泥加以清理，然后把要回流的废水先处理到符合排放标准，以免造成河流再次污染。这部分含汞废水处理恰适合我所熟悉的专业知识，于是，我与栾兆坤等就按照这个思路提出一套方案，采用聚合铝絮凝剂来处理回流废水，并且在实验室进行了静态和动态的模拟实验。这是把污染水体底泥处置与工厂废水药剂处理相结合的新方案。后来虽然发表了两篇文章完成了研究任务，但因工程浩大缺少经费而并未能真正实施。后来，包括第二松花江这两处甲基汞污染源都是以工厂停产或转移而消除污染的。对其他水体底泥的处置，我也曾设想过类似的建议，如利用浮船装置完全在水上连续作业处理底泥废水等。国内其他研究者也提出和实行过更多的方案，甚至应用湖泊富营养化来控制蓝藻繁生。不过，我认为在我国制定合理适用的底泥污染质量评价标准，可能比无目标地大量疏浚挖掘底泥更加需要优先考虑。于是，我的研究方向后来就更多地转向底泥污染质量评价方法。

虽然蓟运河汞污染这一段工作的延续时间相对来说并不算很长，但对我来说，这开启了我进入天然水体野外作业的时期，同时我仍然没有完全放弃水处理过程混凝剂的研究。这种二元化的研究方向我一直持续进行了多年，成为我此后建立团队组织选择研究项目的常态考虑原则。它不但开阔了我的研究视野，而且令我的研究团队具备广泛适应多种研究项目的能力；同时，促成我在学科专业上把环境工程学与化学的结合进一步开阔到与地学的结合上。这使得水处理过程和天然水体水质的研究联系成为一体，内外环境相结合，从而环境水质学框架的涵盖范围又前进了一步。

在水污染化学研究室，我开始招收硕士研究生，最早的硕士研究生是来自兰州铁道学院的常青，我为他选定的研究题目是聚合氯化铁。这是因为聚合铝混凝剂的效能和作用机理的研究已经有了一定进展，我想聚合铁可能有类似性质，在此领域，苏联和欧美国家也有许多文献可以借鉴，不过当然最好通过自己的实验加以比较和开发。总的说来，当时学术界对铝和铁在水解和聚合过程的相似性仍认为两者十分接近，实际上这两种元素在化学元素周期表上却不属于同一种类本类型，因此对它们的深入研究似是更有必要。常青和我在实验研究中发现了一些新的现象。一是在三氯化铁溶液的碱化过程中存在 pH 值急剧下降的转折点，我们称之为弛豫现象；二是在直接投加较高浓度溶液时具有较好的混凝效果。后一现象在苏联库里斯基（Кульский）的同类研究中也指出过。关于这一现象的机理，我当时虽然也做了一些计算和分析，但直到我在瑞士联邦水资源与水污染控制研究所利用改进的溶液 pH 计算公式和更高级的仪器扫描图谱，才对二者得到统一的清晰证明，而此前的实验应算是后来继续研究的前奏。常青在拿到硕士学位后，我曾意欲推荐他去 Stumm 处读博士学位，但终未能成行，不过他在国内被分配到兰州铁道学院当教师，也很快晋升为教授，并出版了关于混凝学的书，不断有新的成果。他后来成长为著名的环境工程专家，经常与我联系，有时还来看望我，也时常与我们实验室团队合作开展各项研究工作。

第六节　中南海报告和环境科技界的形成

1980年秋，中国科学院得到指示：胡耀邦同志倡导，请各方面专家到中央书记处做科学知识系列报告，其中已列入“环境保护”一讲。院领导责成马世骏、刘静宜两位专家作报告人，要求立即开始集中力量准备文稿。于是，由国务院环境保护办公室、中国科学院环境化学研究所和动物研究所为主，邀请了全国环境界三十余位专家齐聚一堂，讨论如何完成这一重要任务。数次会议上集中意见认为，报告要反映世界及我国环境保护的状况及重要性，还要提出建议把环境保护作为我国国民经济计划的重要内容，等等。最后，文稿的书写集中到约十人，又落实到数人，我则被定为最终起草人之一，其他起草人还有中国科学院水生生物研究所的王德铭、地理研究所的章申等。我作为环境化学研究所刘静宜推荐的代表，责无旁贷地参与到这一光荣而沉重的任务中，并有幸现场参加中央书记处报告会。

1981年2月，报告会终得举行，地点是在中南海怀仁堂。我作为助手早早地到了会场，这是我第一次进入中南海，自然感觉新奇。各部的领导陆续到达会场，他们有一些我在电视上见过，但大多数不认识，也有各大报记者云集现场，进行摄影、录像。胡耀邦同志最后到来主持会议并做了开场白，马世骏、刘静宜先后做了数十分钟的报告。当时并没有什么先进的影像设备，仍是透明胶片投影在不大的屏幕上，PPT做得虽清楚，但也只是那时的一般水平，比较刻板。报告后胡耀邦做了发言，指示各部对环境保护给予重视，等等，几小时后就散会了。我得到的特殊优待则是获赠两张中南海参观票，我把它们给了我的女儿和侄女使用。

中南海报告会次日，全国各大主要报刊，如《人民日报》《光明日报》《红旗》等，都发表了报告新闻和刊载全文，还出版了报告单行本，可谓轰动一时，对环境保护事业的重要性及定为国策的舆论认识，起到广泛的普及作用。

中央书记处举行这次报告会，对环境科学及环境保护界的推动作用应该是很大的，这可以从当时环境界各方面发展的形势归纳出来。

首先，全国环保各专业人士聚集一起讨论，对我国环境污染状况及对策方向，达成了向中央报告的共识，也推动了政府及全国人民重视环境保护的政策和意识。

其次，各不同专业相互交流彼此融合，进一步集合形成环境科学与技术的统一学科。此一时期环境界不但加强了“三废”工程、环境化学、环境地学之间的联系，还加入了传统的生物学、生态学等学科，特别是新兴起与自然生态学并行的环境生态学或生态经济学系统。它后来被称为复合生态学，由马世骏、王如松等倡导，直接介入社会经济发展规划和政策实施活动，扩展了环境科学对社会全方位的覆盖领域。

与环境保护有关的机构单位也有许多发展。例如，国务院环境保护办公室提高为建设部属以至独立的国家环保局；中国科学院设有环境科学专家委员会；国家环保局新建了下属的中国环境科学研究院及各省（区、市）的环境保护研究所。这些都大力加强了全国的环境保护人员队伍和科学力量。

国家科学部门陆续设置了多方面科研单位协作进行的大型科技项目，如环境背景值调研、水环境容量研究，以及各期科技攻关项目，为后来环境科学和技术的发展奠定了基础。

可以说，20世纪80年代前期是我国环境界形成和兴起的高潮时期，而其间向中央书记处报告的前后活动起了催化作用，是该时代我国环境保护界发展壮大的一项明显的标志。

该报告书有数万字，反映了当时我国环境科技界的基本认识，这里摘录报告中的一些片段，有关水污染部分主要是由我执笔写成的。

附：现代化与环境保护（摘录）

马世骏　刘静宜　汤鸿霄　王德铭

环境问题主要由人类的生活和生产活动迅速发展所引起，反过来又对生活和生产发生重大影响。因此，它是人类社会现代化进程中必然会出现又必须加以妥善解决的课题。

一、现代人类社会的生产活动与自然环境的关系

1. 自然生态平衡和人类生活环境

所谓环境就是指人类和生物生存的空间。根据环境的结构性质以及起主导作用的成分，则可分为自然环境、人工环境以及陆地、淡水、海洋等不同类型的生态环境。

人类或生物集团与周围环境相互作用，通过物质流和能量流共同构成生物–环境复合体就是复合生态系统。

如果现代人类活动使自然环境剧烈变化，超出自然系统的调节功能，就会破坏生态平衡，使人类和生物受害，必然直接或间接影响人类的生活环境。

2. 自然资源的利用和环境保护

环境是资源：生态资源、生物资源、矿物资源。

大量消耗煤炭、石油能源，空气中二氧化碳增加，会使气温升高，扰乱地球气候，危害人类健康……

上述这些不良情况的造成，都是由于把利用自然资源与环境保护对立起来，只顾大量消耗资源以满足当前的生产指标，不考虑对

环境的影响，忽视资源与环境的整体关系，更未预计到由此产生的不良后果，换言之，缺乏发展国民经济的整体概念。

3. 环境保护中的生态规律及经济法则

自然生态系统中包含着若干可比拟的社会经济法则。环境问题必须把生态规律和经济规律结合起来运用，方能适应社会经济–生态环境的平衡发展，这种结合为未来现代化社会建设，协调高速度经济发展与环境保护之间的关系指明了方向。

二、国外环境保护工作的开展（略）

三、我国环境的若干问题

大气污染、水污染、土壤污染、噪声污染（略）。

四、对我国环境保护对策的探讨

我国环境污染的全面状况，目前还缺乏完整的科学调查和分析，但是根据现有的部分资料和一些突出的事例来看，我国当前的环境污染和生态平衡破坏情况已相当严重。令人不安的是这种恶化的趋势还在发展中。若不及时协调环境与发展的关系，环境进一步恶化，就将成为实现四个现代化的绊脚石。

1. 正确处理环境和发展的关系，全面规划，合理布局，把环境工作切实纳入国民经济计划

2. 多途径、多手段相结合，积极治理现有企业的污染

3. 大力开展科学研究工作，不断提高保护环境的科学水平

马世骏院士提出的环境复合生态学或称系统生态学，以生态学为基础，兼容环境学、地理学、经济学和社会学等相关学科。以城市与区域生态系统为对象，开展人类活动胁迫下的生态系统演变机理及其调控机制研究，发展复合生态系统生态学，应该说是我国环境科学领域发展中的一大贡献。

复合生态学开始并未为环境界人士所深刻理解和认识，即使如我自

命为环境多学科融合的支持者，当时对它的内涵仍不甚了解。一次我问马先生的弟子，后来也当选为中国工程院院士的王如松，环境生态学是否就是环境生物学的转型，这是基于我对环境微生物学的一些知识而理解的，王如松对我微笑说不能那样理解。后来我通过组织鄱阳湖多专业联合研究项目也认识到，即使传统、狭义的生态学同微生物学也不是一回事，它是广泛研究种群菌落生长分布规律的学科。

不过，传统生态学者有时也认为系统生态学是一种异类学说而不予苟同。一次，王如松申报中国工程院院士，其材料首先需要中国科学院组织的专家评审委员会评审，评审委员会得到中国科学院生态学权威专家阳含熙院士的反对意见，他根本不同意设立系统生态学科。由于有这样的学科内部之争，我们这些外行评委只好各自投票，结果没有通过。王如松后来在国内外环境生态学领域都取得很大成果，获得国际大奖，终于被评为中国工程院院士。可惜的是，马世骏先生在一次去唐山开会的途中竟遇车祸去世。王如松先生获评中国工程院院士后两年竟也病逝。如今，中国科学院生态环境研究中心的城市与区域生态国家重点实验室，正继承着环境复合生态学的学科事业，为国家环保领域和全国生态环境分区等规划研究做出更大贡献。

中国环境科学研究院的成立也有过一番周折。当时国务院环境保护办公室计划成立独立的研究所，酝酿期间征求中国科学院和各高校意见，并邀请专家干部去具体筹办，各单位在很长时间推荐不出适当人选。有些专家舍不得离开自己现在的院校，不愿去担任新的职务。几经磋商，最后才邀请到清华大学刘鸿亮先生出马担任该研究院院长。他从无到有新建起部属的中国环境科学研究院，并且后来被评选推荐为第一批中国工程院院士，为我国环境事业做出重要贡献。该研究院在获得国家水专项主持项目后有更大发展，汇集了各方专业人才，统筹各类研究项目，在环境管理科学和政策研究领域发挥了重要作用。

第七节　重金属水质污染面面观

湘江是长江主要支流之一，也是湖南省境内最大的河流。它发源于广西壮族自治区兴安等县境内的海洋山，在湖南省永州市与潇水汇合，开始称湘江。它向东流经永州、衡阳、株洲、湘潭、长沙，至湘阴县入洞庭湖后，归入长江，被称为湖南省的“母亲河”。

根据2014年的调查，湘江水体污染状况严重。由于重金属污染、工业污染、农村面源污染和历史遗留污染叠加，湘江一度成为全国污染最严重的河流之一。如今，湖南省的汞、镉、铬、铅排放量位居全国第一位，砷、二氧化硫和化学耗氧量的排放量居全国前列。湘江成了我国重金属污染最严重的河流之一，而中游的衡阳市和下游的长株潭地区是重金属污染最为严重的区域之一。

上述内容回忆的是20世纪80年代的湘江环境污染评价研究过程，现只可作为历史资料参考。

湘江重金属污染的发现和研究项目启动，首先是中国科学院地理研究所在湘江大桥桥墩处采样发现沉积底泥中含重金属严重超标。该所发起并联合中国科学院6个研究所及湖南省地方研究所等共同承担国家重大科研项目“湘江污染综合防治研究”（1979—1982年）。随后有中国环境科学研究院和湖南省环境保护科学研究院及中国科学院环境化学研究所等继续承担“六五”国家科技攻关项目“湘江重金属水环境容量研究”（1982—1985年）。与此相应，中国科学院与高校及湖南省环境保护科学研究院等也承担了“六五”国家科技攻关项目“洞庭湖水系环境背景值调查研究”。因此该时期，湘江污染和重金属污染成为全国环境保护科研的重点对象。几个国家项目同时进行，盛况空前，成为我国环境科技界各有关单位首次联合进行重大科研项目的大规模行动，也是我国针对水体重金属单项污染物进行深入调研的发端。

“湘江重金属水环境容量研究”会议（前排左五为汤鸿霄）

环境化学研究所当仁不让地参加了上述三个大项目，我所在的水污染化学研究室在刘静宜主任的领导下集中参加有关重金属形态和容量的研究课题，主要参加者有毛美洲、薛含斌、栾兆坤、曹福苍、田宝珍、雷鹏举、董惠茹、我等，并取得了若干具有创新性的成果。

我当时在《重金属的环境水污染化学》一文中对重金属污染的特点综合出若干要点，在大会报告时，起到了一些启发作用。它是我参与环境污染水化学领域后，对各种不同学科知识进行综合所达到的进展成果。这些要点显然已不属于单纯的化学门类，而是具有环境污染水质学的独特风格。

例如：①天然分布十分广泛。普遍存在于土壤、大气、水体和生物圈中，并不断进行自然环境中的迁移运动。②人类社会应用普遍。生产和生活各个方面不可缺少，构成多种污染源，排出废水、废气、废渣，造成环境污染。③在各相和界面上存在，形态多变。各种形态和结构的化合物，以溶解、胶体、悬浮等状态出现于气、液、固相及相间界面。④氧化还原反应可逆，在较宽幅度内发生电子得失的价态变化。可介入不同环境，于氧化性或还原性环境区域中均可参与反应。⑤易于生成沉淀物转入固相。氢氧化物、硫化物、碳酸盐等的溶度积都较小，以离子状态存在于水溶液中者都是微量。⑥络合能力甚强，可增大溶解度。与多种无机和有机配位体生成络合及螯合物，使重金属在溶液中的含量可有相当增长。⑦参与各种胶体化学和界面作用。与水中各种无机、有机、生物胶体发生吸附、离子交换、凝聚、絮凝等胶体化学过程，对迁移转化有重要影响。⑧微量浓度即可造成毒性效应。天然水体中的甚低浓度往往已可对生物促成毒性影响，毒性较强者，其毒性范围更低。⑨不能降解，但可转化为有机物。其毒性效应不会通过逐级降解而消失，而在微生物作用下，一些重金属会转化为毒性增强的有机化合物。⑩生物可高倍富集，构成食物链。水生动植物和陆生农作物等可在体内富集数百以至上万倍，不同营养级别按食物链逐级富集可达更高倍数。⑪经由多种途径进入人体。通过粮食、肉类、蔬菜、母乳等各类食物以及饮水、呼吸等各种途径都可摄入人体。⑫在人体中强烈作用，可以蓄积毒性。重金属与人体内生理高分子物质可强烈作用，成为不可逆的结合而表现出毒性，并可在体内长期蓄积。

我们团队在湘江重金属研究中的成果载于陈静生和周家义主编的《中国水环境重金属研究》一书第三章及由我执笔的《湘江重金属污染水化学》一文中。当时全国环境科技界的探索热点集中在重金属存在形态及污染效应方面。概括起来，其创新点有以下几点。

（1）建立了重金属形态分析鉴定的全系统程序。水分析以超滤膜划分为溶解态、有机结合态、不稳定态等，悬浮颗粒物和底质则以逐级化学提取法划分为可交换态及易还原态等 7 种不同组分，最终以阳极溶出伏安法（ASV）和无火焰原子吸收法（AAS）定量。对 Cd、Cu、Pb 等重金属在不同站位和柱状沉积物层级中的存在形态得出精细的分类表征。

（2）归纳出湘江悬浮沉积物中不同组分对 Cd 等重金属的吸附等温线和吸附等温式，经解析计算得到多组分吸附剂的吸附模式，以及各采样点的吸附常数和饱和吸附值，借以判断其二次污染的可能性条件，所得结果符合实验数据并绘出 Cd 的溶解-吸附-沉淀区域图。

（3）应用湘江水体水质及悬浮沉积物实验数据，以计算机利用 REDEQL-2 程序计算得到各种不同情景下的化学平衡模式，绘出各重金属各站位的 pM-pH 分布图和溶解-沉淀区域图，并且以实验室模拟实验验证静态和动态水流条件下，重金属的溶出释放浓度，借以与现场采样实测数据及国家水质标准相比较，判断二次污染的风险性。

20 世纪 80 年代前期，我国环境界极其关注重金属污染特别是污染物的存在形态，各学者发表不同意见并进行争论，一时形成热潮。对于重金属在水体中水溶液相的存在形态，一般认为作为金属离子态的含量并不甚高，不一定能够发挥生态毒性效应，而水体中悬浮沉积物吸附成分的释放和其生物可给性是主要的风险污染源，甚至有人提出要修改水体污染限定标准的建议，把各种形态的毒性污染风险加以综合考虑。

水污染化学研究室对湘江重金属污染形态研究所用的系列方法和所得结果，居于当时国内外前列水平，可以成为范例。其结论可以综合归纳如下。

采用现场采样实测、化学平衡模式计算、实验室悬浮沉积物吸附释放模拟实验三类方法相互比较验证的结果，与长期观测结果一致。我们认为，该时湘江水体中重金属自由离子及生物直接可给态都尚未超过地面水限定标准值。我们根据研究结果提出，该时湘江底部沉积物中重金属具有相当高的化学稳定性。湘江水体环境有利于重金属趋向化学稳定的条件有：pH 值较高（7.0—7.5 以上），碳酸盐含量多，碱度及缓冲容量较高，水体不易酸化；湖南省地处亚热带季风气候，铁锰铝水合氧化物多，它们易生成结合态及絮凝体；水量充沛，稀释及冲刷能力强；等等。就湘江总体而言，除某些排放口局部江段外，绝大部分江段并未达到风险临界状态。

若干重金属污染江段如株洲霞湾、水口山等的底部沉积物中蓄存着较高量的Cu、Cd、Pb等，它们可能成为二次污染源。我们还提出以“化学稳定性”的概念作为风险性指标。把重金属形态由7种形态简化为溶解态、结合态及固定态3种。结合态包括有机络合态、吸附态和沉淀态，是悬浮沉积物中不够稳定的重金属化合态。从3种化合态的分布可以判断化学稳定性，从而进行水质全面评价，拟定水质污染控制对策。

我参加并主持湘江重金属污染形态研究前后约6年时间，是我首次学习和体验较大江河流域水质污染评价的时期。当时我曾沿江从兴安到株洲霞湾再到洞庭湖，长途多点踏勘采样。对天然水体中重金属的污染化学行为规律有一定认识，在研究方法和数据统计计算上取得一些经验，也萌生一些新的观点。这使我的专业工作领域从环境工程作业扩大到野外环境水体作业，对环境科学研究有了更全面的知识理解和技能锻炼。

参加湘江镉污染攻关项目期间在调查污水排水口（1982年）

与此同时，我也体验到不同系统的众多科研院所联合开展大型科研项目时，在组织协调工作中具有许多难以避免的矛盾。例如，湘江重金属污染研究原是中国科学院主持进行的国家项目，20 世纪 80 年代初，中国环境科学研究院成立后，由于他们拥有环保系统各直属及地方研究所的庞大网络行政资源，遂试图作为环境科研的主导力量来主持有关项目。这与中国科学院系统发生冲突，两方互不相让，最后以各自承担湘江区域“六五”国家科技攻关不同项目而达成协议。中国环境科学研究院方以金相灿为代表与中国科学院水污染化学研究室我方为代表，曾在北京颐和园后山某处为同一项目的主持权举行过谈判会议，争论十分激烈。最后仍然是各自分别进行研究工作。

中国科学院水污染化学研究室与中国环境科学研究院在颐和园召开
“湘江重金属水环境容量技术”协调会（1983 年）

当整个湘江有关项目完成后，由于中国环境科学研究院直属环境保护部，并且下方连属湖南省环境保护局及环境保护所等系统，所以上报成果及申请奖项时就仍由中国环境科学研究院统一操作。尽管中国科学院各所完成了大量研究工作，如我们团队曾依据上述实际研究成果，提出以“化学稳定性”为核心的湘江重金属水环境容量多学科综合模式，但在项目完成后申报国家奖时，我方竟只被列入分专题主持而没有进入总体主持名次。我们进行六年的河湖重金属研究工作成果，只算首次得到国家科学技术进步奖二等奖中的一般名次而告终，我也只得因我协调能力太差对我们团队的长年辛勤劳动心怀愧疚之意。

第六章

国际水环境研究中心 EAWAG

第一节　首次出国访问的时与机

1983 年，我幸运地得到一次出国访问的机会，这要感谢水污染化学研究室刘静宜主任，她选择我参加由她领导的一个访问团，到瑞典和瑞士访问，考察学习环境污染防治技术。参加人有治理室的胡克源先生，还有中国科学院长春地理研究所的王稔华和俞穆清，他们都是汞污染的研究人员。刘静宜先生是留美博士，胡克源先生是留苏副博士，我们三个较年轻的都没有出过国，而且实际上全团所有人都是“文化大革命”后第一次出国访问。随团的还有一位中国科学院外事局的陈先生，他负责翻译和外事联系事务。

我入选访问团可能还有一个因素，就是我刚刚学完四个月的英语口语学习班。我在大学时还有一年以直接法专门学习俄语和两年俄语专业听课的经历。当时我的俄语口语也算是可以过关，但约三十年没有再用过，就比较生疏了。我的英语阅读水平还算可以，但英语口语则要从头学起。英语口语班四个月的基本训练只能算是达到启蒙阶段，而且要说英语时，脑子里首先出现的总是俄语词句，干扰很强烈。到英语口语班结业时我仍很不自信，专门找到口语班的夏堃堡老师答疑。我说了几句英语，然后问他：“Can you understand me?”他点点头笑了。我接着问他为什么虽然英文单词写下来大概都认识，但英语广播却听不懂，他告诉我不能着急，英语广播中有很多人名、地名和新闻用语，且语速很快，不熟悉的就跟不上。他又说听电影对话最难，有很多俗语，即使英语专业的人听起来也有困难。实际上，后来我的英语口语虽能勉强应付日常对话，甚至可以脱稿做专业英语报告，但听力一直较差，只能理解大概意思，总是达不到满意的程度。

按照当时的规定，出国人员在出发前要集体学习一周，包括有关文件和外交礼仪事项等。办理完手续，每人发置装费买西服、行李箱等，还要准备许多礼品，都是有中国特色的小幅刺绣图，较大些就是花瓶之类的。我们与国外学者小组交流，也是先送礼品，现在看来实际比较寒酸，但当时外宾还都说中国人很大方。

当时去瑞典的中国民航航班要 16 个小时，途径中东和法国。第一站在阿联酋的沙迦机场暂停，进入大厅我初次见到异国景象，觉得五光十色、富丽堂皇，各色人种熙熙攘攘十分新奇。第二站在巴黎机场暂停，恰遇到员工罢工，延迟了两个多小时才起飞，也是未经历过的新鲜事。最后才到达瑞典斯德哥尔摩，入住旅店已是晚上，疲乏不堪。我们四人相约到街上吃点东西，进了一家小饭馆，围坐在一张餐桌旁。虽然都会几句英语，但到了瑞典竟不知道用什么语言、如何点餐，有点儿狼狈。幸好过来一位中国服务员，这才点了一些牛奶、面包，后来才知道在瑞典各处都可以用英语交流。

第二天早晨，我们先去中国大使馆报到并接受教育，接见我们的一位人员据说是人民日报社的。他首先说瑞典也号称搞社会主义，实行高福利，看起来生活富裕，但主要靠卖资源如森林矿产、高税收等。后来，我们所见的人们的装束、街道橱窗的布置，确实清洁整齐、色彩鲜艳。搭乘火车沿线都是一片茂密森林、漂亮农舍，家家户户窗台上都摆满鲜花，像大花园一样。不过后来我也曾三次到访瑞典，也见到世界各国情况，确实感到瑞典的风貌最佳。星期日到外面观光，可见到大量车顶上载有游艇的小汽车涌向海湾。

第一个访问的单位是环境技术研究所，其环保技术和设施的先进性自不待言，中午被招待去自助餐馆吃饭。这个餐馆比较大，几排长台子摆列了数十个大盘，上摆各种食品和水果。那时国内还没有自助餐和超市，不知道进餐程序可以多次自由取用，再加上食品丰富，于是每一种都取一点，每人的盘子都堆满过量食物。

瑞典的环境污染治理和研究水平在世界上也算居于前列。我们陆续访问了几个环境科技研究所和处理厂，接触到不同的研究人员和仪器装备，看到过去只能在文献上了解的新技术，收集了不少资料。这是我首次见到国外的环保科研实际状况，确实令我耳目一新。其中印象最深刻的要算斯德哥尔摩市污水处理厂。这个厂完全坐落在地下数十米处，于一个花坛入口乘电梯下去进入厂内，其规模相当大，生化处理池槽设施俱全。其通风系统良好，即使在曝气池，车间也没有明显异味。特别是沼气发生系统，据说其发电量可以供给全厂使用。如果能保持常态，该是超一般水平的成就。无论如何，这种完全隐居在地下、环境卫生保持良好的城市污水厂，也是我后来在其他国家未曾见到的。

从瑞典到瑞士的航时很快，但出机场后的景象却截然不同。瑞士的机场到市区沿路一片灰色，与刚刚离开的瑞典鲜艳色彩有显著反差，令我想到原来并非外国都如瑞典那样。先到苏黎世郊区 EAWAG 的招待所住下，当时怎么也想不到这幢小楼是我未来长期居住的宿舍。EAWAG 的中文名是瑞士联邦水资源与水污染控制研究所，它不但是瑞士最大的环境科技研究所，也是世界著名的水研究中心之一，坐落于苏黎世市郊区的杜本道夫（Dubendorf）小镇，距离招待所约 5 分钟的路程。那是一幢独立的五层大型建筑物，周围是一片生态园林区。它同时还兼属于世界著名的苏黎世高等工业大学（ETHA）。EAWAG 在市内有长期运行的污水处理实验厂，在郊外卢塞恩湖畔还有湖泊研究基地，其总规模是可观的。

我们到 EAWAG 后，很快得到所长 Werner Stumm 教授的接见，他是一位高大强壮的中年人。我与他在 1981 年左右已有一些通信交流，我读过他在水化学方面的著作和絮凝理论方面的许多文章，对他的学术观点比较熟悉和钦佩，并且有意把他的书翻译为中文版。这时真有一见如故、相见恨晚的感觉。见面时大家先做介绍，简单谈话后，来到楼顶阳台上合影。其间，我向他提起前年有关通信和读过他的文章和书，现在总算是面对面交谈了。于是，他高兴地要我同他单独坐下来谈话，我说他是提出 Aquatic Chemistry 的第一人和权威，又谈了几句我对水化学学科的看法，但没有深谈有关中文版翻译的事宜，然后就随大家一起去参观各实验室了。在参观中间，一位秘书来找说 Stumm 要我到他办公室去一下，我有些诧异就随她去了。Stumm 请我坐下，他问我是否愿意到他们所里做一段时间的研究工作。我虽从未想到能有此殊荣，但确也喜出望外，当即表示我自己是很愿意的，感谢他给我这个机会，他说要同刘静宜教授商定。我在告辞出来后，急忙找到巡回参观的刘静宜先生和其他人，报告这一消息，大家都很高兴。参观以后，刘静宜先生和 Stumm 就商定此事，并邀请 Stumm 夫妇第二年访问中国。虽然这可能是一次照国际交流惯例双方交换人员和互访的活动，但对我来说却是可遇而不可求的机遇，也正是这次访问改变了我的人生轨迹，并且奠定了我此后的治学发展道路。

刘静宜教授和 Stumm 教授

其实我们之所以能够直接到 EAWAG 访问并由 Stumm 教授接待，是经由刘东生院士的介绍。刘东生先生曾经到苏黎世大学及该所访问，并且相约去一个中国科学院环境代表团参观。这正是中国改革开放的前期，否则我们也不一定能够如此顺利地成行。回国后，我们又向刘东生先生汇报了访问经过。他听说 Stumm 教授邀请我去他那里进修，也十分高兴，

中国科学院环境代表团访问 EAWAG

并且拿出几篇 Stumm 教授送给他的文章复印件给我，并签上自己的名字，还告诉我 EAWAG 的一些特点。

第二节　Werner Stumm 生平和水体化学学派

Werner Stumm（1924—1999）教授是瑞士人，1952 年在瑞士苏黎世大学获得化学博士学位，1954—1955 年在美国哈佛大学做博士后，研究碳酸钙平衡与沉积化学。1956 年进入哈佛大学工程与应用物理研究室工作，研究了铁和锰化学、水处理凝聚和过滤过程、痕量金属的化学形态，并以研究水中铁腐蚀化学而出名。1960—1970 年他开始结合地球化学、湖泊学、海洋学等学科，拓展天然水体系的化学形态平衡和动力学，并且扩展到天然水体中环境污染物、营养物，以及各种元素在地球表层的循环、氧化还原、酸碱平衡等反应，同时涉及水污染和控制处理过程等领域。他应用这些化学反应的基本模式来发展对复杂地球化学过程的更深入理解。

Stumm 教授跨越科学和工程的学术交界区域，研究涉及基础和应用两方面的相关领域，探求认识和阐明社会活动如何改变地球化学循环。他研究化学反应的分子层次过程，从矿物溶解和成长的速率来考虑自然界中风化的进展，溶质传输和生物矿化，并预告工业应用中的腐蚀种类和程度。他从化学的还原及氧化溶解机理出发，来探求限定天然水中污染物电子循环和营养质的生物可用性，以及工程中腐蚀现象的控制。

他在哈佛大学 15 年，担任 Gordon McKay 应用化学讲座教授，指导了众多研究生的博士论文。1970 年，出版专著 *Aquatic Chemistry*，提出区别于 Water Chemistry 的“水体化学或水质化学”的学科体系，得到广泛认可。

1981年、1996年继续扩充、修订出版该书第二版和第三版，代表了他给予水科学前沿观念的总和。该书作为基本教材及参考书风行于环境科学与技术界，被认为是最权威的著作，后来他被称为“Aquatic Chemistry之父”。

1970年后，他回到瑞士，任EAWAG所长，直到1992年退休。在20多年的时间，他领导和集合了众多科学家和研究生，使该研究所发展成为世界著名的多学科水环境研究中心之一。

其间，他在学术上的突出成就是创建了固体矿物-水溶液界面的表面络合模型及定量计算模式。1975年，在伯尔尼大学的胶体与界面会议上，Stumm和Schindler的论文提出表面络合模式可以解释金属离子在氧化物表面吸附的作用，此原创性处理方法经受住了时间考验，并铺平了此后吸附研究的道路。这一观念框架以直接方式考虑碳酸盐矿物溶解的加速和抑制，阐明表面形态在氧化还原动力学、氧化催化及表面电荷中的作用，说明质子和阴离子配体对氧化物矿物表面的吸附在矿物溶解速率中起到关键作用。

这一理论和方法把地球化学、水体化学中的界面反应过程和处理方式推进到新的定量描述阶段，并广泛应用于水中痕量元素的调节、矿物溶解速率、氧化还原反应、电子迁移反应的表面催化等各方面研究。他在矿-水界面化学方面前后21年的系统实验工作表明，矿物表面的化学形态对水中痕量元素的调节、矿物溶解速率、氧化还原反应、电子迁移反应的表面催化等都具有巨大作用。

Stumm教授对表面形态研究的核心结论是基于宏观平衡及动力学观测，他所设想的化学化合态现在已经由光度法在一些体系的观测中所证实。虽然他喜欢描述自己是一个“滴定管和玻璃电极”的化学人，但实际上他总是得到用现代仪器做实验的科学家的承认，他们以傅里叶红外光谱、电子-核双共振、荧光、隧道显微镜等对表面形态的鉴定来证实他的理论。

他努力使其观念在天然水的应用中得到认可。在水体保护方面，这些研究都表明矿物表面的化学形态对各种过程也起着巨大作用。他提出生态系统集成观点，对所有水体类型提出生态系统观点。通盘考虑各门传统化学，以及地球化学、生物和物理过程等的综合集成作用。研究陆地排放、大气沉降（如酸雨和雾霾）等污染物对水体的影响，保护水质体系，防止人类活动对其产生伤害。

他署名发表300多篇重要文章，被引用3000多次，著作和编辑16本书，先后指导43名博士研究生。1991年获选美国工程院院士。共获得5个荣誉博士学位。1986年获授号称环境诺贝尔奖的泰勒环境成就奖，1998年获国际地球化学界公认的最高奖哥德斯密特奖，1999年获斯德哥尔摩水奖等。

1986年Stumm被授予泰勒环境成就奖的评语可以作为对他的最高评价：

> Stumm得到此荣誉是作为水体化学多学科领域之父。他的研究深入天然水中化合物的分布和循环。他导向了从给水和废水中去除污染物的基础研究，致力于应用化学和生态概念在水污染控制和生态系统保护领域。
>
> 他对于人类认识到湖泊、河流和水库因农业和城市排入过量磷浓度造成富营养化做出显著贡献。Stumm在20年来领先多学科研究化学、物理、生物和社会诸因素对环境的影响。他定期组织会议交换天然水化学过程和平衡的观念，检视人类对全球化学循环的干扰，成功地强化了科学界对长期环境研究的参与，提高了社会广泛对水质问题的认识水平。
>
> Stumm提出单独的环境保护措施，如空气净化和污水处理不能显著抑制环境的破坏。人口密度越高，生活方式现代化的经济技术需求越高，人类对地球环境伤害的污染和威胁就越大。下两代的人口增长必须遏止，产品消费必须更好控制，否则，增高的能源消费将逐渐干扰地球的水文地球循环，他呼吁保护生命保障系统。

Stumm 教授的系列研究成果和著作在环境化学、地球化学、水处理工程等学科中都发挥着重要作用，而且他的许多学生分布在美国和欧洲各主要大学及研究所，建立起众多的科学研究团队，因而在环境科学技术和水质科学领域形成一个覆盖面很广的学派。下面一些例子可以显示这个学派的活动和影响。

他指导的第一代及第二代博士研究生都成为著名学者、院士、各大学名校水环境研究团队的带头人。例如，摩根（Morgan）在加州理工学院，O'Melia 在约翰·霍普金斯大学，黄金宝（C. P. Huang）在特拉华大学，Lekie 在斯坦福大学，Morel 在马萨诸塞大学和普林斯顿大学，Hahn 在德国卡尔斯鲁厄学院等。再加上他所在的瑞士苏黎世高等工业大学和 EAWAG，构成广泛的国际学术研究网络，众多学者成为该学派的主体成员。

美国化学会的《环境科学与技术》是环境界首要权威刊物。由 Morgan 创刊并任主编，O'Melia 继任代主编，以后数十年的历任主编，直至现任的 Schnoor，莫不来自该学派。该期刊发表的大量文章，在国际环境界具有重要影响。

该学派在美国定期召开戈登研究会议，聚集主要学者讨论水环境研究方向趋势，其结果对环境学界具有规划与导向作用。会议发表的论文常编辑为专题文集出版，由于集中了各学者的专长研究写出的综述专论，其作用更高于一般期刊发表的研究论文。

由于 Stumm 教授是该学派的实际掌门人，所以各国大量学者到 EAWAG 访问、进修，形成共同的观点和研究特色。甚至 Morgan、O'Melia 等已是著名学者后，每年仍到 EAWAG 度假，与他讨论有关学术难题和研究方向。

1984 年我在 EAWAG 时，恰好赶上 Stumm 教授的 60 岁生日纪念会。从美国和欧洲其他国家来了许多学者和他的学生，庆祝仪式很盛大。会上，Morgan 报告了他的生平成就，报告最后还播放了许多历年的会议群体照片。从最早一张 Stumm 年轻时站在最后一排，到后来他的位置逐年前移，直到坐在前排，达到中间位置时已是白发苍苍。最搞笑的是，后来播放了一张爱因斯坦骑自行车的照片，而再下一张竟是同一照片，不过骑车人的头已经换作 Stumm 的头。这一“换头术”的照片引得全场哄笑不止，好似 Stumm 在环境学界的地位可与爱因斯坦相媲美。

一次，我到瑞士伯尔尼大学访问，与 Stumm 合作研究表面络合化学理论的 Schindler 教授对我说，Stumm 的水体表面化学理念就是在他们实验室工作时最早提出的，似是还感到很荣幸的样子，由此可见 Stumm 在同行学者心目中的地位。

在国外活动中只要遇到同 Aquatic Chemistry 或 EAWAG 有渊源的学者，就感到是同行而有共同语言。2006 年，我和钱易院士一起访问美国斯坦福大学，见到 Stumm 的学生、环境系主任 Lekie 教授和他的团队，一谈起在 EAWAG 的往事就都很亲切，似是默契的一家人。由此看来，国外的学派潜在学术界的凝聚力量确实存在且起到很大的作用。

Stumm 似是对他的学派影响传播很有兴趣。除了积极要我翻译他的 *Aquatic Chemistry* 外，某次谈起说他的学生遍及欧美及日本，在中国也有他一个学生姓王，让我回国后不妨联系一下。他的意思好像要组个分支小组。我自然感觉没有这个水平不能胜任，当时同王子健谈过这件事。回国后曾经打听过这位王先生，但据说他已经不在学术界工作而从事公司商业活动了，只好作罢。清华大学的王志石、北京师范大学的姚重华都是 O’Melia 的博士研究生，算是 Stumm 的第二代弟子，应该也属于这个学派。不过，王志石后来转去澳门大学任教。姚重华同我交往较多，我们还共同组成了一个全国性水处理化学会，多年来定期延续活动。但是，我一直没有斗胆贸然向他们提过那件事。不过后来，我同王子健合力建成了环境水化学（水质学）国家重点实验室，对传播他的理念起了一定作用，也算是做了一点贡献。

第三节 Stumm 偕夫人访问北京

1983 年秋，按预定双方安排交流，Stumm 与夫人到北京访问，主要活动是在中国科学院环境化学研究所，顺便短时访问清华大学。这对我们来说也是较高级别的外国学者来访，从讲学和观光两方面都做了详细的日程安排。前后一周多，由我做主要陪同人员，有时王子健也参加。好在刘静宜先生对英语口语和外宾礼节都很熟练，场面靠她支撑没有问题。住处定在友谊宾馆，这是原来专为苏联专家居住修建的花园式建筑群，当时已成为中国科学院招待外宾的专用宾馆，居住条件或许按中国标准已算不错，但一次我陪他们夫妇参观新改建的北京饭店大厅时，Stumm 说这宾馆要更现代化一些，我即感到他可能对友谊宾馆不太满意。后来也有其他外宾住到友谊宾馆，反映说房间有味道。实际这家宾馆已使用近 30 年，表面虽很壮观，但房间设施已陈旧，后来才进行了全面的装修。

最初由 Stumm 进行四个上午的讲学，由其他女学生陪他夫人逛商店，晚上安排京剧等观赏和宴请活动，最后几天则是到北京各处名胜观光，这是当时外宾来北京的典型招待方式，只是他的讲学安排比较多一些。Stumm 的讲学很正规，准备了许多胶片，几乎系统地介绍了水化学的各主要专题，包括溶液酸碱、金属络合以及颗粒物界面等部分。他的英语虽流利，但德语口音很重，所讲内容有一定深度，听众不大容易听懂。全室人员数十人全部参加，但也没有安排人做中文翻译。我因为大致了解内容，加上看图、听音勉强能知道大概，其他听众就不知道能听懂多少了，不过每次讲演后也有一些问答讨论，气氛还算活跃。好在我们做了全程录音，又把他的投影胶片全留下来，也曾加以利用。这些材料保存至今，已经成为历史资料了。

Stumm 夫妇等在中国科学院环境化学研究所留影（1983 年）

Stumm 讲学录音带及历年赠书（1983 年）

我和王子健陪同 Stumm 夫妇游览了天坛、八达岭长城、明十三陵等地，这都是当时招待外宾的照例观光处。八达岭长城算是外宾的必游之地，是中国人的骄傲，所谓“不到长城非好汉”。我们也是费尽力气才攀登上最高的烽火台，四处瞭望，景色十分壮观，令人心旷神怡。Stumm 夫人对我说：“真是很了不起，你们常到这里来吧？”我说实际上我也是第一次来，她非常惊讶，有些不大相信，立刻转向 Stumm 说：“汤说他也是第一次登长城。”我连忙说：“这是真的，

陪同 Stumm 夫人爬长城（1983 年）

长城离城区很远，能有时间专门来一次并不容易。”

我确实没有说谎话。我在北京生活到 18 岁，中学时期虽是常骑自行车去颐和园游泳，但没有骑车走更远的山路到长城。当时虽已回到北京有 7 年了，却没有机会到长城看看。一方面是没有旅游观光的兴趣，另一方面也确实没有闲暇时间和心情。直到过了 80 岁，陪 Stumm 夫妇到长城上观光仍是唯一的一次。还有一次是 MM 去世前两年，女儿丽野不时开车带我们出去散心，那时去八达岭长城已有专线高速公路，丽野兴之所至，也有学会开车后想跑长途的意思，说咱们去长城吧。我们一路驱车前往，最后到达长城入门前广场已是近下午 5 点钟，只得在广场上转了转就回程了。好在 MM 也随单位组织的活动登过长城，我们都算是做过“好汉”了，仅只各一次还不是夫妻相伴，看来人生际遇是如何无定数，又是如何无情的。

在路上，我顺便对 Stumm 介绍王子健，说他是我们中间才华横溢的年轻人，英语说得要比我流利，使 Stumm 对王子健留下较深刻的印象，他后来主动要求王子健从日内瓦大学到他的 EAWAG 做研究工作，这可能也是因素之一。其实，当时我才看过一本英文翻译的书，书名是“才华横溢的年轻人”，我记住了这个英文词，就随口用了一下。Stumm 夫人是瑞士人，说德语，对“才华横溢”这个英语单词不大熟悉，还疑问地重复了一下。或许 Stumm 听懂了，因为他在美国待了近 20 年。不过这个词确实不是常用语，到现在连我自己都想不起来了。

从长城下来按计划下午要去明十三陵，但要先吃午饭，于是我们就找了一家干净的饭店，大家坐下来围着桌子用餐。载我们的司机刘师傅就张罗着点菜，他和我们坐在一起吃，还不断地大声说话。Stumm 夫妇似乎有点儿不大习惯，我自觉有点儿不太礼貌有些尴尬。实际这位刘师傅在我们研究所也算一位人物，跟所有人都很熟，说话也就很随便。欧洲人一般都是自己开车，可能把司机当作雇用的人，因而不理解刘师傅在中国的地位。虽然 Stumm 教授比较平易近人，对中国人特别友好，不过有时我也见过他对学生很不客气地指教，对他所内下属秘书发脾气。那天饭后照例有一盘糖果，其中有小块巧克力，Stumm 夫妇看来很感兴趣，剥开包装纸来尝尝后对视一笑。我也咬了一块，确实感到味同嚼蜡。瑞士的巧克力质量属世界之最，我们那时的巧克力不过是聊备一格，他们吃起来自然只好对视一笑。

其实当时我这些感觉反映出我的一种心态。我是一个民族主义很强烈且自尊心很强的人，开始接触到外国和外国人的物质繁华和高贵神态时，心态十分复杂和敏感。外表上小心翼翼十分谨慎地对待，但内心极其不平衡、不服气、不甘心，自卑与自傲并存。虽然后来在国外生活很长时间或与外国人打交道，但这种心态依稀尚存。即使现在中国已经强盛了，但我这种心理仍然存在，甚至看不起一些满口不离外国如何好而羡慕不已的人和言论。

参观明十三陵和博物馆后，在树林中小憩时我却见到了意外的、有趣的一幕：Stumm 似是用德语对他夫人开玩笑，他夫人听了之后哈哈大笑，竟然抬起腿来用尖尖的高跟鞋踢了 Stumm 一脚，Stumm 一躲也笑个不停。这对高级人士，竟然当着我们面似是恢复青春一样地嬉闹起来，我们自然也很诧异而忍俊不禁，感觉他们很可爱。Stumm 曾告诉我，他夫人在另一所大学里当教授，但只拿一半工资，有时间就做家务。因为如果他们二人都拿全工资，总收入的缴税额就要高过一个等级，税后的收入反而降低了。我们不明白瑞士的税制，但感觉他们日常生活也是要算计消费，而且瑞士人特别会理财。我一路主要为 Stumm 夫人解说各地情景，王子健则主要陪 Stumm。按说 Stumm 夫人应该对我比较熟悉，但后来我从瑞士进修回国后，又一次到 EAWAG 访问，参加一个报告会时，Stumm 夫人也来参加。Stumm 对她说，这是汤，她看看我似是想不起来，简单地握握手就过去了。再后来 Stumm 去世后，有一次涉及我们翻译 Stumm 的 *Aquatic Chemistry* 第三版，需要商讨版权问题，我想版权人可能是由她代理，但我忘不了那最后一次她对我不大热情的态度，就没有敢再找她商洽，这也许还是我自尊心过高的心理在作怪。

他们夫妇访问结束后，本来相约以后再来中国时可以去西安观光。不过，后来双方交往虽然不少，但直到 Stumm 去世前，他们再也没有来过北京。我常想中国有现在这样大的变化，如果他们再来观光，定会感到诧异吧!

第四节　初到 EAWAG 的观感和心态

1984 年，原本计划到瑞士做访问学者，进行研究工作，但所内迟迟未做正式决定，后来终于获批，但只同意我去半年。从 4 月到 6 月，办理各种手续、检查身体、打点行装，一直忙了近 3 个月，才得以启程。6 月 23 日终于登机离京，24 日到达 EAWAG。后来由于研究工作需要，经过百般周折，才又得到国内同意延长到一年。1985 年 6 月 28 日离开瑞士，29 日回到北京，总算完成了超过一年的出国学习。虽然从瑞士的中国大使馆拿到留学人员证明，但回国后我也没有上交登记，所以不算是回国人员。实际回国后我仍有半年多时间继续进行论文的写作工作，最终发表两篇论文，还有另两篇实验数据总结报告，在一年多时间内完成这些结果算是丰收了。不过，我最大的收获还是进入了国外科学研究的领域，领会到国际科研的实际氛围，可以算是自己在科学道路上又前进了一步。

当时我力争要达到一年期限，除了要完成研究任务外，还有私下的原因就是只有满一年期限才能拿到大使馆给的留学人员证明，也才能享受购买所谓“八大件”，如电视机、洗衣机等日用电器的待遇。这对当时的知识分子来说，能提高家庭生活水平，因而也算是令人羡慕的幸运机会。不过瑞士给访问学者薪资的待遇实际还比不上它们的清扫工，再扣去房租、医保、生活、交往等费用，实际所剩无几，甚至回国后还要以外汇形式向中国科学院补交在此期间发放的人民币工资总数。这造成出国人员在国内被人当作天之骄子，在国外则不得不精打细算艰苦度日的局面。后来虽然曾多次短期出国访问，也受到许多的礼遇，但居留外国时的心理阴影总是抹除不去，这或许是自己强烈民族主义的又一侧面反映。

EAWAG 主楼外（1984 年）

我抵达瑞士苏黎世机场后，再乘车到我 1983 年访问过的位于杜本道夫小镇的 EAWAG。去研究所办公室报到并安顿好住处后，秘书告诉我 Stumm 教授恰正出国不在所内，一周以后才能回来，要我自己先熟悉所内情况，并且给我安排了个人工作室和可用的实验室。我在这段等候时间，除了具体了解可利用的工作环境和条件外，还抓紧机会对一些研究人员进行了个别访问。

最先拜访的是 Hohl 博士。我原知道他是 Stumm 教授的学生和合作者，他们共同发表的氧化物界面吸附铅的论文，对 Stumm 教授提出的表面络合理论提供了重要的实验验证论据，并提出具有重要意义的表面络合常数的图解计算法。他很友好地向我介绍了有关表面络合理论的基本观念和验证结果。当我问到他进一步的研究计划时，出乎我意料的是他说他不久要转到一个商业公司去工作。我原认为他发表了重要的论文后，一定会沿此方向取得更大成果，谁知他却不打算再从事研究工作，果然此后多年也没有再看到他发表有关的论文。后来我了解到，国外有许多学者虽发表过重要的学位论文，但并不一定还继续从事纯科学研究这一不能令人富有的行业。

我还拜访了一位湖泊学领域的学者——Imboden，因为我看过他写的几篇文章，他热情地接待我并且比较详细地介绍了他们有关湖泊演变和污染修复的研究情况。瑞士是个多湖泊国家，很重视湖泊富营养化和生态恢复的研究工作。EAWAG 还在卢塞恩湖畔专门建立了一个研究分室，从事现场实验研究，应用曝气等方法控制水体充氧状态，长期观测湖泊水质和生态群体的变化趋势。

此外，我还寻访了一位著名的污水处理学者——Bolt 教授。当时，他已是一位老者，从事污水生物氧化处理研究多年。他主要向我介绍了 EAWAG 附属的污水处理生产试验场。这个处理场建在居民区内，长期运行，实际承担该小区的居民生活污水处理工作，同时进行各种处理工艺过程的研究。后来我也有机会到现场参观了这个试验场。它由各种不同工艺单元的构筑物组成，如生物曝气氧化、生物过滤等，不同的工艺流程平行并存，而且在系统上可以有分有合，便于进行各种灵活的科学实验研究。

不过，数年后我再次访问 EAWAG 时，这个试验场已经停止运行了。据说是因为耗电量太高，由研究所负责运行不合理。据我了解，20 世纪 60—70 年代，国际环境工程研究界盛行过一段时期的模拟实验场建设。各研究单位广泛建立一套规模比较小但工艺流程齐全的水处理设施，日常连续运行，以求取得真实条件下的运行数据。在中国，哈尔滨工业大学、清华大学都根据苏联专家的建议，建设过钢筋混凝土装置的整套流程设施，但大多运行不久就因负担不起而停止使用了。实际上，计算机模拟技术的发展已超越了实体模拟阶段，环境模拟技术已经趋于小型化或计算机模拟化了。

当然有些情况下大型现场模拟还是不可缺少的，国外或许也是这样。在 EAWAG 还有一套户外实验装置，那是一层层建起的高台子，各层有渠道连续洄流而下，以此来模拟长达数十里[①] 的天然河道。这套装置可以进行水动力或生化实验，但我并没有见他们使用过。EAWAG 楼房周围还

① 1 里 =500 米。

有大片农田作为生态试验场，楼顶上还有盛接雨水的酸雨实验研究装置。在此期间，我在德国环境研究中心也见过整个大厅规模的大气污染环流实验室、数亩地规模的农药试验场，还有计算机系统控制的垃圾填埋场，都是以传感器传递信息和计算机处理数据的系统，即所谓微宇宙型试验场。我在加拿大水中心还见过以激光扫描遥测的河流模拟装置，在日本环境研究所见过激光扫描远距测试大气成分的研究设施。总之，那一时期大型环境模拟装置盛行，环境研究界以尽可能取得真实环境数据为目标。EAWAG 可算是当时的国际水质研究中心，其设施发展趋势可见一斑。我回国后参与由世界银行贷款建设的环境联合实验室（曾建议名称为“环境模拟与污染控制”）也是受到国外见闻的启发。不过当时限于投资财力，类似的愿望都未能实现，不知现代中国在环境污染方面的投入是否能跟上世界发展的脚步。

EAWAG 还承担着一项任务，即测定并即时报告全国的水质数据。我参观过一个大厅，其中设有一长条仪器流水线，由各种自动快速测定仪器组成。从全国各地即时采集水样标本，在流水线一端向仪器投入后即可自动沿程以流动注射法测定，直到末端得到所需的十几项数据，并输入计算机，自动处理后即可打印成表输出报告。虽然瑞士的国土面积较小，但与德、法、意、奥四国接壤。水样不断被送到大厅，现场十分繁忙，报告随时可以查看。

我们住在 EAWAG 附近的招待所（名为 Guest House）。这是一座两层小楼，但只在二楼有住房，共 8 个房间，每人可住一个单间，两房间共用同一有浴缸的卫生间，还有一个所有人公用的厨房和餐厅。虽然 8 个房间经常是满员，但只有我和王子健及后来他的夫人甄珍是长期住户，其他房间住的都是短期访问人员，一般居住一周到一个月，所以在厨房做饭的也只有我们两家中国人。EAWAG 是国际著名的水研究中心，来往人员遍及各国，除欧美各国为主外，还有少数中东人，但除了我们，没有来过其他亚洲人。住一个月以上的大多是年轻研究生，偶尔也有一些教

访友来 EAWAG（左二为王子健，右一为甄珍）

授会短期居住，不过高级学者可能会另择地方居住。

因为天天在厨房做饭的只有我们中国人，外国人只是偶尔来加工些食物或煮咖啡，也有时经我们邀请品尝我们的中国菜，所以餐厅常成为晚饭时的聚会场所，大家相互谈论一些问题，这也是我们了解各国人不同生活态度的机会。例如，有一个美国小伙子常到厨房来，我们做好饭往往邀请他一起吃，他就不客气地吃起来，但是他自己做的食物却从来不礼让我们，只管自己埋头吃。显然中国人的好客是习惯，而这个美国人则认为自己吃自己的无须客气。

我到达 EAWAG 时，研究所里还有一位中国访问学者——万国江，他也是刘东生院士的学生，已经停留此处半年即刻就要回国，是他受委托到机场接我并热情地陪我到招待所安顿下来。他与我同住在这家招待所，次日到我房间来闲谈介绍情况。有些意外的是，他邀我到楼外一个小树林中谈话，有些神秘地告诉我说：瑞士是个中立国，各国的间谍都来此频繁活动，所以瑞士的秘密监视系统特别厉害，说不定我们住的房间里都可能有监听器，以后在房间内说话要注意。我因为初到瑞士不明就里，弄得有些疑神疑鬼，回屋后就四处张望，不知是否藏有监听器，不过在我居住一年多的时间内，并没有什么发现，或许是神经过敏了。王子健搬来后，我也把万国江的话对他说了，他说他也遇到过一件奇怪事，在日内瓦时原住在一位老太太家里，后来又搬到另一处住，他没有向任何人说过这次搬家地址，但随即就收到转过来的信件，因而莫名其妙地觉得是有一张潜在的网，能够自动追踪着每个人的去向。

我在 EAWAG 的独居室（1984 年）

我到 EAWAG 后，感到他们的职能机构非常简单高效，令我十分钦佩。所长办公室只有两三个秘书，包揽全所 200 余人的所有办公业务，另外一位人事处处长管理所有人事、工资、保卫事务，这就是全部的管理人员。兴奋之余，我向刘静宜先生汇报时，在一封信内比较详细地介绍了这一情况。EAWAG 人事处处长名叫 Wallach，他实际管理我们访问人员的起居事务，会不定期地找我们谈谈话。有一次，他找我去了解生活情况，顺便说了一句："往中国写信时要注点意啦！"我当时没有太多感觉，回来后觉得有些不对劲，莫非我哪封信有什么问题。后来听人说，瑞士的信件检查技术很高超，不用拆封就可以查看信的内容，不知真假，或许是我神经太过敏了。

还有一次也是王子健来后不久，位于伯尔尼的中国大使馆通知我们去学习，从星期六开始学习三天，我们按期前往。实际那是在瑞士各地的中国留学生聚会，大家见面相互认识，学习一些国内文件和录像片，还举行招待宴会。回到 EAWAG 后星期二才上班，就被 Stumm 叫到办公室，问我们为何几天不在所里。我们不好说到中国大使馆学习，只能说去伯尔尼旅游，他叮嘱说以后出去要向所里报备。由此可见，我们的活动去向是受到严密注意的，不像在国内那样可以自由来去。

我在中国大使馆参加的活动包括听国内青年教育家来访的报告与宋平同志来瑞士时的会见报告，看央视春晚录像等。虽然在国内这都是一般活动，但身在国外时却感到异常亲切，甚至有时会激动地落泪，真是到了国外才强烈感到对祖国的思念。

瑞士的医疗保险体系似是十分严格，我们初去时不大了解。作为访问学者，EAWAG 给的生活补贴大致略高于他们的博士生，住的招待所租费要用去 1/6，而医疗保险也要占大约 1/7，每月要自己到邮局去缴费。我和王子健私下议论，半年的医疗保险费差不多等于一个月的所得，而且白白上缴没有用处，不如退掉不参加，因为按国内情况，保险是自愿参加的。王子健让我先试试能否退出。我就给管理部门寄去一封声明，说从下个月起我就退出保险不再参加了。谁知几天后人事处处长 Wallach 把我找去，有些大发雷霆地说："你怎能自动退出医疗保险，如果生病谁给你付费，有保险时可以只付 10% 的医药费。"我说："我身体很健康不会生病，交那些费用不是没有必要吗？"他说："要以防万一，如果你在街上出了车祸该怎么办？"我也有些不高兴地说："我出什么事都自己负责，不用你们管。"他又说："交医疗保险是公民的义务，你自己不用就等于支援其他患者，反正你必须得交，不然我要从你的费用里扣除。"我只得让步说还是自己去邮局交好了。

当然这件事可能是我们对瑞士的医疗保险制度了解不够。不过，瑞士虽是世界闻名的富裕国家，但对外国人的待遇与本国人的确有很大差别。波兰、捷克等都有大量人在瑞士打工，同样都是从事建筑、修路等体力劳动，而工资比瑞士本国人低很多。

苏黎世城区不算大，也没有宽阔的街道，路上还有行驶的有轨电车，据说民众为了保存原貌，总是投票反对拆除轨道。街道两侧的商店橱窗装饰得十分精致豪华，一件衣服的标价可达到上万法郎。一次在伯尔尼的闹市街上，来往的人群多着华丽盛装，我这样寒酸装束的人只得快速走过，犹恐避闪不及。还有一次站到公路桥上俯瞰桥下高速路上风驰而过的汽车，令我十分震撼，我想到国内不知何时也能达到如此水平。这些早年初到国外的印象，后来见得多了也就淡然了。

第五节　两位大师讨论我的研究方向

我到 EAWAG 的第二个星期，Stumm 的秘书通知我到 Stumm 的办公室讨论并确定我的研究课题。当我进入他的办公室时，看到与我办公室相邻、早已交谈过的 O'Melia 教授也在座。我心想他也来参与讨论，是否因为 Stumm 比较重视我的研究工作，于是感觉有些紧张起来。不过我也有了一定准备，对研究课题有一些自己的考虑，只能既来之，则安之。谁知这次讨论竟进行了两个上午，几乎成了一次学术方向探讨会。对我来说，能有机会与这两位国际知名水化学领域专家一起交谈，直接了解他们思考的问题，令我感触深刻且获益良多。

我刚到 EAWAG 时曾预先将工作计划和详细提纲交给办公室，提出四个建议研究的课题，我原以为会按此进一步讨论。不过，Stumm 对我说有两个方面的研究可供选择，一是表面络合，二是混凝过程。接着，他就在黑板上讲述了表面络合理论的基本概念和可以进一步探讨的问题。后来我才感觉到，这次讲述似是主要针对 O'Melia 进行的，他们相互有一些问答和对话，我则成为一个旁听者。实际上，当时 Stumm 的表面络合模式才刚提出不久，虽然已引起广泛注意，但尚未达到普及应用的

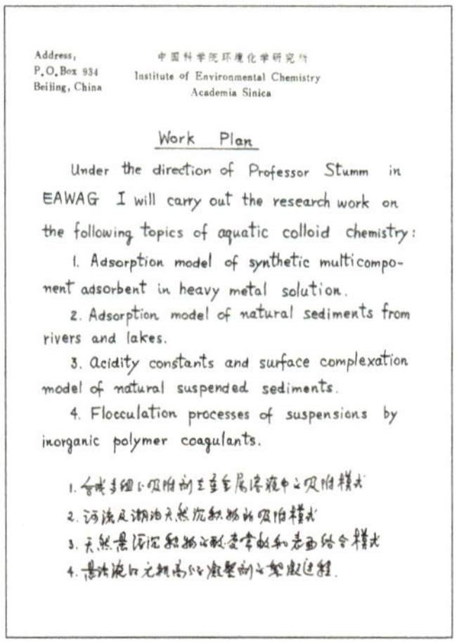
Address,
P.O.Box 934
Beijing, China

中国科学院环境化学研究所
Institute of Environmental Chemistry
Academia Sinica

Work Plan

Under the direction of Professor Stumm in EAWAG I will carry out the research work on the following topics of aquatic colloid chemistry:

1. Adsorption model of synthetic multicomponent adsorbent in heavy metal solution.
2. Adsorption model of natural sediments from rivers and lakes.
3. Acidity constants and surface complexation model of natural suspended sediments.
4. Flocculation processes of suspensions by inorganic polymer coagulants.

1. 合成多组分吸附剂在重金属溶液中之吸附模式
2. 河流及湖泊天然沉积物的吸附模式
3. 天然悬浮沉积物之酸度常数和表面络合模式
4. 悬浮液以无机高分子凝聚剂之絮凝过程.

研究项目大纲

程度。O’Melia 的专长是环境工程，对这种模式的细节未必熟悉，因而 Stumm 似是给他讲课一样地讲述。在这次讲解过程中，我还观察到他们的师生关系。虽然 O’Melia 也已是著名学者，但他原是 Stumm 的博士后学生，此时 O’Melia 对他原来的指导人仍是态度恭敬，而 Stumm 则很随意，他们有问有答、谈笑自如。原来 Stumm 曾在哈佛大学担任讲座教授 15 年，O’Melia 是他最早的几名博士后学生之一，当时已是美国约翰·霍普金斯大学地理与环境工程系主任，这次是在职休假一年，到 EAWAG 来写书。他可能是向 Stumm 提出要求讲一些水化学领域新进展的问题，我则适逢其会，从中受益，听到 Stumm 亲自讲解他最得意的表面络合新概念。

在讲解过程中，Stumm 谈到他的学生 Lekie 研究团队的 Davis，还有 Benjamin 发表的几篇论文，他们有些与 Stumm 不同的质疑观点，似是在一次学术讨论会上发生过争辩。我看 Stumm 谈到此处十分不满，声色俱厉地说他们怎么敢持这样的态度，少有地显露出他学术权威的威严。这也是我后来再也没有见过的情景，或许这事真的让他动怒了。不过，Davis 的三篇文章也很有影响而且就此出名，后来 Lekie 等在斯坦福大学也成为一派，其计算方法对表面络合理论也有所发展。

讲课结束时已近中午。我表示说虽然我对表面络合研究也很感兴趣，但对混凝方面更熟悉一些，能否谈谈我的想法。Stumm 说，混凝问题也很值得继续研究，第二天上午再继续讨论吧，O’Melia 对混凝也更熟悉，也请他来参加。

次日上午他们二位都在座，我就首先把自己对混凝研究方向的认识和研究课题的考虑做了陈述，其中包括我们在以往研究中发现的一些问题和心得体会。

20 世纪 60 年代初期，美国和欧洲掀起了一场关于水处理混凝过程作用机理的讨论，主要是美国水处理界权威学者 Black，因发明颗粒电泳仪测定絮凝体的 Zeta 电位而主张混凝作用的物理理论，而 Stumm、Morgan

和 O'Melia 则根据化合物的形态特征和化学计算关系而主张混凝作用的化学理论。他们各执己见，并都发表了若干论文，也引起许多研究者参与论战。不过，他们因语言关系对当时苏联如杰里亚金、明茨，日本如丹保宪仁等有关学者在混凝方面的已有研究成果知之较少。我因为在中国得以接触更多国家的文献，于 1964 年综合美国、欧洲一些国家、苏联、日本有关的文献和自己的一些研究结果，发表了一篇专论，即《浑浊水铝矾絮凝机理的胶体化学观》，归纳评述了各种观点，并且提出了物理和化学作用兼容的胶体化学观。这篇论文在上海给水净化学术会议上宣读，得到当时留美学者林家濂等的好评，并立即在国内《土木工程学报》上以中文发表。它只是我作为一个年轻教师正式发表的第一篇作品，却使我对混凝理论有了比较全面的认识，并且成为我此后数十年坚持的重要研究方向。

20 世纪 70 年代，我在中国主导开展了无机高分子絮凝剂聚合铝的研究和生产实践，并且同常青等研究生进行了聚合铁絮凝剂的研究，得到一些新的概念和进展，很想在国外仪器设备较齐全的条件下继续验证和深化。于是，我把我关于聚合类絮凝剂的观念和已有的工作及设想对他们做了说明，并且提出絮凝剂预先聚合制备的观念是他们主张的化学作用的延伸发展。这点认识似是引起了他们的兴趣，话题遂转到混凝理论发展方向。

因为在 20 世纪 60 年代，Stumm 和他的博士生 Morgan 发表了《凝聚的化学观》(*Chemical Aspects of Coagulation*，1962 年)，又和 O'Melia 发表了《凝聚的化学计量学》(*Stoichiometry of Coagulation*，1968 年)。这两篇论文开辟了混凝过程新的化学理论观念，成为该领域的经典论文。在这次讨论中，他们感到聚合混凝剂的发展进一步推进了原有的化学观，O'Melia 也谈了一些有关发展的新认识。于是，两人就提出打算发表关于混凝化学理论的第三篇论文的设想，讨论后曾初步确定找 O'Melia 的学生 Dempsey 来起草这篇论文。

我作为旁听者意识到，按照国外学术界的惯例，这些大专家已不会再亲自动笔写论文，而是指导学生先做第一手工作。这也可能是科学发展形成的合理配合，但我总认为有能力的学者亲自写一些有方向性指导作用的专论是十分必要的。不过，第三篇关于化学观的论文后来并没有见到正式发表。只是大概在我的研究报告出来以前，Stumm 给我一篇文稿，题目是 Chemical Aspects of Coagulation Ⅲ，作者署名是 Stumm、Morgan、O'Melia 三位。文中说这只是摘要，详细内容以后发表，这似是他们打算写出的那篇重要论文的初稿。不过，预定的起草人 Dempsey 虽然后来也发表了几篇关于聚合铝研究的文章，但我觉得内容比较一般，与那两篇经典论文不能相比。Stumm 显然准备把给我的这篇文稿进一步扩展成正式论文，不知是何原因竟没有实现。时过境迁，我后来见到 Stumm 也没有追问此事，实在遗憾。现在把此文的前段部分录入本章第七节，并与我的认识略做比较评述，以作为记录和纪念。

该文稿没有正式发表，可能与美国在聚合混凝剂方面的研究发展还不够深入有关。美国在生产上仍主要应用传统的硫酸铝混凝剂，流行使用辅助的有机高分子絮凝剂，相对于欧洲、日本在生产上已大量应用聚合铝不同，更不要说中国在生产和研究上已完全以无机聚合混凝剂为主了。有一次，我问 O'Melia 美国为何不发展无机聚合混凝剂的生产。他说他们在学术上只做研究，至于生产上是否发展是企业家考虑的问题。后来我也了解到，美国虽有一些厂家生产过聚合铝，但因工艺繁复，产品的价格要比中国高许多。

经过这两次讨论后，Stumm 同意我提出的设想，把我的研究题目定为聚合氯化铁，提了一些指导意见，而且立刻安排了其他研究人员帮我准备仪器等用品。我感觉 Stumm 原意似是想要我做表面络合方向的研究，就表示说若有时间我也愿意继续再做那方面的研究工作。事实上，我在进行了 10 个月的聚合铁研究，并且写了两篇文章后，又开始了高岭石和絮凝体表面络合的研究工作，直到离开 EAWAG，才只完成了基本的实验部分。遗憾的是，这部分数据在回国后整理出来寄给 Stumm，竟没能够最终成文发表，其他事务一多，时过境迁就成为档案材料了。不过，后来研究组文湘华等经我提出在鄱阳湖沉积物做三种模式比较的表面络合研究，其论文在著名刊物《环境科学与技术》发表得到广泛引用，最后得到美国 SCI 经典引文奖，其主导思路也算是与我在 EAWAG 未完成的工作有密切关系了。

这次与两位国外著名学者面对面地讨论我感兴趣的专业问题，是有生以来首次也几乎是唯一的难得机遇，对我此后的学术方向和历练起到重要作用，同时增强了我在科学研究道路上有所创新的勇气和信心。此后在 EAWAG 实验室进行的实践研究及其成果，也使我得以蜕变，具有里程碑的意义，这次难得的讨论算是一次启发和开端。

第六节　在 EAWAG 的研究工作

EAWAG 为访问学者提供的工作条件还算可以，我有一间单间办公室和个人打字机。那时还没有个人计算机，只能到所内计算站去建一个户头，在一个终端上工作。其实我当时还完全没有现代计算机的知识，只在国内利用过计算机纸带打字的方程式系列计算数据，1984 年也还没有 Windows 界面，仍是以 BASIC 语言编程。王子健拉我到计算站去给我讲解，从此开始了我以后多年连书写也离不开计算机的时期。那时 EAWAG 只有一台公用的书写机，被众多研究人员排队占用，我们只有在周末晚上无人用时去学习使用。这台书写机当时算是比较先进的，开机后要用 5 寸软盘输入软件程序，然后再使用书写。当时还没有 Office 之类的软件，是一种北欧的书写软件，没有后来如 Word 软件那样方便，许多符号都要现找。不过它的功能还可以，有一种三行符号并入一行的功能，直到现在我在 Word 上还没有见到。我就是在这台只有周末晚上才可以使用的书写机上学会了最基本的计算机操作，脱离了打字机书写阶段，完成了我最初两篇英文论文的书写修改以及配图打印。

不过我始终也没有练出标准的打字指法，而汉字书写、画图和计算等技巧更是回国后在个人计算机上掌握的。以后多少年来，我做报告的 PPT 全是自己制作，甚至可以在 PPT 中加入录像的技术比后来的年轻人掌握得还早，更不要说与同年龄的同行相比了，所以，同行学者都称赞我的计算机技术比较熟练。其实我也不过是在使用操作上肯花时间自己动手磨炼而已，对计算机原理仍只是一知半解，知其然而不知其所以然。

EAWAG 分配给我的实验室是与一位研究生共用，她是一个年轻漂亮的瑞士姑娘，十分时髦、活泼。实际上，她也不常在室内，也不见她做实验，我乐得自己独占一间实验室，不受干扰。室内常设一台程序控制高分辨率的大型吸收光谱仪，占一侧一面实验台。她说这台仪器是她要来的，她的实验阶段已过去，我尽管用没关系，并把基本操作教给我。我自己又对照说明书仔细学习标定调试，熟悉打印谱图等操作，这也是我第一次独立掌握较复杂的仪器，它成为我后来在此研究工作的主要工具之一。

我过去虽然也做一般的化学实验，还讲水化学课，带学生做实验，但用的都是小型仪器，如 pH 计、分光光度计等，玻璃器皿的一套手动操作还较熟悉，但亲自操作较大仪器则是初次。有这样的机会容许我任意调试，逐步达到满足自己需求的仪器条件，能够增长此方面经验，算是难得的机遇。我还有机会调试如颗粒电泳仪、自动滴定仪、激光显微镜等，都是向所方或公司租借来的专用仪器。至于测定铝的原子吸收光谱仪，则是求一位捷克留学生帮我做的。这些仪器操作使我的实验动手能力提高到新的现代水平，大大提高了我回国后的数据鉴别能力，也使我对仪器调试产生了兴趣。

EAWAG 的实验室服务系统有许多我在国内没有见过的特点。它的蒸馏水供应是专门管路，与自来水一样可以随时取用。用过的玻璃器皿和工作服不必自己清洗，而是放在专门的筐子内，自有人员取走统一集中蒸煮，清洗干净，然后送回。需要的试剂药品包括各种标准溶液，都是开出单子由药剂服务公司送到。需要的小型仪器也是提出需求从所内库房统一借用，所内没有的专用仪器就可以提出货单订货购买。所有这些都大大节省了研究人员的时间，使研究人员可以集中精力做研究实验。EAWAG 的图书馆并不很大，可以自己进入随便查阅。特别是所需所外各类文献资料可以提出订单，交给馆员，大约数日后即可复印好复印件送到自己的办公室。当时尚没有互联网系统可以下载文献，这样做也算是相当便捷的。

我的研究方向是羟基聚合铁的形态及絮凝行为。这是一项系列样品以多种参数实验测定为基础，得到大量数据后再统计计算归纳出规律性结果的工作。对每个样品要迅速测定高分辨率吸收光谱、显微电泳仪计时、色调变化、pH 值变化等不同参数。调整好仪器后的几个月时间内几乎就是不停地忙于变换样品测定记录数据，因为需要逐时连续观测，有时必须夜以继日地守在仪器边操作，完全沉浸在实验数据的海洋中，观察、思索着它们的变化趋势和规律，充分享受着不眠不休、忘物忘我的境界乐趣。我在整个时间能摆脱所有非专业行政事务，心无旁骛地致力于研究工作。

当时的计算机还没有发展出如 Office 之类的统计、绘图软件，数据定位曲线的绘制大多仍是在方格纸上手工操作。当时从仪器谱图取得数据，进一步转换为纸面曲线耦合规律，得出某些预想结果而有所发现时，内心的兴奋无以复加，似是辛苦的劳动终于得到了回报。那种愉悦和满足感不同于读书或思考时有所收获的心态，与后来阅改研究生论文时有所质疑或发现的心态也截然不同。在科学研究中，从亲自测定大量数据到终于发现某种规律，这种经历的心态与间接获得知识的喜悦不可相提并论。

我的研究对高价铁的聚合形态解析出四种连续演变形态，并且在加碱聚合与浓差聚合两类溶液操作所得的形态分类，竟可以用同一指标加以表征，从而归纳出一项新的计算公式。我以此指标公式去解析其他人的文献，例如，在当时权威学者 Matijevic 文章中的杂乱实验数据或图像中，竟也可以得到类似的规律，这使我相信自己真的发现了一个铁溶液聚合的普适模型。此外，我通过悬浊液混凝实验还找到了最佳的电荷形态，同时也验证了我和常青在他工作时得到、引自苏联研究的高浓铁溶液也是聚合絮凝剂的结论。这些发现的结果和我所得实验的经验成果，特别是无机聚合物形态转化机理和模型，构成我在此领域的初步思路，推广到铝的类似聚合形态大致类同，也构成我此后数十年从事所谓双水解模型研究的开端和基础。

又经过一番从打字机到计算机书写仪的日夜奋斗，我终于完成了两篇自己首次以英文写作的论文——*The Coagulating Behaviors of Fe*（Ⅲ）*Polymeric Species*，Ⅰ，Ⅱ。不过，限于篇幅和我的英文书写词汇，我觉得这两篇论文尚未充分表达出自己的想法，但也只得如此。于是，我先将论文打印出来交给秘书转送 Stumm，而没有当面再加以讲解，不十分自信地等候着他的"宣判"。我想我的实验过程的思路他应该了解，即使不对结果做更多说明他也会理解。他一般看重实验的观念和干净的曲线图像，于是我就尽量把数据图绘得清楚、明白，所以就没有与他更多地讨论。过了一段时间，Stumm 把我找去，说这工作做得还不错，提出的几个新观念他也认为可以发表。他思考了一下说，文稿投给《水研究》（*Water Research*）期刊吧。后来我想，他并没有立刻决定把文稿投给《环境科学与技术》这样的顶尖期刊，可能感觉水平还不到吧，不过 *Water Research* 当时在本领域中也算是一流的期刊了。稿子拿回来后，我看他署上了我们两人的名字，我为第一作者，不禁喜出望外。稿子中也只改了几个字，在讨论末尾加了数十个字的一小段，是他联系到磷酸根的意见和化学式，其他则均保持原样。

我非常高兴，是因为他对我的几个新观念并没有表示不同意见，而那时能得到他首肯共同署名发表的文章并不是很多。后来我到 Hahn 研究所短期访问时，Hahn 的助手 Klute 问我，是否是 Stumm 的博士生，我说我只是访问学者。他有些羡慕地说，Stumm 能署名同你发表两篇文章真不容易，他那么多学生还未必都有此殊荣呢。我想，Stumm 也许是对我很友好的缘故，也许是对我勤奋工作的赞许吧！不过当时我也真有想法在 EAWAG 多停留一些时间，说不定能够拿到他们的博士学位。

形势比人强。我到 EAWAG 做访问学者已经 10 个多月了，国内所领导一直催促我赶快回去。由于形势发展，环境化学研究所已经扩大重组为生态环境研究中心，我所在的水污染化学研究室也有变化；我遥控指导的硕士生李晶的论文已经寄来初稿，等待我审完进行答辩；或许后面还有人急着要来 EAWAG 进修；另外，妻子带着两个女儿生活，还同时为中国科学院搞建筑施工，十分辛苦。这种种因素迫使我不得不考虑到期回国，不再幻想去做博士学位梦了。

算算时间，离原定一年期限还有两个多月，我只得找 Stumm 去说明情况并请定下一阶段工作。他没有明确表示挽留我的意思，只是说希望我继续做一段原商定的表面络合研究工作。他说，如果接续着我已完成的聚合铁形态和混凝研究，我可以转向絮体吸附的表面络合机理与模型，而这也确实是我十分感兴趣的研究方向。于是，他立即指派一个工人帮我去苏黎世水处理厂采集样品。我提出做絮体吸附观测表面积可能有困难，他就把我的实验室调配到三楼，说那里有一台专用的蔡司立体显微镜，能够直接观测絮体形貌，并且从计算机得到絮体表面积和吸附位。这样看来，他对这项研究的过程似已胸有成竹，只需要我去认真操作来实现验证了。我接受了这项任务又思考了过程的细节之后，就立即转到新实验室去对付那台没有见过的立体显微镜。但我同时又想，这项工作可不是两个月能够完成的，既然他要我开始启动这项工作，会不会到时把我留下继续完成任务呢？

最后两个月还算顺利。我随工人到水厂取来现场的絮体和溶液样品，到三楼新实验室见识这未见过的立体显微镜系统，好不容易弄懂、学会它的操作，紧张地把吸附实验阶段完成了，不过所得大量数据都在纸面上有待处理。当时的表面吸附计算所用仍是 BASIC 语言的软件程序，显然不可能很快得到解析结果，更不要说推导出图形模式了。然而，国内却再次要求我尽快返回，这指示似也是不宜违背的，弄得我心慌意乱，实验也做不下去。因此，我只得下决心回国，就此去向 Stumm 告辞，并答应回去后把数据计算处理给他寄来。他当然无可奈何地答应了我的请求，客气地欢迎我有机会再来访问，或许略有惜别之意。我回国后又用了半年多的时间，把带回的吸附数据经过计算处理完了，但是仍算不上得出什么结论。我把这些材料连同数据全寄给Stumm，后来他也曾回信说数据会有用，他有时间可以写出解析意见来。我当时已经有一些初步的考虑意见，就回信说你或许没有时间，还是由我来做其余工作吧，实际上，我还是想自己完成这篇论文。不过，后来建立新的国家重点实验室的其他任务都堆上来，我再也未能着手继续完成这项工作，所谓的思路也只能另等机会来实现了。以水处理絮体作为载体来实现表面络合吸附理论的验证，确实是一项有开拓意义的研究工作。后来我遇到台湾的学者也想做絮体吸附研究，但认为测定表面积很困难。我就想起那台立体显微镜及联动的计算机系统来，如果那台仪器当时真能做出预想结果，或许会得出以其他方式解决不了的科学难题。现在可能已发展出更先进的影像仪器，不过这对我来说，只有抱憾终生、可遇而不可求了。

我匆忙地收拾行装，到位于伯尔尼的中国大使馆办完手续，有些留恋地告别了尚未满期的王子健和甄珍夫妇，就此打道回国了。

回想在EAWAG紧张生活和研究工作的经历，同后来多次出国短期访问走马观花的感受相比，二者的体会绝不可相提并论，它可算得上我在人生道路和科学历练上脱胎换骨的转折点。

第七节　三位混凝学权威未发表的遗稿

我在 EAWAG 最后得以与 Stumm 联名发表的两篇论文［*The Coagulating Behaviors of Fe*（*Ⅲ*）*Polymeric Species*，*Ⅰ*，*Ⅱ*］也是我在国外完成的唯一两篇文章，对我来说弥足珍贵。我自认为有创见的观点内容可以归纳如下。

（1）众多文献均用指标 B 表达铁液中加碱时的碱化度，加碱方法各不统一且未考虑铁液已有 H^+ 离子浓度。这两篇论文提出以 B^* 为指标，$B^*=B_H+B-A$，其中 B_H 为溶液中原有 H^+ 当量浓度与铁离子摩尔浓度的比值，B 为加入的碱的当量浓度与铁离子摩尔浓度的比值，A 为加入的酸的当量浓度与铁离子摩尔浓度比值，可以全盘计入溶液中所有 $[H^+]$，并论证

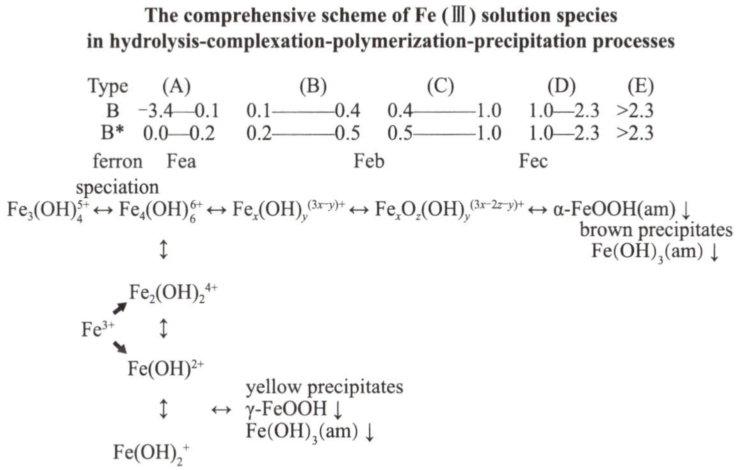

最初的双水解模式图（1987 年）

了其理论上的合理性。

（2）加碱后的Fe聚合物形态可以分为5区，即B^*=0.0—0.2，0.2—0.5，0.5—1.0，1.0—2.3，>2.3，这5种类型各有不同聚合形态及沉淀行为表现。

（3）提出铁溶液加碱水解聚合的形态演变模式图，成为后来发展为双水解模式的雏形。

（4）实验证明，加碱水解聚合与提高铁液浓度差异聚合的形态演变相同。可以应用同一B^*作为指标，同时证明B^*的理论及实用合理性。

（5）絮凝除浊实验证明，预制羟基聚合铁的效果及用量均优于同等条件下的聚合铝等絮凝剂。

这两篇论文既然得到Stumm审阅并同意署名发表，我自认为其有一定的学术价值，不过，文中的讨论部分没有论述全面，特别是其中的络合、聚合观念没有与“凝聚的化学观”进一步紧密联系，从而没有强化其理论深度。另外，遗憾的是，我当时竟没有时间继续利用立体显微镜把絮凝体表面吸附络合聚合铁的定量实验及计算进行到底，没有把Stumm设想的表面络合机理在絮凝体上进行实验完成验证。虽然我后来在国内继续推动了沉积物的表面络合研究，但对表面吸附絮凝仍只存留在理念期望中，而且聚合铁的生产发展也比不上聚合铝更有成果。

据我的理解，我的朋友孟晓光教授在美国的博士论文导师R.D. Letterman教授所发表的论文，曾实验研究了表面络合理论硫酸铝混凝剂吸附在颗粒物表面时的应用，但其论文的计算比较复杂而难于应用；O’Melia的博士生王志石教授的过滤机理研究论文，涉及颗粒物表面吸附铝化合物的水解过程，曾发现其水解常数有变化，而溶度积有所降低，这将有利于表面沉积；我的博士生伍晓红曾以DLVO理论计算定量表明颗粒物对絮凝剂的表面吸附；等等。不过，更深入的表面吸附絮凝研究始终是我一直认为有可能改变现有水处理工艺流程而有意义的课题。

附：凝聚的化学观Ⅲ存稿

Werner Stumm, J. Morgan, C. R. O'Melia

在水处理中，凝聚的目标和实践变得日益多样化。在水处理系统的设计和运行中，除考虑降低浊度和消灭致病菌外，目前还要考虑去除溶解性有机碳（DOC）化合物。应用铝矾附加合成有机聚合物在一些水处理厂中正被代替为使用铝或铁（Ⅲ）的无机聚合物。直接过滤的快速混合和絮凝设施已经显著不同于传统水厂中所用形式。

对凝聚过程的理解也在增强，迫切需要提供解决新问题（例如去除DOC）的基础，从而使用新技术（例如预制无机聚合物）促进未来的发展。本文继续以前发表的两篇论文的观点，该两文提出某种凝聚的化学观念，其重要的结论如下。

凝聚的化学理论即“认为胶体是有确定化学结构的聚集体，其主要电荷是由分散颗粒物表面结合的离子基团发生离解而产生的，而胶体的脱稳则是由于在颗粒物-水界面的络合生成及质子迁移的化学相互作用”。混凝剂的金属离子在水溶液中水解可以生成阳离子多核络合物，它们吸附在天然颗粒物上并中和其负电荷而使其脱稳。这种水解和吸附反应非常依赖于溶液的pH值。当这种专属化学吸附发生脱稳时，在胶体颗粒浓度和有效脱稳所需凝聚剂用量之间，存在直接的化学计量关系。在颗粒物浓度低时，颗粒之间接触过于缓慢，水处理所用方法不足以提供促成有效聚集的物理动力学条件。此时，聚合化学态的吸附脱稳不够有效，必须附加更多的固体物质来改进絮凝动力学以产生可沉淀的聚集体。这时加入足够的铝或铁盐使相应的金属氢氧化物发生沉淀，此时就不再遵守胶体浓度和凝聚剂量的化学计量关系。最后，溶解的混凝剂化合态与羧基、膦酸基、硫酸基或芳族官能基团之间发生专属络合反应，对于天然有机胶体、溶解态腐殖质、蛋白质和碳水化合物的脱稳也具有重要的作用。

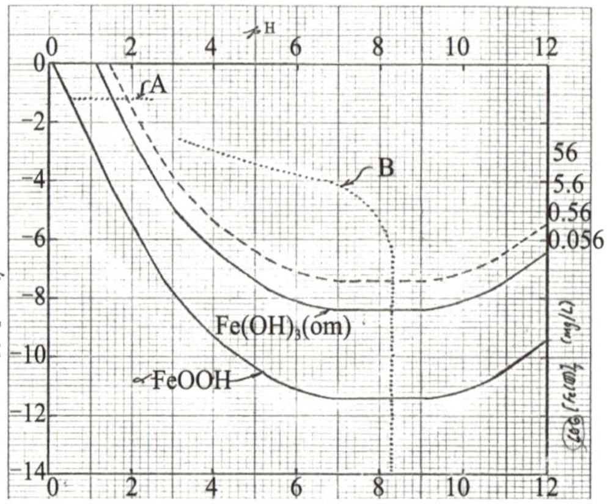

O'Melia绘的Fe（Ⅲ）的溶解沉淀区域图

本文提供凝聚化学观的当前认识并提出对此知识的可能应用，着重在两个特殊题目：①铁（Ⅲ）和铝盐的水化学包括它们的聚合、成核及固相沉淀，以及其固体的表面化学；②这些观念在混凝实践中的可能应用，包括预制聚合物的制备和使用，以及原水水质与混凝剂需求量之间的关系。此摘要的要点仅限于铁（Ⅲ）作为聚合混凝剂以及作为固体来促进絮凝中的颗粒相互接触。最终的论文将提供混凝剂化学、凝聚机理和有关应用的更多信息。

以下为该文稿的部分摘录

铁（Ⅲ）的热力学数据取自Flynn最近的综述，绘出溶解区域图。在平衡时，生成氧化高铁晶体。图中最下曲线（图中缺少）为此时铁（Ⅲ）溶解度（logKso=−41.7）。中间曲线是针铁矿溶解度，它的生成需数月至数年。$Fe(OH)_3(am)$的快速沉淀需要过饱和（logKso=−37.7），如图中最上面的虚线。

曲线*A*是铁（Ⅲ）浓溶液中制备生成阳离子铁介稳聚合物的途径。曲线*B*是低浊度及DOC的水中加入Fe（Ⅲ）的过程，水的碱度为8.3×10^{-3} eq/L。

根据Schneider和van der Woude的研究文献，铁溶液的碱滴定可分为4区域。① n=0—0.2，铁形态为Fe^{3+}、$Fe(OH)^{2+}$、$Fe(OH)_2^{4+}$、$Fe_2(OH)_2^{4+}$，不沉淀，pH不变化；② n=0.2—0.8，生成较大聚合物，溶液过饱和而最终沉淀；③ n=0.8—2.5，发生快速沉淀；④ n=2.5，完全沉淀。多核羟基聚合物的形态为$Fe_pO_r(OH)_s^{3p-(2r+s)}$。

图中的曲线*B*是水处理时以够用的$Fe(OH)_3(am)$沉淀物提供颗

粒物快速迁移（ortho 絮凝）而生成可沉淀聚集体。这需要剂量 10^{-4}mol/L，pH6.5—7.5，过饱和 10^4，这时可不受低浊度影响。此时，应用预制无机阳离子聚合物没有利益。处理含 DOC 或高浊度水涉及不同机理，需要不同凝聚策略。

我对该文稿的理解

该文稿可能至今没有正式发表，但它是三位混凝学权威学者的合力作品初稿，从内容及图像看应是 O'Melia 执笔，也与他后来一直坚持的观点相符合。Stumm 交给我的时间应该是我正在 EAWAG 工作但尚未完成两篇论文之际，可能在 1984—1985 年。当我完成论文并交到他手上时，他定会发现我的工作虽然继承了他们三人以及 Schneider 和 van der Woude 的工作，但在形态分区和絮凝机理方面与该文稿不完全一致。不过我的工作完全以实验为基础，更多从溶解性无机聚合物的观点出发，比较深入，而与 O'Melia 的絮凝观点有差异，但更接近 Stumm 络合吸附的理念。因此我大胆揣测，他认可了我的工作并单独与我署名发表，却有可能影响到该三人文稿的继续扩展和及时发表。

我与 O'Melia 在絮凝机理上的理念有一点差异，这也是很自然而无可厚非的。他的观点基于美国应用硫酸铝的传统观点，即先化学沉淀生成固相颗粒，然后吸附卷扫污染物絮凝分离，这在此文稿中有明确表述。我的理念则来自苏联及日本文献并在中国实践和研究中得到验证，我国几乎完全以聚合铝代替了硫酸铝。我的观点更接近于 Stumm 的表面络合吸附观点，即溶解的羟基聚合物先吸附在颗粒物上再发生团聚及沉淀絮凝，这更符合聚合铝形态在水中相对稳定的特点。这两种观念的差异及其影响我将在本章第十节“有君子风度的 O'Melia 教授”中加以进一步叙述。

第八节　同 Stumm 教授的若干交往

Stumm 是一位著名学者，也是一个很友善的人。虽然我也看过他对秘书发脾气，但他对我一直很亲切和气、平易近人。

我大约每两周会找他答一次疑或汇报工作进展。按规定，我要先写一个申请便条提出问题交到秘书那里，然后等他安排时间，准时到他的办公室。实际上，每次讨论专业问题的时间也不过几十分钟，有时的问题比较具体细致，他经常会针对我提出的问题从文献柜不同的抽屉中取出复印的文献让我自己去看。由于我很想了解国外研究者的工作细节和经验，有时也会提出一些比较初级的关于操作方面的难题。例如，怎样从某些药剂中去除有机酸微量杂质，如何在手册内众多平衡常数中进行选择，等等。现在回想起来，请教一个大专家这些问题似乎有些唐突，但他仍然很耐心地同我讨论，给我讲他的经验和看法。

他还经常送给我或借给我书。记得第一次见面他就送我一本科学随笔集，是美国医学和生命科学家刘易斯·托马斯写的，译成中文名字似是“深夜欣赏马勒第九交响曲时的沉思”。他说这本书写得很好，还在扉页上题字：“很高兴你来瑞士访问，期望有成果的合作。”该书是谈论人类疾病与社会的科学问题的，以我的英文水平，读起来很吃力，我当时不明白他为何要送我这本书，以为不过是礼节性地随手拿一本。后来在聊天中我感觉到他对于专业以外的知识也有兴趣，如音乐、哲学等，甚至提出关于中国气功的问题。可惜我的英语水平不高，难以同他深入讨论非专业领域的问题，总是言不对题、无法深入，失去很多交流的机会。

他自己编写的书，如《界面水化学》《水化学动力学》和他自己的专著《固体-水界面化学》等，他都曾主动签名送给我。有一本是他在苏黎世高等工业大学的水化学教本，比较简明精要，不过是德文本，我也只能看图识字。还有一本是美国麻省理工学院的 Morel 写的《水化学原理》，他原是说借给我看，但到浏览完要还他的时候，我硬着头皮说："能送给我吗？"他略沉吟一下就答应了。其实我知道他也只有一本，但我心想反正他再找一本也不困难，于是就厚着脸皮收下了。前后加起来他送给我有五六本书，这些书对我以后的学习有不少帮助。

Stumm 教授赠书（1984—1985 年）

我到他的办公室请教和讨论专业问题时，他时常提出要我同他一起去所内咖啡室休息。我因为没有票证，所以自己从来不去那里，每次去了他总是先掏出零钱支付，意思是他请客，但次数多了我感到很不好意思。我们经常坐在小桌旁闲聊，大部分是他说话，比较随意。有一次，他谈自己的治学经历，说最初是从事分析化学，接着是溶液化学、物理化学、化学动力学、胶体化学、界面化学、海洋化学、生物化学等。重要的是，每个学科都要集中研究一段时间，如数年，才能取得一点成果，这样多年积累下来就形成了多边缘结合的集成学科，如 Aquatic Chemistry（水质学）就是如此发展形成的。确实如此，国外有名的专著，如他的 *Aquatic Chemistry*，书中大部分都是他和他的学生历年的研究成果，比较有创新价值。

有一次，我谈到他编著的书都很精深，有些我读起来很费劲、看不懂，他说那些内容他自己也写不出来，需要先集中一个方向，邀请多位同行或学生开研讨会，如美国的戈登研究会议。每人讲自己的研究进展报告，讨论以后各自回去写一章内容，集合起来编成一本书，很快就能出版。这类书的内容价值往往高于期刊发表的文章，能够引领某一时期科学研究发展的方向。

他说，另外有些专著是他自己多年研究成果的积累，虽然也综合一个学科的内容但有个人独到之处，很精彩，也很难懂。例如，有一本日内瓦大学 J. Buffle 著的水质综合反应分析方法的书，曾经请他写序言，他觉得很精彩，但读起来很困难。后来我也见到这本近 700 页的大部头的书，其内容综合了多种水质仪器分析方法，大量实测数据都用计算机统计计算方法处理。那时的计算机还没充分发展到有 Windows 界面个人计算机阶段，即使如 Stumm 读起来或许也不会那么轻松自如。记得那时王子健和我同在 EAWAG 做研究工作，他的研究题目是痕量重金属的高分辨极谱分析，他的论文稿报告后，恰好我所彭安教授也到 EAWAG 访问，Stumm 就要我陪彭安到日内瓦大学去拜访 Buffle，请他对王子健的论文做出评价。后来，王子健论文发表后的一幅图就被 Stumm 采用刊在他的一本专著中。可见 Stumm 的治学态度十分谦虚严谨，他对其他学者的意见也是相当尊重的。

有一天，Stumm 对我和王子健说，周末要请我们到他家去吃晚饭，我们很高兴地期待着。一位中国留学生对我们说，在瑞士，一般教授很少请学生到家里吃饭，瑞士人很富有但很节约。据说，有位瑞士教授请学生到家里吃饭，结果就招待一盆菜汤和面包。我们想可能是由于他访问中国时，我们陪同过他和夫人游览，他想以此作为回报吧！

周末下班时，他打电话要我们到大门前，他已经停车等候在那里，亲自开车接我们去他家。他家在苏黎世城中一栋小楼里，客厅很大，一侧是餐厅，另一侧是起坐间，不算很豪华。他的夫人见面寒暄几句就请我们到餐厅就座，她说都是她自己做的便饭。首先是按瑞士习惯，给每人端了一盆菜汤和共用的一盘面包，我一边吃一边心想不会就此结束了吧。接着又连续上了三道菜，还有牛排，真是太难为她为我们准备了。

饭后还有咖啡，Stumm 请我们到起坐间闲谈，还一边放着音乐。王子健就问 Stumm 也喜欢摇滚乐吗？他说喜欢。我不懂摇滚乐，他又问我们中国的气功是怎么回事，我倒懂一些，但不知道怎样用英语说清楚，甚至连气功的英语名词都不知怎样表达，只能说那是一种精神（spirit）作用。看时间已经够晚了，我们遂感谢 Stumm 的招待，并告辞，Stumm 坚持要送我们回去。出门的路上经过一个大房间，Stumm 说这是他的工作间。隔着窗户看里面桌上、地上到处都是一沓沓的资料纸张，很凌乱。Stumm 笑着说摆放很乱，但是方便，随手可取。他亲自开车沿着山边狭路抄近路送我们到招待所门前，那天还有浓雾，我们有些担心，嘱咐他回去路上小心，他说没关系就开车回去了。

这是我第一次到外国人家里吃饭，了解外国人的家庭生活，感到 Stumm 身为大专家还是很朴素的。后来，我也到过几个外国教授家里吃饭，如 Hahn、Fostner 等，情况各有不同。我和王子健受到这样的盛情接待，十分过意不去，恰好王子健的夫人甄珍也已到 EAWAG 工作，我们就商量着要回请一次 Stumm 夫妇。

于是，我们就开始商量菜谱并分头准备，预想当然要有些中国特色又力所能及且花费不太多才行。我们一起到远处一个高速路旁的大超市去采购食材，接着准备饭菜，整整忙了一天，自觉还算满意。王子健出面邀请 Stumm，他很高兴地答应了。到约定时间的那天晚上，Stumm 夫妇自己开车来到我们住的招待所。我们已经在公共厨房里摆满了一大桌子各式各样的中国菜，接着陆续再上一些菜。他们也不拘谨，很随便地吃起来，问我们谁是厨师，还对甄珍开玩笑地说她是女主人。有一大盘我们特意买的龙虾，Stumm 很高兴地问我们是从哪儿买到这东西的，可惜我们的做法不太对，有些虾炸得只剩空壳，引得大家一阵欢笑。因为他们要开车所以不喝啤酒，还嫌弃有蒜味的茄泥，这是我们没有想到的。饭后，他们客气地谢绝去看我们的住所就直接回去了，这可能也是外国人的日常礼节。我们总算松了一口气，侥幸渡过这一关，也明白了一些外国人的饮食习惯。

到我的研究工作期限已满一年多时，因国内研究所多次催促，我不得不中断第二期实验工作，向 Stumm 告别回国。没有想到，在瑞士机场通关时却又出了点问题。原来我随身带了两小件行李，但机场只容许带一件，否则要罚款，钱的数目很多，我哪里舍得白白交纳省吃俭用节省下的瑞士法郎，就给 EAWAG 人事处处长 Wallach 打电话求救。好在我与 Wallach 常打交道，也因医疗保险吵过嘴，还算熟悉。他过了一会儿回电话说，问过 Stumm，他答应由所里替我付清，于是我才办完手续得以机场放行。这是我回国临别时又自觉丢一回脸面还又欠 Stumm 一次人情的事，他当然也可能已不再记得了。后来几次再见他时，他虽没有提及这件事，但我仍惴惴不安，犹豫着是否该为此事向他道歉。

回国后，我按当时规定，把离国期间发放的每月工资换算成瑞士法郎上交，自己的外币就所剩无几了。心想，幸亏在瑞士机场又得到 Stumm 的帮忙，否则回国后就难以过关，还得再去换外币上交了。

第九节　出版《水化学》中文版的前前后后

我第一次见到 *Aquatic Chemistry* 这本书，是1979年在中国国际书店发行的影印本，那是该书1970年的第一版。浏览后，我感觉它的内容对我帮助很大，书中把水化学（Water Chemistry）的观念扩展为综合各种水体环境条件中的水体化学或水质化学（Aquatic Chemistry），这个观念与我的思维范式比较接近，特别是同我即将出版的《用水废水化学基础》一书的观念，以及某些俄文水化学文献表达的观念比较接近。我甚至想到，"水化学"即"水质"的化学转化规律是它在各种水体条件下的基础，在应用中才出现各种变化，这在世界各国的学科发展上可能具有共性。于是，我就冒昧地写了一封信给素未谋面的Stumm，并把我新出版的书寄去一本，同时约请他有机会来华访问。不久后，得到他的两次直接来信，第一封信的大意是：

> 汤教授，谢谢你的书和来信，我以很大的兴趣来读你的作品，我专门把它转给一位来此访问的中国女士，她将首先研读它。我另寄送你一本新版的 *Aquatic Chemistry*。
>
> W. Stumm
>
> 1981年9月4日

我很高兴地回了信，不久就又收到他的第二封信：

汤教授，谢谢你的来信。我愿意去中国访问，方便的时间最好在1982年10月，为期10天。如果你能把 *Aquatic Chemistry* 翻译成中文，我将很高兴为你提供任何帮助。我将把你的信转给纽约威利公司的编辑 Leger 先生，他们在北京有办事处。我想你将很快直接得到信息。

W. Stumm

1982年1月20日

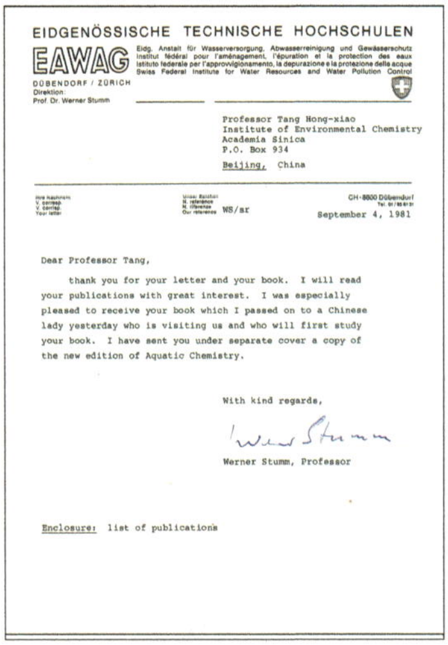

EIDGENÖSSISCHE TECHNISCHE HOCHSCHULEN
EAWAG
Eidg. Anstalt für Wasserversorgung, Abwasserreinigung und Gewässerschutz
Institut fédéral pour l'aménagement, l'épuration et la protection des eaux
Istituto federale per l'approvvigionamento, la depurazione e la protezione delle acque
Swiss Federal Institute for Water Resources and Water Pollution Control
DÜBENDORF / ZÜRICH
Direktion:
Prof. Dr. Werner Stumm

Professor Tang Hong-xiao
Institute of Environmental Chemistry
Academia Sinica
P.O. Box 934
Beijing, China

WS/sr

CH-8600 Dübendorf

September 4, 1981

Dear Professor Tang,

thank you for your letter and your book. I will read your publications with great interest. I was especially pleased to receive your book which I passed on to a Chinese lady yesterday who is visiting us and who will first study your book. I have sent you under separate cover a copy of the new edition of Aquatic Chemistry.

With kind regards,

Werner Stumm, Professor

Enclosure: list of publications

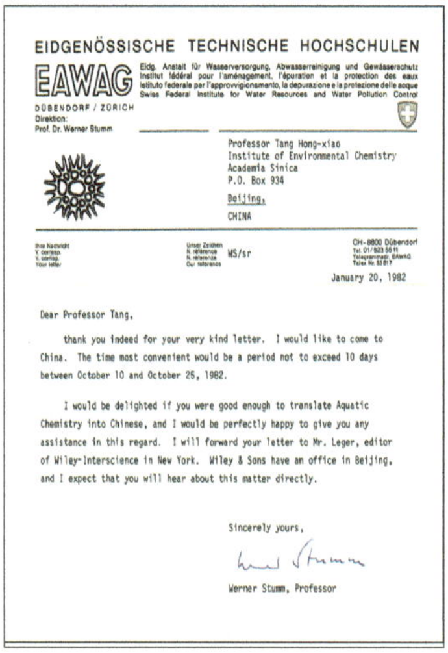

EIDGENÖSSISCHE TECHNISCHE HOCHSCHULEN
EAWAG
Eidg. Anstalt für Wasserversorgung, Abwasserreinigung und Gewässerschutz
Institut fédéral pour l'aménagement, l'épuration et la protection des eaux
Istituto federale per l'approvvigionamento, la depurazione e la protezione delle acque
Swiss Federal Institute for Water Resources and Water Pollution Control
DÜBENDORF / ZÜRICH
Direktion:
Prof. Dr. Werner Stumm

Professor Tang Hong-xiao
Institute of Environmental Chemistry
Academia Sinica
P.O. Box 934
Beijing,
CHINA

WS/sr

CH-8600 Dübendorf

January 20, 1982

Dear Professor Tang,

thank you indeed for your very kind letter. I would like to come to China. The time most convenient would be a period not to exceed 10 days between October 10 and October 25, 1982.

I would be delighted if you were good enough to translate Aquatic Chemistry into Chinese, and I would be perfectly happy to give you any assistance in this regard. I will forward your letter to Mr. Leger, editor of Wiley-Interscience in New York. Wiley & Sons have an office in Beijing, and I expect that you will hear about this matter directly.

Sincerely yours,

Werner Stumm, Professor

Stumm 教授的来信（1981年，1982年）

我收到他的信和随寄的第二版新书。该书第二版在1981年出版，Stumm 在1981年9月4日就亲笔签名寄赠我一本，目前在中国见到该书第二版原书的还不多。后又收到威利公司的来函，于是我便下决心做这件事。我一方面给 Stumm 回信说很愿意将此书翻译成中文版，另一方面与科学出版社联系，得到该社编辑尚久方先生的支持，并与威利公司联系合同事宜。我立即组织了5位研究组同事和研究生，分别翻译其中一章，我则翻译其余6章和负责总编校，最后由研究所英语老师夏堃堡校阅。合同签订的事拖到1982年后，似乎已经诸事齐备。

不过，因为该书内容精深新颖，专业名词译文难定，书写语言又带有一些德文色彩，所以中文精确翻译有一定难度。又加上我的各种事务繁杂，翻译工作时断时续，各分工翻译者的业余工作进度也不可能很快。所以，到 1983 年我随团访问 EAWAG 前，译书初稿才交到我手上，全书校改还有待进行。同 Stumm 见面时因时间短促，我只顾高兴他同意我去该所做研究的事，就没有谈及译书的有关事务。

在一次到 Stumm 办公室答疑讨论后的咖啡室谈话中，我和 Stumm 又谈到他的著作 *Aquatic Chemistry* 在中国翻译出版中文版的情况。实际上，翻译的初稿已经完成，但最终定稿和出版印刷还需一些时间。他说在日本已经有翻译的日文版，随即问我能否尽快落实在中国的中文版。我感到他对这事十分认真而要求迫切，就说该书在中国同行学者中也肯定会有很大影响，只是内容比较艰深，译文需要精确，校对、印刷都需多花一些时间。而且，现在中国出版翻译书籍还没有完善的体制，虽然已有同威利公司签订的合同，但真正印刷出版前不知在原作者和版权方面还有无新的问题。他说这没有关系，他可以同美国威利公司打招呼，又说实际他收到的版税都是分给参与的学生和秘书们。他还谈到另一作者 Morgan 也是他的学生，只在书中写了一章热力学和动力学的内容，就此出名，他可以对书负全责。

他又兴奋地向我介绍了当时他写这本书的初衷，说在多年从事以各门化学研究和讲授水化学有关领域后，觉得要把溶液水化学理论和天然水体以至工程应用的水化学结合起来，统一用物理化学来诠释环境中的水化学过程，因而把 Water Chemistry 改为 Aquatic Chemistry。

实际上我了解到，他的这一创意很快得到科学界同行的广泛赞同，并且逐步形成一个新的学派，而该书也成为学界普遍采用的教材和参考书，甚至被戏称为该领域的“圣经”，他本人则被称为“水化学之父”。

我回国后立即抓紧该书的翻译工作，又经过一年半的紧张审改，全书 80 余万字，终于完稿。再经责任编辑尚久方先生编校，于 1987 年由科学出版社以平装、精装两种版本出版发行。在翻译过程中，我发现原书印刷及校对错误有 200 余处，还做了一个勘误表。当我再次访问 EAWAG

时，随身带了10本精装版给Stumm。他见到时表示很高兴，在交谈中他说中文版的发行对他很珍贵，后来见人就拍着书说这是汤翻译的中文版。我把勘误表也交给他，他稍许感慨地说威利公司出书太多，有些校对工作可能粗糙，科学出版社的中文版质量很好。

Stumm 的 *Aquatic Chemistry* 第二版原书及其中文版精装本

在此中文版的译者前言中，我对该书做了相应介绍，其中部分摘要如下：

W. Stumm 和 J. J. Morgan 合著的 *Aquatic Chemistry* 一书，自1970年第一版问世以来，颇得学者们和出版界的好评，成为天然水化学这一学术领域中基本的权威性著作。目前，国外有关学科多采用此书作为高年级大学生和学位研究生的教本，并且涉及此领域的科学技术人员都把它当作必读书籍，有关的研究文章多把它列为参考文献。

现在译为中文的第二版是在1981年发行的。书中又补充和新增了近十余年来的研究进展成果，内容更加深入丰富。它将对水环境科学继续发挥更多作用是可以预料的。

Stumm 博士曾在美国哈佛大学作为应用化学教授任教15年，1970年后一直担任瑞士联邦技术学院教授和水资源与水污染控制研究所（EAWAG）的所长，他始终致力于把水化学发展成为独立学科，使其提高到物理化学定量水平并广泛应用于生态环境。他在天然水化学和水处理过程中应用溶液平衡化学和化学动力学、电化学、配位化学、界面和胶体化学、地球化学和生态化学等基础理论进行研究，取得了许多有创见的成果，多次获得荣誉奖。他先后发表论文约 250 篇，其中具有代表性的方面有：碳酸平衡和缓冲机理，水质稳定和腐蚀性，金属离子的氧化动力学，硅、铁、锰的溶液化学，天然水体系的氧化还原电位，痕量金属的化学形态和配位化学，凝聚和絮凝的机理及化学计量关系，氧化物和氢氧化物的表面络合吸附模式，晶核生成和表面化合态，颗粒物相互作用的统一模式，有机物的生物氧化和生物絮凝，水体富营养化机理，氮磷化合物的化学及控制，水体污染的化学生态学，全球化学循环等各组文章。他的著作的特色是兼有理论上的严格性和在环境问题中的实用性。本书中有相当部分都是他本人及其学生们的科学研究成果。

Morgan 博士是美国加利福尼亚技术学院环境工程科学教授，于 1978 年选入美国工程院。他曾在美国化学会《环境科学与技术》杂志创刊时首任主编，“清洁我们的环境”编委会中水委员会的主席。他的主要研究成果在表面化学、水处理凝聚机理、锰的化学形态及氧化动力学、天然水体热力学等方面。近年来，他发表许多篇在天然水体系平衡模式方面的重要论文。他对本书的主要贡献是天然水体系热力学和动力学原理部分。

我国有大量学者和学生从事与天然水化学有关的各学科研究工作与教学活动，但这方面尚没有一本高级的教材或专著，国外近年来出版的几本水化学著作也未译出。早在 *Aquatic Chemistry* 第一版流行后，就有一些有关专业人员建议将其译为中文，但因预计不久可能修订，一直未曾着手。1981 年秋，本书第二版发行后不久，Stumm 教授即寄赠一册，当时曾准备译出。1982 年秋，他来华访问时又热情表示支持，并提供第二次印刷本。在译本付印前，两位作者又为中国读者专门写了中文版序言，我们对此深表感谢。由于本书篇幅较大，难点甚多，为保证质量，译文经过反复校审，又经科学出版社尚久方同志在确定选题、编辑出版工作中花费很大精力，遂使本书译本终能问世，填补了我国这方面的空白。

《水化学》中文版出版的消息还刊载于 EAWAG 的通报刊物上，说它在全球语种覆盖面上有新的扩展，还附了我作为译者的照片。后来遇到一些外国同行，往往被介绍说我就是《水化学》的中文版译者，似是也算作该学派的一项成果，与有荣焉。

1996 年，该书的第三版问世。在出版发行前的 1995 年 10 月，Stumm 就寄给我一本原版书，并征求是否可以再出中译本的意见。他还附言说："如果你需要更多册书，请告诉我，我乐意告知威利公司。"

此修订版有很大改观，不但反映了第二版以来近 15 年该领域的研究进展，而且改写和增加了水体动态学、光化学、全球循环等内容，篇幅也增多了约 1/4。我觉得继续将其译成新的中文版是义不容辞的，遂回信表示愿意承接此项工作。Stumm 很积极地推动美国威利公司并声明放弃版税，我则联系科学出版社所属龙门书局，双方几经商谈订了合约。在 Stumm 的协调下，协议要求中方每出版 1000 册中文版只付给美方 400 美元，中方预付了一期 400 美元定金，威利公司提供了多本原书备用，合约即于 1997 年生效。

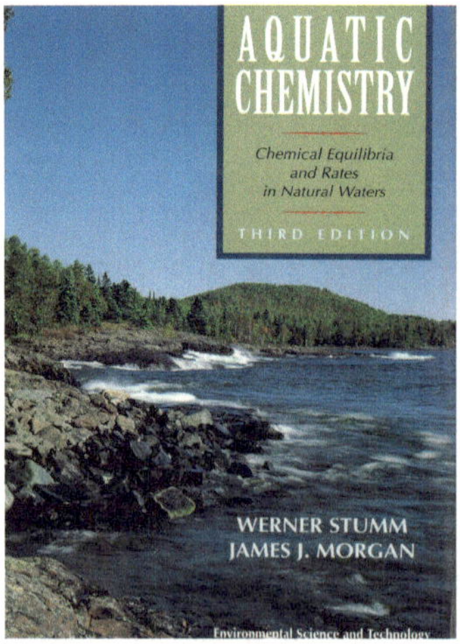

Stumm 的 *Aquatic Chemistry* 第三版原书（1996 年）

鉴于前次中文版的译者较多而统稿工作量甚大，这次遂邀请也熟悉该书的王子健共同分工翻译，协商好工作计划和译稿版式等就分别开始工作。当时我们二人正负责联合国教科文组织的中德合作科研项目

"德兴露天铜矿对鄱阳湖的污染评价和对策"，忙于现场勘测采样和到德国多次联系交流，加上日常其他研究工作和业务繁多，我们只能在余暇挤时间做这件事。到 2000 年也只完成了 10 章占全书约 2/3 的初译稿，按合约需要与科学出版社及威利公司再商谈延长期限。不过，因各种原因，特别是 Stumm 教授不幸已于 1999 年 4 月病逝，合约延期的事遂拖了下来。又因中国建筑工业出版社约我写作《无机高分子絮凝理论与絮凝剂》一书，*Aquatic Chemistry* 第三版的中文翻译工作就暂时停顿了下来。

到 2002 年，科学出版社编辑杨震先生约我们编写《环境水质学》一书。当时虽然已有一个集体编写计划在进行中，但因多人编写稿件进度缓慢而遇到困难，于是重提 *Aquatic Chemistry* 第三版译本继续进行的建议。不过，因各种原因，翻译工作再次搁置下来，初译稿也封存。此后多次得到读者询问，也有人来借原书复印。直到 2007 年，高等教育出版社了解到此事，又与王子健先生约谈，愿意出版此书。我们详谈了来龙去脉，结果又因各种原因拖延下来。后来又听说该书的第二作者 Morgan 教授计划修订该书，可能在 2012 年出版第四版。在此情况下，第三版的翻译工作当然只好暂停，等待新的发展。不过据我所知，Morgan 教授在原书中只负责其中一章的写作，他所在的加州理工学院团队能否承担如此重大任务尚未可知，不过直到 2013 年也还没有得到任何出版预告信息，可能不会再有第四版了。

看来 *Aquatic Chemistry* 第三版在中国已没有再出版的机会了，我对此也要负一定责任，因而内心感到十分愧疚，这不但无法告慰认真期待于我的 Stumm 教授在天之灵，而且没有尽到对我国环境学界更广泛传播环境水化学前沿知识的责任，成为我的终生遗憾。

第十节　有君子风度的 O'Melia 教授

C. R. O'Melia（1934—2010）教授是美国著名学者，在环境工程学和环境科学各学科卓有建树，特别是在水处理过滤技术理论和水溶胶颗粒物行为规律研究方面是领军带头人。他是美国工程院院士，曾两度担任约翰·霍普金斯大学地理与环境工程系主任，并曾兼任《环境科学与技术》早期代副主编。O'Melia 于 1963 年获博士学位，其论文题目是“水藻悬浊液的沙层过滤”。1964 年在哈佛大学跟随 Stumm 教授做博士后研究，并共同发表 *Stoichiometry of Coagulation*（1968 年）。他曾协助写作 *Aquatic Chemistry* 一书中的“颗粒物粒度分布”章节，并与众多学生合作发表大量关于水处理过滤、混凝等方面的论文，特别是 2004 年与他的学生 M. W. Hahn 等合作发表的颗粒物过滤 DLVO 理论计算第二极小值的论文在欧美有广泛影响。

我与 O'Melia 教授相遇在 1984 年的瑞士 EAWAG。当时我初到 Stumm 教授那里做访问研究学者，我的办公室恰与 O'Melia 的临时办公室相邻，起初我们并不相识。Stumm 约我到他的工作室讨论我的研究工作题目和计划，却见到 O'Melia 也在场。Stumm 开始时向 O'Melia 讲解他提出不久的表面络合理论原理，要我在侧旁听。此项讨论进行了一个上午才结束，于是有关我研究题目的讨论便移到次日上午继续进行，因为与混凝研究有关，Stumm 也约 O'Melia 一起参加。可能是在当日下午，我即到 O'Melia 办公室中拜访求教，向他简单说明我在聚合混凝剂研究中的设想。他说他有一年的带薪写作假期，到EAWAG来准备写一本书，是关于颗粒物方面的。交谈中，我感觉他说话的口音很重，就抱歉说我的英语不大好。他开玩笑说已经不错了，即使在美国也有很多人说各地俗语，连语法都弄不大清楚。我听了只好笑笑，不知道他是夸赞我还是贬低我，或许美国人说话就是这习惯。

次日上午，他们两位大师听取了我对聚合混凝剂研究的详细设想，在讨论中竟涉及他们的两篇“凝聚的化学观”论文。有关聚合混凝剂的观念引起他们的兴趣，Stumm竟提出要写第三篇凝聚的化学观论文，并拟让O’Melia的学生Dempsey起草。最后，Stumm表态说本来想要我做表面络合理论方面的研究，不过混凝方面也很重要，于是同意我先做聚合混凝剂研究，若有时间再考虑其他的研究。如我在EAWAG研究工作回忆中所述，后来表面络合吸附絮凝这部分工作限于时间只完成了实验部分，未能写成论文发表，成为我长期的遗憾。

在O’Melia有关混凝机理的文献中，我感到他的基本理念是依据金属溶度积原理求得化学沉淀区，在生成沉淀絮体后经过卷扫絮凝过程来净化水质。这是传统的混凝机理理论，用于硫酸铝混凝剂而成为当时的正统观点。Stumm后来给我一张O’Melia所做铁盐的混凝区域图也是基于此观点，这本来也无可厚非，不过，我对新发展的聚合混凝剂的作用机理观点却是：预制而后应用的无机高分子化合物在投加后达到最优溶解形态，首先吸附在颗粒物表面与表面羟基络合而产生表面沉积絮凝，然后再与颗粒物相互絮凝，从而吸附卷带有机污染物等经过分离以净化水质，其作用机理介于有机高分子絮凝剂同硫酸铝之间，这实际更符合Stumm提出的表面络合理论。表面看来这似是作用机理在程序上的差异，却影响到两类混凝剂作用原理及诸多工艺过程。当时的讨论和以后多次接触中我竟没有机会再向O’Melia当面解释得更清楚一些，使他理解并容纳我对聚合絮凝剂作用机理的基本观点。由于美国无机聚合类混凝剂的生产发展并不发达，他似是一直保持原有的传统观点，认为聚合混凝剂无非也是同一原理，或许他曾因此对我们的研究工作过分强调溶解形态而产生过一些误解也未可知。

1991年，我到美国约翰·霍普金斯大学访问，得到他的接待，但只做了短时交谈。我曾问及美国为何不发展无机聚合混凝剂的生产，他简单地回答说研究者只做研究工作，至于企业家为何不发展生产不是他们的直接关切。我想这可能与美国的研究体制有关，不似中国当时一力推行大学结合生产直接办企业。我也曾邀请他有机会到中国访问，他也表示感谢但没有深入谈。这是因为我当时没有能力给他出交通费用，而据我了解如果要他自费旅行就必须他愿意并且有经费来源才行。谈了约半小时，他就把我交给他的助手Stone博士和一个学生来继续接待，令我感觉他很是客气，后来的许多次见面也大致比较简短。由此我逐步感到他是一个比较严肃认真、不苟言笑的人，这使我难以向他畅所欲言地解释我在混凝作用机理上与他的认识分歧，当然这也是由于我在语言上的表达能力不够而不自信所致。特别是当我后来因邀请他来华的时间失误，见面时总抱有歉意的缘故，我们始终没有遇到再当面深入交谈的机会。

我从记述他的一篇传记长文中了解了不少他的生平，他是爱尔兰裔美国人。我原以为他与Morgan一样，也是Stumm的博士生，三人被称为美国水化学界的三巨头，但该传记中介绍说他的博士生导师另有其人，到后来由Morgan引见才做了Stumm的博士后，因与Stumm联名发表了著名论文而名声大起。我看他在Stumm面前毕恭毕敬的求教态度，可知他是一位谦谦君子。我猜想O'Melia应该是一位十分虔诚的教徒。他或他夫人每年圣诞节时都要写一篇记事，分送给亲友，我每年也收到一份，记事中主要叙述他们全家一年的活动经历，总是要提到星期日到教堂参加礼拜表示感恩等情节。

约在1989年，有一位日本学者同我联系说要在日本合作生产聚合氯化铁，并说是在一次会议上O'Melia向他推荐来找我的。我和该学者交谈后本已约定次年去日本考察该项目，但因日本通产省要求在本国自己生产而作罢。另外，我的一篇聚合氯化铁论文也是首先经 O'Melia 介绍，参加德国 Hahn 教授主持的化学水处理国际会议做大会报告发表的。通过这些事我觉得他对我很友好，就想进一步邀请他来中国加强联系。

我与 O'Melia 教授在会议期间交谈（2008 年）

O'Melia 收到我的邀请函后，回信允诺次年 8 月来华，我很高兴，准备到时请他到中国各处旅游观光一番。不久他就寄来一大包资料，其中有一份全书目录提纲和几章详细内容，似是他一直要完成的 *Aquasols* 的书稿，并说可以用一周的时间来讲课，讲讲他书稿中的几个问题。他说自己总计可以来华十天，有一两天观光旅游就可以了。他的这个计划类似于开一次讲习班，与我原来的设想大相径庭。我当然也很认同他的计划并且钦佩他严谨、认真的态度，但只是需要精心准备会场，特别是要有足够数量的听众才行。不料那年我们研究所原来的个人自由休假制度改为 8 月份全体定期休假，这使我非常担心无法当场聚集足够多的听众而会使他不高兴。考虑再三，我只得再次致函向他说明原委，询问他是否可以改在 9 月来讲课，不料他回信说 9 月他校内有课，此事只能作罢等以后再说。我意识到他有课是实情而我的改期会使他非常不满意，只得复信向他再三道歉，请他原谅并等待他何时能来华的信息。谁知后来数年中我也曾在国外会议上不止一次与他相遇，我向他道歉并且询问他何时有可能来华，他则未置可否，使我更感对不起他而心有歉疚。

2006年，我写的专著《无机高分子絮凝理论与絮凝剂》出版。这是一本300多页的书，我随即邮寄给他一本请他评阅。该书有英文目录及短篇英文摘要，所有引用国外作者（包括他本人）的图文均加注了出处。在该书中，我详细叙述了聚合铝在欧洲、日本及中国的发展，也综述了O’Melia和美国学者在此领域的许多研究文献。当然，该书主要是阐释了我们历年的研究及生产实践成果和我对聚合混凝剂作用机理的认识和模式，其中自以为得意的创作部分还有对铝、铁、硅等无机高分子聚合过程所做的统一比较归纳。

不久，我便收到他给我的邮件，信中感谢我寄给他书，并说该书是一本综合处理了该领域内容的好书。因为他不懂中文，只能看图识义，所以给他的中国学生黄海鸥去读。令我有些失望的是，他并没有对混凝机理内容加以评论，后来见面也没有再提起过。我想这是因为他不能阅读中文的缘故，不过该时我们在英文期刊上发表的文章也已有数十篇。我在EAWAG工作的论文稿，Stumm曾告诉我也发给过O’Melia。很可能他对有不同意见的观点往往持有谨慎态度，不妄加评论，这也是一种有礼貌的习惯。

黄海鸥是一位由清华大学去美国做他的博士生的学者。黄海鸥读完《无机高分子絮凝理论与絮凝剂》后给我写了一封电子邮件，不但十分赞扬该书，而且表示不久回国后要求到我们研究组共同工作，我当即回信表示欢迎，不过此事并未实现。后来我查阅资料后发现，黄海鸥在美国继续做超滤膜改性代替砂滤的研究，已有不少论文发表。

O’Melia的著述*Aquasols*是我十分希望早日见到的专著。既然他在1984年已到EAWAG去专门开始写作，后来又曾寄给我详细提纲和若干章内容，我料想10余年后早已该完成全书出版。我因一直未见到，就经常在网上查阅，确实有一次见到该书的新书预告。我就急忙预订，准备先睹为快。谁知后来竟没有下文，甚至连新书预告也没有了。从他给我的该书提纲看，的确包罗了颗粒物相互作用方面有史以来的主要论述文献，以他治学严谨的态度，慎重一些出版也是可以想见的，后来见面时就没好意思当面再问他这件事。

转瞬已是 2008 年，恰有国内西安建筑科技大学王晓昌教授主持召开水处理化学国际会议，该会也邀请 O'Melia 前来参加，他与夫人将到会。这次国际会议是姚重华教授和我推动的，而 O'Melia 是姚重华教授的博士生导师，我们就商议顺便邀请他与夫人在会后先到上海，再到北京一游，幸喜得到他的允诺，随即成行。会后由姚重华教授陪同他们夫妇先去上海，据说举行了盛大的报告会，由 O'Melia 做了报告，然后仍由姚重华教授陪同一起到北京来由我们继续接待。我当时因老伴住院，可能招待不周未能全程陪同，在京参观多仍委托姚重华教授陪伴。其间一次活动是到我们研究所做报告，我召集了四五十人到报告厅，报告由我主持介绍，但因都是博士研究生而照例没有找翻译。他的报告内容是他的一篇文章，内容很概括，但说话声音较低沉。我想他从西安开会又到上海再到北京观光，前后总计有近一月时间，确实会因一路劳顿而十分疲惫。报告之后有少量提问，之后我便立即结束休会送他回去，没有再更多讨论学术问题。隔日设晚宴送行时得知他夫人腿有些不便，就同姚重华教授送他们由北京乘机直接回美国了。

O'Melia 教授与姚重华教授在上海

设宴送别 O'Melia 夫妇（2008 年）

谁知此行竟是他与我们的最后一面，次年他与姚重华教授通信说因心脏不适不能再来华。隔年，我从他的学生及姚重华教授处得到他去世的消息，十分惋惜。对于这样一个与我在环境工程和混凝研究属于专业同行的美国著名学者，我只是阅读他的文献，了解他的治学理念，虽然我和他也曾多次来往，而穷其一生，我竟没能如与 Stumm 那样与他深入讨论求教答疑，实为未了心愿的憾事。

第七章

环境水质学研究开发基地

第一节　世界银行贷款“从天而降”

1985年秋，环境化学研究所重组为生态环境研究中心。当时我正在EAWAG做访问研究学者，所领导一再催促我尽快回国。该时，我已完成聚合氯化铁的研究，并写出两篇得到Stumm教授认可的论文，允诺共同署名准备发表。接着，我虽然基本完成了高岭石及活性污泥絮凝体的表面络合吸附模式实验，但仍不得不停下工作按时回国。回国以后，我仍打算致力于继续整理在国外完成的实验资料，准备写出文稿寄给Stumm教授审阅，还妄想再发表两篇论文，获得EAWAG的博士学位。

不料到9月后，我被任命为水污染化学研究室主任，接替刘静宜先生的班，开始忙起管理工作来。与此同时，我还随刘静宜先生一起筹备主持联合国教科文组织中德合作研究项目“德兴铜矿-鄱阳湖铜污染评价”。该年，我集中编校Stumm教授《水化学》中文版最终审定稿，还被邀请到中国科学院研究生院讲授环境水化学课程。这一时期各种活动纷至沓来，内业外业交叉进行，成为我回国后忙得不可开交的阶段。我只得先把整理完的国外实验资料寄给Stumm教授，请他审阅，随即得到他的回信说他将据此数据写出文章，我觉得此项目虽是由他立意，但不如仍由我来写方便，就回信表达此想法。于是，这件事情就此拖延下来没有最终结果，成为憾事。

通过这一系列的活动，我虽然增长了见闻，但继续完成论文的设想已不可能再实现。不过，借着在中国科学院研究生院讲课和准备讲稿的机会，我进一步综合，形成了自己“环境水化学”甚至“环境水质学”的若干新观念和相应的系统思路。不久以后，我又写出了《环境水化学纲要》讲义，于《环境科学丛刊》专辑出版，对多学科综合的认识较比编著《用水废水化学基础》时期又进了一步。在学科内容中增加了区域水体和模式计算等部分，可以算是新的进步。

大约在1987年的一天晚上，我突然接到通知去参加中国科学院的文件传达会，说是国家要引入第三批世界银行贷款，在国家教育委员会和中国科学院建立重点学科发展项目实验室，需要立刻做准备提出计划方案。这对于当时普遍缺乏经费来进一步发展建设的各研究室来说，是天外飞来的好消息。按照当时研究所领导的意思，这个项目由水污染化学研究室为主，再联合所内其他与水环境有关的研究室一起来筹建。当即确定由我和高分子膜实验室的刘廷惠及水处理工程室的姜兆春一起研究提出初步设想。我在已有水污染化学实验室的基础上，提出了“环境水化学实验室”的名称和设想，并且得到参与的各研究室认可。

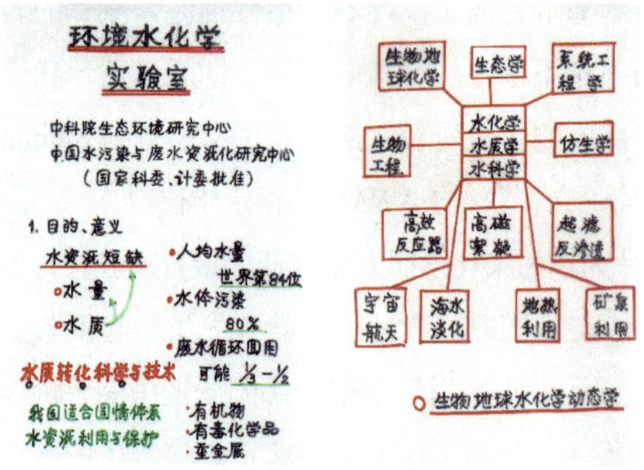

申请报告胶片的开始部分

建立这样一个学科实验室同我已经形成的环境水化学系统观念是合拍的，也可以说是我的夙愿，但如何拟订出具体的实施方案仍然需要更深入的思索。Stumm的*Aquatic Chemistry*学术体系较偏重于天然水体，而对水处理工程和社会现实污染问题涉及较少。我根据自己对水的自然循环和社会循环构成统一体系的观念，在水化学前加上“环境”二字，强调其针对人居环境和我国社会水污染现实问题的一面。另外，生态环境研究中心原来改组建立的目的之一，是把化学、生态学和地学联合起来统一解决环境污染问题。这在研究所各室的大范围内不容易协调实现，但如果在一个研究室范围内或许更容易协调。因此，我设想在此研究室中设立化学、生态学、地学以及工程等多个部分，通过学科相互融合来研究水环境污染总体问题，而不仅仅限于化学学科。在硬件设施方面，我所见过的有 EAWAG 和欧洲的其他一些实验室，也看过美国及加拿大、日本的几个实验室资料，可以说有了若干现代化水质实验室的概念，不过仍谈不上深入了解有关细节。何况世界银行贷款的额度只有约 100 万美元，主要用来购置若干件进口的水质分析仪器，如何建立一个“五脏俱全”的实验系统，是很费心思的难题。

根据我当时对计算机系统的粗浅理解，我设想以一台小型机作为实验室的核心，联机共享各研究组的数据，也算是有一些网络的概念。另外，再加上几处天然水体和水处理工程的小型系列实验设施，回避了在哈尔滨工业大学、清华大学、同济大学等处由苏联专家指导建设的大而不当的实验系统，从反面来表明利用现代化手段的先进性。按照这几方面观念设计组合的方案，有一些特点和亮点，描绘出一个有创意的现代化水质体系实验室的图像。这个方案又经过反复讨论补充修改，最终取得所领导及各有关研究室的认同，总算过了第一关。

1988 年 3 月，国家计划委员会正式下达了建立世界银行贷款国家重点实验室的文件，计划在全国建立 74 个实验室，由国家教育委员会和中国科学院分别进行可行性研究报告的论证选拔。同年 6 月，中国科学院在成都召开所属各研究所提出方案的论证评选会，所领导确定由副所长冯宗纬与我一起前去参加。到会后才了解到，中国科学院各所提出的方案报告共有数十个之多，而国家计划委员会规定中国科学院的指标只限于二十个，中国科学院内其他研究所提出的方案很多是属于高科技尖端技术或有学术地位的基础专业，而环境学科在其中未免相形见绌，被选中的概率较小。我只得在报告中尽量把环境水化学的学科前沿性和国家环境科学的重要需求加以强调。经过几轮投票，十分幸运地，我们的环境水化学实验室方案竟在十八名当选者中名列第十三位，侥幸通过了中国科学院院内的排名关。

此时，国家计划委员会专门成立了一个高级专家委员会，负责最终评审全国上报的项目。各备选项目为了争取进入最后一轮名单，照例还要尽量进行一些公关活动。我又先后拜访了该评选委员会的主任师昌绪和比较了解环境界的副主任陈述彭两位中国科学院院士，向他们说明我们的学科和方案设想。他们都很热情地接待和询问我有关环境专业的问题。再有就是约见国家计划委员会科技司的马德秀副司长，对其说明项目的重要性，并争取她的支持。至于同中国科学院基础科学局的龚望才同志经常密切联系更不在话下。通过这些反复强调和解释的公关活动，一方面，我自己对这尚在空中楼阁的实验室似是逐渐补充得更具体化了；另一方面，也感到行政事务和公关活动的烦琐，产生了一些厌倦和听天由命的情绪。

环境学科在国家教育委员会方面进入名单的还有清华大学、北京大学、北京师范大学三校联合申报的环境污染控制实验室项目，以及南京大学和同济大学分别申报的环境实验室项目，因此，全国环境领域就有四个项目同时在册，造成“僧多粥少”的局面，因为不可能全部入选而成为评选委员会的难题。当时我参加了世界银行贷款代表团的多次讨论会，除了由他们详细报告说明这批贷款的目的、原则和规定细节外，会上也讨论到全国初定的项目过多，需要有所取舍的问题。关于环境领域的选题，评选委员会的意见是中国南北方各设一个环境实验室为宜，但又因为都是名校和中国科学院的项目，实力都很强，去掉任何一个都不合适，于是才提出建立联合实验室的方案。不过，南方的南京大学和同济大学分居两地，不算太远且同属国家教育委员会还可勉强联合。北方的两个项目虽都在北京，但分属国家教育委员会和中国科学院两个系统，若勉强联合在管理上会有一定困难。世界银行代表团也说在运行管理上可能有问题，并且说在美国也没有两个部门共建联合实验室的成功先例，认为工作上很难协调好。不过，由于贷款总金额和实验室总数都有限度，在几次会上都没有做出明确决定。

中国科学院计划局内部的意见也不相同，有人提出中国科学院要单独建环境实验室，即使联合也要由中国科学院来领导，这当然同我的意见一致。因为环境水化学实验室是作为一个单独项目直接申请，独立通过国务院评审的，而且得票排名还高于三所高校联合申请的环境污染控制实验室项目。不过，中国科学院的龚望才同志却有另一种考虑。他认为如果双方联合建立实验室，即使归属于国家教育委员会一方，中国科学院仍可分得贷款的额定部分，总体来算实际所得贷款仍对中国科学院有利，还可免去管理上的琐事。可以看出，虽然还没有开始联合，两个部门都已经各有打算了，至于如何对科学研究发展更为有利已经是另外的问题了。这对于管理部门而言也似是无可厚非的，因此建立联合实验室的方案似是不得不实行，甚至有领导说如果不联合起来就会超过总额度，就可能全都得不到世界银行的贷款，要求大家都要以大局为重。

1988 年 9 月，国家计划委员会根据专家委员会的意见初步认定备选项目的名单。1989 年 1 月最后批复下达，环境领域最终仍是在全国只建立南北各一个实验室。北方的联合实验室由中国科学院和国家教育委员会三高校双方联合，给予两个世界银行贷款指标的额度，定名为“环境模拟与污染控制国家重点联合实验室”，并指定我和清华大学环境系主任井文涌教授为学术带头人，负责开始组建。此联合实验室由国家教育委员会管理，办公室设在清华大学，这种组织形式就此成为定局。

1989 年 3 月，由中国科学院主持再次召开环境水化学实验室子项目的可行性报告评议会，我们邀请的专家委员会主席是北京市环境保护科学研究所的总工程师潘南鹏和水利部的环境水利学专家沈泔卿教授。会议经过三天评议答辩通过后，照例填写和打印了大量可行性报告及各种表格材料上交。与此同时，三高校的联合实验室也由国家教育委员会主持，经过讨论协调和评议，上报了可行性报告及有关材料。

1989年8月，国家计划委员会最终通过环境联合实验室项目。1991年2月，世界银行终于批准该批全国各重点实验室贷款的项目清单，并于4月实施。至此，这次世界银行贷款建立国家重点实验室项目的工作遂告结束，前后历时约三年。环境水化学实验室最终处于跨界位置，一方面成为环境模拟与污染控制国家重点联合实验室的成员之一，同时又列为中国科学院二十个国家重点实验室之一，接受双重领导和分别进行评估验收。随即，该室对国内外一律定名为“环境水化学国家重点实验室”（State Key Laboratory of Environmental Aquatic Chemistry，SKLEAC），我也总算完成了争取立项批准贷款的初级任务。不过，实地建设实验室尚属空中楼阁，更艰巨的建设任务尚待进一步筹划。

第二节　国家重点联合实验室

在国家计划委员会总体布局和世界银行贷款额度的限定条件下，1989年最终确定建立环境模拟与污染控制国家重点联合实验室。该联合实验室由中国科学院申报的环境水化学实验室和清华大学、北京大学、北京师范大学联合申报的环境污染控制实验室组成，双方都是分别由本部门系统上报并经正式评定通过的。联合实验室的学术带头人确定由我和清华大学环境系主任井文涌教授担任。后来因为联合实验室划归国家教育委员会部门领导，办公室也设在清华大学，联合实验室的具体筹建负责人即为井文涌教授。我和井教授比较熟悉，我们首先协商确定联合实验室的名称，当即定下来的上述名称，至今仍在使用。

当时我对“环境模拟”概念的理解大致包括几方面。总的说来与其他学科一样，环境科学与技术基础性学术研究的基本方式，仍是采用对真实环境的模拟实验。虽然现场监测或收集样品测定的资料是根本的数据来源，但数据的整理则要以在实验室进行模拟研究为主要手段。其中大致包括的方式如下：①容器与仪器模拟；②小型与大型装置以至微宇宙规模的设施模拟；③计算机模式软件计算系统模拟；等等。模拟的方法和手段越近似于真实环境，所得结果就越真实有效且有可能推广应用。环境本身是一种多元素、多因素的复杂动态体系，环境模拟方法和技术本身的研究就是一门独立的学科和追求目标，它贯穿和决定着每项科研操作的质量和实用功效。

事实上，在各种条件限定下成立的联合实验室内部，从一开始就出现管理体制的矛盾。首先各个分室要协商的是世界银行贷款的分配。该项目总的贷款额度初步定为约245万美元，大致相当于两个平均指标额度，但联合实验室是由四个不同单位的实验室组成的。其中，中国科学院与北京师范大学的研究方向是水环境，而北京大学的研究方向是大气环境，清华大学则主要研究水环境但有一部分是大气污染控制。各室都要保持原有的研究状态，不可能再重新按专业混合，只能按行政单位成立四个分室。于是，就贷款如何分配成立了一个筹备组来讨论，其组成人员为：清华大学的程声通、北京大学的唐孝炎、北京师范大学的王华东、中国科学院生态环境研究中心的汤鸿霄四人。井文涌作为联合实验室筹备负责人，后来担任联合实验室主任的钱易院士正在国外并没有参加讨论。

开始时，我即提出既然贷款额度给了两个指标，按原来申报批准过程来分，中国科学院和国家教育委员会应各占一个额度，这当然遭到其他人的反对。在讨论中，我一直申诉理由、坚持己见，他们三位也一直坚持要四个研究室重新合理分配。他们三位都是能言善辩且轮番发言力争，我则只能处于守势尽力招架，虽然各有道理但谁也不能说服对方。其实我们大家都是很熟悉的朋友，为了各自经费分配陷入如此激烈的辩论也觉得可笑。我笑谈说真成了《三国演义》虎牢关三英战吕布，他们三位则采取情面战术，甚至劝我让一让。有一次会议甚至开到晚上十一点都没有结果，只得暂时休会再回去各自考虑。我也只得回去向中国科学院的龚望才请示，他则说他们三所名牌大学实力都很强，合占一个额度可能太紧张，联合实验室又由国家教育委员会管理，劝我退一步，中国科学院可以另外再给一些补偿。这样经再次讨论最终达成协议，不过我仍提出两条补充原则：①水化学室得到的份额要与清华大学的水控制室相同；②既然联合实验室归国家教育委员会领导，办公室和室主任由清华大学担任，水化学室的排名要列在第二位。由于前面的争论和我的退让，这些原则也较顺利得到确认，结束了贷款额度分配之争。

虽然我提出的两点原则都达成协议，但在贷款的实际分配中清华大学的大气污染控制部分并入北京大学的份额，所以按单位计算清华大学仍占最多贷款。同时，清华大学确定由钱易院士担任总室主任，其他三方为副主任，而学术委员会主任则由清华大学的井文涌教授担任。这样，总算最后友好地达成协议，正式建立了环境模拟与污染控制国家重点联合实验室，并且汇集各室资料，编成联合实验室的总体文件上报。

1991 年 2 月，世界银行贷款正式批准通过，4 月，开始实施建设计划。直至 1995 年 10 月，联合实验室通过专家组验收，1996 年 2 月，才得到国家教育委员会正式批准对外开放。其中的环境水化学实验室同时列为中国科学院本批世界银行贷款的 20 个国家重点实验室之一，并于 1993 年和 1995 年先后由中国科学院分别进行验收和对外开放，在建设期间并得到中国科学院相应的拨款补偿，到位经费与中国科学院其他同列贷款的实验室相当于一个指标额度。

环境模拟与污染控制国家重点联合实验室在室主任钱易院士主持下，

环境模拟与污染控制国家重点联合实验室第四届学术委员会
工作会议留影（2013 年）

组织开展了一系列科研及学术活动，在国内外的影响日益扩大。所属的四个实验室也都继续取得大量成果，但在联合室的统一管理和合作研究上却遇到很多困难。首先，四个实验室分属于四个单位和两个部门，管理体制和活动方式各有传统和自己的体系，很难相互协调一致。特别是环境水化学室，要同时满足联合实验室及中国科学院的评估报表要求和活动，使得非生产行政工作量大增。其次，国家申报和管理科研项目没有设立重点实验室的独立渠道，各实验室只能按所在单位系统参与申请评比获得科研项目，而联合实验室无法直接申报合作项目。这十分影响各室在同一项目中的紧密合作，因而缺少相互的专业融合，失去联合实验室的实质作用而只能联而不合，成为“拼盘”状态。因此，联合实验室虽每年都召开盛大的学术报告会和总结工作的学术委员会，却很少能改变各实验室各自为政的局面。再次，各实验室逐步发展不断扩大，联合实验室虽在表面上成为一个规模巨大、人员众多的集体，在历次评议时的科研成果集合起来也十分壮观，但从人均效益和管理体制上总会显露出不足，评价反而不如一些后来的小规模新实验室突出，这极为损伤联合实验室的进一步发展及成员的信心。最后，国家对重点实验室的资助经费也变得按户头发放，联合实验室得到经费后再平均分到四个实验室，没有按最初的分配协议，实际各实验室所得与其他专业单独实验室相差甚远。所有这些促使联合实验室各成员深深感到分开重组的必要性，而且从环境领域科研发展趋势考虑，也很难再照原样勉强维持下去了。

联合实验室在前后共五年时间内，多次与科技部主管处反复讨论，写过数次申请报告书和不同的方案，不过事与愿违，重新分室问题一直没有得到妥善解决。全国新增批准的国家重点实验室已达200余个，联合实验室中各实验室虽分属名牌高校和中国科学院，实力都已很强，并不次于任何新批准的实验室，但仍限于名额不能完全分为四个独立实验室。一分为二的方案，也仍然不能避免联合实验室成立时分属两个部门体系的老问题，新的矛盾仍难回避，因而联合实验室的发展趋向竟变成困难而无解的困扰局面。不过，联合实验室已经维持了20年，总室及各分室的领导班子已经转换到第三任，我们这些始创者至今也无奈无力哭笑不得，目前只能期望下一代的智慧，如果科学管理体制不变，或许只能勉强维持现状了。

时间飞逝，联合实验室的第一代创始人任期届满后，逐步转入学术委员会担任二线顾问，总室主任由清华大学施汉昌先生担任，四个分室的主任也陆续更换，各分室更趋于独立经管。由于国家没有设立重点实验室的科研项目申请渠道，各分室也只能由本单位原有渠道申请项目资助，国家对总室的经费支持造成“僧多粥少”的局面，使总室无法组织各室开展合作项目，只能维持每年例行的学术委员会议和全国性学术报告会，并且争取在国家评估中取得更好的名次。各分室得到支持的份额自然不能与新评重点实验室相比，发展受限。新评重点实验室数目日益庞大，改革国家重点实验室体制实是当务之急。

第三节　环境水质学国家重点实验室

环境水化学实验室在1991年经国家计划委员会和世界银行贷款正式发文批准建立，并按统一规划与国家教育委员会三高校联合成为环境模拟与污染控制国家重点联合实验室的分室之一。不过，它本身又同时列入中国科学院同批贷款的二十个国家重点实验室之一，并且定名为“环境水化学国家重点实验室”，英文名称为 State Key Laboratory of Environmental Aquatic Chemistry，缩写为 SKLEAC，成为接受双重部门领导的实验室。我则被任命为该室首届主任并兼联合实验室的副主任。

该实验室从申请到建立，经历了漫长的时间。最初，我基于对环境水化学学科体系的基本认识和考察欧美各水研究中心实验室设施的体会，萌发出在国内建立一个类似研究室的构思。1988年，在院所领导支持下，我提出方案申请，参加了世界银行贷款在中国建立新一批国家重点实验室的竞选。经过反复的评比过程，幸运地先后通过中国科学院和评选委员会的评选，成为中国科学院同批20个得到国家重点实验室贷款申请名额的项目之一。后来根据全国环境类实验室布局，又被分配参加到环境模拟与污染控制国家重点联合实验室，我并被指定为该室学术带头人之一。在环境水化学实验室正式批准后，随即要由构思到实体完全从头建立一个独立的实验室，从房屋基建、仪器设施、研究建组和人员配套，预计要经历长达数年十分艰苦的过程，这也成为对我能力的极大挑战和考验。

在所级领导和其他各实验室的全力支持下，新实验室终于正式建起，并在1993年达到验收标准，通过批准开放。虽然当时初步建成了一个有些特色的实验室，但它仍只不过是开端。我深深体会到从学术理念到成为现实之间有很长的路要走。虽然达到初步建成开放，但受资源和能力所限，实验室的未来发展尚有很长的路要走。

当初，我虽然对于建立这个实验室抱有强烈的愿望和决心，但事实上它还只是停留在纸上文章的臆想设计阶段，即使作为蓝图也还是很不完整的。当时的资金只有世界银行贷款的70万美元和中国科学院许诺达到其他国家重点实验室同等数目的补贴，当然远达不到预期水平。恰好这时还遇到另一个幸运机会，就是刘静宜和我主持的联合国人与生物圈计划鄱阳湖铜污染评价项目，其预计经费约有60万美元，其中的仪器费用预计有20余万美元可以归入实验室统一调配。因此，实验室的仪器选购大致可维持在100万美元，这也就限定了实验室的规模和现代化程度大致属于中小型。我们只能在此基础上尽量利用现代仪器来提高研究工作质量，只有这样，才有可能达到一般国际现有中型实验室的水平。在我的愿望中，它至少在国内要同国家重点实验室的称号相适应。

其次就是房屋建设，不可能由所领导再专门拨给房间，需要白手起家、另起炉灶，在草地上建设独立的房舍，基建费需要完全依靠环境化学研究所来支撑。当时的庄亚辉及单孝全前后两位所长对建设所内第一个国家重点实验室都尽大力支持，包括对后来的研究室经常费和逐步归还世界银行贷款也是尽力拨付。实际上，研究所当时也是在逐步建设中，百事待兴，经费拮据可以想见。实验室基建面积限于批准的1000平方米，费用约只能拨给80万元人民币，不可能单建一栋楼，如何设计适应所需设施的容量需要花一番心思。所幸我有一位始终与我同甘共苦的妻子帮忙，她原是哈尔滨工业大学地下结构教研室的教师，随我一同调到环境化学研究所，只得改行并担任了基建办公室主任，负责在一片草地上建起环境化学研究所的主楼和员工宿舍，这时她又义不容辞地担当起我最发愁的实验室土建设计和施工任务。

实验室最初经她设计为双面房间的一列平房，一端的高度为两层，以适应水环境模拟设施的空间需求。在勉强应用数年后，环境化学研究所在相邻一侧空地又建起一座数千平方米的四层楼房，完全拨由实验室使用，才算在建筑容量上初具规模。不过，中国当时一般的实验室建筑格局大多采用房间式布置，每个房间隔成20—60平方米。小房间内是研究人员工作使用的小型仪器，大房间内则是公用大型仪器及其他设施，很少有采用企业办公式大房间分隔公用的布局。实验室的总面积虽然不断扩大，但各研究组仍分居于各房间，虽然避免了相互干扰，但也阻碍了及时相互交流与融合。这种布局有利也有弊，后来我们也逐步改变为两种形式组合运用。

最初的实验室高低两层建筑（左中）

环境水化学实验室在组建初期，集合了当时研究所内有关各室人员的力量，其中除以水污染化学研究室为主外，还包括水治理工程室、高分子膜实验室、区域生态室等。建设期间还成立了领导小组，成员有我、王菊思、刘忠洲、姜兆春、毛美洲、尹澄清、叶常明、曹福苍等。运行维持费用除由研究所贷款每次3万—5万元外，也由各室集资1万—2万元。当研究室正式成立，确定人员按规定不得超过30人后，其他室人员就退出仍回原室，临时领导组也解散并退还了原收的集资费用。实际上，后来没有进入环境水化学实验室的成员，如刘忠洲、叶常明、姜兆春等研究员，对该室的建设都继续贡献了很多力量。

王子健研究员参加环境水化学实验室的领导过程是一个特例。他原在彭安先生的研究组工作。该组的方向是生物无机化学，具体研究克山病、大骨节病的病因机理，取得很多进展与成就。他在 EAWAG 与我同在 Stumm 教授直接指导下做访问学者，对环境水化学学科领域很熟悉，也很精通英文、法文。我觉得他很适合到实验室加强工作，也有利于实验室开展国际活动，于是我就两次三番去动员说服他转到实验室来。他鉴于我的恳切和友情最终点头同意，并得到彭安先生的忍痛割爱和支持，遂到实验室担任首届副主任。最后，彭安的整个研究组也同时加入，增强了实验室的研究力量。王子健在研究室的仪器系统建设和后来的验收评审过程中都发挥了很重要的作用，并且接替我担任第二届实验室主任。

曹福苍同志原是原子吸收仪器鉴定的技术员，随我一起为环境水化学实验室的建设和仪器系统的建立事务操劳。建成后他担任行政副主任，主管财务和繁杂事务，实际成为研究室的大管家，在日常运行工作中起了骨干作用，替我减轻了很大的负担。

为了进一步了解水环境研究的国际动向和实验设施，我和尹澄清、叶常明三人于 1991 年 9 月到美国和加拿大访问。我们先后参观考察了美国国家环境保护局所属的研究所、各著名大学的环境工程系，以及加拿大的内陆水研究中心等，不但开阔了眼界，而且得到了许多实验设施的技术资料和计算模式软件，对最终确定和加强改进环境水化学实验室的设计与设施蓝图有重要帮助。

我们按照环境水化学或环境水质学的总体观念，将实验室分为水质分析检测、水质生态毒理、水质转化过程、水质控制技术、水质流域保护、水质模拟计算等部分。结合研究人员的专长和选购的仪器设施，相应建立了不同的研究组。研究室的内容组成基本上体现了我当时对环境水质学领域的观念，可以说是“麻雀虽小，五脏俱全”，也显示出一定的创新特色。各组的研究人员也都比较精干，大家都有相当的学术基础和共同奋斗的进取精神。

由于当时研究所设有公用的大型仪器室和中国科学院设立在中关村

的公用仪器站，实验室只能配置中小常规仪器和一些水质鉴定专用仪器，如激光散射仪、颗粒电泳仪、生物氧化仪等。同时，实验室还集中建设了三种水质流动模拟实验的系统设施。

其一是环境水质的计算机系统。当时的台式个人计算机虽然还没有进入所谓386型机时代，但其发展趋势已超越原有小型机的功能。因此，实验室就配置几台大容量的个人计算机和服务器，装备了地理信息系统、各种水质模拟软件及大平板绘图仪等设施，其目标是建立区域和全国的环境水质数据库，具备数据检索、模式计算和图像显示的系统功能，来反映我国各流域水质的变化趋势。我在美国考察时见到一个计算系统，它可以用图像即时预报不同污染源位置对水体水质的影响变化，我印象深刻而打算模仿建立。当时，设计水流动态与多项水质指标综合计算的模式软件，还是世界上未解决的难题，我也把发展这类软件作为环境水质学的必要内容，当作一项研究期望。这个研究组后来集中了清华大学专攻模拟计算的数位硕士，并请北京大学化学地理学专家陈静生先生的博士王飞跃来做博士后并担任组长，可谓人才济济。他们的工作构思甚至吸引了后来担任科技部部长的徐冠华先生，他作为同行业参观者对此构思十分赏识。不过后来由于王飞跃得到加拿大全额奖学金而愿去深造，我也只得忍痛割爱。再加上后来的多种主客观因素，这项水质动态模拟研究终未能坚持下来，成为我在水质学研究探索上的未了心愿和遗憾，此为后话，此处暂且不表。

其二是一台环流型水质动态模拟装置。这是我们参观加拿大内陆水研究中心时见到的一台类似的设备，从而受到启发而决心研制。不过在加拿大那是一台环流直径20余米、应用激光测试的巨大模拟设施，我们没有可能照样建造，而且那台设备也并不能经常启动应用。另一种参考是搜索到一份日本类似装置的文献图片，它的直径约只有3米，比较好实现，可以借鉴。于是，我们就设计和制造了一台类似的实验装置，用有机玻璃制成环状渠道，直径只有不到2米，它的水流循环驱动设置和流量-时间自动控制记录设置都很灵巧。我们的设想是它可以进行长时间流动，可以进行渠道中水流生物氧化和藻类共生的水质实验、沉积物与水流水质交换及二次污染实验，也可以做一些土壤渗透实验等。不过由于渠道高度仅有 20 厘米，水流和沉积物的层厚都不可能太高，排水装置也限制了流量和实验周期，这些只能期望计算机模拟实验来解决，可以研究开发的模拟实验过程及其可行性只有再继续摸索。

环流型水质动态模拟装置

其三是一排高立圆管模拟实验装置。这个观念来自我在哈尔滨工业大学做双层滤池模拟实验时的类似模型，但竖管的直径要大得多，约 35 厘米，高度达 4 米多，一排 6 根，上面还有高架投药混合装置。实验室建筑一端加高为两层，也主要是为容纳此高度而设计的。如此大直径玻璃圆管是找玻璃管厂特别制作的，沿高度每 30 厘米均设取样孔管，所以制作比较麻烦。不过我考虑它可以作为多功能的竖流模拟实验器，除混凝沉淀实验外，还可以做各种过滤实验、地下水土壤渗透实验、逆向气浮实验，甚至曝气生物氧化实验等。各管可以同时平行操作，其流量、浓度及化学分析仪器都可以随需要移动配置。

高立圆管模拟实验装置

从设计意图上说，这两套动态水流模拟实验装置既避免了前一代钢

实验室平房后来改建为高层新楼

筋混凝土式仿真模拟实验装置因运行困难而常闲置的难题，又可以多功能灵活运用，覆盖了环境水质动态模拟各种流程形式。作为环境水质模拟更照顾到自然环境和工程处理两方面动态过程，有一些新意和特色。特别是在加工设置过程中负责的林振煌、曹福苍同志，煞费苦心和付出艰苦劳动才得以实现。可惜在实验室验收演示后，几年间虽做了一些必要的实验，但并未能充分开展研究，开发出原来设想的全部功能。后来因为平房要改建新楼而只能忍痛拆除。当然，计算机模拟和仪器监测技术随时代的迅速发展也有些影响，由于时过境迁而未能在新楼重新再建。这些设施只能作为一种理想或经验，在观念上或许还有某种参考意义。这些半途而废的模拟设施说明我在实现理想时的坚持实干精神和能力不足，我本身性格存在的弱点在此也表露无遗。

环境水化学国家重点实验室经过三年的基本建设终于完成，到 1993 年通过中国科学院正式验收而对外开放，又在 1995 年随联合实验室再次验收而成为其一员。

到 20 世纪 90 年代前后，经历过更多的实践和思考，我愈加认识到仅限于化学学科不能概括水资源和水污染控制的知识需求，因而把“环境水化学”扩展定名为“环境水质学”，这更符合客观现实和发展方向，为此还发表了几篇论述来表达这一观点。该时实验室的研究范围和深度也确实反映了“环境水质学”学科框架的一个侧面。

环境水化学国家重点实验室先后经过王子健、杨敏两位继任主任的领导与经营，研究成果不断充实，扩展了学科领域，在国内外的声誉有了很大提高，于是在 2002 年进一步更名为环境水质学国家重点实验室，使环境水质学这一学科框架更具有依托实体。不过，更加需要的是一本能全面反映有关环境水质学的体系和基本内容的教科书或专著。由于其涉及专业比较广泛与创新，而各有关专业研究者都忙于深入研究当前专题，无暇关注学科总体，我同王子健先生虽经数次筹划进行集体编写但都未能满足要求最终完稿。我们相信只要符合客观实践，不断提高，这一学科方向终会实现更加成熟并达到综合集成的目标。

第四节 环游美国和加拿大水环境研究中心

1985年秋，我自瑞士回国后被任命为水污染化学研究室主任，接替刘静宜先生的班。同时，在湘江水环境研究项目接近结束后，又随刘静宜先生一起筹备主持联合国教科文组织中德合作研究项目“德兴铜矿-鄱阳湖铜污染评价”。此外，审批和筹建环境水化学国家重点实验室的事务更是必须紧急进行。也是在该时，集中编校Stumm所著的《水化学》中文版译稿最终出版后，我又被邀请到中国科学院研究生院主讲环境水化学课程。这一时期各种活动纷至沓来，内业外业交替进行，成为我回国以后忙得无法分身的阶段。

通过这一系列的活动，我虽然增长了不少见闻，但更多地忙于事务，很少有时间思考学术问题。不过，到中国科学院研究生院讲课和准备讲稿的任务，却也逼着我系统地归纳水环境学科体系有关材料，随之在我脑中进一步综合多种学科观念，逐步形成了自己环境水化学甚至环境水质学的新观念和相应的系统思路。

随着新的经历，我也时常萌发新的创意，建立一个环境水质学新概念实验室的设想也逐步在我心中成熟起来。为了准备“德兴铜矿-鄱阳湖铜污染评价”项目，并且为兴建新的环境水化学国家重点实验室确定细部设计，大约在1991年9月，我们争取到去美国参观考察国家环境保护局各实验室和加拿大内陆水中心的机会。我曾多次去欧洲各地环境科技实验室考察，对它们的设施装备已有所了解，但对北美环境实验室的状况尚比较陌生。此次考察或许正可以补足我的知识欠缺，对我们新建实验室大有裨益。在那时出国机会仍然不多的情况下，如果不是借此名义得到特许，也许仍不容易成行。

按照约定，我和共同筹建实验室的尹澄清、叶常明三人于 1991 年秋办好出国手续启程。尹澄清是回国不久的美国博士，再次去美国自然是轻车熟路。我与叶常明都是第一次去美国，当然要请尹澄清博士做引路人，拟订考察日程。预订考察的首要目标是美国国家环境保护局的两个研究所，还有佐治亚大学、约翰·霍布金斯大学、明尼苏达大学，以及加拿大的内陆水中心、多伦多大学、污水技术中心膜技术研究所等。尹澄清计划的路程可谓是横跨美国和加拿大东西，超越国境南北，全程飞机、汽车交替。我们虽然都感到定会疲于奔命，但毕竟机会难得，当即欣然同意，还为之不亦乐乎。

到美国的第一站是纽约肯尼迪机场，得到恰在当地的李长生先生专门开车来接，他亲自开车载着我们进入纽约市内周游一圈。途经华尔街的景象使我们首访美国的二人十分诧异，原来闻名遐迩的金融中心竟处于高楼林立夹着壅塞人群的狭窄街道。最后来到中国驻美国大使馆，办好报到手续，安排了住房。原来在大使馆大楼内就设有国人来美的招待所和饭厅，一应俱全。不过此后，我们再到美国其他各地则大多数住的是美国人经营的低价旅馆，有时还入住华人经营的家庭式旅馆。例如，为了照顾我能顺便见到在美国定居的哥哥，我们专门经由洛杉矶并参观了好莱坞电影城，当时就是住在一家中国式家庭旅馆中。那一时期以后了解到，中国出国人员也经常住在华人经营的家庭式旅馆。这些旅馆在各地已形成联网，可以彼此互相介绍。这是因为出国人员既习惯方便又可照顾同胞生意，并且可能获得一些免费汽车接送的交通便利。这在当时公费出国费用限额较低期间，已成为一般潜在惯例和公开秘密，否则回国后按严格限额往往很难报销经费。

匆匆离开洛杉矶次日，我们就赶忙乘飞机转往佐治亚州亚特兰大市

在美国 Athens 环境研究所做报告（1991 年）

环境保护局 Athens 环境研究所。这个研究所各组主要从事环境计算软件的发展，涵盖表面络合模式计算的环境化学平衡程序软件 MINTEQA2 就出自该所。该所对来自中国的学者访问比较重视，不但请各组人员来向我们介绍他们的研究内容，还安排我们做了一次报告。我当即介绍了正进行的“德兴铜矿-鄱阳湖铜污染评价”项目的研究进展，当时在现场仍是用投影仪和透明胶片来展示，会后尹澄清和叶常明二人说我的报告与国外的流行形式差不多，因此都感到很欣慰。其实这是我首次大胆在国外以英语做报告，没有当场出丑就感觉很幸运了。

在访问中，我们得到若干环境模式计算的新概念：一是在水体污染考察中可以利用模拟计算来追踪判定河湖的污染排放源点；二是水质模式计算在当时美国的难点也在于把水流和水质两方的参数在程序中融合起来，他们的一个海湾计算模式对此问题也尚未解决。这些观念在我回国后的实验室建设和研究项目工作中都起到新的启发作用。

访问完 Athens 环境研究所后，我们又到佐治亚大学访问并与该校中国留学生座谈，后合影留念。我们随即乘飞机转向美国西北部的明尼苏达州德卢斯城，那里的环保局实验室专门研究生物生态等方面的毒性和控制标准，不过由于行程延误只是短暂交谈、收集资料，而未能深入考察。

途中在飞机上曾空中俯瞰到广阔的山峦沙漠地域，我遂与尹澄清博士开玩笑说：“你曾说美国土地开发利用得如何充分，看来也类似我国西北地区，还有大片地区没有能够开发。”后来在明尼苏达大学外一家中国面馆就餐时，看到来来往往端盘子的服务员都是该校中国留学生。我们按规定付小费并趁机会寒暄几句，知道他们早出晚归十分辛苦。

在佐治亚大学与中国留学生合影
（1991 年）

访问明尼苏达大学环境实验室
（1991 年）

由于访问时间限制，我们三人不得不暂时分道扬镳，去向不同的访问单位。于是我独自转向位于马里兰州的约翰·霍普金斯大学去看望在EAWAG 时认识的 O'Melia 教授。该校地处海港旅游胜地巴尔的摩市，我因时间紧迫只在当日晚间与该校中国留学生联欢，得以饱餐著名的巴尔的摩大螃蟹。该日与 O'Melia 教授见面交谈的时间也不长，其过程已记于"有君子风度的 O'Melia 教授"一节中。不过，在中午 O'Melia 教授的助手 Stone 博士招待我午餐时，我因说错一句话，而十分尴尬，所以很久不能忘却。当时 Stone 客气地问我需要什么帮助，我却脱口而出说"money"（钱），使 Stone 及另一留学生大吃一惊。实际这似是我英语水平不够引发的误会，让他们以为我个人缺钱要向他借钱。我赶忙解释说我的意思是要建新的实验室很需要财政支持（financial support），他们才释然一笑。不过，我后来想，当时心里的潜台词却仍含有并不需要他们帮助什么研究方法和技术，只要有资金可以买来仪器，其他自己都能够解决的意思。这仍然反映了我上述自不量力的自尊好胜心态。

在美国考察各环境研究单位后，我们三人又汇合途经芝加哥前往加拿大。首先的目的地是加拿大安大略省的国立内陆水中心研究所，它主要管理五大湖，并研究其水环境生态和水质，设施十分庞大和现代化。令我印象深刻的是水质样品的输送和分送测定，都利用机械手自动进行，在空中来去。另外，有一台直径十余米的环流水槽，由中心控制室指挥悬臂操作，据说是以激光扫描测定水质。这台大型设施启发我们新建实验室时也仿建一台。不过那是模仿日本同样类型的转置，直径仅约两米。虽然它也装了自动控制系统，预计可以做多种水流动态实验，但叶常明、尹澄清两位利用它做了一段时间实验后，因改建新楼房而不得不拆掉，未能发挥更多功能，实在可惜。

下一个参观地是位于伯灵顿的污水技术中心膜技术研究所，这是因为生态环境中心高分子膜实验室的刘廷惠研究员当时正在该所进修。该所的主任是一位巴基斯坦学者，很热情地接待了我们。他英语说得很流利，有一次，他开车带我去吃饭，我们聊得很愉快，他突然说："你的英语说得比我好，在哪儿学的？"这使我有些受宠若惊。其实我的外语学习过程很庞杂，小学学日语，中学学英语，大学又专修俄语口语，到瑞士则全是德语环境，所以英语口语较差。虽然也可以脱稿做英语专业报告，但我总是忐忑而不自信。这次到美国数周，才逼迫我的口语稍有长进而已，此次被称赞，使我有些自鸣得意。

参观污水技术中心膜技术研究所（1991 年）

后来我们又到多伦多大学见识了多相环境模式计算，游览了著名的大瀑布，因行期所限只得赶忙回国了。这次考察美国和加拿大十余个环境研究所，虽然多数只是走马观花，但加上我在欧洲、日本等地所见所闻，对世界几个水环境中心的科技研究概况和趋势总算有些较全面的印象，从而对正在进行的国家重点实验室建设大有裨益，我自己的眼界也感觉为之大开。与此同时，希望国家尽快对环保科技事业加大投资，早日改变现状。

第五节　稳定化聚合氯化高铁的研制

水处理混凝剂的主要品种是各种铝盐和铁盐，20 世纪 70 年代以后部分转变为各种聚合类铝和铁。到 80 年代后期，由于酸雨效应的研究发现土壤溶出铝有生态毒性，再加上铝化合态在医学上被认为可能会引发阿尔茨海默病，学者从而对硫酸铝作为饮用水处理主要混凝剂提出疑问，由此国际上兴起一股以铁盐为主代替铝盐的潮流。后来美国一项研究对 80 个水厂产出的水质进行评定，认为只要水中残余铝成分不超过某限值即无大碍。再加上铁盐在使用和水质上存在的缺陷，遂继续保持了铝盐在混凝剂中的主导地位，而各种铁盐特别是聚合类铁盐的研究和应用仍然有相当的发展空间。

我在 EAWAG 的前期研究主要是聚合铁类，回国后主要从事聚合铝的形态和应用研究，但对聚合铁盐的研究仍有很大兴趣。一次有一日本学者致函说，他在一次国际会议上谈起铁类混凝剂，O'Melia 对他说可以联系中国的汤，所以他写信给我要求见面。我当然欢迎他来华访问，见面后才知道他是日本兴业铁株式会社的职员，要为这家大型炼铁公司寻求新产品。我们交谈后随即达成协议，准备在次年春天由我们去日本访问，协商有关发展聚合铁的事情。不过后来得到消息说，日本通产省最后没有批准这项计划，因为他们考虑以日本的研究力量，可以自己进行研究，不必利用中国技术，所以这次合作以及去日本的行程也就此作罢。不过，这件事又重新引起我在国内研究和发展聚合铁的兴趣，遂决定再次开始聚合氯化高铁的研究实践。此时，与此相关的有两个科研项目，即国家自然科学基金研究和“七五”国家科技攻关研究，随后又有了与澳大利亚合作建立药剂厂的实验研究。所以在一段时期内，聚合高铁成为我们实验室内研究组的主要研究对象。

铁盐化合态一般比铝盐化合态的酸性和水解趋势更强烈，作为混凝剂应用时，铁盐相对铝盐有若干优点，如絮体形成速度快、颗粒较密实、比重大、沉降迅速、去除有机物（氮、磷等）效果较显著、价格较低廉等；但也有缺点，如腐蚀性强、亚铁形态有残余色度、高浓药剂溶液稳定性差不易存放、使用时不易管理控制等。因此，制备聚合铁的主要目标应该着眼于减弱酸性、降低腐蚀性、延缓其水解速度、增强稳定性、消除亚铁成分及残余色度等方面。因此，研制时采取的主要措施应该是加碱聚合、稳化阻沉、氧化催化等技术；而在药剂制备方面，主要需解决适度适量地加入碱化聚合剂、氧化催化剂、阻沉稳定剂等成分；此外，在其生成絮体的鉴定、加工操作程序等方面也要拟订适用的方案。

我在 EAWAG 时的聚合铁研究主要解决的是高铁［$FeCl_3$、Fe（Ⅲ）］的碱化聚合及形态分类鉴定、提高絮凝效能等方面的问题。对于实际制备和应用中有关的强化和稳定化等问题，都需要在研究中解决。Stumm 也曾建议我以臭氧氧化亚铁作为高铁制备絮凝剂，可惜没有机会实验，加之，国内臭氧的生产成本太高，也不大适宜做实验。参加这一期研究和实践工作的主要有栾兆坤、田宝珍、曹福苍、郑红、张云等人，大家各有分工。

深圳聚合氯化铁生产厂外观

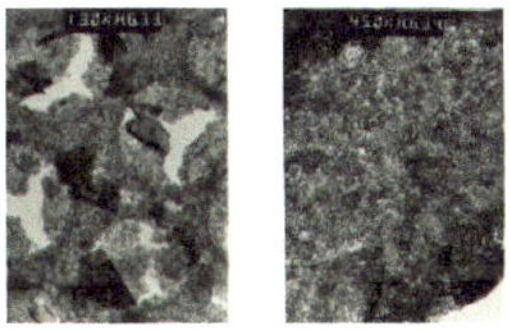

(a)放大1.3万倍　(b)放大4.5万倍

氧化法制备 OPFC 透射电镜 TEM 图像

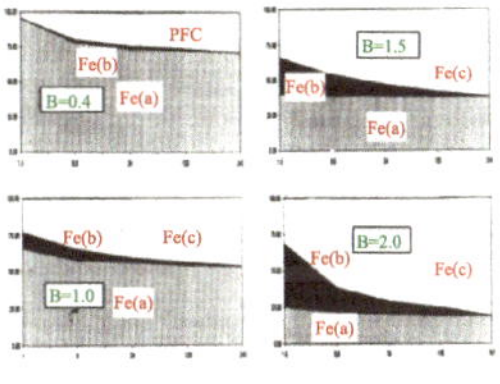

PFC 的形态分布

首先是聚合铁的形态分析鉴定，可以利用我在 EAWAG 研究所得聚合形态分类标准，以逐时络合比色、X 射线衍射光谱等方法，从实用出发，把高铁聚合形态分为三类，即 Fe（a）、Fe（b）、Fe（c），而产品的优质形态则控制在 Fe（b）区间，以达到稳定、高效的絮凝效果，并且把产品定名为 OPFC。

Fe（Ⅲ）在生成聚合物后，虽然在一定程度上提高了稳定性，但仍容易产生沉淀而不能长时间储存，不利于作为混凝剂在生产中的应用。我们经过多次反复实验选择认定，加入某种磷酸盐作为稳定剂可以取得较好的效果。一系列试验表征测定表明，PO_4^{3-} 阴离子在一定条件下参与了溶液中 Fe（Ⅲ）的络合聚合反应，能够改变聚合物的结构，影响其物理化学性质，使之可以生成羟基磷酸铁聚合物。此聚合物又可以抑制 Fe（Ⅲ）的水解速度，降低其电导率，增加其稳定性，使浓溶液混凝剂储存时间可以达到半年以上。此结果表明，此聚合物完全适合生产及使用的要求。同时，产品的腐蚀性也相应降低，并能延缓接触设施的老化。

在市售氯化高铁 Fe（Ⅲ）产品原料中往往都含有少量 Fe（Ⅱ）成分，在应用混凝剂的产水中常带有残余色度，特别是如果为了降低成本，按中国惯例利用盐酸酸洗废液作为原料，其中含有一定 Fe（Ⅱ）成分更是不可避免。为使原料铁液中的亚铁 Fe（Ⅱ）成分转化为氯化高铁 Fe（Ⅲ），在制备时需要加以强力氧化作用。原有工艺的氧化剂一般是以空气曝气或臭氧氧化，效果和成本都不理想。为达到产水除色要求，应该把亚铁含量降低到总铁量的 0.1% 以下，这就需要寻求有效适用的催化氧化剂。日本专利中硫酸铁液通用的催化剂是亚硝酸钠（$NaNO_2$），不但操作繁复，而且会产生氮氧化物等有害副产物。我们经过反复试验，借鉴地下水处理时锰砂除铁的原理，以天然锰矿砂粉末作为催化氧化剂，把浓铁液中的 Fe（Ⅱ）氧化为 Fe（Ⅲ）。这项发明的效果良好，能够将其中 Fe（Ⅱ）的含量降低到 0.1% 以下，满足生产需求。

根据大量实验研究工作，最终可以制备出合格的羟基聚合高铁混凝剂，不但絮凝功效好，而且稳定性高，腐蚀性小，产水消除残余色度，可以作为生产实用的药剂。然后，研究组在地下室建立了一个小型的加工作坊，其制备设施可以把盐酸酸洗废液加工制成小批量混凝剂，每批制作量达到上百千克。当然，这种强酸性操作劳动很辛苦，也很繁复，但是大家对这项创新成果都感到很高兴、满意。

羟基聚合高铁混凝剂首次在中型生产研究实验中应用，是在国家科技攻关项目“天津市纪庄子污水处理厂二级出水深度处理——好氧固定床生物膜法的研究”。该项目与天津大学环境工程系安鼎年教授合作，他们的项目是以微凝絮过滤法处理污水后，回流供给电厂冷却水使用。因为原污水中含有染色工业废水，产水除色是主要目标，从而使用我们制备的混凝剂。在数月的中试现场实验中，我们在小作坊中试制的混凝剂多批陆续运往天津。经过几十个过滤周期的产水、除色、除浊、除氮磷都能达到预定指标，并且与多种其他混凝剂做了对比，相对日本生产的聚合硫酸铁，处理效果提高约 20%。最后还根据这个研究项目的结果拟定了该药剂的批量生产流程，提出正式建厂生产的建议。

澳大利亚的著名水处理学者 T. D. Waite 教授，在中国有很多业务活动，我在多次会议上与他相识。有一次，他带领一位印度籍企业家来我们研究室访问，他们说澳大利亚政府确定要在五年内把全部水处理用的铝盐混凝剂改换为铁盐，这与当时国际上一股否定铝盐的潮流和日本的趋向说法是一致的。因此，悉尼市给水处理厂意欲兴建一座铁盐混凝剂生产厂供本厂使用。Waite 教授了解到我们研制羟基聚合高铁的情况，就打算利用我们的专利方法建厂，并希望一起合作。我们当然求之不得，随即决定在 Waite 教授的研究所先进行模拟实验。我们派了栾兆坤数次前往该所，随带去自制的每批数十千克的羟基聚合高铁混凝剂，在该所的中型设施系统进行了多个周期的全流程实验，各种测试结果都很令人满意，得到 Waite 教授的赞许和认可。

接着，双方就在北京开始了实质性谈判，我方特请王子健与我一起参与。谈判进行了数轮，时间拖得很长，进展困难。难点自然在费用方面，那位印度企业家只肯对此项技术转让出资 5 万美元，而我们提出 10 万美元作为底线，谈判数次还是达不成协议。印度投资人认为计算成本太高，而我们觉得印度人对此技术看得太轻，双方各不相让，最后谈判陷于停顿。我们的谈判前后拖了近一年，随着否定铝盐的国际声浪逐渐消沉下去，澳大利亚和日本以铁盐代替铝盐的设想也未见认真实施，这项合作最终不了了之。

实际上，我和王子健都是第一次参与这种技术转让的商业谈判。这项技术究竟价值几何，我们心里也没有固定尺度，只是觉得在悉尼水厂建一个混凝剂厂，投资应有相当数目，其药剂生产配方技术不应只值这些钱。我们这么多人辛苦研究出的成果，如果随便转让给外国人，实在有些可惜。

其实这项技术后来又转让给一位中国企业家，所订合同初期也不过数万元人民币。我从这些市场交易中倒是学到了许多技巧，例如，如何实行技术转让、一次买断或是按产品提成计价等。

我们后来的研究实验主要集中在聚合氯化铝方面，后来虽然也建立了几家聚合铁生产厂，但都以废水处理为主，没有达到预想的发展。到20世纪90年代，根据聚合铁生产发展需求，我不甘心把该技术完全丢弃，于是，再次组织孟军、郭瑾珑等研究生，会同栾兆坤等进行过一期开发研究以至生产实践，并且建立了生产厂。他们的研究都充实了各自的博士论文，取得新的发现。不过，在推广发展上没有大力投入，远不能与聚合氯化铝相比。后来，我和王东升也曾计划在万水混凝剂制造厂实验试制，但建设全套设施耗费资金，不如聚合铝有利。这项技术的发扬只有期望于未来的研究者了。

第六节　三优概念的水处理试验厂

环境水化学国家重点实验室承担的第一项工程技术研究项目是“九五”国家科技攻关专题“水厂高效絮凝技术集成系统”。当时的国家科技攻关项目计划是由建设部科技局领导掌控的。为了进一步争取落实这个项目以及生态环境研究中心的其他项目科研经费，中国科学院院部生态环境处的秘书特别请求中国科学院副院长陈宜瑜先生带领我，同到建设部科技局谈判落实计划。谈判过程比较艰难，科技局表示能落实我们这项经费就不错了。我听后对自己的项目心里有了底，陈副院长示意我多谈一些，给中国科学院其他研究所也争取更多项目，我看情况就提了几句，也确实不了解更多情况，就没有得到多少响应，随后科技局就停止了交谈而送客。下楼的时候，陈副院长对我刚才的表现不大满意，批评我只顾自己解决问题，不力争更多任务。我心里明白，他作为副院长来为下级研究所争取项目，自己又不好说话，当然希望我出面力争更多其他任务，回去也有交代。不过遇到我这人也好面子，未免难以从命，对他的批评只好有些尴尬而不再说话。

能拿到这个项目经费已属不易，落实计划完成任务更需苦干几年才行。对这项研究的设想思路是在几年前中国-加拿大讨论合作计划时开始产生的，当时，混凝剂聚合铝的显著效能已有呈现，我们就提出一种高效絮凝流程的设想，但加拿大的相应企业对此并不理解也没有接受。与此同时，我们实验室的栾兆坤与哈尔滨建筑大学的王绍文教授正合作试验新型式的絮凝器，与吉林某研究所也合作研究一类纤维过滤器。又了解到李圭白教授的团队在流动电流自动控制投药技术上有新的成果，该技术在国外也有新的应用，而曲久辉的学位论文正是在此研究范围内。于是，我综合思考提出了一种新的水处理工艺理念模型，即“高效絮凝集成技术系统”，简称“F-R-D 系统”。

它的组合内容包括：高效能的絮凝剂（flocculants），即各种无机高分子絮凝剂；高效率的反应器（reactors），即与聚合絮凝剂匹配的各种优异反应器；高经济的投药系统（dosing），即与聚合絮凝剂匹配的软件硬件自控系统。其中每一部分都可以是各种类型的实体，根据不同的水质和处理工艺需求选择，相互组合为有机的体系，成为某种高效絮凝集成水处理工艺系统。这一系统所依据的理论基础应是无机高分子絮凝剂的作用机理和各种不同边界条件下的动态絮凝原理。如果这一设想得以在工程实施中实现，将会有助于改变现行的给水处理流程。

根据这一理念和过去积累的实验成果，在申请得到“九五”国家科技攻关项目后，我和博士后李大鹏到北京自来水公司最大的第九给水处理厂，同厂长与工程师开会商定双方合作细节，在该厂共同实施研究计划。

该处理厂出水量为 100 万米^3/日，地面水源来自密云水库，属于低温低浊水质，常年水温在 2.5—15℃，常年浊度在 2—3NTU，水质稳定。恰好厂内附设有模拟的小型导示水厂，可以引入原水，适合作为中试规模的模拟实验系统及科研设施的场地。

接着，我们开始组织实施团队和工艺研究内容细节。全组决定由给水处理专业的人员参与，由李大鹏担任总体设计，并以曲久辉为实施负责人。按照我的设想，该实验系统的理念除了以 F-R-D 系统为依据外，具体工艺部分的选择应该以我一直试图探讨的界面接触絮凝作用为核心机理。整个系统以微絮凝-深床过滤为主体，由栾兆坤负责实施。其前处理流程分为两路：一路为溶气气浮，由我的博士生王毅力实施；另一路

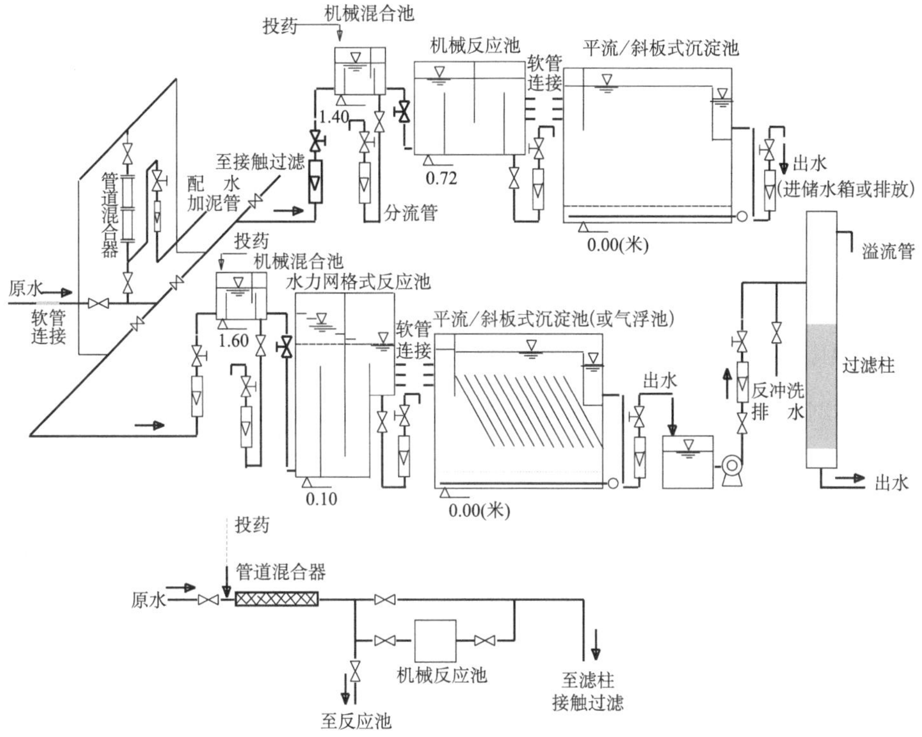

北京水源九厂高效絮凝中试系统

为絮凝沉淀，恰有吉林某研究所孙成彦、李至实等研究实验的纤维吸附拦截沉淀池来提供合作，因为它符合我的 F-R-D 系统及界面絮凝理念而被我们欣然接受。它的工艺比较创新，就由对此感兴趣并主动提出承担的曲久辉负责合作实施。由于该导示水厂只有一台从美国进口的流动电流投药机，只能各流程轮流使用，所以总设计改为以管道混流器代用。这样，我们的总设计图就由李大鹏把原来绘制的传统流程系统图，相应改为各种由已选定新工艺组成的系统图。其中，某些工艺虽尚有不足之处，但已基本符合 F-R-D 系统及界面絮凝理念的工艺体系，成为可以实现研究项目的工程设计。

按照这一设计，再利用实验室原有设备和水厂提供的通盘设施，在研究生和水厂工人的通力协作下，经过一年的时间，终于在导示水厂内建立起整个模拟实验系统。此实验系统应用地面原水，流量为 1 米^3/ 小时，最大为 5 米^3/ 小时，与水厂生产平行运行。其较大的中试规模特别是它所内含的创新理念，应该能够体现国家科技攻关项目要求的典型工程意义，实验结果理应具有在实际工程中加以借鉴实施的价值。

模拟实验前后进行约两年时间，就整个系统而言，全部经历了长时间低浊度（1—4NTU）稳定水质的连续运行，出水浊度保持在 1NTU 以下。同时，也经过了水源水库放水时较高浊度（10—90NTU）短期（1.5 小时）原水波动的考验，产出水浊度始终保持在 3NTU 以下。这表明该实验工艺系统完全可以适应该水厂密云水库的水质状况。

高效絮凝接触沉淀实验系统

微絮凝-深层过滤中试系统

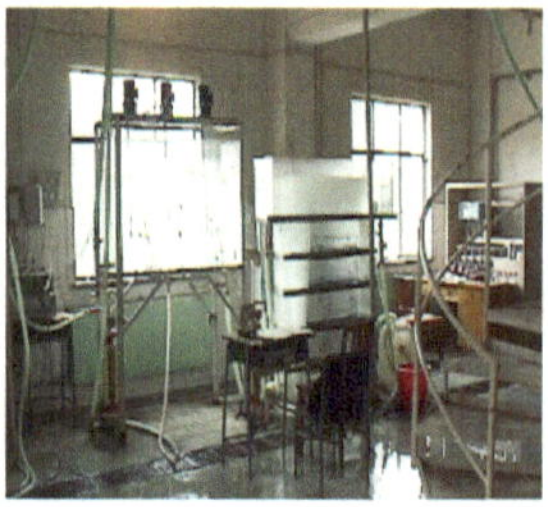

溶气气浮中试实验系统

从界面接触絮凝机理来考虑，纤维拦截沉淀池的拦截体表面上可以形成较大的絮体甚至絮团，及时由水力剪切作用而脱落沉降，在原水浊度和投加药剂波动的条件下保持水质稳定，效果高于传统的平流或斜板沉淀池。压力溶气气浮（DAF）系统中设独立的絮凝设施，并利用流动电流器控制投药量。对溶气气浮的各项工艺参数和气泡群的尺度及接触黏附效应、絮凝指数稳态 FI 值的影响等均进行了比较研究，特别是对逆流气浮的操作方式另设独立实验系统做了进一步研究。微絮凝-深床过滤采用无烟煤颗粒滤料，均质粒径 2.5—3.5 毫米，滤层深度 2.0 米。滤速 24 米 / 小时，过滤周期 68 小时，出水浊度 0.1—0.3NTU。还与中试实验平行进行了小型模拟实验，研究不同参数的比较效果和作用机理。实验研究结果表明，聚合铝絮凝剂在微絮凝过滤工艺中，对低温低浊原水完全适用而且有更优异的效能。

导示水厂与全厂生产平行对比的中试系统模拟实验结果证明，F-R-D系统的工艺体系完全适用于第九给水厂的密云水库原水条件，而且具有优越表现。北京自来水公司当时正准备扩建和新建水厂，经我们建议并与公司方初步协商，计划采用与此类似的工艺模式作为建厂设计方案。我们也热切期待着这一新工艺能够从典型工程扩大到出水量为每日数十万立方米的新建水厂，并进一步发展界面絮凝的理论和工艺流程。不料，因当时的特殊情况，若干自来水厂建设都由外商承建，采用国外传统的工艺流程。我们的“九五”国家科技攻关项目成果也只能是通过验收，发表文章，最后只得以获得国家科学技术进步奖二等奖作为安慰，报奖内容还要包括其他有关无机高分子絮凝剂的研究成果，这也是当时若干环境保护研究成果得不到实施的共同憾事。

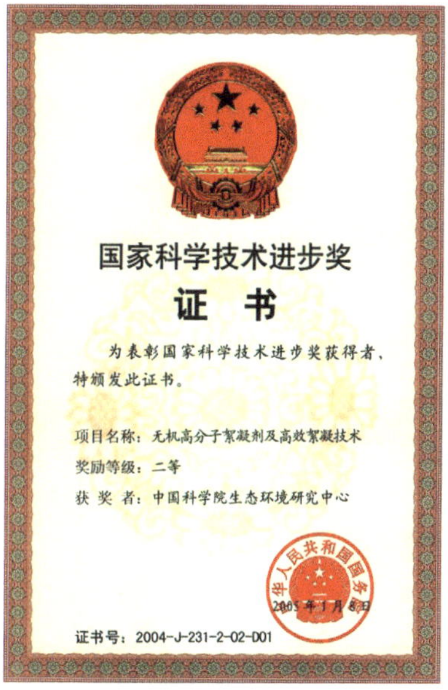
国家科学技术进步奖

证 书

为表彰国家科学技术进步奖获得者，特颁发此证书。

项目名称：无机高分子絮凝剂及高效絮凝技术

奖励等级：二等

获 奖 者：中国科学院生态环境研究中心

2005年1月8日

证书号：2004-J-231-2-02-D01

国家科学技术进步奖二等奖证书

不料，在此次申请国家科学技术进步奖的人员排名次序上，我又一次遇到了难题。本来考虑到絮凝剂有关项目过去尚没有申请过国家级奖励，在申报内容中除此次“九五”国家科技攻关项目成果外，还加上了过去完成的与“稳定性聚合氯化铁”“无机高分子絮凝剂”有关的其他成果内容。总括起来，包括数十家协作企业、数十名参加人员，提供63篇发表文章、14项发明专利，我还执笔写了长篇总报告加以全面总结。但是，国家奖获得者的提名人只能有8位，排名顺序往往成为研究者评定职称的重要依据，特别是前几名的排序需要认真思量。我作为各成果主要负责者，排在第一位似是无可非议，况且接受前次申报国家自然科学奖时有传闻说我把第一名让出去的教训，这次我也不便再次退让。不过这第二、第三名如何确定却成了难题。如果从絮凝剂成果总体考虑，栾兆坤参与时间最长，贡献最多，排第二名较为合适，但若只关注本次攻关项目，曲久辉却是已定的实施负责人，又是申报书的编纂人，怎样取舍使我十分犹豫，经过两三次讨论，我都没有明确表态，只得让他们自己商量。不知他们二人是怎样协商的，事后，他们告诉我曲久辉排第二位，我也只好同意照办。只是这样，只能把贡献相对最大的李大鹏列为第四位，他也只好顾全大局了。谁知这次排名过程竟然影响到以后我们团队在若干项目中的合作，这是我始料未及的。

2004 年的国家科学技术奖授奖大会比较隆重，参加者有数百人。按惯例，被授奖的参加者早早排好阶梯队伍，等待领导到来在第一排就座，然后共同拍一张大合影。说也凑巧，负责安排会场的是评奖办公室的一位同志，他与我在担任国家科学技术进步奖环境保护评委会副组长时相识，而此时我又按习惯站在靠边位置。当时第一排边缘还余两个空位，他在人群中看到我，就指定我和另一位获奖者出来就座，结果就留下了一张我坐在第一排的合影，算是一次难得的机遇。

第七节　国家自然科学基金的重点支持

国家自然科学基金对环境科技发展支持的重要性是不言而喻的。我们团队的科研资金有相当部分来自基金申请项目，我本人在环境科技知识方面的成长、融合与此也是分不开的。我自1990年开始连续担任国家自然科学基金委员会环境工程学科的评委，到两届任期满后，1998年后又转任该委环境化学学科的评委，并连续多年任主持人。我历年的基础研究项目大部分都是靠国家自然科学基金资助，先后得到李大鹏和王春霞两位负责人的支持，他们都与我熟悉。当然或许是因为我的业绩和一贯认真负责地完成项目，但也不妨说是有些近水楼台先得月的因素。对我来说，特别是连续承担若干重点基金项目，经费比一般面上基金项目多些，便于组织更大的研究团队提高成果质量。我也从未有私心而是把经费平等地分配给协作的外组，使项目的操作和完成得以顺利进行，并且得到较好的成绩。1992—1995年完成的重点基金项目“水体颗粒物及难降解有机物的特性及控制技术原理”就是典型的例子。

这个项目本是由我首先提出申请并立项通过的，我经过协商再邀请清华大学的钱易和北京大学的陈静生两位先生加盟共同主持。我们三人组成的团队可以说是环境科学界基础研究实力最强的团队之一，合作从事这命题宏大而前沿的项目，预期可以达到相得益彰的效果。

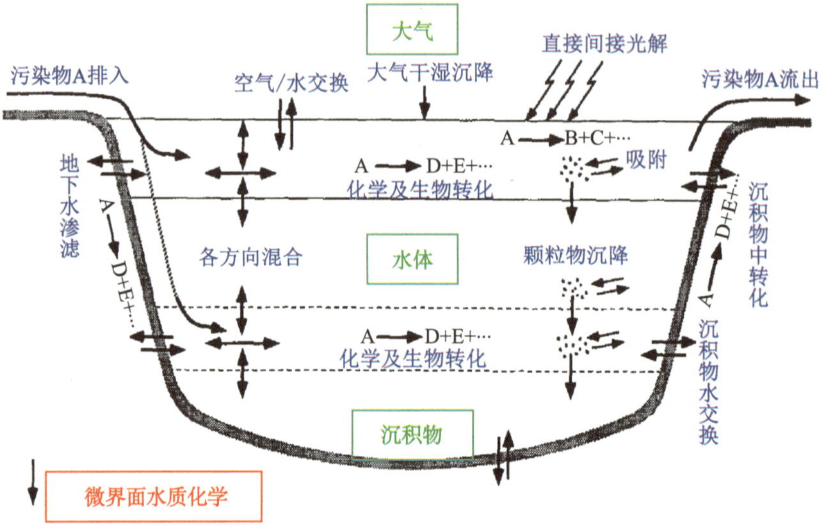

水体中污染物的迁移转化

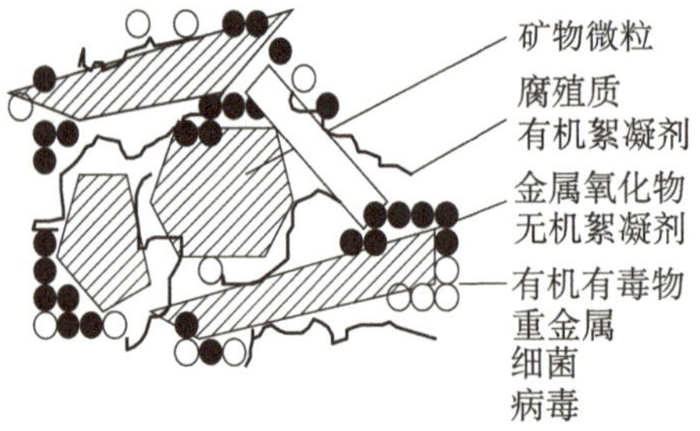

水体颗粒物与纳米污染物结构模型

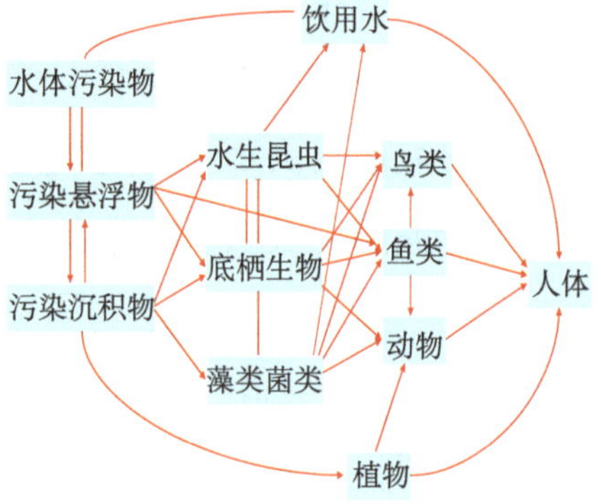

水体有毒污染物的逐级富集食物网

水体颗粒物与难降解有机物是当前水质污染与水质处理中影响广泛、危害严重的污染物，也是环境科学和环境工程学领域备受关注的研究对象。它们在天然水体中的形态结构特征、迁移转化过程、生态效应，在水质处理流程中的净化降解机理、高效技术、强化工艺等，都是当前我国与国际环境科学和工程的研究前沿与焦点课题。

水体颗粒物与难降解有机物在一般概念中似是两类不同的水质污染物，实际上它们彼此是密不可分的，共同构成了环境水质及净化工程的难题。难降解有机物有多种是以高分子或胶体的形态存在，它们本身就属于广义颗粒物，而低分子的有毒有机物则大量吸附在颗粒物上，随之迁移降解、发挥生态毒性效应。颗粒物成为环境污染的重要对象，除其本身能恶化水质外，更主要的是因为它们是难降解有机有毒物的载体，两者紧密结合成为复杂聚集体。天然环境中绝大多数化学反应均发生在水与颗粒物界面上，这些反应决定了各种污染物在天然水环境中的迁移转化规律和水质平衡。

颗粒物对水处理工程各种构筑物中的物理、化学及生物等过程也具有重要影响，直接关联着最终分离效果和处理出水的水质。现代水质科学与净化技术对颗粒物的特别关注，也正是由于发现了这一实际存在过程。用水与废水处理中对颗粒物的控制标准日趋严峻，其优先考虑着眼点也是负载于颗粒界面上的微量痕量有机有毒物。对颗粒物的研究在国际上正在形成一门专门的学科，而国内这一学科目前尚未形成体系。

难降解有机物的处理技术是目前我国面临的重要环境难点问题之一。随着化学工业的发展，大量人工合成有机物和新型纳米污染物不断问世，其中一些有机物不易被微生物所降解，或是降解速度很慢，或是降解深度不够，甚至不能发生任何变化。它们常能穿透常规水处理工程屏障，进入自然水体环境并长期存留和富集。这类持久性难降解有机物已经产生一系列巨大而深远的环境问题。

借助于重点基金项目，我们三个参与团队在各专题实验研究中，深入地探讨了上述两类污染物的特性及控制技术原理。在当时的环境科学领域，该项目的研究内容都是当代国际水污染控制研究的热门专题。研究成果的学术水平处于国内及国外同类研究的前列。若干成果不仅具有重要的理论意义，还具有应用价值。部分成果已成功地应用于水处理实践，在国内首次建立的水体颗粒物特征及有机物生物降解性能的两个实用性数据库也有重要参考价值。

该项目共在国内外核心刊物发表论文 101 篇，其中 SCI 收录 32 篇，特别是美国环境界权威刊物《环境科学与技术》首批刊登两篇我国环境科学论文，其中一篇还得到美国科学情报研究所（ISI）经典引文奖。我们还将该项目主要成果综合出版了上下两卷专著，对这两方面专题有实验研究创新的意义。书名为“水体颗粒物和难降解有机物的特性与控制技术原理”，上卷“水体颗粒物”，汤鸿霄、钱易、文湘华等著，下卷“难降解有机物”，钱易、汤鸿霄、文湘华等著，由中国环境科学出版社于2000年12月出版，共15章，约80万字。这两本书在我国该领域具有鲜明特色和典型价值。

该项目的总体研究成果先后获得中国科学院自然科学奖一等奖及国家自然科学奖二等奖。

中国科学院自然科学奖
一等奖荣誉证书

国家自然科学奖
二等奖证书

《水体颗粒物和难降解有机物的特性与控制技术原理·上卷·水体颗粒物》

说起申报国家自然科学奖的过程，还有一段小插曲需要说明。在此项目成果得到中国科学院自然科学奖一等奖后，我并没有意向再申报更高级别的国家奖，因为国家自然科学奖是中国规格最高的奖项之一，评选极严格，其一等奖多年都空缺，二等奖获得也不容易。有一次，单孝全先生来找我，说他与王子健先生合作的成果也获得中国科学院自然科学奖一等奖，可否联合起来共同申报国家奖。他们的研究成果也是有机有毒物和界面过程研究，与我们的项目性质类似，发表了大量文章，两方面的成果合并起来确实相得益彰。我觉得这个建议很好，值得一试。不过，申报国家自然科学奖有难度，而将两奖融合为一体，就会有大量的申报材料和操作程序等工作。单孝全先生态度很积极，表示愿意操办全部申报事务，我自然求之不得，就答应下来。单孝全先生申报和考核的过程确实符合当时的惯例，综合两项中国科学院自然科学奖一等奖而共同获得国家自然科学奖二等奖。不过，在主要研究者的排名顺序上却颇费周折，我自然力推单孝全先生排名第一，我排第二，而原与单孝全先生合作的王子健就应顺势排第三，结果与我合作的清华大学钱易先生就只能排第四位，这对她确实有些不公平，但也没有更合理的方案，只能委曲求全。谁知，事后却传出一番误解言论，有人认为我和钱易两名院士没有排名在前，是由于我的过分谦让所致。这的确是一种对当时科技申请报奖习俗的误解，因为当时该项目对排名的处理完全是合理而实事求是的。

湖泊富营养化是我国比较普遍存在而长期未能有效解决的水体污染难题。一般有机物本是属于可降解而无机化的物质，但含氮、磷等有机物降解后将转化为含有这些元素的无机化合物，继续促进生物性有机物的成长。因此，未处理或经生化处理后氮、磷成分仍超过定量的污水排入水体后，会导致水体中大量藻类繁生，造成水体的二次污染形成富营养化现象，有些藻类还会生成毒素，产生生物毒性效应。目前一般认为，形成富营养化的关键因素是水体中含磷化合态的浓度，而磷的释放源与水体悬浮物和沉积物的吸附规律直接相关。因此，水体中磷的存在形态，悬浮沉积物的界面成分如含铁铝状态，其吸附规律和定量模式等，都成为判定藻类生长及富营养化形成限定因素的研究前沿课题。水污染化学研究室的周爱民采集太湖水体沉积物样品，较深入地探讨了其界面磷吸附的形态和模式问题，补充了团队对无机营养质界面吸附规律的研究内容。

另外，我们在悬浮沉积物界面吸附规律的各项研究中，经常使用美国 Athens 环境研究所创建的通用吸附计算程序软件 MINTEQA2，感觉十分好用。于是，我们突发奇想，如果把这个软件说明书加以翻译、简化，使之改进并适应中国水体，再印刷推广到国内甚至县级环保科技系统普遍应用，必能发挥重要作用，是一件值得做的有意义的事。特别是对推广在我国应用尚不普遍的表面络合吸附模式计算程序，或许也有一定意义，因为该软件对此应用也有专门的链接功能。我们遂指派周爱民、潘建华两位博士生在完成学位论文的同时从事这项工作。他们经过认真、辛苦的钻研，虽然完成了初期的说明书翻译工作，但是后来却得到提醒，说可能涉及知识产权问题，遂即勉强中断而留有遗憾。实际上，我国利用国外公开的成熟的计算软件来办学习班推广应用，也有先例，这种推广方法不失为可行方针，不过其中也可能夹杂有商业谋利因素，确实处于两难状况应加以注意。

第八节　参与各类环境科技评委会漫记

20 世纪 80 年代，我曾担任国家科学技术进步奖环境保护评委会副组长数年。当时的组长是国家环保局的金鉴明总工程师，评委共有二十余人，是全国环境界各方专家，我是中国科学院的代表，又担任了副组长。评委会每年开会讨论、投票评选全国申报的成果奖项，然后由金鉴明先生带去科技部主办的总评委会最终评定，参加总评委会的环保科技界评委只有他一人。最初几年，环境保护评委组通过的国家科学技术进步奖都是二等奖，金鉴明先生说，我们环保科技界没有可以得到国家科学技术进步奖一等奖的成果项目似是不合理。于是，就从已初定二等奖的项目中选出比较突出的留民营生态农业项目进一步探讨，并且组织评委们去京郊留民营村现场考察。其时该项目已经备选为联合国生态农业示范得奖成果，我们评委组多人到现场考察该村各项生态农业设施，感到确实先进并且构成循环食物链，回来后再次讨论并投票通过申报国家科学技术进步奖一等奖，上报到总评委会后得到确认。这是我国第一个获得国家科学技术进步奖一等奖的环保项目，评委们都很高兴。我还记得那次环保组讨论最终通过申报国家科学技术进步奖一等奖的会议是由我主持的，与有荣焉。

1990 年以后，我在担任国家自然科学基金委员会环境工程学科评委时期，环境科技界的发展还处于成长阶段。环境工程学科还同建筑、结构等学科共属一个评委会，其项目基金尚有建设部支持的固定部分。建设部每期评审必派一位评委参与，而真正来自环境界的评委只有我一人，再加上清华大学一位结构学科评委组长，实际上，由我们三人小组负责初评申报项目，并且其中必须保证建设部系统要有一项入选，所以我的决审权限似乎很大。当然我要审慎从事，严格按国家自然科学基金委员会规定仔细地阅读数位函评专家的意见。由于我曾担任国家科学技术进步奖环境保护评委会副组长数年，对全国环境保护科技进展比较熟悉，评定尺度可认为大致公平。不过那一时期，分配到环境保护科技领域的基金额度毕竟有限，结果不尽如人意。后来，李大鹏主持评委会工作，为环境科技争取了更多的基金份额，情况有所改观。记得后期李大鹏出面组织环境工程学科，单独开报告会讨论环境工程基金总体发展规划，说明学科基金的壮大情势，并具有统筹环境科学与环境工程的趋势。我在会上还发表了《城市水质系统的微观与宏观》报告，进一步对城市水质系统做了综合概览，也阐发了有关环境水质学的观念。

国家自然科学基金委员会化学部内环境化学评委会的发展历程更能反映环境科学的进展、壮大历程，这要归功于金龙珠、王春霞两位长期的组织推动工作。1998 年后，我曾转任环境化学基金评委会组长。由于化学部内的主要老学科如物化、有机等有很多，所以那时环境化学尚与分析化学同组，后来才争取到设立独立评委会的机会。化学部由各学科评委组长共同组成更高级别的评委会，我有幸代表环境化学参加了这个化学部最高级别评委会，当时一共约有 18 位委员。这个评委会负责评选化学科学重大项目、国家杰出青年科学基金等支持项目。我这个才加入的环境化学学科，特别是尚难算是化学家的代表，在诸主流化学学科领域的评选中自然是没有权重也难发言的，而环境化学问题对其他评委比较陌生。因此，在环境化学国家杰出青年科学基金项目的评选时，即使争取到法定名额，全体评委投票的结果有时也不能满足环境化学的名额。

环境化学学科经过王春霞的运作，后来终达到处级独立位置。约在1999 年，由化学部主持一次黄山科学会议，主题是化学科学的现代进展，

2000 年参加国家杰出青年科学基金评审会合影

环境化学也争取到一次做报告的机会。我在大会上做了《环境科学中的化学问题》报告，着重讲了环境水质学中的几个化学前沿问题。报告中阐述了环境化学在环境科学中与各其他学科的相互关系，并且强调了各主要化学学科都来研究环境中的化学问题并不能代表其本身是有独立特色和体系的环境化学学科。当然这些都是我自己可能并不成熟的论点。

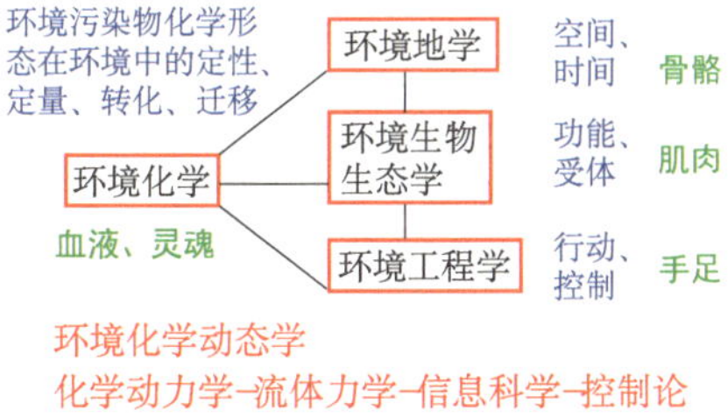

环境化学与环境科学

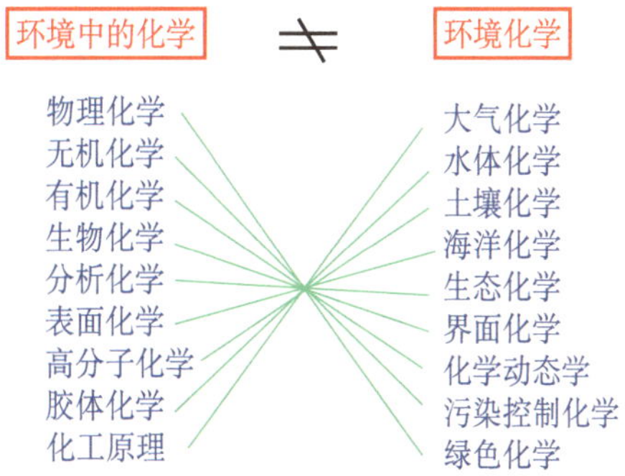

环境中的化学与环境化学

2004 年，我参加全国科技大会带领团队获得国家科学技术进步奖二等奖时，偶遇评奖办公室与我过去认识的一位主管领导，会后，他对我说要我担任下一届国家科学技术进步奖环境保护评委会评委，我过去也曾担任过副组长，于是没多考虑就答应了。当时我并不了解生态环境研究中心也在该届申报了曲久辉、杨敏等领衔而我并未参加的奖项，而且经过网评，该项成果后来也进入大会评选。到了评奖会期，我按约定出席环境保护评委会，才觉察到我来参与评选可能不妥。上午会议讨论时已有人提出，前一届生态环境研究中心的我和曲久辉已得到奖项，再次得奖似有不妥。下午开会之始就宣读了一份评委会正式规则，规定说有本单位评奖项目的评委需要在讨论时回避，在场评委只有我一人与评奖项目同单位，弄得我十分尴尬。在评议生态环境研究中心项目时，我就主动退出会场，待讨论结束才回来，当然会场如何发言我也全不得知，最终投票结果是生态环境研究中心项目落选。我回生态环境研究中心汇报情况时，大家都很遗憾但也无可奈何。我对这次失误感到十分歉疚，不过该成果修改后经再次申请仍然得到国家科学技术进步奖二等奖。

作为较早一批环境界的中国工程院院士，我经常被邀请参加各种评委会。在出席全国性多学科评委会时，在会上为环境科技界力争某个经费资助项目或评定奖项也是我义不容辞的义务和责任。不过我对参加这类会总是有些畏难情绪，担心在众多高精尖学科的评委中，作为环境科技学科唯一的评委，在评比中虽经努力但在投票后项目却落选。由于环境项目属新兴学科，所以往往不为其他评委所充分理解，出现这种结果实属常见。何梁何利基金奖评委会原评委钱易院士到届后推荐我去继任，我收到邀请函后有些迟疑，没有及时回信答复，但到会期时自己感到还是应该接受，于是就直接去报到。不料办公室主持者以为我不能分身就另聘了清华大学的蒋展鹏先生，而且他已应约报到。主持者要我也共同加入，我很尴尬地参加了一次会就急忙告辞退却了。另一次是全国“973

系列”科研项目评审会，它负责基础研究最高级项目的评选和定期考察。原环境界评委是刘鸿亮院士，他到届后我被邀请继任评委。这是一个级别较高的学术位置，我当时正被各种事务缠身，考虑到将会有大量评审会和考核会要参加，就婉言谢绝了。这两次全国多学科高级别评委会我竟都谢绝参加了，自己觉得似乎有些不识抬举和不尽义务，但也只得无可奈何了。

第九节　我们的团队我们的兵

环境水化学国家重点实验室基本建成后，我被任命为第一届室主任。全室按当时的组成有九个研究组，各组的专业和研究方向虽然都包含着我心目中设想的环境水质学，但彼此仍呈现许多学科差异。研究组组长和人员分布在化学、地学、生态、工程、模式计算等诸多领域，再加上公用仪器室、设备室、计算机系统，以及来自不同专业的研究生们，这不过数十人的集体，却“五脏俱全”。日常经费很拮据，行政事务也很繁杂，如何有效地管理，对我来说确实是个考验，于是我不得不借助于过去担任党支部书记的老观念。

我建立了一个领导核心组，包括王子健（副主任）、尹澄清（副主任）、曹福苍（行政副主任，主管后勤）、王怡中（党支部书记，主管仪器）和我（主任、组长）。我不直接管理日常杂务，而是总管研究工作，倒也安心不少，这样的运行模式倒也稳定了几年。

到1996年，距我组建该研究室已有10年，距我正式担任第一届主任也有4年。实验室状况稳定，各研究项目陆续开展良好，成果日益显著，实验室队伍也发展壮大，先后由中国科学院“百人计划”引进归国新人如杨敏（从日本归来）、潘纲（从英国归来）等，都分别担任研究组组长，构成全室约10个研究组、数十人的研究团队。我自己又“侥幸”于1995年被评选为中国工程院院士。我特别想充分发挥王子健擅长国际交往活动的能力，希望他能把实验室进一步发展推向国际领域，于是，我就决定换届辞去主任职务，请王子健来继任，不料却使室领导班子发生了没有想到的风波。

王子健担任主任时，副主任又新任命了曲久辉。他是1994年由哈尔滨工业大学先后经李圭白院士指导的博士及博士后，他到北京找到我，希望到实验室工作。我与李圭白先生是好友，就立即欢迎并帮他办理了全家来京就职的手续，还请他担任独立的研究组组长。我体会到自己过去建立新研究组的困难，于是就把最初帮我建组善于化学分析的田宝珍和擅长建设工艺设施的雷鹏举推荐给他，并请他与我共同指导我在研的博士生陆光杰和博士后李大鹏。后来，他自己也招收了研究生，构成了完整的研究组。曲久辉专长环境电化学，研究工作能力很强，他与栾兆坤组协作，很快进入研究工作，开展状态良好。因此，两年后他又被任命为室副主任，当实验室搬入新建楼房后，他们组仍留在原建房宇中独立开展活动。

王子健与我一直关系密切，他担任副主任时，在联合实验室及分室双方的数次验收中完成了大量评估工作。他在担任室主任后，逐渐感觉不能适应我原定的核心领导组分工办法。实际上，我原来实行的是老一套集体分权领导方式，也是我试图摆脱自己直接管理具体事务而设立的。后来，曲久辉要调往中心所一级，担任当时分析化学室担任所长的单孝全的主任助理，我也只得割爱遵照办理，实验室领导班子才又逐渐磨合就绪。我意识到旧式的集体分工分权，虽然达到了我摆脱行政事务的愿望，但并不利于集中领导提高科研工作效率。旧式的领导分权因缺乏集中统一的党政工作方式，所以对科研管理也不一定适用。对不愿多管行政事务的知识分子团队，究竟以何种方式组合仍是难题。

王子健可能与我有类似的心态，同样厌倦于管理日常琐碎事务，而愿把时间尽量用在本组的科研工作上，在任期届满时也主动辞去主任职务。第三届室主任则任命了从日本归来的杨敏，他虽然经常来征求我和王子健的意见，但我们则采取“不在其位，不谋其政”的办法，只提一些一般性建议，充分尊重杨敏的领导意见。室内各研究组逐步实行了项目独立管理体制，杨敏作为室主任只是协调各研究组的独立工作，并集中加强仪器和公用财务管理，给各研究组更多自主权。或许这种“无为而治”的体制很有成效，使各项工作可以平稳地向前推进。在他连续十年的任职期间全室取得显著成果，实验室的名称也改为更确切的“环境水质学国家重点实验室”，学科范围不断扩大，发表论文质量不断提升，对外学术交流次数也与日俱增，实验室进入英才济济的兴旺时期。

我曾经直接领导的科研组团队范围随着从事的科技项目相应有了很大变化。例如，国际合作项目“德兴铜矿-鄱阳湖铜污染评价”参与团队包括国内外多个研究所数十名研究人员；重点基金项目“微界面水质过程”与清华大学多组研究人员合作；重点基金项目“纳米材料的生态效应”则有本所内不同研究室人员参加；与某区域或生产企业有关的合作项目会有地区及厂矿众多人员协作；等等。不同的团队组成需要有不同的方式来分别对待，因此，科研项目的顺利完成仍然有许多人事公关成分，必须妥善处理。至于我自己直接面对的研究组员和众多研究生，在他们的方向定位和任务分工方面也不能不有所选择，仍然要费一番心思，所以我所谓完全摆脱事务纠缠的意愿在科学研究的团队中仍然是不能实现的。多学科集成的环境科学研究是团队集体合力才能完成的事业，直接领导和指挥这一团队需要有广阔的学术视野和宽容的组织才能，在多年的工作历练中，我才逐步深刻认识到这一道理。

在我的科研项目取向和实施过程中，我一方面尽量充实环境水质学的学科扩展需求，而对我直接参与思考的研究内容则集中在其中环境微界面过程和有关的工程技术方面。因此，在承担本组的项目分工和深入研究时，不论是协作项目还是横向题目的分工，我都是选择自己比较熟悉而有意愿研究的范畴。我前后直接指导的研究员和研究生大多按这一原则分配研究题目，尽可能使任务和学科两个方向相互融合，而且在一个时期内相对集中，各研究人员也大致拥有自己的专属研究、发展方向，

环境水质学国家重点实验室各组主要领导成员

前排左起：杨敏*（环境微生物学）、王东升（环境微界面学）、汤鸿霄（环境水质学）、尹澄清（环境湖泊学）、单保庆（水体流域学）、强志民*（新型污染物学），后排左起：潘纲*（分子环境科学）、胡春（环境催化材料学）、王子健（环境风险评价学）、曲久辉（环境工程电化学）、刘俊新*（水污染控制学）、张利田（环境模式学），缺席：栾兆坤（环境絮凝工程学，2015 年逝世）、王怡中（氧化催化学，病休）。★为“百人计划”聘入

这样既完成了科研任务，也培养了人才。

我设想的环境微界面观念至少包括吸附、絮凝、氧化催化、纳米材料等几个方面，而微界面的概念不仅是微细的颗粒物界面，而且包含众多颗粒物集成效应的综合体现，从而联系到水质转化过程的工程技术实践。吸附过程是理论基础，而吸附剂、絮凝剂、催化剂等水处理纳米材料是它们的工程应用。这些理念是我深入学习和研究的前提，而在环境水质学范畴内，根据多年研究项目的积累，我的研究主要涉及并集中在酸化碱化、金属沉积、氧化催化、界面吸附、颗粒絮凝、纳米物质、净化工艺、模式计算等水质学研究领域内。当然，我所直属的研究人员因时间和条件所限，只能深入其中某一或某些方面，而我概览全局则依赖于他们的深入发挥和创作，共同完成环境微界面水

质学的框架。此外，我感兴趣的外延学科还有多门化学、生态、地学以及工程等领域，但因自己知识不够，只得邀请擅长的学者来合作指导。其中，王子健、李圭白、曲久辉、王占生、刘忠洲、尹澄清、王怡中以及国外的孙中溪、W. Forsling 等教授都曾给予我宝贵的、无私的指导和帮助。

我直接领导的研究组，随着研究体制的变革也有不同的演变。最初艰苦创建的研究组，由于薛含斌出国，栾兆坤独立分组，田宝珍、雷鹏举陆续转组而分散。再按照编制陆续重组的研究组则包括文湘华（吸附、表面络合）、刘瑞霞（有机聚合物、催化）、刘文新（微界面、模式计算）、王东升（强化絮凝、DOM）等成员，他们都是能够独自指导研究生的干将，与我长时间共同度过了研究组英才济济的兴旺时期。不料，后来所级领导意见趋向于院士不一定设独立研究组，加之我又摆脱不了应对外界的繁忙活动，遂使得组内各成员产生分散意向，先后去往清华大学、北京大学等高校任教或者出国，只留下部分人与我共同奋斗。庞大团队的逐时解体不能不说是我的失策。虽然后来重新补加研究生及归国人员，但就研究组而言似是伤了元气，不复过去给力。我也走向资深院士阶段，几经审批才把组长之职推荐给王东升。我虽也过问组内的研究方向，但主要致力于案头写作及应对外界事务了。

我们研究组前后指导的硕士生、博士生、博士后有 60 余名，如果扩展到他们的第二代学生和代培生，就会是一支庞大的“兵团”。他们分别致力于各项研究项目的完成及学位论文的写作，整个团队共同合力开拓着环境水质学这块多元集成的学科领域，各位的具体论文题目和相应发表的 SCI 文章可以参见《汤鸿霄环境水质学文集》附录。

2015 年，张利田组织在北京各单位工作的老同学定期到我家探望我，大家聚在一起，交流各方面的环保信息，讨论国内外环境科学发展趋势，随时交流、讨论当前的环境问题，俨然形成一个小型环境沙龙。它与环境水质学国家重点实验室的校友会相得益彰，都可算是环境水质学学科群体发展的外围延伸。

与博士研究生的合影（1999年）
左起：王东升、李金惠、刘清、汤鸿霄、刘瑞霞、何孟常、李文军、冯利

与已毕业的研究生在我家聚会（2005年）
前排左起：黄鹂、李文军、周岩梅、谷景华、陶庆会；
中排左起：王怡中、MM、汤鸿霄、巩玉华、刘文新；
后排左起：王东升、储昭升、葛小鹏、徐毅、王毅力、何孟常、晏维金、李大鹏、李金惠、潘建华、张利田

第八章

国际交流与生产研究实践

第一节　联合国大型合作铜污染评价

江西省德兴铜矿是中国最大的班岩型露天铜矿，矿区产生的酸性排水和选矿厂排出的碱性废水及悬浮沉积物最后均汇入乐安江，流经279千米后进入中国最大的淡水湖——鄱阳湖湖口区。为了阐明和评价德兴铜矿对乐安江及鄱阳湖区域的重金属污染及其潜在生态影响，联合国教科文组织人与生物圈计划组织了由德国联邦研究和技术部资助的项目，名称是“乐安江—鄱阳湖区域重金属污染及生态效应研究”。它是联合国教科文组织生态学合作研究计划（Cooperative Ecological Research Project，CERP）的8个子项目之一，其他尚有如中国科学院沈阳应用生态研究所承担的合作子项目等。本子项目是由马世骏、刘静宜先生引进的，由当时的水污染化学研究室及后继的环境水化学国家重点实验室承担执行，当时号称“中国最大露天铜矿对最大淡水湖的污染评价”。

这一国际合作项目的经费实际由德国政府支持，资金约60万美元，按惯例由中国名义上同时支持1∶1的相应资金，其中包括中国所有参与人员的工资及后勤设施费用。实际上，德方资金除部分作为其人员参加活动的补助费用外，也有近半数为购置仪器费用，其大部分仪器都充实了正在建设的环境水化学国家重点实验室，这使实验室原有世界银行贷款不足的困境得以缓解。

CERP开始于1987年，前后进行两期，持续7—8年。第一期为1987—1991年，主持人为刘静宜、汤鸿霄；第二期为1992—1995年，主持人为汤鸿霄、王子健。刘静宜先生掌控全局，并负责与国际学者协调、交往的事务，王子健负责同人与生物圈机构和德方联系及订购采买仪器事宜，我则负责计划的实施及进行中的具体事务。中方参加者尚有林玉环、毛美洲、文湘华、尹澄清、曹福苍等二十余人和历年研究生戴昭华等十余人。

中方参加单位除生态环境研究中心外，尚有中国科学院动物研究所的许木启等 4 人，南昌航空工业学院的彭希仁、林振煌等 4 人，江西省环境保护局的韩伟，江西铜业公司德兴铜矿的熊报国，北京有色冶金设计研究总院的刘荣仁等。德方主持人为德国海德堡大学的 G. Meuller 教授，参加人尚有 W. Schmitz、A. Yahya、N. Ramezani、Y. Song 等数人。参与人员尚有：弗莱贝格工业大学矿物学研究所的 R. Starke、R. Kleeberg，汉堡-哈堡技术大学的 W. Ahlf、U. Forstner，卡尔斯鲁厄学院的 H. Hahn、L. Klute，荷兰土壤肥料研究所的 W. Salomons 等。

可以说，这一庞大国际合作科研计划的组成人员群英荟萃，既有各学科国际知名学者如 Meuller、Hahn、Forstner 等，又有富有经验的工程技术和实验分析人员。该项目综合国内外现场野外考察采样及实验室鉴定、统计计算、归纳总结工作于一体，先后经历长期持续工作和两期国际会议才验收通过，这对刘静宜先生和我们几个主要负责人而言，不论是学术知识还是组织协调工作都是前所未有的挑战。

联合国人与生物圈计划中德合作项目会议（1990 年）

第一期研究工作于 1987 年启动，着重于考察德兴铜矿作为污染源的环境评价，以及它对乐安江—鄱阳湖湖口区的污染影响现状，重点是重金属污染的鉴定和分布，以及重要的地球化学过程，包括重金属污染对水生生态系统的生物影响。1991—1992年，还对洎水河进行了系统的调查，包括污染源调查及其对乐安江的影响。CERP第二期于1992—1995年进行，着重于乐安江各江段及其汇入鄱阳湖的河口区沿程悬浮沉积物及孔隙水的重金属生态效应研究。另外，露天铜矿区废水的产生、处理对策、流域土壤的污染、水底沉积物基准，以及主要的健康问题都受到了关注。

研究工作启动之初首先是组织中德各科学家参观考察德兴露天铜矿。我虽然见识过诸如鞍山钢铁公司等大型工厂企业，却没有见过如此大型矿区特别是露天矿区的作业过程。它的所谓露天几乎是把群山、丘陵削平，剥离了一厚层地球表面，形成方圆数十里的矿区，其中包括数十处工程作业和办公生活场所。数处采矿掌子面的采矿机械、来往穿梭的巨型运输矿车、从矿石破碎到选矿精选的各型选矿厂，以及尾矿堆积和湖泊一样的大型尾矿库，构成了系统复杂、规模宏大的联合矿区企业，蔚为壮观。

此外，流经德兴市内的洎水河沿岸分布有多个硫化铜矿、铅锌矿及铅冶炼厂，所排出的含重金属废水在乐平县戴村汇入乐安江，进一步加剧了水体污染。

1987年，全矿已形成采选25 000吨/日矿石的生产能力，到1996年生产能力将达到90 000吨/日。

在德兴露天铜矿巨型矿车前（1989年）
左：汤鸿霄，右：曹福苍

矿石中的铜及其他金属含量只在1%左右，因而废弃的矿石成为主要的堆积物。在铜矿采选过程中，由于空气、水和微生物的作用，采矿场和废石场会产生含铜、铁等金属离子的酸性废水。在选矿作业中，为抑制黄铁矿进入产品铜精矿，又需投加石灰使矿浆呈碱性，因而在选矿过程中会产生性质不同的碱性废水。随着德兴铜矿生产规模的扩大，酸碱废水的产生量也相应增加。德兴铜矿在不同生产规模时的酸性废水产生量为352万—588万立方米/年，其pH值仅为2.2—2.4，碱性废水产生量为2859万—9363万立方米/年，其pH值达11—12，可见碱性废水的产量将大于酸性废水。不过，两种废水经过天然漫流及在大容量的尾矿库中蓄存和沉积，得到初步中和及回收利用后，排入乐安江的大坞河口处，pH值转化为3.6—4.8。总体而言，铜矿区对乐安江—鄱阳湖河段的污染仍呈酸性并排放大量含有铜等重金属的悬浮颗粒物，但流经乐安江一定江段后，水流pH值已升至7.0—7.5。悬浮颗粒物则沉入江底成为沉积物，并且沿江底不断向湖口区推移。

研究计划总体布局包括：①矿区水质系统中酸性排水和铜及其他金属的污染影响；②沿乐安江—鄱阳湖区的铜铅锌等金属及悬浮沉积物的分布状况和发展趋势；③沿乐安江中酸性矿水对生物群落的生态效应；④乐安江历年四季水文数据的收集统计及发展趋势评价；⑤乐安江水质及其污染趋势的模式计算研究；⑥鄱阳湖口区沉积物中的金属分布及二次污染趋势评价；等等。

为此，从乐安江源头的海口到接近鄱阳湖的龙口共设置了14个固定采样点，并且在湖口区及湖内设立了若干水质和沉积物的采样点。将历年数据形成系统数据库作为基础资料。由于乐安江流量在一年四季及洪水期早期分布不均，再加上江中大量船只的采金挖泥作业，数据变化频繁。每年的全程采样次数达到2—4次，是整个研究工作中最为繁重的作业，更不用说水和沉积物样品从采集地到南昌和北京的车运航运、储存及分析鉴定等大量人力、物力资源的后勤支持。种种事务都成为研究人员的亲身体验，也锻炼了他们的体能。

在项目进行中，除德方人员经常来华参与工作外，中方各单位人员也数次赴德国参观学习，交流研究讨论进展。此外，中方各单位人员还陆续组织参观考察了德国北海岸滩涂和旧矿区、中国武汉黄石旧矿区遗址等地。刘静宜、王子健和我则多次短期到德国海德堡大学及其他各地研究机构交流学术及联系购买仪器事宜。在相当长时期内，与德国环境界学者交流，了解德国环境科学研究进展成为我方的热门活动。

本项目陆续发表了中德学者撰写的研究论文和专辑数十种。项目总体经过中期和最终总报告两次国际会议验收通过，算是圆满地完成了这项国际合作重大项目。

总报告由博士生何孟常根据全部资料总结完成，署名为刘静宜、汤鸿霄、王子健，在国际专家评委会讨论通过，呈交联合国教科文组织备案。

不过，根据研究及评价结果，向德兴矿区、江西省和国家有关领导机构提出的若干环境保护及改进措施的建议，在当时只能作为水环境管理政策的参考。区域性改造计划需要巨额的经费，而限于经济状况，暂时不能够予以支持实现，这是该时期环境科学与工程研究不能突破的困境。又因当时我们不知道我国是否设置有国际合作奖，而忽略了申报奖项，只是其中单篇论文后来获得国际奖，而总项目并未整体报奖，实为一大憾事。

第二节　风雨交加力采柱状样

“德兴铜矿-鄱阳湖铜污染评价”项目的研究工作重点，实际在于乐安江的水质和悬浮沉积物的质量评价。乐安江由江源的海口镇到鄱阳湖口的鄱阳县全程 279 千米，我们在沿江设了 14 个固定采样点，均选择水流水质稳定而底部沙石较少有沉泥可采集的地点。因此，每年在采集样品作业时，要乘大船再驾小船往来江中，并且沿岸以卡车在泥泞路上运送大批样品，这些都成为由研究人员亲历亲为的繁重的人力操作。当年经历的场景和艰辛遭遇，现在回忆起来仍历历在目、难以忘怀。

我曾不止一次乘大船直接航行全江，游览沿程风景，也曾数人改划小舟，逐个勘察确定固定采样点并建立标志。某些江段盛产沙金，大小采金船遍布江面，我们不得不寻路访问，也顺便了解到船家采砂淘金作业的工艺及收益如何，兼可调查江底沉泥的品质。

某天上午，我已经由德兴住处沿江到达鄱阳湖口的鄱阳县，准备在该处住宿以便次日采样，却突然得到德兴矿区的电话通知，说有日本矿业专家来矿区考察，协助拟订采矿工艺改建计划，要我前去会面交谈有关排放水质情况。我只得立即乘卡车沿江岸返回矿区办公室，与日本专家交流矿区和江区的水质现状。与日本学者交谈并共进便餐后，又在当日下午乘卡车回鄱阳县住处。往返数百千米路程，恰遇上沿途有一长段新修公路铺设基层碎石，卡车行走颠簸艰难异常，有时还要停车等待施工。我只能从卡车上上下下，有时还要帮助推车发动，饱受其苦。到鄱阳县住处后已是夜晚，我疲惫不堪，倒头便睡。

水体底部沉积物采样一般用小型抓斗，一般凭经验和运气先试抓数次，才可得到所需有代表性的样品。先把它们冷藏包装，经航运送回北京实验室后，再以离心机处理，分离水和泥，然后分别测定物质成分。若想得到不同年份和各层深度的孔隙水，了解历年污染历史，就需要以粗钢管插入沉积层中采集柱状样品，然后分层切片处理。鄱阳湖口岸区积累的悬浮沉积物一般厚度较浅，过去只能取到数十厘米柱状样品，少有更深层柱状样品可以收获。因此，进入湖内浅水区获得深层柱状样品，取得未经污染的原状层次沉积物，就成为当时的一项必须完成的专门任务。这需要数人驾小船深入湖区，而又不能远离湖岸进行作业，往往使操作者心里感觉有一定难度。我们经过数次试验操作发现，能取到七八十厘米的柱状样品就很不容易了。

偶然有一次运气特别好，林玉环、栾兆坤和我三人，驾小船进入湖区后，选定一处只有2—3米深的水层，打锤插下钢管处的沉积层感觉松软，深度竟达到1米多，大家十分惊喜，虽然下着小雨仍然坚持努力地操作，尽力压下钻杆到水下硬底线层，再小心翼翼地提取出钻杆，驾船回到岸边，转运上车回到景德镇住宿处。我们犹如获得宝藏般呼唤出大家，搭起阶梯平台立即进行取样切片作业，分装冷藏。这次所得柱状样品竟达到1.2米，打破了鄱阳湖历次采集沉积物柱状样品的纪录。

在鄱阳湖采集沉积物柱状样（1992年）

从柱状样品中经过切片、离心等操作过程所得到的孔隙

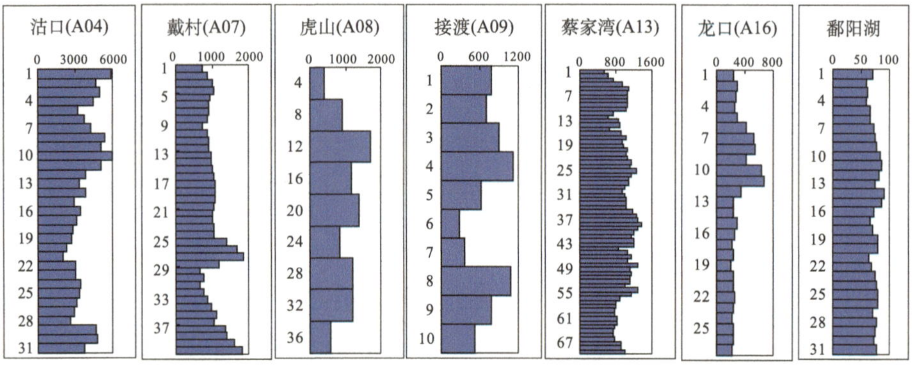

乐安江沉积物柱状样中铜的浓度

水并不能完全保持原始状态。为得到水体中沉积物直接接触的水质原貌，德国合作者介绍了一种自制的采样用具，称为 peeper（音），或称孔隙水采样器。那是形状如同地形测量所用塔尺一样的中空高柱体，高 2—3 米，上有刻度标志，每 3—5 厘米为一层。每层空间包贴特制半透膜，只容许水透过并存储其中。如果把柱体插入沉积物层中，经过一段时间，各层柱体空间中即可充满该深度沉积物的孔隙水。柱体被小心提出后，从不同高度各层取得水样，即可得到沉积物原状层次中的孔隙水质沿高度的分布立面图。

德国海德堡大学 Meuller 教授的实验室赠送给我们两套采集样品的用具，并且特派工程师 N. Ramezani 带我们到内卡尔河上，用这些取样工具采集水和沉积物样品作为示范教学，以便我们运回中国加以仿制应用。

在德国内卡尔河采集水及沉积物样品（1986 年）

这些采样工具真正派上用场是在鄱阳湖口区，大家借住在一个农场里，我和林玉环及 Ramezani 三人，扛着两套孔隙水采样器登上小船，划入湖中寻找插放采样器的适合地点。由于采样器必须在沉积物层中置放至少一星期以上，才能充满孔隙水，所以这次只是置放安顿。我们经过试探选择两处离岸约 20 米、相隔约 50 米的地点，把采样器柱体插入水下沉积物中。上面水层有 2—3 米，采样器柱顶有绳索隐藏在水面下一直牵引到岸边，拴在打下的木桩上作为标记。在 Ramezani 的指导下，我们顺利地完成了这项安置任务，只等一星期后来取，并没有预感会有意外发生。

此后的一周中大家都在忙着到沿江和湖中各点采集样品。大约十天后，我们"收兵"，又回到农场原住处，准备取出在湖中安置的采样器，尽快处置完毕，回转南昌再转赴北京。取回采样器的任务仍须我们三人去完成。虽然当日天气阴云密布，似乎不宜出行，但时间不能再拖，我们只得仍照计划进行，穿好军用雨衣，划船出发到插放采样器的湖岸现场。不料当场情景令我们三人大吃一惊，只见岸边一个原钉木桩已经被拔出，湖水中的采样器也遭到同样命运，连着索线漂在水面上。遭到破坏的原因已无从查考，是农民不了解还是孩子们无意或有意拔出来的也不知道。好在相距约 50 米的另一根木桩和索线仍在，湖内的采样器看来尚安全无恙，我们才松了一口气。不料此时却下起雨来，虽然不算太大，但我们仍感到祸不单行，急忙划船到湖中沿着索线把采样器小心地拔出，检查一下感觉还算正常。正当把好、坏两台采样器都装上船时，雨却下得大起来，我们急忙脱下雨衣把采样器包裹好，以免渗入雨水，在风雨交加中狼狈地尽力划船回到住地。至于孔隙水分层取出后的质量如何，也只得空运回北京测定以后才能知道了。我们三人总算艰险辛苦但又有些遗憾地完成了这次任务。我向 Ramezani 道谢时，他还哈哈大笑说对他来说到野外作业遇到下雨是常有的事，能在中国遇到一次，倒也很高兴。

这两次幸运采到的深层次柱状样和孔隙水都派上用场，经过年代鉴定了解了鄱阳湖沉积物污染的历史，画出了立体剖面图，作为资料可以有长远利用价值。我们付出的艰辛劳作总算有些回报，我自己也增长了野外作业的见识。后来有一次集体到北京官厅水库采集样品，看到有些人上了小船后不知所措，我就发挥敢于抢先登船的精神，到湖心向学生们示范如何采集沉积物样品，还有些自鸣得意。

在德国北海岸滩涂考察（1986 年）

但我到野外也曾因为无知而十分尴尬，受到外国人的嘲笑甚至斥责，使我无地自容。那是初到德国时，随着 Meuller 教授实验室一群人去北海岸滩涂考察，回来的路上，我见到泥泞地中有一只类似大雁的体形很大的已经死亡的鸟，觉得其羽毛很鲜亮，就很高兴地提起来让大家看，以为是发现了标本物原型可以带回去。不料却惹得这群人一致惊呼，说若违反了野生动物保护法要被追究。我不知就里也不能争辩说不是我杀害的，只得赶紧放回到滩涂泥中。我感到自己有些出了洋相，作为环境保护工作者竟不懂野生动物保护法，又不知道德国当地的环保规定。

第三节　三种模式比评表面络合理论

美国环境界权威期刊《环境科学与技术》于1998年4月刊载了我们研究组的一篇研究论文——《天然沉积物对重金属的表面络合吸附模式》（*Surface Complexation Model for the Heavy Metal Adsorption on Natural Sediment*），这也是环境水质学国家重点实验室成立后在该刊登载的第一篇文章。该论文因为被文献引用数十次于2000年入选美国科学情报研究所世界1000篇SCI经典引文奖，并于2000年9月在北京与其他中国得奖论文一起公开授奖。三位作者（文湘华、杜青、我）各得一份获奖证书，其时杜青因已去美国没有参加这次授奖会议而只得由他人代领。这次被选中的另一原因是作者全为中国学者，即为中国国内的研究成果。

美国科学情报研究所SCI经典引文奖授奖
（2000年）

这篇文章的作者署名虽只有三人，但实际上是合多人之力才完成的。这项科研的内容本来是杜青由硕士到博士的学位论文主题，文湘华作为辅导老师与杜青一起参加了采集和处理样品、吸附实验、数据统计计算等全程工作，并总结写出中英文文稿。其中，模式计算程序的运用实施主要得益于当时室内水化学模式计算组人员的帮助。

对我来说，对这项研究的构思和设计直到发表恰好完成了我一桩未了心愿。1985 年我在 EAWAG 做访问研究学者时，按 Stumm 的安排，在我完成聚合氯化铁的研究后本应再进行絮凝体表面络合模式的实验研究。不过，我按进度进行了污水絮凝体的形貌鉴定和初步的吸附实验后，因生态环境研究中心催促而不得不停止实验回国。后来在国内的半年时间中，我继续整理了数据资料寄给 Stumm，他表示要利用它们写出文稿，不过最终并没有完成计划而成为我心中的一件憾事。

实际上，1985 年 Stumm 提出的颗粒物表面络合理论才风行不久，他与学生 Hohl 合作的高岭石对铅吸附的模式计算论文，只验证了颗粒物表面双电层的恒定容量一种模式。不久，他的学生 Davis 又提出以更复杂的双电层三层模式进行计算，并发表了三篇论文，何种模式最优成为环境界一件未有定论的悬案。我曾当面听到 Stumm 很不高兴地说他自己的模式计算最简单易行。其实当时的计算机连 Windows 视窗操作都尚未广泛应用，我该时所用的模式计算只是以 BASIC 语言改写的 MICROQL 程序进行，其水质参数只有 6 个可以联立求解。后来的 MINEQL 程序发展到可以同时容纳 400 余个水质参数，美国学者 Westall 又发展了 FITEQL 可以验证计算结果精度的程序。再后，美国国家环境保护局系统还发展了 MINTEQ 及 VMINTEQ 等可以与界面计算程序联用的软件。模式计算方法随着计算机软硬件技术的快速进步已与 10 年前不可同日而语。

表面络合吸附理论是把溶液中的各类化学反应统一都看作不同化学体的迁移反应，可以理解为：配体迁移（配位络合反应）、离子迁移（溶解沉淀反应）、质子迁移（酸碱中和反应）、电子迁移（氧化还原反应）等，并且把它们转化为颗粒物 / 溶液界面双电层的吸附平衡反应。所用的颗粒物界面双电层结构模型，本来就是人为拟定可供选择的虚构模型，各有不同的结构型式和计算方法程序，一般采用的有 3—4 种。通常使用的由简单到复杂的有恒定容量模式（CCM）、扩散层模式（DLM）、三层模式（TLM），以至四层模型等，其各有应用范围和优缺点。应用的计算程序也有 MICROQL、MINEQL、FITEQL 等。由于各研究者所用的水质体系和计算程序并不相同，得到的结论也不一致，因而难以得出统一意见。

溶液中的化学反应

反应种类	平衡式	强度参数	平衡常数
络合反应	$m\mathrm{M}+n\mathrm{L} \rightleftharpoons \mathrm{M}_m\mathrm{L}_n$ 配体迁移	$[\mathrm{M}]/[\mathrm{M}]_t=1/\alpha$ or $\log\alpha$	$K^{th}=\dfrac{\{\mathrm{M}_m\mathrm{L}_n\}}{\{\mathrm{M}\}^m\{\mathrm{L}\}^n}$
沉淀反应	$m\mathrm{M}+n\mathrm{A} \rightleftharpoons \mathrm{M}_m\mathrm{A}_n$ 离子迁移	$\mathrm{IP}=\{\mathrm{M}\}^m\{\mathrm{A}\}^n$ or $\log(\mathrm{IP}/K_{sp})$	$K^{th}=\dfrac{\{\mathrm{M}_m\mathrm{A}_n\}}{\{\mathrm{M}\}^m\{\mathrm{A}\}^n}$
酸碱反应	$m\mathrm{A}+n\mathrm{H} \rightleftharpoons \mathrm{A}_m\mathrm{H}_n$ 质子迁移	$\{\mathrm{H}\}$or $\mathrm{pH}=-\log\{\mathrm{H}\}$	$K^{th}=\dfrac{\{\mathrm{A}_m\mathrm{H}_n\}}{\{\mathrm{H}\}^n\{\mathrm{A}\}^m}$
氧化还原反应	$m\mathrm{Ox}+ne \rightleftharpoons p\mathrm{Red}$ 电子迁移	$\{e\}$or $p\varepsilon=-\log\{e\}$	$K^{th}=\dfrac{\{\mathrm{Red}\}^p}{\{e\}^n\{\mathrm{Ox}\}^m}$

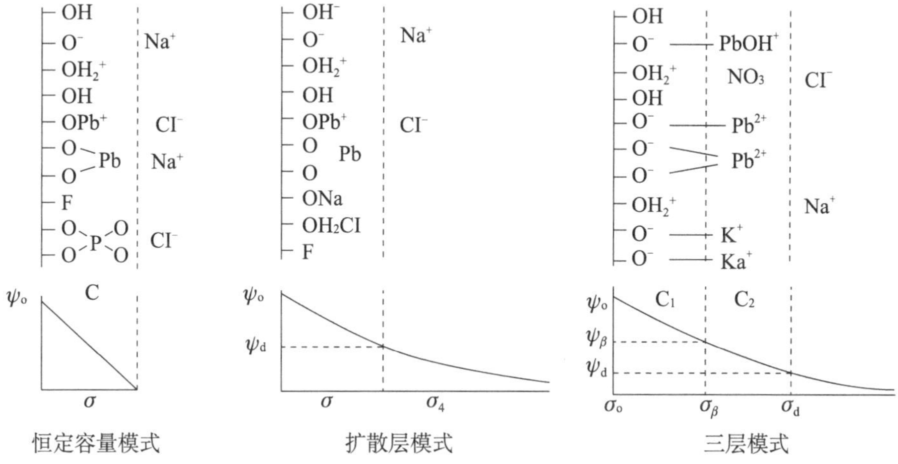

表面配合理论的三种常用模式

我们的研究实验所用颗粒物样品是天然湖泊沉积物，取自江西省鄱阳湖，它的组分结构模型是无机矿物颗粒、有机天然腐殖质和生物细菌体组成的复合吸附体。作为单元颗粒物模拟实验对象，它对重金属铜、镉等进行吸附实验将更接近水体中的真实状况，模拟近真程度远胜于单纯利用某种矿物样品的实验。

该模式计算采用了恒定容量模式、扩散层模式及三层模式三种模式，以吸附平衡常数和 FITEQL 程序进行验证计算比较，这在当时文献中是尚未有人做过的。模式计算结果与广泛 pH 范围内的吸附实验结果完全符合，并且三种模式的计算结果相对误差均低于 15%。这一项研究在相同化学体系中同时应用三种模式，对天然沉积物进行吸附得到的实验结果，不但验证了三种模式均可同等地加以利用，而且进一步表明，表面络合吸附理论和计算可以适用于天然沉积物的重金属吸附过程，对表面络合理论的应用有所扩展。

环境科学研究中除在真实现场中直接测定外，一般还要进行各种不同条件下的模拟实验用以推导预期状态。常用的模拟实验方法有实验室化学实验模拟、计算机模式计算模拟、小型和巨型微宇宙设施模拟等。虽然模式计算结果的可信度在过去往往为实体实验工作者所诟病，但无论何种模拟方法都不可避免仍要在仪器中应用模式计算技术。计算技术的硬件和软件越发展，其模拟尺度和精度越高而近真。目前，计算技术甚至在一定程度上扩展或取代了环境科学研究的视野或方法，这也是当初定名“环境模拟与污染控制国家重点联合实验室”的初衷。当然，无论如何，直接采样测定更具有典型代表性，是理解真实环境状态的基础，而正在发展中的“大数据”原理可能在环境科学模拟及统筹计算中发挥强力作用。

该文得奖作者杜青，在获得我们团队及瑞典吕勒奥理工大学的双博士学位后即去美国工作。据我了解，她从事过颗粒物分级分离的研究工作，后来便不再联系。主要得奖作者文湘华在我们团队辛劳工作 5 年，后回清华大学随钱易院士团队工作，从事环境微生物学有关研究，还在中国工程院全国及东北地区水资源战略研究项目内环境水质评估集成工作中做出很大贡献。

Stumm 创建的表面络合吸附模式与水体水质化学体系在水质科学界兴盛一个时代，随之而发展的各型论述文献车载斗量，影响巨大且深远。不过，表面络合吸附模式可用于描述微界面的吸附过程，其理论基础源于化学热力学，其应用计算可预测在长时期反应平衡后的终极结果，对于模拟现实环境污染中的微界面过程具有十分重要的价值。在现实环境固液界面的即时计算，特别是环境污染修复工程技术的评估时尚有理想上的不足，后 Stumm 年代遂有 Weber 等学者更提倡应用化学动态学基础的计算模式，以求逐步得到现实应用价值的即时结果。我虽然不是化学家，但我认为环境化学科学的实用工程计算正是不断从化学热力学发展趋向于包含化学动力学的化学动态学应用。Stumm 的 *Aquatic Chemistry* 一书的第三版也扩增了大量化学动力学实际（即化学动态学）的内容。

第四节　污染沉积物的吸附和质量评价

多年来，我们团队对天然水体重金属污染的研究，一直集中于其底部污染沉积物的吸附和释放规律，其实际应用首先着眼于二次污染可能性，即质量评价方法。污染评价方面的水体研究对象，从蓟运河的汞污染，到湘江的镉污染，再到鄱阳湖的铜污染，前后达十数年，几乎遍及大半个长江流域和大多数重金属品种，并且逐步转向各类有机物和生态活性物质。积累各种经验的目标是期望能确定我国水体污染沉积物的质量评价适用方法和拟定相应的国家标准，在理论方面则是设想对微界面体系应用表面络合理论，建立某种稳态计算模式。但是，虽然各方面的研究工作和结论方案所得成果不少，也发表了大量论文，但所期望的目标，即建立沉积物质量评价国家统一标准，却因时机不够成熟总也未能达成。不过，总体工作积累的结果是建立起一套环境微界面的研究体系和创新观念，进一步明确了微界面水质过程这一学科研究方向，把它当作我们团队从事各类项目研究时的优选核心集中点，在各种题目中加以灵活运用。

在蓟运河污染评价治理中，我们提出含汞沉积物在岸边混凝除汞后污泥回流方案；在湘江污染评价中，我们对含镉沉积物的形态分布做出细部分类和水质模型模式，并对其化学稳定性做出多方面判断；在鄱阳湖污染评价中，我们先后对含铜沉积物的质量评价方法提出多种方案，与国际同类研究居于同等前沿水平。

此外，博士后张利田还收集全国水体重金属和有机污染沉积物资料，以地理信息系统相关软件制成分布图和数据库等。

访问瑞典吕勒奥大学时的合影（1995 年）
左：Forsling 教授，右：孙中溪博士

在颗粒物吸附表面络合模式的应用研究方面，我们有幸与瑞典吕勒奥大学的中国学者孙中溪夫妇和 W. Forsling 教授合作。该研究室在表面络合模式的应用主要利用恒定容量模式计算，在硫化物颗粒吸附重金属等物质研究方面自成一系，富有成果。我们的博士生杜青、刘文新、杨晓芳先后到该校，在他们的指导下进行实验研究并同时获得该校博士学位，这三位博士分别研究了伊利石等黏土矿物的表面特性以及对铜、富里酸、磷酸物等的吸附行为。

在无机物吸附方面，刘文新、储昭升、钱天伟等研究了中国黄土的表面特征及其对低放核素钕、铈等的吸附模式。周爱民对磷的各种化合态在太湖沉积物上的吸附提出分布模式。

在有机物吸附方面，刘瑞霞、周岩梅、陶庆会等先后对多种有毒化学品，如染料、多环芳烃、阿特拉津等，在水体沉积物界面的吸附释放规律和定量模式做了许多研究探索，并且对腐殖酸的官能团分类分布以 CPMAS^{13}C NMR 进行鉴定，验证其吸附分配规律，求得各类化合物的吸附计算式。

刘瑞霞、潘建华、葛小鹏等对细菌的生物吸附进行研究，葛小鹏还以原子力显微镜观测重金属吸附对细菌表面的损伤，并对细胞断面进行分析，对腐殖酸吸附有毒化学品后的形貌变化进行了观察，都取得了有意义的成果。

另外，郑红、刘瑞霞等利用锰矿砂颗粒作为吸附催化剂，对微界面对有机化学品的表面催化效应进行了新的研究，这不但证明这种废弃颗粒物有可能作为吸附催化剂，而且提出了其吸附降解规律和机理模式。

水体污染沉积物是河、湖、水库、海湾等水体底部积存的沉泥，它是水体多相生态系统的重要成分，是环境污染物在广泛空间和较长时间内的聚集处。在沉积物中，各类污染物与周围水溶液之间复杂的界面反应对水质状况具有决定性作用。其中，污染物的来源除城市与工业排放的污水污泥外，还有面污染源经水土流失带入的农药、化肥、垃圾、有毒化学品、金属和石油等。沉积物中的污染物在水质状况变化时会重新释放、扩散，成为持续存在的二次污染源，对水生生态和人体健康造成威胁，并加重给水处理系统的负担，工艺流程大为复杂化。同时，氮磷等营养物质在底泥中的富集和转化也是造成河湖富营养化及海湾赤潮的主要原因。因此，水体污染沉积物的安全与稳定是水资源保护及可持续利用的重要环节，一般称为内源，并与点源、面源并列为三大污染源。尤其是当点污染源受到一定控制后，面污染源及内污染源的问题明显突出，成为水体污染治理和恢复的又一个难题。

水体沉积物质量基准值（SQV/SQC）是确定底栖环境是否适合该生态系统持续稳定的科学依据，也是沉积物的科学管理、水资源开发利用以及污染控制治理的基础和必要条件，更是水体富营养化起源、发展和控制的科学依据。它的正确制定需要综合地学、化学、生态、毒性各方面的因素，进行数理统计判断取值。国际上经多年研究，至今尚未能制定出统一规范。根据预定的科学基准进一步制定法定标准，则要把当地水体沉积物的质量数值 / 基准与特定区域的社会、经济、政治、技术等因素的综合平衡以及生态系统整体良性循环的目标相结合，进行论证，确定出可行的沉积物质量标准（SQS），然后才能颁布执行。严格说来，只有依据质量标准和污染控制的综合区划，同步制定配套的污染排放管理条例和底泥疏浚治理的措施与方案，才能经济、合理地实施质量标准。

解决这一系列问题，涉及自然环境和社会经济的深层次问题。就目前的方法技术、管理手段和执法水平而言，有关研究在国际上也仍然是复杂而具有挑战性的前沿工作。

因此，目前国际上虽已有大量的研究工作基础，提出多种质量评价方法，但大多集中在重金属污染物领域，而且很少有国家能够制定出统一的规范标准。美国虽曾经提出十余种可用的质量基准评价方法建议，但也尚未出台国家标准。当前常用的推荐方法有沉积物整体毒性法、加配污染物毒性法、孔隙水毒性法、生物组织残余量法、底栖群落结构法、表观效应阈值法，而最受推崇的方法则有三合一法、相平衡分配法、底栖生态法、酸可挥发性硫化物法等。

我们团队的刘文新等根据德兴铜矿流向鄱阳湖全长 279 千米的乐安江各段沉积物采样资料数据库，计算研究了多种重金属污染物的沉积物质量评价基准，采用的是三合一法、相平衡分配法，并考虑了酸可挥发性硫化物法等。这里只简单加以介绍叙述，详细内容可见其相关论文。

沉积物质量评价三合一法给出数值型的质量基准值（SQC），是化学浓度分析（C）、底栖生物群落结构变化（B）、生物毒性鉴定（T）三种方法的综合（C-B-T）。它融合化学分析、毒性鉴定和底栖群落结构三基元而具有多因素互补特征，是典型的集成化方法。它侧重现场（in situ）生物效应，适于建立逐一化学污染物和化学混合污染物的控制基准，并能综合描述区域沉积物的生物质量状况及其水生环境的影响。

研究依据乐安江各站点实测数据库，进行参考比率计算和相关数据变换，并统一规范化为百分标度，计算并绘出表层沉积物中重金属污染的质量控制三合一响应基元三轴图，图显示出底栖生物与重金属污染之间的剂量响应关系。这种处理有助于描述流域内沉积物重金属污染在地理空间分布和数量级别上的差异，再结合沉积物质量状况的判断决策矩阵，可以完成乐安江污染沉积物的分段区划，提出初步的治理建议和深入研究的方向。三合一法是比较全面的质量评价方法，但所需测定的各种内容品种数量庞大，耗费经费较多，不易作为标准规范方法推广实施。

我们团队认为比较简单实用的方法是相平衡分配法，曾试图深入探讨这类方法作为我国可以适时加以利用的标准规范方案。

相平衡分配法（EqP）是基于异相间热力学稳态交换平衡规律而建立的。它是数值型 SQC 代表性方法之一，也是当前较为流行的方法，适用于各类化学污染物，可以建立特定区域或特定情形的沉积物质量控制基准。比较而言，它直观、明确、针对性强，便于行政管理和资源规划部门人员理解与掌握应用。依据乐安江各段实测数据库，应用相平衡分配法，我们应用 WQC 考虑计算的方程式，以及所得重金属污染表层沉积物基准值 SQC 和实测值，得出各采样站点重金属水平的比较图。

相平衡分配法的基本概念是把沉积物界面相邻水相的重金属规范基准值（WQC）与固相中对应平衡的基准值（SQC）加以换算，再把所得基准值与沉积物重金属含量实测值加以比较，判断其质量是否超标，是否具有二次污染的风险。此时，水相的 WQC 可以用国家一般水体规范基准值，更严格的话可以选用重金属慢性生物毒性水质基准值，还可应用孔隙水基准值等。

我们认为，与其对应的固相基准值 SQC 可以应用 Stumm 教授提出的表面络合吸附模式以模拟实验计算得出，也可以利用目前通用的 MINTEQA2 计算软件求解。由于表面络合吸附模式是基于化学热力学理论得出的，因此所得结果需要耗费较多资源。近来，有学者主张采用动态平衡稳态模式对表面络合吸附模式加以修正，可以用较少资金控制沉积物二次污染的风险性。此外，为了进一步明确沉积物固相中具有二次污染风险性的重金属含量，可以只考虑其中有可能溶出的生物可利用形态部分，或者只考虑其中酸可挥发性硫化物（AVS）部分。总之，拟定污染沉积物质量基准和标准要考虑众多当地环境和经济因素，加以综合研究，除重金属外，还涉及有机有毒物和化学品，较为复杂，成为环境科学与技术的重要课题之一。

第五节 在德国时恰逢推倒柏林墙

我们承担的联合国教科文组织中德合作“乐安江－鄱阳湖区域重金属污染及生态效应研究”项目，其德方主导合作单位是德国海德堡大学沉积学研究所，主持人是 G. Meuller 教授。Meuller 教授可以说是我国环境化学研究所和刘静宜先生的老朋友，他多次访问环境化学研究所，前后有十数年的来往。他是德方资金计划的负责人，在项目经费控制上也对我们多有照顾。

Meuller 教授是德国著名的水体沉积学专家，他考察和测定德国全国的水体、土壤和沉积物特征，收集了大量数据编辑图集。他把历年众多研究生各自分工，每人的博士论文都针对德国一个州区，各次资料积累下来遍及全国。因此，他成为德国掌握这方面细部资料最全面而深入的科学家。他不但率领德国参与该项目的众学者到我国江西德兴露天铜矿各区参观讨

德国 Meuller 教授与生态环境研究中心有长期合作的友谊

论，还接待我们中方群体多次到他们研究所学习，并亲自带领我们到滩涂考察。我和王子健更是多次到他的办公室沟通研究进度，或商定经费使用和仪器购置计划。他为了节省经费，总是设法寻找性价比高的旅馆给我们居住，有时离他的大学实验室较远，每次来往都要乘坐公交车甚至火车。

有一次，他竟很大方地付费让我们到德国去考察著名的仪器制造厂洽购产品和参观几个研究所。我们二人很高兴地乘火车进行了长途旅行，顺便浏览了德国各地风貌。我们旅行的真正目的地是在康斯坦茨湖（Constance）畔的 LKB 仪器公司。该湖位于瑞士、奥地利和德国三国交界处，又名博登湖，属于欧洲深水湖，又是著名风景区。从文献得知，Stumm 等地球化学家曾经乘坐悬索玻璃容器，到湖泊深水区观察悬浮物沉降的景象。我们经过长途旅行到达后，由于时间短促，在当日与 LKB 仪器公司商谈仪器订购事宜后，只来得及参观该地的给水处理厂，见到该厂以玻璃容器养殖鱼类来即时监测水厂产水水质的过程，没有机会到湖区观光，实为憾事。

该次德国之行大致在 1993 年，联邦德国与民主德国之间的柏林墙已倒塌，处于两德合并统一的时期。我们沿途乘火车去了几个城市，首先是柏林市，见到市内柏林墙拆除以后的残墙断垣以及联邦德国和民主德国建筑物风格迥异的市容。在柏林墙遗址处，摊贩叫卖整块墙砖和徽章等纪念品，甚是热闹。希特勒检阅军队的柏林大街和检阅楼也成

考察弗利堡废铜矿后参观柏林墙遗址（1993 年）

为人们旅游留影的胜地。

在意大利威尼斯河桥下（1994年）

次年，我们二人再到海德堡大学，又得到 Meuller 教授允诺，答应支持有限的经费去意大利参加一个分子生物化学国际会议。我们仍是乘火车先去慕尼黑，再过境到意大利，在佛罗伦萨参加了盛大的分子生物化学会。大会的报告内容琳琅满目，但因专业不同，能够完全理解的较少。会后，我们照例仍要在意大利周游一番，但当时限于经费和时间就决定不去罗马而去难得一见的威尼斯水城。抵达后一看果然不虚此行，在这著名风景区，我们不但浏览了奇异美妙的水上之都，还瞻仰了若干壮丽的哥特式大教堂，大开眼界。可惜我们只能在此游玩一日，因为没有在该处住宿的预算经费，我们只得在当天迟暮时刻依依不舍地乘车返回。

我们换乘多趟火车总算回到住处，也没顾上吃晚餐，看到街上店铺大多已打烊，我们觉得再去吃一盘已经天天吃厌的路旁摊贩摆出的意大利面条，实在对不起这一天辛劳不堪的旅游，竟突发奇想，走进一家不大的希腊餐馆，准备用节余的少量外汇开一次荤。一位服务员过来说他们这里只卖套餐，全套共有五道菜。我们坐下后觉得不能丢面子，只得大胆地继续用餐。按欧洲餐饮顺序，第一道是汤，吃完后进行到第三道，吃了牛排，服务员说还有第四道和第五道，分别是甜点和咖啡。我们害怕带的钱不够付款，就连忙说后面不再要了，赶快付款结账后有些尴尬地走出了这家餐馆，结束了这顿有头无尾的“大餐”。这次经历使我们十分感慨，在那一时期，中国学者手中的钱要按人民币算还可以应付出国所需，但外汇数额实在很有限，偶有一次出国的机会就很被人羡慕。

还有一次是在德国汉堡市，我与王子健二人吃完晚餐后，到附近街道散步，虽然时间已较晚，但灯光还算明亮，走在人行道上总感到后面有一人尾随不舍，好不容易才勉强摆脱掉。我有些胆怯就打算先回住处，王子健显得意犹未尽就坚持要走得更远一些，我遂在原处徘徊等他回来。过了一会儿，我突然见他惊慌地奔跑回来，脸色发白地对我说："新纳粹，新纳粹！"原来他经过一处小树林，遇到一伙德国青年身着奇装异服跟着他走了很长的路，他觉得形势不对就打算快步走开，不料那群青年竟围上来喊叫着要殴打他，他挣脱后拼力奔跑才找到我。我也怕那群青年再追过来，就赶紧同王子健一起离开了。不论这伙人是否真是新纳粹，但那时德国确实动荡不安，而我们也领略了这样一次闹剧。

第六节　拥有德国贵族气质的 Hahn 教授

Herman H. Hahn（1940 —）是德国水环境及水化学工程学家，德国卡尔斯鲁厄理工学院水环境工程学院教授及主任，哈佛大学水化学博士（1968 年），德国国家工程院院士（2003 年）及海德堡科学院院士（2002 年）。

1984 年，我随刘静宜先生访问德国卡尔斯鲁厄理工学院水化学工程研究所，刘静宜先生在该所用英语做了报告，会后德国学生反映刘静宜先生的语速很快，他们有些跟不上。实际上，刘静宜先生是美国艾奥瓦大学博士，英语说得很流利，我们自己也不能完全跟上，由此，我对德语系国家学生的英语水平也有了新的认识。晚上，我们一行人受邀到 Hahn 教授家做客，他家是传统德国贵族家庭，他的夫人是一位美国女士，她以简便的美式餐饮招待我们，并且十分赞扬刚才开始使用的微波炉。据说 Hahn 是德国获得教授称号时最年轻的博士，在德国，要想得到教授称号，一般需要有至少 5 次其他大学的邀请报告经历，所以，Hahn 教授在德国很有才气声名。

1985 年，我到 EAWAG 访问研究期间，有幸到他的研究所访问 10 天。到了他所在的研究所当天，先在他的接待室等候，秘书约定的时间是 9:30，他准时到场，谈了半小时后，他看看表说时间到了还有别的事，他的其他日程可以由助手 Klute 安排，就立即离开了，这令我感觉他有些“架子”。其实这是国外学者严格遵守时间很正常的行为，我后来与他接触，感觉他很平易近人。

我到他的研究所访问，一方面，因为他是 Stumm 教授在哈佛大学时的博士研究生，专长凝聚絮凝动力学研究；另一方面，听说他们所内有一套絮凝动力学仪器系统，以激光测定颗粒物的逐时 Zeta 电位，并连通计算机逐时记录和绘制统计曲线图，就想去见识一下。不料，在我访问的 10 天里，据说该仪器不能开动，我只得望而兴叹了，仅阅读了有关资料。后来我们研究组的栾兆坤因未能如期去 EAWAG 进修，于是我就写信给 Hahn 教授，他也很快回信同意栾兆坤去他们研究所做访问研究学者。栾兆坤在该所待了一年半，得以学习使用该套仪器，并做了动态学研究。据他说，该系统也不是如传说的那么好用，但他总算得到了絮凝体与单个颗粒物有类似的动态学规律的结论，这个结果应该算是取得了新的成果。栾兆坤回来后与我合作写出三篇英文论文，我们修改后寄给当时直接指导他的 Klute 准备发表。可惜不久后 Klute 因病去世，这三篇论文竟滞留该所未能及时投稿发表，只得写入栾兆坤的在职博士论文作为他的学位成果。Klute 是 Hahn 的第一助手，长期在该所工作，管理日常事务，按德国体制，同一研究所内同一研究方向只能有一位教授，因此，Klute 本人虽然也有不少研究成果，但他始终未能升任为教授，只得以副教授职称一直到去世，看来是一件终生憾事。

后来，我还先后写信介绍高宝玉和宋永会两位学者去 Hahn 研究所进修，都被他顺利接收。高宝玉是清华大学王占生教授与我合作指导的博士生，他在聚合铝絮凝剂领域有突出的研究及生产实践成果，一直在山东大学领导团队开展工作，发表了大量著作和论文。当他得到在国外进修的机会时，我则帮他写了去 Hahn 处的推荐信，他在 Hahn 研究所做数月访问研究即回国。宋永会则是栾兆坤和我指导的博士生，他去 Hahn 研究所时间较长，在 Hahn 直接指导下从事废水中磷酸钙回收利用方面的研究，最后获得德国博士学位。他回国后原打算去清华大学工作，我就向哈尔滨工业大学校友、任职于清华大学核能技术设计研究院的王建龙介绍推荐他。王建龙表示欢迎，但按清华大学惯例要先做博士后，后来，他凭借中外双博士学位身份，到中国环境科学研究院担任首席学者，主持重要研究项目，同时又是 Hahn 教授在中国的合作者，彼此联系紧密，双方协作很有成绩。

Hahn 教授著有 *Wasser-technologie*（《给水技术》）一书，全面论述水处理技术中化学沉淀、絮凝、过滤、浮除分离等的理论与方法，该书以德文书写，由施普林格公司出版，是一本有深度内容的好书。他见到我们翻译过 Stumm 的 *Aquatic chemistry* 后，遂有意将他的书也翻译为中文出版。在德国时，他郑重地把该书原版书交给我，委托我设法在中国翻译出版。我的德语水平有限，只能不断翻字典勉强阅读，遂把此任务委托给懂德语的我的博士生冯利女士，并请当时在 Hahn 研究所进修的一位中国学者参与校核。冯利十分勤奋地工作了数月，把近 300 页的全书译出初稿交给我，当然若达到出版水平还需要认真校订。我随即与出版社联系出版事宜，结果得到答复是需获得版权持有者的授权并需支付一定的版税。于是，我只得把在中国出版的程序及所需费用都写信告知 Hahn 教授请他定夺，但不知何故许久未得到回音。后来他到北京与我们再见面时，我遂对他说原来允诺校阅的那位中国学者已回国，表示不愿再承担此事。Hahn 教授竟也未置可否，并没有再讨论下去。我想他可能觉得办成此事太烦琐而不再感兴趣，也没有再谈及译稿及原书如何处理，此事遂不了了之。

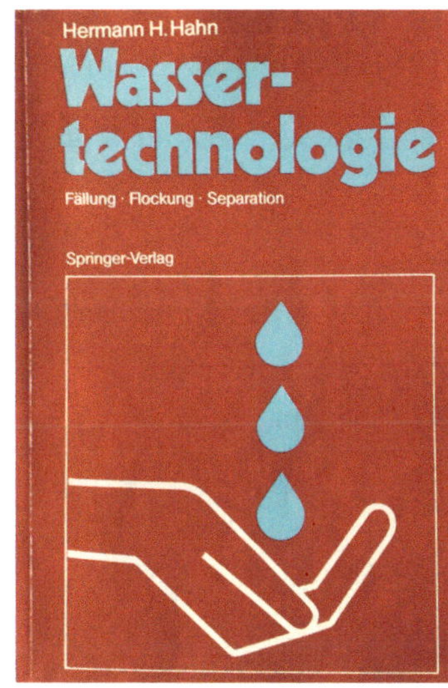

Hahn 教授的 *Wasser-technologie* 一书

还有一次，Hahn 教授随同 E. Hoffmann 博士来华访问。Hoffmann 是 Hahn 在英语编译出版方面的合作者或者助手。该时恰好我所著《无机高分子絮凝理论与絮凝剂》一书出版不久，我向他们介绍了该书内容。Hoffmann 表示他可以把此书翻译为英文出版，这对我来说当然是求之不得的一件好事。不过我从侧面了解到 Hoffmann 现在 Hahn 处工作，正在寻求一份正式职务，他又不懂中文，可能这事操作起来工作量和费用都很大。又因为与 Hahn 的译书事未得解决，遂没有敢当即答应，错过了这次机会。自觉《无机高分子絮凝理论与絮凝剂》一书有一定价值，且国外尚无同类书籍，但翻译英文版一事却一直拖延下来，至今尚在谋划中。

Hahn 教授访问我家（2006 年）
从左至右：MM、Hahn、Hoffmann、我

也是这次见面时，Hahn 问到我中国的教授目前的生活待遇如何，我表示还不错，他显得有些惊讶的样子。我遂回忆起当年随刘静宜先生应邀到 Hahn 家做客的情景，我们只进入他家餐厅吃了一顿微波炉快餐，就此告别。当时觉得这可能是德国习俗，瑞士的客人招待也不过如此规格，这已经算是很客气了。这时在中国谈起生活，我一时兴起，想让他们看看中国教授目前还不算太寒酸的住所和中国人的好客习俗。在招待他们一行人在餐馆吃饭后，我还主动请他们到我家。他们欣然应约同车前往，按中国人不大合时宜的习俗，在我家几个房间都转了一圈不在话下。Hahn 见到我摆的几件小玩意儿，就说他对中国古玩也感兴趣，想再到潘家园古玩市场去看看。我老伴就拿起一个小的鼻烟壶送给他，他推辞半天还是收下了。我总算表达了中国人的待客之道。

有一天，宋永会拿来一份 Hahn 教授的履历，说是否可以聘请他作为生态环境研究中心的名誉教授。Hahn 教授在中国的活动很多，他还参加过沈阳应用生态研究所承担的联合国教科文组织人与生物圈计划的指导，对中国环境界的帮助不少，又是德国两个科学院的院士。我有心想设法推荐他为中国工程院的外籍院士，觉得他的业绩也是够资格的，不过我很犹豫，因为中国工程院的外籍院士评选，每次在全体大会投票能半数以上通过的只有 60%—70%。环境专业在中国工程院不是尖端热门行业，大部分院士并不熟悉，万一全体大会投票不得通过，岂不尴尬而弄巧成拙。何况推荐 Stumm 教授成为我国外籍院士的事，我也没有来得及进行。大家商量一番，遂决定只在我们研究所聘请他为名誉教授，算是尽了道义礼节。

第七节 国际化学水处理和中国水处理化学双年会

国际哥德堡学术会议是1984年创办的水与废水化学处理学术会议，1994年后每两年召开一次。该系列会议由H. H. Hahn教授全程主持，其学术范畴以水处理混凝过程及混凝剂为主，还包括药剂投配技术、运行经验及经济成本、市政饮用水及污水处理、污泥处置、消毒及化学氧化、气浮及膜分离、除砷和几乎所有化学水处理工艺过程，在水处理学术界有一定影响。

该会议得到大企业Kemira Kemi化工公司及其混凝剂分公司凯米沃特（Kemwater）的资助，其规格堪称豪华。每届会议在不同城市召开，预先编印出版一本精装报告文集，到会报告者都获得旅途及住宿费用资助，因而参加者踊跃，几乎囊括各国化学水处理界所有的著名学者。

从1994年开始，我每次都参与该会议活动并做报告，起初也是由O'Melia教授介绍的。该时会议已经举行到第六届，论文集出版到 *Chemical Water and Wastewater Treatment Ⅲ*，在瑞典哥德堡召开。我提供的论文是我在EAWAG时对聚合氯化铁混凝剂的研究成果以及回国后继续探讨其稳定性的研究进展。该文得到大会接受并

在国际化学水处理会议上做报告
（1995年）

提供为大会报告之一，这也是我首次在国际会议上做正式学术报告。

由于 Kemwater 是欧洲著名的水处理药剂生产企业，我想进一步了解它们的固体产品生产销售情况，同时介绍我们的研究状况以求加强联系。会议中间，我就写了一个便条，希望会见该厂的经理人员。结果不久得到答复，约我次日早餐时在餐厅见面，我很高兴地按时赴约，见到那位会议开幕式主持人正在一张餐桌旁向我招手，我想他是在会议上看到我这唯一的中国人才认出我的。寒暄几句后，我就说明我的情况和来意，他很客气地说他不直接管生产，并且告诉我固体产品的市场价格和他们的产品行销欧洲各地的情况，不过他说他们的生产厂主要是在挪威，也不便请我去参观，等等。我也不好再过问更多细节，就交换了联系方式后道谢告别了。也正是因为此次交谈，后来国内企业家潘德扣在丹麦打电话问我时，我才能告知他那位经理的联系方式，促成了他们之间的一次合作，我则没有进一步探求与他们合作的可能性。在后来我见到 Kemwater 的通报上把与潘德扣联营的中国宜兴分厂也列入它的合作伙伴，才意识到自己没有把握住那次进一步合作的契机。

此后，我出席了国际化学水处理第 7 届（1996 年，苏格兰爱丁堡）、第 8 届（1998 年，捷克布拉格）、第 10 届（2002 年，瑞典哥德堡）会议，

国际哥德堡学术会议学术委员预备会（1995 年）

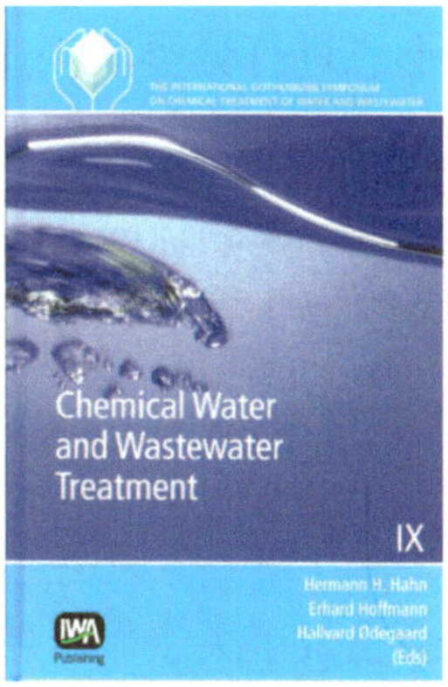

哥德堡学术会议论文集

并且都做了报告。

1998年，我到布拉格参加会议时，在会上做完报告等待听众提问，当时主持人Hahn在台下提了一个问题，我听得不太清楚，只按自己理解的意思做了回答，但仍然不很自信，于是又向Hahn追问说："我回答的是你的问题吗？"这似是说明我的英语听力不太好，Hahn就笑了，有些听众也笑了。我很尴尬，有点儿不好意思。这时台下的一位美国学者Dentel立即大声又提了另一个问题，我很快做了解答，算是解除了我的困境，使我对他心存感谢。

这位美国青年学者Dentel与我并未相识，只是他发表过一篇长文综述混凝过程的研究历史，并且提出过一种新的简化模式，对孟晓光的导师Letterman以表面络合理论计算絮凝过程的模式加以改进。我很赞赏他做的有创意的工作，曾给他写信讨论过他的简化模式。这次会上他及时提问似是为我解了围，又使我觉得彼此的观点有相通之处。当天会后，我正在饭店大厅休息，恰见他从外面进来，就向他打招呼，他随即过来坐下与我交谈。想不到我们接着继续讨论起絮凝机理问题来，争论得很有兴趣，竟一直谈到夜里12点多才分别。不过由于我英语水平不够，总是感到无法精准表达自己的深层次想法，不能畅所欲言，有些遗憾。后来我们团队的王东升曾经应用过他的简化模式，但文中加入了我们对铝形态进行分类的观念和计算方法。这篇作品发表在美国土木工程学会的期刊上，是一篇重要的文章，也得到过Dentel的赞赏。他后来的研究方向转为污泥处置，同我们就再没有更多深入交往的机会。

该系列会议的论文集后来改由国际水协会（IWA）出版，第11届会议（2004年）也首次转移到欧洲外的美国奥兰多召开。会议地点选在一家豪华的花园酒店，显然这次会议在国际上的影响有所扩大。我在该次会上做了关于聚合铝的双水解模式的最新版本报告，Hahn专门向我要了此次报告的PPT，说是要作为教学用。在该次会议上，宋永会和石宝友也都做了大会报告。不过，从第12届会议起，我就不再参加后面的会议，改由王东升继续参加。

1996 年，我在姚重华教授发起组织的国内水处理化学大会上与老友相遇，我们也谈及瑞典的化学水处理国际会议。姚重华教授与王志石都是 O'Melia 的博士研究生，也是水化学学派的成员。Stumm 在中国扩展他的学派的期望未能实现。王志石后来由清华大学调往澳门大学，姚重华在聚合铝形态核磁共振测定，特别是在污水生化技术处理后管理的神经网络程序计算取得突出研究成果。我与姚重华一拍即合，遂共同商定让他的应用化学学会体系加盟我们所在学科的环境工程活动，类似于国际化学水处理会议，合力组织全国高校的水处理化学双年会。这项合作协议在姚重华理事长的多年坚持推动下，终于成为现实，而且如滚雪球一样，几乎吸引了全国有关环境水处理专业学科的所有（数十所）高校参加。各校允诺分别轮流主持两年一次的大会，构成定期有序

国际化学水处理会议师生合影
（美国奥兰多，2004 年）

中国化学会第七届水处理化学大会暨学术研讨会留影（2004 年）

进行的全国有特色的学术会议。特别是发展到2008年第9届会议时，轮到由西安建筑科技大学王晓昌教授主持，他是国际著名水处理专家丹保宪仁的博士研究生，他决定就此召开一次扩大的水处理化学国际大议，邀请O'Melia等数十位国外学者参加，开办成一届集国外学者于一堂、规模盛大的国际学术会议。这次会议取得了巨大的成功。

该系列会议到2016年已是第13届，沿例在东南大学顺利召开。可惜我当时已体衰力弱，未能再到会倾听和发表演说了。姚重华教授虽也已年高，但仍奋力为此会议做出很大贡献。他对历次会议的前后往事的记忆胜我甚多，还写了一份对我过于客气的友谊记述的信，供我做回忆录的素材。我对他的恭维确实不敢当，仅附在下面权当我们的往事一影和我们多年合作的纪念。令我没有想到的是，他还留存有我当年的一份笔书信迹，一并附此作为图片纪念。在近许多年，我养成不再动笔墨书写而全靠电脑打字的习惯，现在看到自己当年写出的这样洒脱的钢笔字都有些惊异。

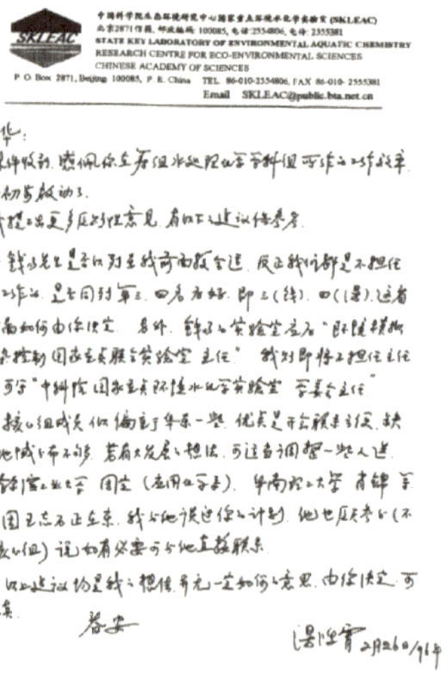
中国科学院生态环境研究中心国家重点环境水化学实验室(SKLEAC)
北京2871信箱，邮政编码 100085，电话 2554806，电传 2555381
STATE KEY LABORATORY OF ENVIRONMENTAL AQUATIC CHEMISTRY
RESEARCH CENTRE FOR ECO-ENVIRONMENTAL SCIENCES
CHINESE ACADEMY OF SCIENCES
P. O. Box 2871, Beijing 100085, P. R. China TEL 86-010-2554806, FAX 86-010-2555381
Email SKLEAC@public.bta.net.cn

重华：
来件收到，感佩你在为组织水处理化学学科组所作的工作，此事已经初步启动了。
我提不出更多的具体意见，有以下几点建议供参考。
1. 我与先生是否以列为我前面较合适，反正我们都是不担任具体工作的。是否同时算上四名为好，即王(维)、田(忌)，这看你意向如何由你决定。另外，我的实验室名为"环境模拟与污染控制国家重点联合实验室主任"，我对即将不担任主任职务，可写"中科院国家重点环境水化学实验室学委会主任"。
2. 核心组成员似偏重于华东一些，优点是开会联系方便，缺点是地域分布不够。若有大家的想法，可适当调整一些人选，如哈尔滨工业大学国宏(应用化学系)、华南理工大学肖锦等。
3. 国王应否正式在东，我与他谈过你的计划，他也愿意参加(不是说核心组)，记如有必要可与他直接联系。
以上建议均是我的想法，并无一定如何的意思，由你决定，可不必讨论。
敬安
汤鸿霄 2月26日/91年

我写给姚重华的信

姚重华教授过分客气地将水处理化学大会始末及我们友谊的记述如下：

我和汤老师相识至今已35年。1978年我进入北京师范大学当研究生，在做江西永平铜矿水质模拟研究时常到中国科学院环境化学研究所找汤老师请教，涉及问题有黏土矿物表面改性方法、水质碳酸平衡计算模拟等，受益匪浅。硕士答辩原想请汤老师当答辩委员会主席，但因汤老师很忙，改由彭安老师来担任答辩。

1983年我到美国约翰·霍普金斯大学读博士，临行前汤老师告诉我，我在美国的导师Charles R. O'Melia和他的研究经历很相似，都是从给排水转到水化学方向。1986年在美国获知“环化所”改名“生态环境中心”，O'Melia说这可能是苏黎世工业大学EAWAG所长Werner Stumm的建议。1987年我回国面见汤老师汇报学习情况，汤老师表示愿意部分资助我研究工作的启动。

1995年中国化学会应用化学学科委员会决定成立水处理化学学科组。为了提高水处理化学大会的学术水平，1996年开始，我和汤老师进行协商，决定中国科学院生态环境中心水质学国家重点实验室为水处理化学学科组的挂靠单位，决定由汤老师出任水处理化学学科组的名誉主任，并商定了水处理化学学科组的委员名单。2008年我临近退休，经与汤老师商量，决定由中国科学院生态环境中心杨敏教授接替我担任水处理化学学科组理事会的理事长。

汤老师1996年曾在中国化学会第三届水处理化学大会上做大会报告；自2000年第五届到2012年第十一届，汤老师在每两年一届的水处理化学大会上均做大会报告，合计有8次，内容涉及铝盐水解聚合的理论与应用、混凝絮凝理论的发展、水污染控制进展等水处理化学的诸多方面，对提高水处理化学大会的学术水平、增加大会的凝聚力，起到极大的推动作用。

尤其应该指出的是，这8次报告中，有6次是在汤老师70岁以后进行的，由此可见一位老科学家对事业执着和对晚辈提携的拳拳之心。

姚重华的记述算是过分客气。实际总体说来，我对聚合铝混凝剂的研究成果和生产实践不断进行宣传，先后在国际化学水处理及国内水处理化学双年会，还有化工学界的工业水处理混凝剂系列会议上，做演讲报告总计不下数十次，也算多少起了一定的推动作用。

第八节　聚合铝的形态提纯与复合杂交

以聚合铝、铁作为水处理混凝剂的学术研究与生产实践可以说是贯穿我一生的科技道路，也是我所在团队多年来主要探求的方向。这一领域经过我们数十年的探索和积累，已经形成科学技术一条龙的链条，从实验室形态结构模式研究到现代化工厂生产成品推广，各环节相互启发、借鉴、发展，在我国水处理界显示出一条有特色的科技链索线。为使脉络清晰，我在本书中分别加以叙述，本节主要记叙我们团队在实验室中关于聚合铝形态分类、提纯精炼工艺及复合杂交的探索历程，其生产、模式、现代化等的研究历程则在另外数节中分别叙述。

1997 年我调入中国科学院环境化学研究所情报室，后又转入水污染化学研究室专职科研工作，主要进行天然河流和湖泊的重金属污染评价治理研究。我只得暂时搁置原来比较熟悉的水处理混凝过程与混凝剂研究，但总不能忘却。后来恰逢参加蓟运河汞污染评价项目，遂建议设立沉积底泥的处置工艺专项题目，并提出岸边絮凝净水回流的设想。我与栾兆坤共同合作开辟了研究组中混凝方面的内容。

栾兆坤虽也是从情报室进入我的团队的，但他有清华大学高分子专业的背景，恰适合与我合作混凝有关项目的研究。我们在此领域的合作也成为他主要的专业，他也是团队中的主力，后来我建议他读我的在职博士生，又推荐他去德国 Hahn 教授研究所做访问研究，并推动他建立独立的研究组。他后来与我分工，主要从事混凝剂生产实践研究，在全国范围内推广无机高分子混凝剂生产的现代化"唐山模式",成果遍及多省,成为在生产工艺上卓有创新的专家。可惜他积劳成疾,先我而去,使我失去一位多年密友。他在我国水处理混凝剂领域的成绩和贡献是值得纪念的。

我和栾兆坤的含汞沉泥净水回流工艺在实验室完成了静态及动态模拟实验,虽限于条件未能在现场实施,但我们研究组建立了混凝领域研究的基础,这实是后来延续深入发展成为团队又一重要研究方向的开端。接着陆续开展的常青、蔡固平、宋晓红等硕士论文的聚合铁研究莫不与此有关,特别是常青与我在铁聚合方面的初期研究成为我在瑞士 EAWAG 对聚合类混凝机理进行深入研究的开端。

在全国水处理行业对混凝剂的需求推动下,于长春自来水公司由我原在研究组团队的陈辅君、付书世等继续以氢氧化铝"一步法"生产聚合铝的生产工艺实验取得成功,并由建设部召开会议通过技术鉴定。他们所利用的高温高压釜系统原是我们共同建设的,其工艺流程也是我所熟悉的,而这正成为我们后来一起在唐山又共同建立现代化生产厂的基础。我在水污染化学研究室的现有团队,在研究聚合铁的同时,当然也已重新开始了有关聚合氯化铝的生产和实验研究,不过这次是从实验室制备溶液探讨无机高分子聚合形态开始的。

我们的系统性研究由胡清、冯利等的硕士论文工作开始,进行了混凝剂形态分布方面的探索。冯利在从硕士到博士期间,与栾兆坤一起对聚合铝的 Ferron 络合比色法分类和逐时扫描测定计算做了规范性研究,建立了此后我们团队深入探讨聚合铝形态分类和絮凝效应的统一基本操作规程。胡清在取得硕士学位后又到英国留学取得博士学位,回国后成为在环境界颇有建树的活跃人士。

Ferron 络合比色法使用铁试剂灵作为络合试剂,把 Al(Ⅲ)溶液中聚合形态定量划分为 Al_a、Al_b、Al_c 三类,根据它们的含量相对比例改进聚合铝制备方法,再以混凝实验判明制品的絮凝净化功效。大量实验结果表明，Al_b组分占比最高者往往具有最佳混凝效能，因而确认Al_b是聚合铝中的最优功效成分。此原理同时推广应用到工业生产流程中，作为改进工艺技巧、提高成品质量的指标依据。大量实验结果表明，在碱化度B=2.5左右时，絮凝除浊效果最佳而其Al_b所占比例最高。由此拟定聚合铝最佳形态的制备基本参数和标准操作规范，以此作为团队后续实验的统一方法。

Al（Ⅲ）聚合形态逐时络合比色法是根据逐时扫描曲线的动态速率常数差异做出形态分类的。因为Al_a与Al_b的速率常数有显著差别，所以分为两类，而Al_b中前后段速率常数往往也会出现数量级的差异，因此我们把Al_b进一步分为Al_{b1}和Al_{b2}两类。我和栾兆坤认为，Al_{b1}应属Al_a，而Al_{b2}才是Al_b本体。后来，叶长青对Al_b的速率常数做了更精细的分析，并提出从氢氧化铝微酸化制备聚合铝的工艺设想。此时，国外兴起Al核磁共振光谱形态鉴定法，公认为化学位移62.5 ppm[①]处的峰值代表聚合十三铝（Al_{13}）形态。我组冯成洪的博士论文以实验证明了Al_{b2}即为Al_{13}。这些成果整理成文献并发表，最后形成了我们团队有特色的Ferron逐时络合比色法动态扫描-核磁共振鉴定相结合的Al（Ⅲ）聚合形态标准分类方法。

在明确了Al_{13}形态即为聚合铝混凝中的最有效组分后，我们遂集中追求Al_{b2}（即Al_{13}含量最高）甚至Al_{13}的提纯制备方法。王东升、栾兆坤、徐毅、宋永会以及后来的石宝友等在实验室制备方法上都做出了创新和贡献，他们实践的钡盐置换化学沉淀法逐步达到提纯Al_{13}到聚合铝总量的80%—90%。博士生黄鹂在膜滤分级和激光散射鉴定的研究中，应用超滤膜分级到1000道尔顿超滤膜，也可将Al_{13}滤选达到占原样品的90%以上。

在精制高纯聚合铝（HPAC）生产实验方面也取得了显著的进展。由

① ppm即百万分之一。

我和曲久辉先后指导的三届博士生刘鸿志、路光杰、刘会娟等，在长达 10 年间接替攻关电化学法制备高浓高效聚合铝，最终取得浓度为 2.0 mol/L、Al_b 含量为 65% 的聚合铝浓液。刘会娟、雷鹏举等建成年产 1000 吨产品的高含 Al_{13} 的电解法制备 HPAC 的典型工程设施。另外，由刘忠洲指导研究生组探讨以中空纤维超滤膜系统生产 HPAC 产品。他们经过多次实验得到，以 2.0 mol/L 的 Al_{Cl3} 原液制备出浓度为 0.15 mol/L、Al_{13} 含量达 80% 以上的溶液。这种工艺设施适合在水处理现场直接应用投配聚合铝混凝剂。

所有这些探索和成果汇聚成我们团队在聚合铝形态结构、提纯制备及生产工艺等的整体集成研究体系，并且朝着使聚合铝发展成为独立精制的纳米材料这一现代化方向前进。

在研究和生产聚合氯化铝的同时，我国也兴起了研制聚合铝各复合品种的潮流，我们团队在此领域的研究也处于领跑行列。若探讨其发展的推动力，除在产品上有减少成本、提高效能的需求外，在纯制聚合氯化铝的功能机理上，我们还考虑 Al_{13} 的形态稳定性和电荷性能过强，易于发生投加过量而效果反倒恶化的趋势。聚合铝铁复合剂在效能上并未能显示出加和的效果，而加入磷酸、硅酸等负电荷阴离子成分则有可能会减弱 Al_{13} 的强电荷性，这在阴离子有机高分子进行复合时则可以更明显地表现出来。

胡勇有是清华大学王占生先生的博士生，因做聚合磷酸铝论文研究而以我为副导师加入我们团队，他后来成为建设唐山聚合铝现代化生产厂的主力。高宝玉早期就在山东大学从事聚合硅酸铝生产研究，后来也是在清华大学进修时王占生先生的博士生，并到我们实验室共同研究聚合硅酸铝，他在聚合铝研究中促成山东大学与我们团队的长期深入合作。他们的研究成果都成为复合型聚合铝絮凝剂基础研究的开端和生产发展的前驱导向工作。

由于溶解状态的聚合铝形态处于无机高分子与有机高分子之间的区

位，博士生石宝友以多种有机高分子絮凝剂与聚合铝复合，试图加强其无机高分子的絮凝连接效能。研究结果表明，无机与有机高分子的复合确实可能提高复合剂的絮凝效能，但在设计前必须首先明确复合的目的性。欲加强其絮凝效能，可选用长链状的有机高分子，过长链团会影响其沉淀性；而若欲调节其电性强度，则需选择适度的阴离子型有机高分子絮凝剂复配试制。

我们团队在无机高分子絮凝剂领域多年积累的各种经验，推动着我国具有独立生产特色的混凝剂工业，在国际研究体系和生产产品应用领域都居于前列。

第九节　聚合铝生产模式的工业化

20 世纪 80 年代初期，全国的混凝剂生产工艺已经脱离池槽式人工操作方式。我原建的混凝剂研究组中陈辅君、付书世等，在长春自来水厂过去共同建设的高压高温釜系统上，以氢氧化铝凝胶为原料，建立起氢氧化铝“一步法”生产聚合铝的生产工艺系统，并取得成功，由建设部正式召开鉴定会通过技术鉴定。它可以说是聚合氯化铝制备生产工艺系统的进一步发展，不过这时一般都是自来水公司自产自用，尚没有一家现代工业化生产体系的独立企业进行市场运营。

20 世纪 80 年代后期，以氢氧化铝凝胶为原料，在反应釜中以浓盐酸加温加压溶出铝液的生产模式已推广到全国，成为主流工艺。然而，液体产品只适合在本地使用，要扩大企业市场规模，使产品便于运输和储存，生产固体产品成为进一步的需求。当时聚合铝液体产品固化的方法有风干法、冷冻法、烘干法、机械破碎法、滚筒干燥法等，其中滚筒干燥法较为成熟，但产品质量不够理想，燃料消耗和设施损坏更新所需费用较高。

液体产品固化也涉及进一步达到国际水平向国外出口产品的问题，很长时间中国产品不能打开这一局面。国外的固化技术属于严格保密的专利，甚至外人难以到现场参观。直到 20 世纪 90 年代初，发展自己的现代固化技术才成为迫切需求。该时也有一些企业（如淄博聚合铝厂）开始以钢筋混凝土塔体试验喷洒烘干的工艺液体，也有滚筒式烘干的块状产品，这些都不适于市场运输销售。日本大明化学工业公司等企业的粉状聚合铝产品行销东南亚，但它们的专利技术属绝密范畴，来华访问做报告的日本专家不肯透露半分。我当时正在中国科学院环境化学研究所研究聚合铝的制备及形态转化规律，某次到日本大明化学工业公司去访问，也被挡在行政部门外而不能进入生产现场参观。

恰在这一时期，国内动员科研与教学部门联合，开始兴起结合市场企业办工厂的潮流，很自然，我们也强烈希望筹划创建一座现代化的混凝剂化工厂。胡勇有介绍一位企业家李先生，他正想投资建立企业而寻求技术合作伙伴。我们见面后一拍即合，遂共同决定合作建立聚合氯化铝生产工厂。

除了我们组的栾兆坤和胡勇有外，我又联系和召集了旧友团队中已在南昌航空工业学院任系主任的林振煌，山东建筑工程学院的教授陈辅君，以及长春自来水厂的化工技术员付书世等，组成了一个专业对口且学科品种齐全的新团队。不过，当时我只有曾与澳大利亚悉尼水厂筹建聚合铁混凝剂厂的谈判失败经历，又曾与国内一家小公司订立过稳定性聚合铁技术转让合同，对于国内当时的技术转让利润分配惯例（如产量分成或产品售后分成等）只有粗浅理解，而对如何兴建一个工厂尚十分朦胧无知。于是，我和李先生及胡勇有一起，走访了北京郊区数家乡镇办企业，但因条件不合都没有谈判成功。最后很幸运地在唐山市工商局寻求到合作对象，他们非常愿意同李先生合资，应用中国科学院研发的技术建立一座现代化混凝剂生产厂，经过谈判达成初步协议。不过，这种多元化、多方面的合作方式之所以能够达成，确实还要归功于国家政策。

我们这个团队达成共识，决定在唐山建立聚合铝生产厂——东昌化工制品有限公司。虽然我们的最终目标是要生产与日本同等水平的粉状固体产品，但是其工艺设计细节尚待落实。1991 年，胡勇有与我共同研究了利用金属铝废线制作聚合铝，我们新组成的团队又以氢氧化铝凝胶半成品为原料，经过多次实验和探索，终于在上海找到一种高塔式喷雾干燥生产塑料粉的工艺设施。经过改造后，应用我们制备的液体聚合铝进行了许多次调试实验，最后竟可得到粉状固体聚合铝样品，溶解与混凝效能都很好，外观形同奶粉，不次于日本产品，皆大欢喜。然后，我们将这几项技术环节组成完整的工艺流程，进行设计和建设施工，终于在 1994 年建成年产液体 18 000 吨、喷雾干燥粉状固体 6000 吨的聚合铝生产厂。该厂的生产工艺流程作为“唐山模式”在全国的聚合铝生产行业中起了广泛的示范作用。

喷雾干燥造粒的粉状产品可以达到同样的国际市场标准，且价格低于国际市场，解决了产品出口到亚洲各地的市场销售难题。唐山混凝剂厂连续生产多年，林振煌、胡勇有、陈辅君、付书世等都加盟或任职，在该厂生产运行管理中不断发展改进新的技术。栾兆坤与后加入的李建国在国内还大力推广该种“唐山模式”。新建各厂的工艺技术也有许多改进和创新。到 2010 年，他们合作的建厂规模已经达到年产 4 万吨、预期 10 万吨的生产水平。

生产厂开工典礼

高速离心喷雾塔

喷雾干燥车间

淄博新建聚合铝生产厂（4 万吨 / 年）

准备出口的成批产品

20世纪90年代后期，以氢氧化铝凝胶和铝酸钙为原料生产聚合铝的工厂遍及全国，有一定规模的生产厂达数百家，生产总量达到每年数十万吨。原料供应、生产、市场与用户网络逐步形成，一些年产万吨以上的中、大型生产厂成为行业的骨干企业。专业的技术公司也在建立，甚至形成如河南巩义地区集中数十家生产厂的行业基地。全国建立起若干数万吨级喷雾干燥法粉状固体聚合铝生产厂，它们都是在“唐山模式”工艺基础上发展起来的。如今，聚合型混凝剂已经基本全部替换了原来的硫酸铝，中国在国际上也成为有独立特色的水处理药剂市场供应地。

环境水质学国家重点实验室的团队着重在实验中研究聚合铝的制备形态，发展多种工艺方法，还试图开发纳米级聚合铝絮凝剂。同时，也协助推动技术转让，建立生产厂和参与全国混凝剂技术研讨会。我的愿望是在聚合类混凝剂领域形成一条行业链，从研究开发到生产市场再到水处理流程应用，它们的交汇点就在全国混凝剂发展研讨会。

全国混凝剂发展研讨会是由天津化工研究设计院及国家工业水处理工程技术研究中心杨玉琦工程师发起并主持的，它并属于中国化工学会工业水处理专业委员会，与全国水处理化学大会各隔年开一次全国会议。杨玉琦工程师与在深圳主持混凝剂公司的李润生工程师联合操办，使该研讨会包罗了从事水处理药剂研究的高校及研究所、生产企业市场营销的公司和水处理工厂用户等，并把我们研究室当作学术挂靠单位，共同组成了一种混凝剂行业广泛联合的协会。在几乎每年召开的学术会议上，不但各单位可以交流不同品种混凝剂的研制发展成果，而且各生产厂家可以展示广告，交流市场动态，还可以与用户达成交易，各取所需。此研讨会之所以能长期延续不衰，在全国水处理药剂事业中发挥了推动作用，不但得益于它的主持操办者的精心组织，而且由于它的组织形式确实有特色和代表性。此研讨会也是我们研究开发的聚合混凝剂获得全国影响的一条重要通道。此外，我们团队在技术上从未正式把持专利权，在交流上也很少有商业保密意识，一心致力于发展科技成果。这也是

"唐山模式"得以在全国迅速推广的重要因素。

全国无机高分子絮凝剂技术发展研讨会代表合影留念（1997 年）

江苏宜兴聚合铝厂潘德扣厂长通过一次会议与我相识。有一次，我突然接到他从丹麦哥本哈根机场打来的电话，说知道我认识瑞典 Kemwater 混凝剂公司老板，他要去同他们建立联系，问我能否帮忙告知他联系方式。我觉得这是好事就告诉了他电话号码。想不到潘厂长不但真去瑞典找到了那位老板，而且谈成了一笔交易：他们竟达成协议从瑞典引进投资，在宜兴潘氏混凝剂厂的基础上合办凯米沃特（宜兴）净化剂公司。这是我国首家由国外公司来华建厂生产絮凝剂的厂家。经过对原厂的改造，合作新厂已完全纳入总公司 Kemwater 在全球的絮凝剂生产体系。或许由于瑞典公司并不掌握我们开创的喷雾干燥制备粉状产品的技术，或许对在中国推销商品的技巧不够熟悉，该厂在中国的市场营销竞争中成绩并不突出。几年后，我在海南三亚又见到潘厂长，他告诉我他又转而发展超滤膜的生产厂，看来他真是一位能干而不断追求发展的企业家。

应该指出，我国还存在一些不同工艺流程的聚合铝生产厂，如在常温常压下的生产工艺、以滚筒法生产固体产品的工艺等。各生产厂多是根据不同的原料、设施和规格要求，实际执行不同的生产程序和条件参数，生产产品的组成和质量也有很大差别。另外，总的说来，我国聚合类絮凝剂的生产工艺即使在大型生产厂，其流程生产线、自动控制、仪表检测、质量保证等现代化生产系统条件，也尚未达到国际同类精细化工厂的水平。

我们开发的喷雾干燥粉状生产技术在设备和产品上仍然存在缺陷，虽然由热风干燥改为电热，又引入膜法溶解过滤技术等，但总体设施尚显庞大，难说已达到专利技术最理想的级别，只能再待发展与改进。

第九章

中国工程院活动散记

第一节　偶成中国工程院院士

中国科学院于1955年选聘资深学者为学部委员（后改称院士）。这些学者都是老一辈德高望重的科学家，这个最高荣誉称号对一般科技人员来说，似尚是可望而不可即的。后来，中国科学院院士成为固定体制而逐年有所增选，这个群体遂成为科技界人士心向往之的核心层级。记得1993年时，中国科学院地理研究所学术委员会主席章申先生当选为中国科学院学部委员，他是地学界以环境保护为主要专业活动的带头人之一。我们与他常在一起合作的团队在聚会时十分兴奋，大家都说这回都更要跟着他干了，可见当时院士头衔在大众心目中的地位。当时，中国科学院并没有设置环境科技方面的专门学部，我虽然在中国科学院的研究所工作，却不是中国科学院基础专业人员出身，中国科学院学部中虽也设有技术科学，但其院士中并没有环境工程专业人员。所以，我当时也没有自不量力地把院士头衔作为自己可望争取的目标。

其实，国家决定正式成立中国工程院是在1994年。当时决定中国工程院首批院士为100名左右，其中包括由中国科学院推荐30名院士兼为中国工程院院士，此即后来所谓初始的“两院院士”，连同由全国各部委系统推荐出60多名学界人士选定为中国工程院院士。这96位人士遂成为中国工程院第一批院士。据我所知，后来凡是在两院各自当选已列名的院士，都被统称为“两院院士”，其实是泛指两院的院士。实际上，在某院虽已为正式候选人但最终未能当选的人士，若再改报他院则一般很难再当选，因而也很少再有并列兼职的所谓“两院院士”产生。

我在 1995 年“侥幸”被提名并评选为中国工程院院士，其候选人资格并非由我所在的生态环境研究中心经中国科学院提名推荐到中国工程院的，而是由中国环境科学学会的评议会议推荐确定的，实际上，我本人并没有参加那次会议，因此我始终感谢刘静宜、钱易两位先生在会上对我的提名。当时我知道被推荐后虽然感到荣幸，但总觉得有些偶然的成分，也没有当选的信心。在数次评选过程中找我申报补充材料的也常是钱易院士。当时在中国工程院中，环境专业与农林专业在同一学部，而环境方面只有钱易和刘鸿亮两位院士，我能在众多候选人中在学部会议上最终被投票遴选通过，自然与他们的推荐和支持分不开。我们这届选举结束后，环境界的中国工程院院士才只有钱易、刘鸿亮、顾夏声、唐孝炎、任阵海和我共六人，其他尚有气象、海洋等界的院士，也与环境专业同在一个分组。

中国工程院农业学部院士合影（1995 年）

该时正是中国工程院建立不久，由师昌绪先生拟订的初步方案中，划分学部是按专业分界确定的。根据已在实行的方案，环境专业与农林牧副渔及轻工等有关专业同在一个学部。轻工业各专业分布甚广，因其中纺织印染等众多专业都与环境污染有关，故也分在同一学部。我们环境界的六位院士一起讨论时，曾设想可否专门成立一个独立的环境学部，作为发展全国环境科技界的核心力量。不过，即使加上气象、海洋、轻工等学科的院士数量也还不够，于是又拟议去联合当时已经分在水利学部的市政、建筑等与环境学科关系密切的院士如李圭白等数人，再有也可考虑把水文地质、化工污染治理等学科的有关院士联合一起。不过，这种拟议方案似是有些一厢情愿和异想天开，虽经酝酿但最终也未能成功，最终仍是按原有方案，把环境、气象、海洋与农林等专业合在同一学部，倒也勉强彼此补益、相互结合。

经历数年后，这个学部竟由最初的三十余人陆续增选到八十余人，各学科又渐增园林、蔬菜、皮革、化纤等专业，实在庞大、复杂。于是，就不得不再一分为二，把环境、气象、海洋与多种轻工业学科分离出来合为一个独立学部，而其中又划分为两个分组，这样才算稳定下来。在

中国工程院环境科技界最早一批院士中的四位（1995 年）
左起：钱易、顾夏声、李圭白、汤鸿霄

每两年一届的中国工程院院士增选中，总增选名额由中国工程院确定，而环境轻工学部的限定名额一般为5名，环境组则为3名。院士们每两年一届评选时的共识则为环境界本身的增选额度只限于2名，另一名额则从气象或者海洋学科中增选。也是在此时期，曾经有请中国科学院院士刘东生先生兼入中国工程院环境学部的提议，但因已新增两院兼职院士而作罢。或许正是因此，中国工程院环境学部才一直未能独立包容全国环境界而成为核心力量。不过，环境科技学科本身就是由众多学科集成的领域，这可能反映了其更本质的因素。

当选为中国工程院院士照（1995年）

1995年5月，我荣幸地当选为中国工程院院士，从此开始了我人生的又一新阶段。通知正式下达后，生态环境研究中心为我召开了小型的祝贺会，说我是我们研究所中当选的第一位院士，是“零的突破”。因为当选时我正在国外访问，对我来说，虽然申报候选的过程早已知道，但最终能够入选确实喜出望外，不免有些不知所措。

我之所以被提名候选并最终当选，当然与我在环境科技界已经有若干业绩并已产生一定影响有关。不过，如果以当时我的业绩与后来逐年评选其他新增选院士的条件相比，我又有若干自愧不如之处。实际后来逐年评选院士首先要看几条硬性指标或规定，例如，有国内外博士学位及博士生导师资格，曾获得国家级三大奖奖项前几名，发表若干篇SCI论文或有若干工程实施成果，在本学科业务水平上居于国内同行专家前列，经过部门逐级评选或由数名院士推荐，等等。

我虽然在哈尔滨工业大学本科六年制全程毕业，总算获得工程师的资格，却没有赶上国家开始设置研究生制度的年代，没有攻读也没有获得国内外博士学位头衔；虽然专门学习了俄语，但后来并没有被派往苏联留学获得副博士学位，依然在中国科学院逐级被评为研究员，担任博士生导师。实际上，当时我们这一代院士中没有机会获得博士学位的也不少。我虽然到瑞士 EAWAG 做过一年多访问研究学者，并多次出国交流，又与 Stumm 联名发表过两篇论文，但回国后因没有上交大使馆证明而未被列入留学海归人员。我虽然主持过国家若干重要科研项目和联合国教科文组织的中德合作项目，前后获得过国家、中国科学院及部门等级奖项 12 次，但尚未得过国家级三大奖前列排名。我虽然在环境工程专业研究创建了水处理行业混凝剂现代生产模板厂并推向各地成为系列工业，但并没有攻破过重大科技尖端难题。我虽然出版过畅销的科技专著及百多篇中英文文章，在国内外会议上常发表学术演讲，但尚没有甚高影响因子的 SCI 论文。我虽然筹划建成环境水化学国家重点实验室并担任主任，但并未谋求或被任命过更高级别的行政职务。综合这些已有业绩，我自觉虽有些成绩却有遗憾，似是处于“比上不足，比下有余”的科技人员行列，而忝被评为院士实属侥幸。

当然，当时国内科技界正处于“文化大革命”后重建时期，除“两弹一星”等国防科技以外，一般学科水平与先进国家相比尚有一定差距。对环境科学与技术这一领域而言，虽然环境保护已被定为国策，在科技分类上，“环境科学与工程”后来也被列为一级学科，但在普及和提高两方面该领域都尚未成熟。我本人从环境工程进入化学领域，又结合地学、生态等学科，著述和生产实践两方面均有些特色，人贵有自知之明，我想自己只有努力奋进，学习填补短缺和不足，加强实践业绩贡献，以开拓这新兴综合学科为己任，才能继续向前，名实相依，不辱生命和大众同行。

我当时已 64 岁，迈入人生这一新的里程，经受新的考验。我们随着新中国成长起来的这一代知识分子，虽然凭着科学救国的热情和心念，间断不息地做过一些知识积累和实践，但而今已垂垂老矣，不得不问自己“老骥伏枥，尚能饭否？”按照一般规律，我此后的主要活动可能是：自己不再操作测定仪器，而只检查二手的实验数据，修改论文，借以指导众多研究生团队；力争项目经费，来维持团队实验研究；频繁出席会议、做讲演报告、巡游考察、评阅他人成绩；等等。难道这就是我未来的院士生活，从此沉浮于院士头衔而乐享人生余年吗？

纵观自己一生，对比中年时期的苦难历程，更觉获得院士头衔后，许多科研条件和生活礼遇的可贵。我国环境污染问题依然存在，科技形势咄咄逼人，我既然被定位在这貌似重大但实际沉重的边缘学科，只能集中余力追寻前进方能不虚此生，否则也愧对自己和苍生。

扪心自问，我只有不改自己的初心，利用不多的岁月，专心致力于科研事业，凭借已有的综合素质，苦学软件和计算机操作，大量搜索国内外文献，追寻前沿思路，坚持亲自编改论文，操作计算机绘制图像。在64—80岁的院士后时期，面临耗尽精力仍捉襟见肘的年龄，来蹒跚度过这似是高级研究者合乎常理的阶段。或许辛勤自有收获，我在繁忙混乱交错的实践中竟也协同团队先后完成了几项国家攻关和重点基金项目，凭所得业绩获得国家级自然科学奖及科学技术进步奖项。深夜伏案写作了多篇论文及专著，虽稍稍填补了自己缺憾的心愿，却也更遗留下不少百思求索不得其解的科学悬念。

我身在中国科学院任职却又是中国工程院院士，而中国工程院本身并无研究或工程实体单位，它领导操作的主要是国家级各类咨询项目。各位中国工程院院士大多是头顶院士的头衔从事所在单位的本职工作，另外也要参加大量会议、成果评议等活动。我在中国科学院有研究室团队和需要完成的项目任务，又要参加中国工程院的若干重要咨询项目，往往顾此失彼。不过，参加中国工程院的一些高级别咨询项目，确实也提高了我接触群体的风范，开阔了我的学术视野，扩展了我对全国环境科技和水质学的深层理解。我虽然尽量避开中国工程院环境学部的事务性活动，却不能避免参加经常举办的中国工程院会议和学术活动。初期，中国工程院只租用中国科技会堂大楼两层楼的房间，我常去那里开会。后来中国工程院在冰窖口胡同兴建起壮观的独立楼群，我在辞去东北水资源咨询项目后反倒去得不多，却忙着中国科学院本单位脱不开的工作，这确是愧对我在中国工程院组织的多项学术和社会活动中应尽的责任。

第二节　国家环境咨询委员会活动一瞥

1997 年，国家环保局解振华局长在大连市召开环境保护部分有关院士及随行家属座谈会，并参观大连市开发区。到会十余位院士纵谈全国环境保护进展形势，突出感到环境保护既然已定为国策，诸多业务关联全国各部门，只设环保局难以统筹总体各方，一致建议国务院设立环境保护部以及环境保护委员会。其后也曾多次建议，结果促成逐步建立国家环保总局，2008 年升格为环境保护部，而国务院环境保护委员会一直未能正式建立。

2005 年，中国石油吉林石化公司双苯厂发生爆炸事故，造成大量苯类污染物进入松花江水体，引发重大水环境污染事件。国家环保局局长解振华于当年引咎辞职，国家环保局局长由周生贤接任，他任职约 10 年，直到 2015 年，环境保护部部长由清华大学原校长陈吉宁接任。

国家环保局环境界部分院士座谈会
（1997 年）

环境保护部国家环境咨询委员会会议（2011 年）

周生贤在担任环境保护部部长初期，2006 年即成立国家环境咨询委员会及国家环保总局（部）科学技术委员会，后又增添委员，使该两委员会几乎包括了环保科技及管理界所有人士。按正式说法，其主要任务是对我国环境保护事业发展中的战略性、全局性及重大环境问题开展调查研究，对环境保护中的长期发展规划、重大环境保护法律法规、重大环境保护经济和技术政策、重要环境保护方针措施等提出咨询意见和建议。我参加过的该两委的集体活动主要是全体大型座谈会和少数小型讨论会。后来与我联系的负责人主要是我过去的博士生刘鸿志，她原是环境保护部负责水污染控制管理的处长，曾在淮河、太湖等水域污染的治理工作中做出重要贡献。她自美国回到环境保护部后曾主管两委事务，并到我家访问交谈。我参加两委大型座谈会时几乎每次都发言并参加会后宴请，但后期到外地的活动，实际带有休假慰问的因素，我就一概婉言谢绝没有参加了。

在这类大型座谈会上总计发言时间不过 2—3 小时，主持人是副主任孙鸿烈先生，他强调每人发言不要超过 5 分钟，因此大家说话都言简意赅。

在大型座谈会上经常是由周生贤做最后总结讲话，他经常发表一些在当时重要的环保方针政策观点。例如，后期他常提出我国需要走环境保护新道路的意见，提出“倒逼”的说法，意指环境污染形势的严重趋向要逼迫生产企业发展速度有所减缓。

环境保护方面的科技研究项目总体常是由科技部或国家自然科学基

金委员会管理，环境工程的科研攻关项目曾由建设部管理，我们那时遂常到建设部申报项目并完成多项，得到经费支持也曾受益良多。后来，国家“十二五”计划在国务院设立科技重点专项，全国水体污染控制与治理的科技专项也列入其中，总管全国江河湖海城市水环境科技项目，预算经费相对庞大，统筹管理部门由科技部转入环境保护部，并由建设部和水利部协同参与。全国高校及科研院所水环境研究人员遂把它作为科研经费的主要来源之一。这个几乎无所不包的“大口袋”专项，一方面，大气及其他环境界科技人员多次提出国家也应设置大气环境污染的专项；另一方面，水专项计划执行起来也有诸多混杂不清之处。

首先，这个项目的性质和主导目标就有些模糊。记得在一次新设的国家环境咨询委员会会议上，该项目的总设计师做了十分详尽的计划实施开题报告，继续前期总体布局把全国水域规划立项主题重点大致包括八河三湖一海一市等水域项目，其研究内容偏重于以各水域的科学控制管理为主导方向。在讨论该计划时，清华大学钱易院士即提出，该专项是否应以我国水污染治理科学技术当前发展的需求为计划导向，并提出另一类系列研究主题。显然她提出的主题系列是以国际和我国环境科学与工程的发展前沿需求为依据的。这两类主题系列实际上反映了当时该重点专项计划的目标和实施操作中存在的一系列矛盾，即以科研与管理为主题目标的矛盾。具体诸如：项目主持人是地区企业管理人员还是科技界研究人员，成果验收是否要求达到污染水域排放消减的具体指标，典型工程是针对所在污染源还是具有普适性，等等。类似的讨论分歧，在现场的委员会领导如孙鸿烈、陈吉宁，部长周生贤等自然也不能当场得出结论。事实上，既然项目总体由国务院确定由环境保护部归口领导，建设部、水利部参与，实际执行时以科学管理各水域为研究主题方向也是顺理成章的，但科技参加人员更多考虑国际发展趋势及成果的推广普适性也是必然的，在操作过程中产生矛盾不可避免。在计划分配、经费运用、工程选定、验收评比、责任归属等诸多方面，都会发生扯皮和协调的耗时过程，效率和效益受些损伤也是可以想见的。另外，水环境专项计划同国家自然科学基金委员会或其他科研项目的叠加重复也屡见不鲜，科技人员往往从双方得到支持，把所得成果各有侧重地分别报账，也在所难免。

2008年，环境保护部与中国工程院合作，要制定一项“中国环境保护战略研究”并形成文本。环境保护部方面动员了大批人力，分成各组起草文件。中国工程院环境学部各院士则分散在各不同分组中参与讨论，因此中国工程院方面并没有单独开会讨论统一战略问题。

我在水污染治理战略文本评议会上发言，后又应要求专门补改了修订稿，其内容大致反映了我当时的一些意见，现在摘要如下，以此作为存念：

第一，历年有很多正确的方针政策，2007年又取得了节能减排的成绩，这都是一种官方文件的写法。不过里面牵涉一个思想认识，我对环境问题的看法可能跟某些看法不是很一致。对于环境问题常说先污染后治理，有人批判这种思想，可能是防止作为借口只污染不治理。我认为先污染后治理可能是一条实际规律。在社会生产和消费急速发展、资源大量开发的过程中必然要产生环境污染和生态破坏，但是人们的认识、财力、体制，还不能完全适应，治理必然就会滞后。世界各国也是这样发展的，先污染后治理也已经是我们的现实，社会发展必然有这样一个阶段。我觉得环境质量降低和生产、消费的发展，这两个是矛盾斗争的对立面，要积极面对这样一个形势。环境质量的发展是一个坡谷形曲线。社会生产、消费，利用资源破坏环境，开始阶段是环境质量下降的曲线，环境控制赶不上环境需求，是滞后的。到了一定的程度，我们从认识上、财力上、经济发展上达到一定程度，可以控制环境污染，并且把已经造成的污染和破坏，进行治理修复，曲线越过谷底而上升，逐渐走向一个环境质量良性平衡的状态。不过这会是一个不同于原始的或纯自然的理想状态，是高生产、高消费又高度控制的工业化社会的平衡状态。我们现在是不是已经到达谷底了，我觉得可能还没有，现在认识上、投入上都开始加强了，我想要以一个动态发展的基本思想来认识环境问题。

第二，关于环境战略，我们现在搞一个战略，要提出一个远景，提出一个基本的方向、纲领。经过这几年的环境问题讨论和认识，在战略方面的愿景，已经并不缺乏提法，比如说科学发展观，已经成为一个共识的纲领，可持续发展也讲了很多年了，还有循环经济等一些提法，生态方面也有很多提法。再在这方面做很多描述的文章，当然也有好处，提高大家对这方面的认识。但更需要的是行动纲领，针对目前的污染，究竟采取什么行动来解决这个问题，要面对它采取哪些行动。愿景有一定共识，更需要一个共识的行动纲领。

我觉得行动上提出的节能减排是很好的，是环境问题的两个方面。节能减排要广义地理解，节能不只是节约、精细操作，还包括发展可再生能源、多种能源等。另外，必须结合各种生产体系的改革和进步进行。我们原来的生产工艺、设备体系很多都是能量消耗很高的，是整个工业体系的改造和现代化问题。减排也是这样，不论是污水或废气，首先对污染源、排放末端进行控制，改造生产体系，采取高效处理技术，把污染量尽量减少，这是行动纲领的一个重要方面。

环境问题的另一方面就是生态被破坏的问题。现在提出休养生息、生态文明等观念，当然可以从不同的角度理解，有不同的解释，但不能带有一种比较消极的含义，要有一个比较积极行动的名词或者说法，比如说生态修复。自然界有本身的发展规律，有自我修复的能力，不要去干扰它，不要去污染它，让它休养生息，这个似也是对的。但是，实际上人类要生存发展，要向自然索取更多资源，改变原始状态，必然要有污染排放，减排不可能不排，城市化是发展趋势，必然还要侵犯生态环境。只能一定程度地控制，生态环境被干扰被破坏的部分，针对它采取行动，进行修复，达到一个新的人类与自然都可以相互容忍、和谐共存的状态，但这不会是原有的生态环境状态。我认为节能减排、生态修复是比较积极的口号，作为行动纲领，配合已有的“可持续发展”“科学发展观”的愿景和理论，结合起来更适合一些。

第三，在节能减排或者环境管理方面一直实行一个总体策略就是总量控制。总量控制是20世纪70年代从日本借鉴来的操作管理方法。总的控制原则就是排放总量要根据环境容量计算再分配到各个排放口的容许量。但是目前我们已经有相当程度的污染，许多水域已是四类、五类，环境容量已经是负值，还按照所谓环境容量有多少，能够排放多少，来做环境管理的规划或者措施，实际成为虚拟。总量控制的问题，牵涉方方面面，应当作为基本专题进一步探讨适用于已经严重污染状态的策略。

第四，各种污染控制方法都涉及环境标准的问题，我觉得环境标准应该要多元化。国际的标准越来越高，我们要出口商品，要满足国外很多要求，但是当前我们这个社会是很多元化的，既有大中城市的富人以及中产阶级，还有小城镇边远地区的农民和低收入者。如果我们一律按最高标准来要求，像奥运会那样，实际不可能达到。比如说饮用水的标准，美国和欧盟的标准，逐年修订提高，他们是按人均GDP几万美元的社会生活要求制定的，有些化学污染物标准值是按照长期积累若干年才发生效应来规定的。我们若对国内一律借用这种标准去实行，标准定得过高，就会影响到建设和投资，影响到评估和安全紧急事件的认知。当然要以人为本，但控制标准要区别对待，结合国情，有国家的标准适用于重点城市，也要有各个地区各种行业局部的实际可以实行的标准。我们在环境评估和传媒评论上，常是一律对待。所以，标准的多元化应该作为一个重要的方面加以研究。

第五，关于环境保护的现代化和信息化。我们的环境科技很多是一次次地重复研究，创新的成果做完了，也不能变成设计和生产。要和国防现代化比较，不能再用“小米加步枪”，也不能只是“坦克和大炮”，而要加上“导弹”和“激光”。环境治理也要现代化、信息化，例如说监测和科研每年产生大量的数据，真真假假但都互不见面，有不真实的，有保密的。几万名环境工作者要有一个统一的信息平台。只有数据透明，才能逐步达到真实化，才能交流讨论达成共识。环境的治理和自然的修复，需要一个现代化的思考和运作。国外环境情况和我们不一样，但是他们的运作方法和现代化程度、环境治理科研技术方面，我们跟他们还是有相当差距的。比如说水环境管理体制、污染物回收利用技术、环境纳米材料技术、生态修复技术等，应该赶上世界发展的步伐。

第三节　水量和水质矛盾及管理

一般常说水环境的灾害问题无非是水多了（洪涝）、水少了（干旱）、水脏了（污染），实质这是水量与水质两方面的问题。这两方面在管理和学术上总是不能统一起来，水利和环保专业人员甚至隔行如隔山，彼此不能理解。这在学科分类上自然因为其历史发展有先后的顺序，但水质科学长期不能得到深刻理解，或者只单纯作为化学问题限定，也是一种现实倾向。

从根本上说，水量和水质二者是密不可分的辩证关系。水资源的利用首先是水量的应用，同时也是水质的应用和保护。它们是水资源功能中相辅相成的两方面，是辩证统一的关系。当水质污染或不符合使用要求时，可用的有效水量就会减少，而水量充沛或短缺也会缓解或恶化水质的环境容量和需求状况。不过，我国目前这相互依存的两方面在学科归属和行政行业管理上却又相互分散，自成体系。在科学分野上，水量研究常关联着数理力学和地学，而水质科学常结合着化学及生物、生态学。它们虽然有时相互交汇，但思考角度是不同的，在工程实用上更是如此。同样，在政府部门调度管理上有水利部，国土部主要管水量，而建设部、环境保护部则主要管水质，各有其责、权、利。近年来，虽然在省市基层设立了水务局，试图统一管理，但在中央层级仍然交叉分管，在水资源统筹利用和保护上产生诸多不便甚至矛盾。

在学科专业方面，水力学、水文学与水化学、水生物学似是各有体系，分别针对水量和水质的研究，这也使得水利学科与水污染学科的专家们长期互不相通，甚至在工程建设上也互不相扰。20世纪七八十年代后，我国水环境问题逐渐突出，水利学界有人提出“环境水利学”的学科主张。当时水利部沈泔卿教授曾经到环境水化学研究室造访，彼此相谈融洽，大家还就他的几篇环境水利学文章进行交流，后来我们还请他担任环境水化学实验室成立时的评估专家。

不过，水量与水质协调观念的融合是一个缓慢的过程。20世纪90年代，我还碰到过一次尴尬而有趣的场面。北京大学倪晋仁教授举行一次项目申请论证会请我参加讨论，同时还请了清华大学的张光斗院士，他是水利学界公认的权威泰斗。倪教授在报告他的项目计划时，请张老先生和我分坐在台上他的两边，台下有几十位听众。倪先生的项目主题是协同考虑河流水利水文与水质污染，以取得水资源利用的最大效益。在我看来，这似是一个相当有创意的研究题目设计。不料，张先生首先发表不同意见说：“不要把水利问题和水污染掺和到一起，只要把水利方面搞好了，其他问题就都解决了。”接着，我缓和地把水量和水质相互依赖的关系阐述了一下，台下也有一两位听众发言赞同该项目的创意。由此可见不同学科之间的融合确实不是容易的事。

在中国工程院全国水资源战略项目的综合组中，大部分是水利、水文和地学方面的两院院士专家，真正从事环境污染控制的只有钱易院士和我二人。因此，我俩自然就负有宣传环境污染对水资源合理利用重要性的义务。除会议讨论时的发言外，在这方面钱易发挥了更多作用。因为她同钱正英和张光斗两位院士都有私交，所以可以随时向他们渗透环境污染已非常严重的观念。当然，我国环境污染发展趋势的现实对水利界人士的认知影响也是可以想见的。在水资源项目研讨进程中，可以感到在钱正英甚至张光斗两位重量级人士的谈话中，环境污染问题的分量也是与日俱增的。特别是钱正英在回顾过去水利建设历程和对当前水资源状况的判断中，都把污染的严重性和破坏性放在很重要的地位。这使我们专门从事水质污染防治的人感到十分欣慰，也说明钱正英对水资源环境形势的发展是反应敏感且与时俱进的。还有，潘家铮院士后来在西北水资源的工程建设方案中，甚至提出一项渭河改造同时兼顾水利工程与水污染防治并举的设想，使我感到兴奋。这些水利界权威人士对水污染问题认识的提升无疑会对两者的相互融合起重要作用，这对当时的水务管理政策和水质科学的发展也是有力的促进。

到2000年后，我见国家重大科技专项“水污染防治”的计划操作过程中，都有建设部和水利部的领导参加，在省市级管理机构中也有设置水务局的，觉得在管理体制上的确有所前进。不过，大家多次建议在国务院设水务办公室统一协调水资源利用和污染防护事务的方案却一直未能实现。

近些年来，我国兴建或计划兴建若干个水资源环境的大型工程，其中莫不涉及水量和水质的矛盾以及管理的复杂问题。约于2000年，我在一次北京国际会议上提出当时中国面临的四大水资源问题，将水体污染与其他水资源问题并列起来，并指出各水资源的建设实际都包含着水质污染的问题在内，需要加以考虑。当时报告实际谈的仍然是水量与水质如何统一关注共同治理和管理的难题。

南水北调工程首先是针对我国北方水资源缺乏提出的，一时有大量不同规划方案涌现。截至目前，中、东线工程已付诸实施，已可以向京津送水。其中水量与水质的关系时常成为重点疑难问题，诸如长途运送如何保证水量和水质，作为京津水源又涉及水价和民生，各种难题随之而来，水质问题甚至居于重要地位。

记得前些年刘鸿亮院士曾邀请我出席某次中国环境科学研究院与日本来华专家的项目论证会，该论证会主题是中水混凝处理的药剂选用问题，而其背景涉及北京市的大量中水初级处理后是否可以作为源水排入永定河以解决水资源短缺问题。水的混凝处理是我的专业，而水资源问题也是我的关注所在，因此我对该项目的背景目标很感兴趣。虽然我对把中水系统发展成为一种单独行业借以谋利并不苟同，但对其把水量与水质联合操作的创意倒很欣赏。但不知该项目能否得到北京市水务局的赞许而予以采纳实施，其后就没有得到信息了。

2001 年，我曾作为水利部原部长钱正英院士的考察团随员，考察云贵川青四省水资源状况。在青海省格尔木高原城市访问环保局局长及盐湖水资源后，我竟产生一组“不可避免”的新意念，即西北地区大发展是不可避免的，发展起来后水资源的短缺是不可避免的，从而造成水体的环境污染也是不可避免的。有关西北水资源的问题，将在本章第五节和第六节叙述，此处不再赘述。

作为院士，受不同部门邀请到会讨论同一类似主题，也是常见的。我曾一度被国家发展和改革委员会邀请作为太湖水污染防治项目的咨询专家参加数次会议，同时参加的还有环境保护部该专项太湖项目主持人和清华大学的教授。按说在如此组成的人员会议上讨论太湖污染治理方案应算是合适的安排，不过由国家发展和改革委员会直接予以另外立项却使我有些不明白，可能这是属于建设工程项目，经费达到数十亿元，不是环境保护部能够承担并实施的。会议讨论的计划方案却是由清华大学另一环保规划公司承担提出的，而环境保护部的专项研究也正在进行中。我不觉又感到为消除和减少事务的重复及矛盾，在国家层面建立统一的环境委员会的必要性。这样的实例在我遇到的水环境污染控制和治理的实务中比比皆是。

在我书写回忆录期间，2016 年，中共中央办公厅、国务院办公厅印发《关于全面推行河长制的意见》，由中国各级党政主要负责人担任“河长”，负责组织领导相应河湖的管理和保护工作。各省（自治区、直辖市）将会逐步加以实施，其具体细部方案可能会在实践中逐步改进，趋于完善。这项政策如果能够真正落实到各级基层，那么每个河湖水域都有专职负责，或许可能对目前的局面有所改观，当然其间的矛盾也不可避免。

第四节　全国水资源学者大会师

中国工程院于1999—2001年开展了由钱正英院士和张光斗院士发起并主持的“中国可持续发展水资源战略研究”重大咨询项目，集中了中国工程院和中国科学院40余名院士和近300位专家参与。总项目最初设计的课题有全国水资源评价、防洪减灾、农业用水、城市用水和污染防治、生态水资源、北方和西部水资源等。我很荣幸被邀请参与这个规模宏大的咨询项目，成为总体综合组成员，并分编到城市用水和污染防治组，该组由钱易院士担任组长，我则分工负责城市节水部分的调研工作。

1999年1月，项目正式启动。2—3月的专家会议决定，把城市用水和污染防治组调整划分为城市工业节水和污染防治两个专题，后来又把城市工业节水专题编入邵益生研究员主持的城市水资源利用分组。我则一直负责城市和工业节水专题的调研，并参加本组污染防治专题的讨论，该组负责具体协调的秘书是钱易的助手文湘华教授。

实际上，我对城市和工业节水并没有深入的研究基础，于是又请了李圭白院士和董辅祥教授参与，以对取水和节水有专长研究和著作的董辅祥教授为主来起草调研初稿。李圭白、董辅祥二位都是我的老同学、老同事，所以我们合作得很愉快、很有默契。在初稿的基础上，经过讨论完成了一份题为“城市与工业节水的对策与技术”约6万字的专题报告。该报告最终编入总报告第5卷第5章“城市节水及其潜力分析”中。

在这个专题中，我其实只做了一些编辑和写摘要的工作，在文稿正式申报时仍是以董辅祥为第一作者。我则对全国的水资源概况特别是水利和生态方面的知识有了进一步的扩展，在多次讨论中对那些领域的院士们如何考虑他们本专业的问题也了解得更具体了。

2000年7月，项目综合组向温家宝同志汇报工作成果，我有幸再次参加了这个高层次的会议。会议在中南海的一个大会议室进行，由温家宝同志主持，参加者除项目综合组人员外，还有数十位各有关部委的领导。整个汇报都由钱正英院士讲述，我只是坐在前排旁听。

钱正英的报告以PPT图像演示方式进行，附有大量图表资料和提问插话，演示进行了一上午。下午3点才再继续开会，主要是温家宝同志发表总结指示。值得钦佩的是，他对于全国水资源的状况和钱正英报告中各问题要点都解析得十分清楚，并提出自己的意见，还不时关照到与会的有关副部长们要注意的事项，并且指示对此咨询项目所需条件的保证。我想他应该事先研究过钱正英的报告和全国水资源的有关问题，对会议的内容和指导意见均有备而来，对有关资料和方针对策也有一定的见解。

此次全国水资源咨询项目的总报告后来以《中国可持续发展水资源战略研究报告集》成套9卷的巨大篇幅于2001年由中国水利水电出版社出版发行。其中有关水环境污染方面的内容，我在生态环境研究中心做了一次介绍报告，归纳出以下一些要点，可以算是我参与该战略研究多次讨论的学习收获，也反映了当时环境界学者们对中国水环境及其污染问题的一些基本认识。

中国可更新的水资源量为2.8万亿立方米，位居世界第六位，但人均水资源量只有2220立方米，仅居世界第109位，而且时空分布不均，水污染状况比较严重。因此，中国的水资源在水多（洪涝）、水少（干旱）、水脏（污染）三方面都存在很多问题。1999—2000年，中国工程院组织两院院士向国家提供水资源战略咨询报告，分专题提出许多战略转移方针。

（1）中国防洪堤防已建设25万千米，水库8万余座，今后的防洪方针要从工程建设体系转向现代化管理的工作体系。

（2）中国的用水量历年有很大增长。其中农业用水比例下降，工业用水与城镇生活用水比例逐年升高。

（3）咨询报告认为：历年的用水量预测偏高，应从按GDP计算改为按人口平均量计算。总用水量达到一定程度将趋向稳定，预计到人口达到16亿时将出现零增长。这与国际发展情况是类似的。

（4）在需水量规划中应增加生态环境用水项目。生态用水的观念得到新的共识，但它在总需水量中应占比例则未完全确定下来。

（5）在可供水量中应考虑城市污水回用和海水利用。

（6）水资源可持续发展的总方针提出：节流优先、治污为本、多渠道开源。

（7）中国北方严重缺水，根据计算，水资源仍缺少300亿米^3/年，因此仍要进行南水北调，首先考虑东线和中线，已经开始实施。

（8）城市与工业节水将成为更受重视的战略方针，用水浪费仍严重存在。

（9）中国的水污染已成为不亚于洪灾、旱灾甚至更为严重的灾害。这种观点已逐步为更多人认识到。1999年，全国工业和城市生活废水排放总量达到401亿立方米，在10万千米的评价河段中，水质在Ⅳ及Ⅴ类以下的占47%。全国湖泊有75%以上水域，近岸海域有53%以上受到显著污染。全国118座大城市浅层地下水有97.5%受到不同程度的污染，其中40%的城市受到重度污染。全国有近90%的城镇饮用水源受到不同程度的污染。海湾及近岸海域频繁发生赤潮。

污染比较严重且在目前被列为重点治理的环境区域为三河（淮河、海河、辽河）、三湖（太湖、巢湖、滇池）、一海（渤海）、一市（北京市）。

（10）水污染的防治战略方针为：从以末端治理为主转移为以源头控制为主，加强点源、面源和内源的区域综合治理。把安全饮用水保障作为水污染防治的重点。

在水资源可持续发展利用的战略方针中，水质净化处理将面临更高需求。水体富营养化、有机有毒化学品控制、水体污染沉积物处置、微污染水源净化等方面都将提出迫切任务。污水处理和回用要求高新技术。

膜分离技术在水资源的合理利用开发和水污染的控制处理中将会发挥更大作用；同时，在海水淡化、苦咸水除盐、纯净水制造、城市污水处理、废水深度净化、废水资源回收、高难废水净化、微滤高通量净水、清洁生产工艺等诸多方面也都可发挥巨大作用。

回顾我曾参与的1980年向中央书记处提出的环境报告，2003年的咨询报告归纳了全国水资源和水体污染状况，比那时的资料当然要更丰富，其中提出的战略建议也更具体、现实，但实际上全国环境存在的问题也更明显了。不过目前看来，水环境所提战略建议，大概只有南水北调工程得以落实，数年来艰难地建设接近完工。环境污染工程建设和环境科学的认知虽有前进，但在国家高速发展的状况下，水体污染问题仍存在，许多科研成果仍停留在纸面上。

记得一次在环境保护部，曾培炎同志召集我们几个有关环境方面的院士开了一个小型座谈会，讨论大气污染问题。唐孝炎院士一向敢说话，就提意见说："你们建那么多厂生产那么多汽车满街跑干吗？能不污染吗？"我心想：汽车制造带动多种工业的发展，为保证GDP的高速增长，也不能不发展汽车制造业。这就是高速发展与环境污染的矛盾，一时难以达到平衡。大气环境保护科技人员任重道远，水资源环境科技学者同样也责无旁贷，期望《水污染防治行动计划》《土壤污染防治行动计划》等法规能认真贯彻落实，山清水秀的美丽中国早日到来。

第五节 随从考察云贵川青纪行

2001年中国工程院的西北水资源战略研究项目启动时，也是西部大开发展开讨论的时期，钱正英院士组织一次西南云贵川和西北青海共四省考察活动，我有幸作为随团人员参加了这次活动。滇池是我国水污染治理难点，我已来过数次，此次只是沿岸走走，浮光掠影，没有什么更多可说。倒是接着赴青海的实地考察，从西宁到格尔木长途驰车跋涉，使我首次对西北水草原野状况大开眼界，到各企业实地考察，虽然辛苦，却也启发出许多新的意念。

在西宁市除了观察市区湟河河段的污染状况外，我还独自去西宁市环境保护局访问，同局长的一席交谈使我感触深刻。那位局长动情地感叹说，西北地区的人民都渴望西部大开发政策早日启动。那时有些人还在争论西北地区要不要开发，主张要保持所谓资源和生态环境的原有净土，这是对贫困落后地区的民生发展置之不顾，既不符合时代潮流，也不符合全国利益的需求。西北地区的开发应该越早越好，其趋势是不可避免的。

谈到环境污染和保护的政策，他认为要有一些针对地区的考虑。青海地区自然条件和社会习俗与其他地方有不同的特点，在环境污染控制技术和标准上与东部要有所区别。在地广人稀的一片草原上建一座工厂，要求同其他地方一样的环境污染治理设施“三同时”，投资达不到预算额度，结果使项目谈判持续三年还不能审批下来，时间都耽误了。我觉得他说的实际情况包含一定道理。一方面，要防止东部地区向西北地区的污染搬家；另一方面，要因地制宜，分阶段逐步提高当地的设施水平，不能全国统一标准，奢望一步登天。

汽车驰骋在由西宁到格尔木七百余千米的柏油公路上，遥看两侧渺无人烟的草原和中间延伸到天际的现代化公路，再看看远处平行伸展正在建设中的青藏铁路，我不由感叹和衷心感谢那些在荒原和高原上奋斗的工程人员的艰辛劳动，我们行驶的每千米道路都包含着他们的血汗。

途中离公路不远处，突然出现一片绵延数千米的森林，在茫茫草原中十分突兀。导游介绍说这是附近劳改农场历年开垦耕种的成果。中途停驻在青海湖畔，得以观望这中国最大的内陆咸水湖。青海湖号称青色的海，确实不似我工作过多年的洞庭湖、鄱阳湖等，而近似于海的样子。青海湖平均水深20余米，也远超那些淡水湖。据说近些年来湖面每年下降20余厘米，湖面相应收缩，其趋势堪忧。不过在写作本书期间我又查阅资料见到，自2003年后，因生态环境有所好转，遥感观测结果表明，这种下降趋势已经扭转而有水面、水深的连年递增，不知确否如此。

育林生态带

青海湖

经过整日乘车驰骋，临近傍晚我们一行人才到达格尔木市。这是一座高原小城，有些现代化的街道和建筑楼宇，市政府位于市中心，我们就被安排居住在里面。这里海拔不过3000米左右，但我登楼梯时却还感觉到有些气短，看来我的体质恐怕不能适应海拔更高的高原地区，不敢再去西藏拉萨了。晚饭后听了些介绍，在夜色中遥望远处群山，过去所读小说留在脑中的印象，如昆仑山、塔里木盆地、大草原驰马等不是已经都身临其境了吗？事实上，这里已是个工业化的小城。

过去我对盐湖的认识一无所知，这次才得以身临其境，了解到这内陆河湖是自然强烈蒸发形成的奇特地质结构。察尔汗盐湖是我国最大也是世界著名的内陆无机盐矿湖，它东西长160千米，南北宽20—40千米，我们参观的虽然只是它生产区域的一部分，但也能体验到盐矿区的工艺规模和发展前景。盐湖矿实际包含卤水湖和固体盐矿两类相互转化共存的资源。表面看，矿区的主体是辽阔的卤水湖，其固体盐盖层厚可达30米，而结晶间隙仍充满饱和卤水。实际上，所有工业生产作业设施以及公路铁路都是在盐盖层面，类似于湖岛的岸上建设。盐湖蕴藏有多品位氯化盐矿物，如钠、钾、锂、镁、硼、碘等品种，特别是其中的钾矿，在我国严重缺乏钾资源的情况下，弥足珍贵。卤水中盐分的提取采用了多种工艺过程，需要大量的补给水，而固体矿层的溶解稀释更需要成倍的淡水。用矿物提纯后的残余液仍是含多种矿物的废水，若不能循环回流而任意排入湖中，就会造成卤水的质量下降及“镁害”等后果。矿区此时已经缺水，有从远方河流引水的规划蓝图。由此看来，要想大规模开发和持续利用盐湖资源，水量和水质仍是有待解决的关键课题。

察尔汗盐湖一角

盐场堆积如山的盐

格尔木市郊草原是藏族同胞居住区，分散布设的帐篷组合成村落，时有马群、羊群经过。钱正英率我们成队到帐篷内访问，得到藏族群众的热情款待，帐内富丽堂皇、色彩鲜艳，与帐外荒原景色迥异，大家围坐在毡毯上交谈甚欢。又到一处所谓育林区参观，唯见土地干旱树苗稀疏，不禁想到来时路旁劳改农场的茂密森林，深感改变盐碱沙漠生态状况并非易事。

藏族同胞住室外貌

盐碱地造林

除察尔汗盐湖外，我们还参观了几处工厂。一处是炼油厂，靠近青海油田，工艺设施和厂区绿化都尚称现代化，其污水处理系统也较齐备，但都没有运行。污水油泥都排往场外荒地，日光暴晒使得其迅速蒸发，不知是否可算是高原上的一种处置手段。还有一处藏药厂，生产多种特效藏药远销各地，生产设施和化学检测仪器都很现代，不输于其他地方，纯水制备系统供应量充足，但全无废水处理系统。

在对西北内陆河地区水资源的考察中，针对当时有争论的问题，我曾提出“三个不可避免”的观点，即西北地区的大开发不可避免，随之而来的严重缺水不可避免，环境污染和生态恶化也不可避免。

不过我当时认为，不论从中央的政策方针，全国对资源开发的需求，还是当地人民的迫切愿望来看，西北地区都是要发展、要建设的。资源开发利用必然要建设工矿企业、交通设施，人口聚集，城市乡镇，所有这些都会促进用水量的极大增长，水资源缺乏的问题必然会突出和加剧，原有缺水地区将会扩大，水量不足的矛盾将会尖锐化。西北地区缺水将是基本状况，而且将会成为限制发展的重要因素。不论从单位土地面积还是人口平均计算来看，都会成为不次于华北的缺水地区。引水和调水的水利设施虽会相应建设发展，但环境污染特别是水污染的控制将会滞后，只有未雨绸缪才会避免此种状况。

西北地区水资源分区除按流域划分外，还可分别划为已发展重污染区、待发展缺水区、待发展丰水区等，应该各自区别对待，提出不同的对策和战略。因此，节水优先、水循环水再生应该成为最基本原则。节水体制、节水技术、节水投资在一开始就要成为重要方针。针对西北不同地区的环境容量，可以根据科学基准，拟定适应当地环境条件的环境标准，不要“一刀切”，硬性坚持全国统一标准。保持经济建设持续发展与保证环境污染不超当地标准，两方面能够相互协调，既可防止环境污染恶化，又使建设发展有可能适度进行，还可以选择和开发适合当地条件的水循环、水处理技术，适宜高原气候的、干旱地区的、充分利用阳光的、减少水面蒸发的、利用土地处理的等工艺。美国的整体水循环、地下水库的经验在初期建设时更容易预先规划布局借鉴采用。

我在这次考察中形成的“三个不可避免”观点，实际一直深入扩展到我对环境保护的整体思想中，后来逐步完善到环境污染控制的科学发展观，再进一步整理成“适度污染的环境控制论”。虽然还没有能够收集完整资料、证据建立体系，没有发表公开的文章，只是包含在几次报告中，但是它们已然成为我对环境保护哲学的基本思想观点，成为我难以尽情却不能忘却的心愿。

第六节　西北水资源的战略巡视

在“全国水资源战略研究”重大咨询项目基本完成时，中国工程院院士专家的原班团队继续启动了“西北水资源战略研究”咨询项目，研究覆盖的范围包括新疆、青海、甘肃、宁夏、内蒙古、陕西等省（自治区），属于内陆干旱、半干旱区和黄河流域上中游地区。总项目在研究内容、参加人员的规模上都较以前有所扩大，先后设立了水资源、自然历史、生态环境、荒漠化、农牧、城镇、能源、工矿、防污减灾、重大工程等众多课题组，钱易院士担任防污减灾组组长，我为副组长，秘书是文湘华教授。

该项目的进行正是适应了我国当时提出“西北大开发”建设的形势需求。在这一时期，中国科学院及若干其他研究单位也对西部地区开发有关的诸多方面列出项目进行研究讨论，所覆盖地区更多，还包括西南地区云贵川等省，水资源问题当然也是不可缺少的内容。因此，各有关项目在参加人员的交叉和资料的交流方面都形成错综复杂的局面，观点和数据的差异也是存在的。好在我们这个水资源的防污减灾专题，不论参加人员还是收集资料都比较集中，俨然“只此一家”，因而对所得结果的争议也较少，基本代表了当时水污染防治界的主要认识。

到 2003 年 1 月项目基本完成时，温家宝同志又亲自主持了一次在中南海的汇报会。会议模式同前次很相似，只是参加人员更多，发言的较多些。可能因为正处于西部大开发讨论的热潮中，提出的问题和讨论的意见都比以前更具体、更现实，有些已经涉及水资源以外的问题。我一方面领略到这种会议上各部委和地方领导发言的角度和氛围，另一方面也体验到他们对水资源以及环境污染问题的关切程度和理解深度。钱正英院士总体汇报的全面综合，温家宝同志总结的条理分明和指导性是自不待言的。

水污染防治组的调研工作在钱易院士主持下，汇集各方面的考察资料和观点，在清华大学召开十几次交流讨论会，反复研讨了西北地区水污染的主要问题和应该采取的战略对策，最后形成总报告。此总报告列入西北水资源战略研究项目汇总出版的十卷一套丛书中，名为“西北地区水资源配置生态环境建设和可持续发展战略研究”，约20万字，于2004年4月由科学出版社出版。全组工作的计划协调和总报告及专书的编写主要是由钱易院士和文湘华教授操作完成的，我则推荐了我历届研究生，如兰州铁道学院的常青教授参与甘肃河西流域水污染考察，生态环境研究中心的储昭升和刘文新参加渭河流域的考察。我自己虽列名为总报告副主编，但除了参加中国云贵川青和美国的考察外，还分工承担了访美的PPT加录像汇报以及《西北地区水资源配置生态环境建设和可持续发展战略研究》总报告对外宣讲PPT的编绘和讲述。因此，我对西北地区这一段调查工作的结果了解得较为详细，因参加过实际考察印象也比较深刻，对全国水环境及污染状况的认识也大大提高了。

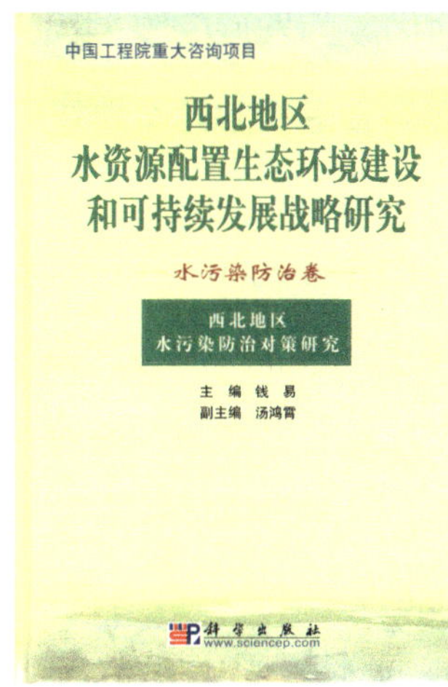

《西北地区水资源配置生态环境建设和可持续发展战略研究》

按照项目最后综合的西北地区水资源概况，其数据与其他项目略有差异。西北地区的总面积为345万平方千米，2000年总人口为9175万。如果多年平均水资源总量为1635亿立方米，约占全国28 000亿立方米的

5.8%，而其地域面积则占全国的 35.8%，显然属于水少地多资源性缺水的干旱地区。另一方面，全国水资源开发利用率为 20%，而西北水资源开发利用率为 53.3%。2000 年西北地区人均水资源量为 1781 米^3/人，相当于全国 2212 米^3/人的约 81%。而其人均年用水量为 949 米^3/人，相当于全国平均 430 米^3/人的 2 倍多，似是又属于人少水多的地区。这反映出西北地区目前人均用水量虽然较高，但其人均水资源量并不很高的状况。在因大力开发工矿城镇而人口激增的情况下，其水资源量可能转为缺乏而仍成为发展的限制因素。另外，水资源因分布在不同地区和季节差异等具有不均匀性，所以水资源及可供水量与发展所需水量之间的矛盾就更大了。

按照 2000 年西北地区流域水质和水污染的统计资料，全区同样可以分为内陆河流域和黄河流域。内陆河流域水质总体较好，而黄河流域则污染非常严重。前者河流的 68 个监测断面中有 50 个达到Ⅱ、Ⅲ类标准，占 73.5%。湖泊的 44 个监测断面中有 31 个达到Ⅱ、Ⅲ类标准，占 70.6%。相反，黄河流域的 68 个监测断面中水质降为Ⅴ类及劣Ⅴ类的达到 48 个，也占到 70.6%，不过其湖库水质尚较好，达到Ⅱ、Ⅲ类标准的监测断面有 13 个（一共 15 个），占 86.7%。总体来说，不论内陆河流域还是黄河流域，凡是靠近城镇工业区的河段及湖区都受到严重污染。由于受到下游三门峡水库的影响，渭河的污染最为显著，19 个监测断面中除 1 个达到Ⅳ类外，其他均为Ⅴ类和劣Ⅴ类，其情况虽然已经十分严重，但仍未能被列入全国重点治污河流中。

如果按照水质污染划分区域，西北地区的黄河干流、渭河干流、石羊河、疏勒河、伊犁河流域所在的 21 个城市的主要河段，水质已降至Ⅴ类或劣Ⅴ类，均可算严重污染区。其流域面积虽只占总面积的 13%，但受影响的人口则占总人口的 55.2%。水质属于Ⅳ类的中度污染区流域所在 14 个城市，流域面积占 27.2%，而人口占 23.9%。两区合计面积占 40.2%，人口则占 79.1%。其余流域水质良好能够达到Ⅱ、Ⅲ类的未明显污染区，面积占 59.8%，人口只占 20.9%，这算是西北地区水质污染现状的特征。在进一步建设开发的趋势下，如不能有效控制，中度污染区将很快发展为严重污染区，而未污染区将会大为减少。

西北地区水污染状况可以归纳出以下特点：①排污强度大大超过全国平均水平。若以单位水体承担的 COD 污染物量作为排污强度指标，则西北黄河流域的排污强度是全国平均水平的 2.75 倍，甚至超过全国重点污染治理的辽河和淮河。②城市污水处理率低，只达 14%—30%。许多重要城市的污水处理厂建设远未达到需求且运行不充分。③工业废水排污量大，占总排水量的 47.8%，而处理率不到 80%，达标率不到 50%。④农业面源污染不可忽视。内蒙古河套地区、陕西关中地区的农田大量施肥，是水体中氮、磷污染物的主要来源。

上述西北地区水污染分区评价研究主要由环境保护部李云生、夏青等同志完成。统计分析的概括结果很有价值，我在数次宣讲西北水污染研究报告时一直采用。不过，这些问题的实际解决仍很困难，时至今日，大体状况改变并不显著。

第七节　美国水资源系统考察记

2001年8月19—31日，中国工程院水资源代表团，在中国工程院副院长沈国舫率领下一行8人，赴美国访问考察，我和钱易院士有幸参加。我虽已访问过美国数次，但我随代表团到美国国家工程院对口考察尚是首次。

这次访问考察的规格和层次较高，在美国国家工程院听取的报告都是国家部门的全局报告，考察的水资源管理系统则是半干旱地区庞大的水资源再生及地下回灌系统，对我国很有参考意义，因而得到很大的启发和收获。我们首先在美国国家工程院水科学与技术部（WSTB）听取了该部对美国全国水资源概况的总介绍，并且听取了有关水再生与回用等若干综合报告，进行了讨论和交流。美国国家工程院与美国科学院在同一楼内，楼外竖有爱因斯坦铜像，我们在铜像前合影留念。

美国国家工程院水资源报告会

代表团在爱因斯坦铜像前合影

接下来主要是到加利福尼亚州实地考察了奥兰治县水管局、西区市政水管局、南加利福尼亚州大都会水管局、科恩县水管局等的水资源管理系统；参观了国家森林公园；访问了加利福尼亚大学伯克利分校，并听取了学术报告。

这里仅把美国西部缺水地区的水循环系统和再生处理回用的有关情况，加上我的若干体会，做一综合叙述，或许对我国有一些参考价值。

美国水资源总量较大，东部地区水资源尤其丰富，但西部某些区域地处沙漠或半干旱地带，水资源比较缺乏，成为美国若干年来着重研究采取对策并进行大规模工程建设的地区。至今，美国在缺水地区合理利用水资源，已积累了一系列的经验。着眼于21世纪，关于水资源持续利用、保持自然界水量水质平衡、使生态环境健康发展等问题，是值得我国思考、借鉴的。

美国1999年的人口为2.68亿，在20世纪90年代增长了8%，预计进入21世纪会超过2.7亿，到2050年将达到3.9亿。美国地质调查局每天都在网上发布当天的统计资料，其中包括地面、地下的淡水和咸水。根据在该网上查到的资料：1990年，全国的总取水量为408 000百万加仑①/日，相当于15.44亿米^3/日，总取水量比1985年增长2%。如果总用水量增长与人口的增长相适应，那么在21世纪美国的需水量将有相当幅度的增加。

因此，美国国家工程院水科学与技术部报告提出：经济全球化的发展、新技术的开发、保护水生态系统的增强、气候变化带来水利变化等诸多因素，供给足量优质的水将遇到挑战。在21世纪，美国的水资源需求将受到比过去更强烈和广泛的压力，水缺乏尤其在西部将是面临的重要问题。

20世纪前期，美国对待缺水的策略只是开发供水，扩大取水量，修建水坝水库，后期则更注意需水的调度管理。传统的供水模式对环境的

① 1美制加仑≈0.004米^3。

负面影响使人们更清楚地认识到，需要更系统、综合、协调地处理缺水问题。目前，美国同样强调水质与水量的综合关系，认为水质将决定水是否可用于某种用途，水质降低水的可用性如同干旱降低水量一样，水质污染同样使水资源衰竭。因此，水质的处理和再生在水缺乏中占有十分重要的位置，水量和水质的集成管理将会改进和改造国家水资源的基础设施，以适应 21 世纪多方面的需求。

根据美国地质调查局 1990 年的网上资料，全国共有 19 600 个公用废水处理设施、20 700 个其他废水处理设施，向天然水体排放处理后废水 1.34 亿米^3/ 日，而有 350 万米^3/ 日的再生废水用于灌溉和公园及高尔夫球场草地的浇洒。美国的废水再生主要集中于加利福尼亚、亚利桑那、佛罗里达等州，如纽约、密执安、伊利诺伊、俄亥俄等排水量很大的州则完全没有再生废水。再生废水最多的加利福尼亚州有 98 万米^3/ 日，相当于处理废水排放量 1130 万米^3/ 日的 8.7%，可见其规模不算很大，尚有相当的发展空间。

美国对于西部缺水地区的水循环整体系统和废水再生十分重视，形成多种水资源综合管理、统一调度的水务体系。归纳起来有以下一些特色。

第一，区域性输水及给水综合管理系统。例如，MWD 是一个庞大的综合供水系统，它从科罗拉多河及金圣华三角洲取水，管道远距离输送 242 英里①，常年水量约 570 万米^3/ 日。输水经处理后，送往洛杉矶、圣迭戈等地，管网覆盖面积 5200 平方英里，服务人口 1700 万，其中包括 5 个给水处理厂，每个厂的处理能力在 200 万米^3/ 日，各厂总处理能力将近 1000 万米^3/ 日。再有 9 个地面水库、15 个水电站和输电线路、45 个水压控制站、数千台泵及阀门。在此总系统中设有 3100 个控制设备和 30 000 个报警点，将这些信息通过网络汇集到庞大的中心控制站，有实时的图表显示，借以实行统一调度管理。

① 1 英里 =1609.344 米。

第二，市政污水的深度净化再生利用系统。在西部干旱和半干旱地区，污水处理再生循环技术的价格已有竞争力。现已建有多处大型市政污水生化处理并深度处理的再生水厂系统，如奥兰治县水管区及国际著名的21水厂（Water Factory 21）系统、西流域市政水管区水循环系统、Tillman日本花园式水再生厂等。它们都是把市政污水经过二级生化处理及深度处理甚至反渗透处理，达到生活饮用水质标准，作为地下补给水、农业灌溉水、草地喷洒和花园观赏水、工业冷却水、消防用水等。若要再作为自来水，就需要改进废水的毒性检验及健康评价，提高公众的可接受程度。我们在考察中见到，经过反渗透处理的废水已经可以饮用，但社区委员会仍以居民有心理障碍为由不同意注入管网，可见，再生废水直接进入生活饮用水系统在美国仍然受到饮用者的心理排斥。

南加利福尼亚州MWD输配水系统

洛杉矶市政污水处理厂

第三，多种途径发展地下水库系统。在美国，由于价格和生态环境影响，地面水库不如过去有吸引力。奥兰治县逐步建立和发展了地下水库的概念，认为地下水源不需要建设运输管道网，不必耗费大量投资和土地来建地面水库，且不受蒸发水量损失，保证水的循环再生和旱季供水，保护环境生态等。在该地区，地下水价只是地面调水的1/3，因此，研究和发展地下水补给系统成为该地区的水资源指导方针。地下水库的补给来源包括市政再生水的地下回注和地面渗透回灌、河水及深井水甚至除盐海水的回注等。这种庞大的混合循环注水系统，可以保证地下水位的平衡和防止海水入侵。该地区的最终目标是实现全部用水的地下循环。

第四，提出并实践了“水银行”的体制。在美国，具有土地权的个人和单位拥有其邻近的地面水和覆盖的地下水权，因此在用水的分配和管理上涉及复杂的权益关系，由此发展了“水银行”体制的新概念。它是把地下水库和地面水联合调度构成“水银行”系统，统一进行水权分配和管理、工程措施及生产运行。用水户将用水计划定期报告给“水银行”，水权户则按实际提供水量获得效益。“水银行”负责地下水库的水量注入存储和提取消费，使丰水期和枯水期达到平衡。科恩县的KWBA“水银行”系统包括5个水管区，覆盖面积2万英亩①，蓄水能力12亿立方米，抽水能力3亿米^3/年，成为世界上最大的“水银行”，保持了地区流域的水质水量平衡和生态环境良好状态。

第五，节约用水和经济奖励措施。水管区除了发展水再生、水循环、地下水回注等系统外，还把节约用水放在相当重要的地位，推行节约用水计划。其节水计划内容十分广泛，包括用水管道和器具的改装、灌溉和植被喷洒的改良、节水回报的奖励等。奖励范围广泛，包括：对于家庭，如换装节水便器、节水节电洗衣机、庭院节水系统等；对于商业单位，如换装节水喷头、冷却塔等；对于生产单位，如改进各种节水工艺过程及投资等。

美国缺水地区的水资源再生及联合调度方面有许多经验值得我国学习。当然也必须看到，我国有自己的社会和生产发展特点，在管理体制和资金投入方面有很多差异，不能照抄硬搬。

对照我国水资源利用现实状况，不但在技术和工程的应用方面，特别是在管理系统的体制和实效方面，其差距尚是巨大和深远的。2016年，我国开始实行专职“河长制”，在适合我国现行体制情况防止水体污染上可能会有所改善，但若以我们资源公有的社会主义管理体制而言，尚难

① 1英亩≈4046.86平方米。

说与水资源分段私有相适应的庞大灵活管理系统可以相比，更不要说利用互联网大数据的现代化管理体制了。

在分组活动后，钱易和我还访问了斯坦福大学，并在该校环境工程系做了报告，钱易院士的报告名为“中国水环境污染和循环利用”，我的报告名为“微界面水质过程研究”。该系研究生也做了他们研究工作的学术报告。

在斯坦福大学环境工程研究室留念

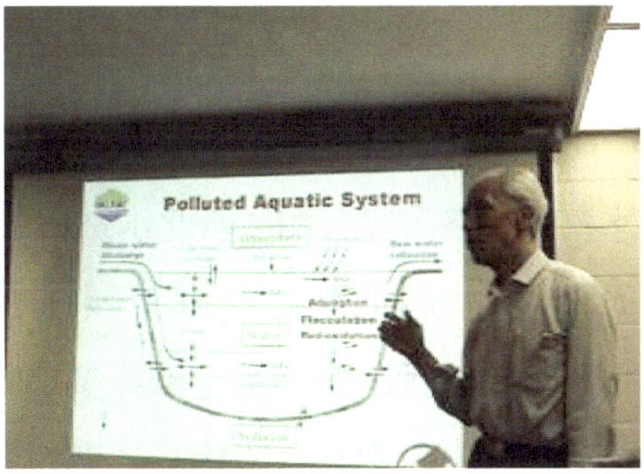

做“微界面水质过程研究”报告

斯坦福大学环境工程研究室以 J. O. Leckie 教授为首的团队是 Stumm 教授水化学学派在美国的重要分支，水质学研究成果有自己的特色。Leckie 教授与清华大学也常有来往。在该室获得学位并工作的吴唯民博士还是哈尔滨工业大学和清华大学两校的校友。大家相聚甚欢，似是一家人，特别是谈到我曾在 EAWAG 进修的情况，相互有许多共同语言，使我倍感亲切。我们由吴博士引导参观了该校壮观的博物馆和图书展览室，我趁机在该处以美元直接购买了一本过去没见过的书——*Water Quality*。当夜即住在该校的招待所里，次日钱易还抓紧时间参观了一处污水处理厂。此行可谓收获颇丰。

第八节　钱正英院士印象漫谈

我同钱正英院士的接触始于我有幸参加她主持的中国工程院“全国水资源战略研究”和“西北水资源战略研究”项目。她那时已是近80岁的高龄，中国工程院这一前所未有的大型咨询项目正是在她推动和组织下建立的。我经钱易院士推荐参加此项目综合组，虽然并没有承担重要任务，但也与她有一些接触，受到很多教益，从内心感觉她是一位十分值得敬佩的好同志、好干部。她虽高龄、身处高位，仍然通晓业务，头脑清晰，辛勤不息，平易近人，给我留下实为难得的清新印象。以她的年龄来说实是老骥伏枥，其头脑的清晰和精力的旺盛也是非常人能比的。

我与钱正英院士并不在同一学部，在此之前没有多少接触，参加此项目后也只是参与她主持的几次会议，可以说不熟悉。后来有一次，她的秘书给我打电话说钱部长（人们此时仍然这样称呼她）要到我家访问，问我家的具体住址，我自然有些惶恐不安。她按约定时间到我家后，先是观看我的住房，接着就询问我的经历和专业等，再以较长时间与我交谈了我对水环境状况的意见。我着重谈了对我国水污染日益严重的忧虑，还特别强调了水质与水量有同等的重要性，等等。她也发表了相关的意见。我们首次交流了关于水利和水污染两方面相互关系的认识，发现双方讨论一些比较专业的问题时能够有共同语言，也使我对她有了进一步的了解。我们交谈了一个多小时。据钱易后来告诉我说，钱正英甚至还向钱易借去有关水处理方面的书籍阅读。我和钱易私下聊天时曾说起对她的印象，我们有同感，还主观认为我们在使水利界高级领导学者们理解水污染和水处理的重要性及迫切性方面，都起了一定的宣传作用。当然这是我国水环境污染实际形势严重的推动作用使然。

在“西北水资源战略研究”项目中，钱易院士和我分别担任水污染课题组的组长和副组长。一次，可能我们组的报告交得稍晚些，钱正英院士让项目秘书通知我们二人去她的办公室见她。我们应约到全国政协大楼找到她的办公室，首先汇报了水污染课题组的工作进行情况及存在的问题，接着她就要求我们谈谈对全国水污染控制状况的意见。钱易和我都花了较长时间阐述了我们对水污染积重难返的现状、对策和发展前景的认识。钱易的专长是污水处理，特别是清洁生产和循环经济，她认为这是解决环境污染问题的重要方向。我则照例谈了环境保护和治理方面种种政策和实际执行的弊端、污染日趋严重而难以解决的问题。我们谈得比较随心而尽兴，她听得也比较认真。想不到的是，最后她竟对我们二人的基本认识和心态做了评论，她说钱易是理想和乐观主义的，而我则是现实和悲观主义的。这样的判断对我们虽不能概括全面，但也是有一定道理的，可以说“虽不中，亦不远矣”。

“西北水资源战略研究”项目开始阶段，组织了一次西北、西南地区考察。钱正英院士亲自带队，我被选定为随团人员之一，记得还有水利部的徐乾清院士和中国科学院的石玉林院士等数人。这次考察中我的感触和收获另有所记，这里说的是我作为钱正英的随行人员在途中对她的感受和印象。这次考察包括贵州、云南、四川、青海四省，她听取汇报时能随时询问该省某某水利工程的建设进度和实施细节，说明她对过去和那时的全国水利工程仍能了然于胸。与省内有关干部见面时仍能直呼其名，交谈往事及现状，这说明她对于过去的下属很熟悉并有深刻的记忆。

她在考察过程中，一直都不辞辛苦，长途跋涉，与我们共同去现场，同工程和企业人员交谈有关专业的细节问题，向工人和牧民了解生活状况，确实起到考察和指导作用。从她的总结发言中也能体会到她的思考和分析有一定深度，说明她是一位懂专业事务的领导干部。

在“全国水资源战略研究”项目中，我还参加了去美国的考察团，并且回来后做了考察录像报告，还代表钱易研究组做了西北水资源污染防治的对外宣传报告，这些活动都是在钱正英的关照和指导下进行的。我是一个不愿主动接近领导的人，但对钱正英却由敬佩而产生某种亲切感。

“西北水资源战略研究”项目后期，开始筹备“东北地区水资源战略研究”项目。钱易院士当时要辞去污染防治组组长，总项目秘书谢冰玉找我说钱正英要我担任组长。我考虑后也婉辞说由于自己承担的国家重点基金项目要结题，另外还要写一本书，不能再继续参加“东北地区水资源战略研究”项目的工作，希望能予以谅解并批准。后来谢冰玉告诉我说：“钱部长又挽留了钱易，说服她继续担任组长工作。”我听后如释重负，如愿以偿地脱离了“东北地区水资源战略研究”项目，但心中觉得没有接受钱正英对自己的信任委托很对不起她，有些愧疚。后来又见到钱正英时我表达了自己的歉意，她则表示都是工作安排没有什么，我也没有做进一步解释说明，就此结束了我在她主持项目下的活动，但长期以来仍对她有敬佩之情。

我之所以没有继续参加“东北地区水资源战略研究”项目的工作，实际除了上述基金项目结题和写书的客观工作因素外，还有一些自己的想法。一是该项目污染防治组的工作，实际都是钱易院士组织协调各方专家，加上秘书文湘华教授和清华大学工作班子完成的，我只不过参加会议讨论，承担部分写作和发言的任务。如果要我来转手担当这个团队组织任务完成后续工作，在能力、精力和心态上都是难以胜任的，只有请钱易院士等继续主持才能继续推进。二是我比较了解东北地区的水资源状况。原本我在哈尔滨学习和工作二十余年，对辽河、松花江水系的情况略有所知，与当地许多水务技术管理干部都有故旧之交。不过我离开东北也有二十余年，对现实水体污染防治的具体发展情况了解不多，若由我来负责进行污染防治的调研和战略拟订工作，在资料数据核实、策略取舍方面都会有若干碍难操作之处。幸好有李圭白、张杰两位长期在东北地区工作的院士参与，在钱易院士主持下，最终很好地完成了“东北地区水资源战略研究”项目。我似是在这项目中做了“逃兵”，但也得以集中精力完成了《无机高分子絮凝理论与絮凝剂》这本专著的写作和出版，了却了一桩心愿。

第九节　专心写作《无机高分子絮凝理论与絮凝剂》

在中国工程院“全国水资源战略研究”和“西北水资源战略研究”项目完成后，我没有继续参加“东北地区水资源战略研究”的工作，并且婉言谢绝了担任该项目组长的任务，仍烦钱正英请钱易继续担任组长来组织该项目的实施。该项目有李圭白和张杰两院士参与，他们对东北水资源状况比我熟悉，项目后来顺利完成，我又向文湘华讨要了一大套报告集作为学习材料。就这样，我“逃避”了“东北地区水资源战略研究”的任务，有些对不起两位钱院士，却也有自己的苦衷。因为当时《无机高分子絮凝理论与絮凝剂》一书交稿期日近，而我在此领域的研究和建厂实践前后数十年已趋全面，总结现有材料写成一本书的时机和愿望都迫在眉睫。我若不能集中精力完成相应的案头写作工作，将会如同过去几次，因无法摆脱当时杂事而留下长期遗憾。所以我才痛下决心，推掉其他重要任务，决定专做这件事。所幸《无机高分子絮凝理论与絮凝剂》一书终于编写完稿，于2006年由中国建筑工业出版社出版，全书335页，约69万字，并附英文详细目录。其他任务也总算有所交代。既完成了我的心愿，也没有对其他工作产生很大影响，内心颇感欣慰。

我急于完成这本书，是因为它在我心目中是该领域确有独立特色的一本专著，也可以说是我从写作《用水废水化学基础》一书以来最有创作欲的第二本书，或者说，它更是我们团队多年来在混凝剂理论与实践方面致力最多所得成果的系统总结。我曾设想将它改写为英文版，使它得以在混凝剂国际学术领域立足一隅，使它具有该领域基本教材的意义，不过，这奢望却又因种种因素至今尚未实现，成为我未了心愿之一。

对它的写作目的和内容，我在该书前言中曾做以下叙述，仅摘录于此，不再赘言。

混凝过程和混凝剂在水处理工艺流程中往往居于举足轻重的地位，虽然它常是作为前处理环节，为分离工序建立前提条件，但它的功能和效果确实影响到全部处理流程和最终水质，而且它的经济费用在运行成本中也占有相当比重。因此，混凝理论和混凝剂生产工艺一直是水处理科技领域受到关注和研究的活跃部分。与此相应，混凝剂的形态结构和凝聚-絮凝的微观作用机理涉及多门化学和流体动力学的基础研究内容，混凝理论及其工程技术不断从有关基础学科吸收新的观念和方法，加深认识和改进技术，同时，其研究和实践成果在一定程度上也反馈和充实了基础学科。

近代在无机高分子化学和无机聚合絮凝剂发展起来后，国际有关学者提出来许多新问题和新观点，特别是在纳米科学和技术兴起的推动下，不同学科对此进行更深入探讨的趋势日益显著。水处理絮凝理论和铝、铁、硅的形态结构观点一再更新，目前已有大量现代研究成果和文献积累。及时把各方面众说纷纭的论述进行归纳比较，梳理成序，以利统一认识和借鉴提高，并且向国内学界加以介绍，这是本书写作的目的和内容之一。

无机高分子絮凝剂自20世纪60年代开始发展，至今在日本、欧洲已有取代传统絮凝剂的趋势，美国着重发展有机高分子絮凝剂，但近年也对无机高分子有更多重视和应用。我国这类聚合絮凝剂的发展十分迅速，基本上已经取代了传统絮凝剂。在生产和应用的规模上，在品种的系列多样化上，在研究和开发的进展上，都已居于国际前列。观察和总结我国无机絮凝剂演进的轨迹和特色，明确存在问题和发展方向，不但有助于国内的研究和实践，而且可以系统地对外反映我国的研究成果和经验，这也是本书试图达到的目的和包含的内容。

本书作者历年所在的科技研究集体（哈尔滨工业大学和中国科学院生态环境研究中心的有关研究组），与我国无机高分子絮凝剂产业的发展成长同步。在此领域的基础研究、品种开发、生产工艺、工程应用诸多方面，都进行了全方位的研究、参与和推动工作，得到国家和中国科学院的多次奖励。在国内外前后发表的文献已有数百篇，在絮凝剂专题培养的研究生有数十名，提出了许多新的认识和实验结果，也有进入误区和弯路的体验。把历年研究探索的记载加以汇集，以新的观点进行回顾审视，再系统地展现出来，作为一本总结报告，求得有关同行专家的指正和讨论，这应该是本书最主要的目的和内容。

本书目前成稿共有九章。首先粗略回顾无机高分子絮凝剂在国际和我国的发展历史。其次介绍絮凝剂的研究和鉴定方法。然后分铝、铁、硅三类絮凝剂各两章，分别叙述其理论文献、国际和我国的研究进展以及有关的生产工艺。最后一章论述无机聚合絮凝剂在水处理工艺中的理论模式和应用实践。附录中列入参考文献，包括历年研究生的学位论文，均以文献作者及年份排序，与书中内容呼应，可供查阅，并表明原作出处。

本书的观点和思路是贯穿前后的，既强调无机聚合絮凝剂与传统混凝剂在观念、形态、应用、工艺上的差异、优点和特征，也分析它的弱点和改进方向，还特别指出新型絮凝剂需要新的水处理工艺才能充分适应和发挥其特长。作者的认识和理念尚属浅薄，未必在国内外已经得到充分理解。这本书也表达一种愿望，以期经过讨论和实践，达到新的共识。

由于无机聚合絮凝剂涉及的内容复杂，学科广泛，国内外文献众多，观点不统一，逐年有新的发现。此领域虽是作者着重研究的内容之一，但尚未能深入掌握，诸多问题仍在探索中。历年来作者研究集体中各人研究所得带有历史发展的痕迹，作者虽以当前认识加以重新阐述，但只是研究过程所得，并不能作为结论，仅供参照比较。

在本书完稿时，首先缅怀已故的国际著名学者 Werner Stumm 教授，在他十分亲切的指导下，作者完成了聚合氯化铁的研究论文。其次，与 C. R. O'Melia 教授、H. H. Hahn 教授、S. K. Dentel 教授等有关絮凝剂的多次交谈讨论，使作者获益良多。

第十章

我的半了未了诸心愿

第一节　环境水质学学科体系框架探索（上）

20 世纪 50 年代初，我怀着建设祖国的热望，进入苏联援建的哈尔滨工业大学。该校完全仿照苏联教学专业体系，于是我不得不在专修俄语一年后，再升入五年制本科学习。当时正值进一步学习苏联的热潮，全国高校进行教育体制改革，院系调整，我们从一年级起就分属不同专业。在完全服从分配的形势下，全班同学先后经历采矿、地质、土木等学科，到大学二年级才终于固定在给水排水工程专业。按照苏式教学计划，建筑工程门类的课程科目几乎无所不包，而三年级以后的专业课程则深入城市与工业的给水排水工程，与化学有关的课程只是有些实用的水分析化学和微生物学。到 1958 年毕业时，我虽然按苏联教学体制取得了工程师资格，却被留校做了教师，不久又“阴错阳差”地被分配去主讲水化学课程。于是，我又不得不到化工系去重新旁修各门基础化学课程和基本器皿操作，回来后就大胆地承担了本专业的水化学讲课及实验任务。就这样，与本来比较陌生的化学结了缘，在土木工程技术群体中反倒成为明白些化学知识的“专家”。我心存无奈、恋恋不舍地离开了少年时期十分爱好的文史杂学和心向往之的电子技术，转而以化学专业为自己的终身职业。

经过认真学习苏联教材《水化学与水微生物学》，并旁读其他苏联天然水化学书籍后，我接过哈尔滨工业大学略有改编的教本讲了几次课。借着教育革命的劲风，我随之萌生了改造水处理工程专业化学基础的心念。当时我竟不能安定下来，却较大幅度地改编出版了新的《水化学与水微生物学》及所附教学大纲，并被列为当时的法定教科书。此后，经过不断改写并油印出“给水排水化学”之类的讲义试用试讲后，自认为已有心得而得其所哉，从此开始打算沿着“水质化学”这条道路一生求索而不再左右旁顾了。

1975年，在艰苦的生活环境中我编写出《用水废水化学基础》一书，总结了我在苏联学术体制下在哈尔滨的学习和思考岁月。与这本书同时，我把该书的目录章节加以增添改写，投往《化学通报》，发表了一篇更详细的章节大纲。它代表了我当时的认识，虽存有局限，但也可以算是我初期设想的环境水质学体系组成方案的第一版。

附：环境水质学体系组成方案
（V1.0，环境化学＋环境工程）

1975年的《化学通报》第1期刊登了我的论文

1. 水体污染和环境保护：水的循环和水质污染，人类活动和水体环境，环境保护和生态学原理，资本主义国家的公害，我国环境保护的方针政策。

2. 环境科学和用水废水化学：环境科学的形成和发展，用水废水化学的地位、发展、对象和内容范畴，同其他学科的边界联系，我国用水废水化学领域的实践和展望。

3. 水的结构和特性：水的异常特性，在自然环境及生产应用中的意义，水分子立体结构及其模型，缔合变化规律，电解质、有机物、生物高分子对水的结构所生效应。

4. 水质地球化学：水中杂质在自然界的分布，各类环境循环系及其转化规律，各种天然水体的水文化学，水体污染和自净规律，我国天然水化学的分布和分区。

5. 水质指标和水质标准：水质评价原则，水质指标基本分类，指标合理性，水质毒理学及生活饮用水标准，生产用水标准，各类生产废水排放标准，水体污染控制标准，我国各类水质标准的制定依据。

6. 水质分析和监测：水质调查基本方法和程序，其特殊性，水质的重量分析、容量分析、比色分析、物理化学分析原理，仪器分析及水质监测，自动系统及电子计算机的应用，数据统计法。

7. 化学热力学和动力学：水质体系，单相及多相水质体系的化学热力学，化学平衡和能学，水质体系的化学动力学，各类型反应及反应过程，水质控制各类型反应器的计算原理。

8. 酸碱调整：广义酸碱理论，各种水质系 pH 值计算法，中和曲线，碳酸平衡，酸度及碱度，天然水质缓冲系，混合水质体系 pH 计算法，酸化及碱化调整原理，中和处理及中和滤池。

9. 化学沉淀：氧化物、氢氧化物、碳酸盐的溶解平衡，分级沉淀原理及计算，硬度和水垢，锅炉水化学，重金属离子的化学沉淀，水质控制化学沉淀法，水质稳定及调整原理，晶化和冷冻。

10. 配位络合：水质体系中无机和有机络合物，金属离子水解络合，多核络合物，螯合及螯合剂，水质控制中的络合稳定性和掩蔽性，络合选择性，分级络合，络合与沉淀的转化。

11. 氧化还原：氧化还原电位及平衡，动力学及催化，水质控制的氧化剂和还原剂，铁和锰的化学，pE-pH 图，无机和有机污染质的化学氧化还原法，氯化，臭氧化，除色和除臭味，水的消毒原理，耗氧量和化学需氧量。

12. 生物氧化：水质体系中好气及厌气生物氧化反应，自然环境及人工强化条件下各种有机污染质的降解、生物氧化和硝化，酶作用，生化需氧量，含氮化合物、磷酸盐在环境中的转化，光合作用，富营养化。

13. 电极过程：电极和电池，电化学的热力学和动力学，水质体系的电位测定、电导测定原理，水质控制的电解过程，二级反应，有机污染质的电解氧化还原，水质体系的金属腐蚀及防护原理。

14. 传质过程：相平衡和传质，湍流扩散，水质体系中传质基本方程式，天然水体溶氧复氧规律，气液平衡及气体交换，对流传质原理，各型曝气器的作用及效率，气液平衡及相图，挥发性污染质的汽提蒸馏，除盐淡化时的蒸发蒸馏，液液平衡及相图，萃取和萃取剂。

15. 固体吸附：界面特性和吸附平衡，吸附等温线，吸附作用机理，吸附动力学，水质体系中的吸附特性，活性炭及其他吸附剂，分次吸附及对流吸附，吸附滤池及化学吸附滤池工作规律，水质深度处理中的吸附法。

16. 凝聚和絮凝：胶态分散水质系，溶胶双电层及电位变化，稳定性及综合势能曲线，同体凝聚和异体凝聚，高分子和聚合电解质溶液的化学热力学，絮凝和架桥作用，絮凝动力学，天然浑浊水的自然絮凝，水质控制中的混凝过程和各类混凝剂，吸附凝聚和接触凝聚，生物絮凝和生物吸附作用。

17. 泡沫浮选：气液界面吸附，表面膜结构状态，胶态电解质的结构及表面活性，乳浊液稳定性原理，泡沫的结构及功能，水质控制中的浮选和离子浮选，各类浮选剂。

18. 离子交换：离子交换平衡及选择性，各类离子交换剂及其应用特点，多孔交换树脂，离子交换滤池各种工作方式和再生方式，其联合运用体系，动床交换原理，水质控制中的离子交换，纯水制备。

19. 膜过程：各类离子交换膜的结构和功能，特性试验法，电渗析原理，计算和应用，能耗、极化和沉淀，逆渗透和超过滤的原理，水质控制中的应用和发展趋势。

20. 特种过程：水质体系的电磁效应及应用，水质体系的超声波作用及应用，放射性污染及水质控制对策。

1977 年，我回到了北京，进入中国科学院新成立的环境化学研究所，跳出了以苏式为主的学术体系，兼收并蓄，眼界大开。我阅读俄、日、英三种外文文献，打开了更广阔的知识天地。我更活动于众多真正的化学家中间，同时接触了科学界多学科的研究群体，特别是进一步研读了 Stumm 教授的 *Aquatic Chemistry* 第一版，并且翻译出版了其第二版。我又在瑞士 EAWAG 练习了多种仪器操作，受到以多学科来研究水环境的熏陶。对水化学这门学科同人类环境以及紧密相邻诸学科无法分割的关系，自觉似是有了茅塞顿开的悟解，从而塑造一门多学科融合的“环境水质学”的心愿不可遏止地萌生出来。

恰在我筹建环境水化学国家重点实验室时期，我对水化学综合集成实验室体系的构思趋于成形，却恰巧接到中国科学院研究生院聘请我为该院各专业硕士生讲授“环境水化学”课程的通知。我当时虽然正值忙得不可开交，但仍很高兴重操教鞭，再在中国科学院当一回“教授”。不过，这次的课程内容当然不应与原来的土木工程专业雷同，它是给环境科技有关的各科硕士生开的一门通用的选修课，按规定课程也只有 30 个小时。于是，在体系上我虽仍离不开脑中的组成框架，但在内容上则避开常见化学基础而选择与环境科技有关的素材，其明显的改进则是增加了水化学方法和模式计算等有关内容。在讲课之初，我挤时间编了一套打字油印版讲义，十数万字，后来由《环境科学丛刊》于 1988 年出版。当时我每周去一次中国科学院研究生院授课，全学期 8 次，重授了数个

《环境科学丛刊》

学年，每次的内容和讲授方式都有改进，到2005年，课程内容也改缩为只讲“水质界面科学”部分。

回忆在首次讲授该课程时，教室设施已可提供电光投影仪。我为省略黑板手书，遂大胆改进而利用薄膜投影屏幕来辅助显示讲授内容，而其透明薄膜竟采用包装货物的玻璃纸。讲课设施逐年演变，数年后的硕士生课程讲授工具已改为计算机图像投影屏幕，PPT成套软件也更新换代，但仍都是我亲手制作。应用计算机绘制PPT图表甚至附加录像动态演示成为我讲课的基本形式，与此同时，我在外面各处做报告时也加以利用且不断有所创新，成为我当时自鸣得意之一技。

2005年给学生讲授“水质界面科学”时的PPT页面

当时因急于提供书面讲义材料，这本“纲要”只能以期刊专刊形式迅速发表。因限于期刊篇幅而尽量压缩，只编写了十数万字，仅能算是一个摘要，它大致反映了我当时对环境水化学体系框架的考虑。后来则因形势及思考的不断演变，没有机会再写出一本更为详尽的教本，只能把它作为博士生入学考试的指定参考材料之一。现在有些博士已成为研究员，他们还记得当时听过我的这门课程。我把它列为环境水质学体系组成方案的第二版。作为历史档案，此处仅列入其前言和目录以示概貌。在这几次教学实习中，也算是融入了一定的心力，把环境水质学课程内容加以系统化，我还获得过研究生院的“优秀教师”奖，遗憾的是始终没有来得及编写出一本正式教材。

附：环境水质学的体系组成方案（V2.0，环境化学 + 环境工程 + 环境地学）

原专辑前言

环境水化学（Environmental Aquatic Chemistry）也可称为水体化学或水质化学，也有称为水环境化学、水污染化学、用水废水化学等各有侧重含义的名称，但实际上，其内容都是论述人类生活及生产活动影响下，生态环境中的水质转化规律，它综合了化学、地学、生物学、工程学的内容，形成了有明确范畴及体系的独立分支学科。作为一门应用基础学科，它是以物理化学为主的各门化学原理在生态环境中水质体系内的应用，但各个部分都有深化发展而具有特色的专题，因而成为环境工作者需要专门学习掌握的一门学科。

针对这一学科，国外已有多本教材与专著，可见后列参考书目。其中的权威著作应推 W. Stumm 和 J. J. Morgan 合著的《水化学：天然水体化学平衡导论》一书，该书已为世界各国采用为大学高年级学生及研究生教材，我国也已于 1987 年翻译出版，但该书内容精深、层次较高，作为我国各类环境专业及非专门攻读水化学课题的研究生教材，阅读有一定难度。

这本《环境水化学纲要》是笔者在中国科学院研究生院讲授同名课程的试用讲义，由于选修者是有关环境科学多种专业的硕士研究生，所以内容略为平易，也可适合更广泛的环境工作者阅读参考。不过，由于篇幅所限，实际只是一份纲要，还未能展示这一学科的丰富内容，又因时间匆促，未经认真推敲修改，错误不妥处，尚希读者批评指正。

汤鸿霄，于中国科学院生态环境研究中心，1988 年 2 月

《环境水化学纲要》一书目录如下：

第一章　水质概论

1-1　纯水的特性和结构

5-2　电子活度与氧化还原电位

5-3　天然水体系的 pe-pH 图

5-4　有机物的生物氧化

5-5　富营养化

5-6　生物元素的循环

5-7　光化学反应

5-8　氧化还原动力学

第六章　界面和胶体

6-1　环境胶体水化学

6-2　水环境中的胶体形态

6-3　水环境胶体的电学特性

6-4　恒定电荷与恒定电位

6-5　双电层的定量计算式

6-6　聚合物的专属吸附

6-7　环境胶体双电层特征

第七章　吸附和絮凝

7-1　吸附等温线和等温式

7-2　表面络合吸附模式

7-3　凝聚的基本理论

7-4　水环境中的凝聚和絮凝方式

7-5　絮凝动力学

7-6　天然水体中的絮凝过程

第八章　水质化学模式

8-1　环境水质化学体系

8-2　化学平衡模式

8-3　水质稳态模式

8-4　水质动态模式

第二节　环境水质学学科体系框架探索（下）

水这种奇特物质由于具有特殊的分子结构形态，所以能够以液、气、固物态同时跨界且普遍存在，并且与其他物质产生不同强度的水质结合体。因此它几乎无处不在，甚至成为生命的指标物。水分子在地球自然环境中以海洋水域为水圈独树一帜，而在岩土地质圈、大气太空圈、生物生态圈中也普遍存在，在人居环境圈的各行各业中也不可或缺。特别是在人类社会的生活和生产中，水还可成为可以再生的绿色物质材料。水作为溶质，对所有物质的迁移转化过程都发挥着关键的作用，因而水的存在和转化也成为科学、技术、文化艺术等诸多方面，甚至全球气候变化研究探索的对象。

水质是水分子与其结合物所共同表现的特质，包括两方面的含义，即性质（property）和质量（quality）。性质是它作为介质——水溶液与所包容的各种物质共同表现的基本规律，而质量则是其所包含物质共性的强度和衡量尺度。这两方面都是环境科学与技术探讨研究的对象，也是环境保护政策控制应用时的规范依据。从根本上说，水质和水量在水资源功能中具有相辅相成、密不可分的辩证关系。水质的优劣决定着可利用水量的多寡；反之亦然，水资源量的充沛或短缺也限定着水质容量评价的高低。

目前，在专业学科方面，水文学、水利学、水力学等都主要研究水量问题，它们已经各有界定的范畴体系。但是，水质学特别是人居环境中涉及社会生活、生态及生产的环境水质学，却尚是环境科学与技术这一门类中新生而尚未整体独立入流的分支。这正反映出环境水质问题的多面性和复杂性。环境水质学的基本规律当然仍主要是各门化学综合的研究内容，但水质问题紧密关联着自然科学的数学、物理、地学、生物生态各学科，深入工程、工艺技术诸门类，又介入人文科学的政治、经济、生产、民生以及文化、艺术、哲学等各行各业。不过，环境水质学不能只是分门别类地去探讨各自有关的问题，而理应建立一个融合有关学科、统一独立的水质学总体系。这可能需要一个海纳百科的大学问家，或集合各学科有识之士合力逐步完成，而并非我这仅有粗浅杂学的知识水平所能进行得了的。我只能在海滩上拾取几粒沙粒，而把它们提出作为学科发展的设想或当作未来的心愿。我相信环境水质学集成、融合各边缘相关学科成为综合整体的设想终会成为现实。

我在组建环境水质学国家重点实验室之初，曾经提出过一个各研究组分学科的方案，如水质资源、水质形态、水质过程、水质生态、水质毒理、水质工程等，试图把环境科技领域中关键的问题加以融合，建成各研究组，集中力量探讨水质学体系。但后来体验到，包括我自己在内，改变一位科研学者的专业素养真有如让骆驼穿过针眼一样困难。建立广而深的边缘综合学科虽是科学发展的必由之路，却要经历艰难和漫长的历史实践路程。以中国科学院生态环境研究中心为例，我们曾意图把化学、生态、地学加以融合，但数十年以来，不同研究室仍只能在相近的环境难题上分工协作。

我自己虽然把建立环境水质学学科体系并充实其内容作为我的目标，也不断发表综述阐述新的见解，但我所理解和期望的环境水质学学科内涵可能过于宽泛。即使在我可以调配的环境水质学国家重点实验室分组，以及能够获得的研究项目中，把各相关学科人员组成有机的整体也非易事，在各专业协作上也只能达到互通有无、彼此借鉴而已。所以，我把近期的求索目标仍旧缩减为提供一个合理的学科框架，而把有生之年完成一本综合的“环境水质学”专著作为或许可望而不可即的愿望。

恰当其时，我被邀请参加全国科技名词审定委员会会议，这当然是一次把“环境水质学”列入法定科技名词的机会。我除了参会广泛讨论各科专业名词外，也对“环境水质学”的定义和内容提了一项建议。不过，我自觉借参加此工作之便，加入自己从事而未必得到公认的科学名词或许有些强人所难，遂只是提出建议而没有强调渲染其列为法定科技名词的必要性，顺其自然而已。

这个建议稿可以代表我当时的认识，现附于此：

> 环境水质学是一门边缘交叉学科，它以多学科综合研究人类社会生存和发展中有关水质环境安全保护的科学规律与防治工程技术。
>
> 它包括天然水环境和工程治理过程中的水质监测、转化与控制的规律和工程技术。它涉及化学、地学、生态学、工程学、信息学、社会学等诸多学科。它以水化学为基础，与地质学、土壤学、水利学、水力学、水文学、水生物学、水生态学、环境工程学等相平行，成为独立的水质科学与技术学科。

在我年近80岁将步入资深院士阶段，中国工程院提倡各资深院士出版个人毕生成果的文集并冠名以“××× 文集”成书。此类文集已出版多种，并有些定型化。我也得到几本著名院士文集样书的惠赠，觉得把多年发表的散作集成文集留存也实为可以效法之举，遂即模仿动手编辑起来。所幸我历年的文稿尚有比较完整的目录索引，并且感谢各发表期刊可以全文下载，我再从尘封的字已发黄的存稿中搜罗出往年旧作合在一起，其中存我署名的竟有400余篇。经我老伴全力协助复印编排，我遂选出尚堪入目存留的150余篇，其中半数为我亲自写作，其余则大部分是研究生团队与我合力完成并在国内外发表的文献，可以代表我60年来在此领域的研究编述的成果。该文集经与科学出版社编辑杨震先生联系，得到他大力支持编排出版，并得到研究所所长曲久辉支持拨款赞助，遂得以于2010年10月出版，总计近1500页222万字，分上下两卷。在该书文献编排中，我突发奇想觉得其中各文虽均有我的辛劳和署名在内，但终非我一人的写作成品，而是历年来合作者团队的协力成果，如果照当时惯例名之为“汤鸿霄文集”似又有掠美之感。所幸全书内容尽皆在环境水质学领域内，虽不能代表我的全部求索心愿而主要以微界面水质过程为主，但也略有眉目大观，即冠以“汤鸿霄环境水质学文集”之名，岂不两全其美。在此指导意念下把文献加以梳理分类而未以编年体制作顺序，竟得到一种以环境水质学为大纲的目录层次，也算是我的编余之收获。这样编排竟使得这本文集不仅是一本汇编纪念，也具有历史文献和参考借鉴的价值。

现把其目录大纲列于此，作为该体系组成的编外版。

附:《汤鸿霄环境水质学文集（上、下卷）》目录

5.2　TiO_2催化

六、界面吸附水质学

6.1　微界面与表面络合模式

6.2　重金属吸附

6.3　有机物与阴离子吸附

七、颗粒絮凝水质学

7.1　絮凝过程作用机理

7.2　絮凝形态结构表征

7.3　聚合氯化铝优化工艺

7.4　聚合氯化铁

7.5　复合絮凝剂

八、纳米物质水质学

8.1　环境纳米物质

8.2　环境纳米材料

九、净化工艺水质学

9.1　高效与强化絮凝

9.2　过滤与微界面絮凝

9.3　气浮与微界面絮凝

十、模式计算水质学

10.1　地理信息系统

10.2　化学-生态模式

现在，我的环境水质学求索目标只能限于提出一种学科方案或者设想，具体说就只是一个框架大纲。章节细目也还超不出我从事的教学和科研实践活动所得知识，具体说其偏重的主要内容，即如已出版的《汤鸿霄环境水质学文集（上、下卷）》，也主要仍在于微界面水质过程，只是略有扩展。至于教科书式的专书，则寄希望于来者。虽然我也积累了一些素材，但以我的专业能力，可能已无时间、无力量再写成专书。我的愿望是应该有一本适于研究生参考的、反映现代科技学术的环境水质学专书。我于 2014 年勉强修订的一个框架提纲，算是目前的思路设想，其学科进展或许仍以微界面水质过程为重点，因为我认为这方面的内容或许是水质学的理论基础核心。这只能有待于未来有兴趣的同行来完成，这里所附第三版方案只是一个参考建议而已。

我近年来直到目前能够拟出的环境水质学纲要，也不过类似所列几版，姑且记于本章中，以表达我对环境水质学这一学科形成的热望。

附：环境水质学的体系组成方案
（V3.0，环境化学 + 环境工程 + 环境地学 + 环境生态学）

绪论　环境水化学与环境水质学

第一章　环境水质总论

水分子结构的物理化学，水质生物地球化学循环，天然水资源与水质的形成，水的社会循环与水质污染，水污染与生态环境，人类社会对水生态环境的冲击，全球水量和水质危机与可持续发展，水环境经济学与库兹涅茨曲线，我国水质污染现状与展望。

第二章　水质科学方法与水质指标

各类天然水质基本特征，各类用水废水水质，各类水质指标及环境生态毒理内涵，水质标准及我国各类水质标准，世界通行水质标准，水质风险评价及多元化标准，中国水域化学分区，水化学方法与模式图，地学与生态毒理学的水质方法演变。

第三章　水质转化热力学及动力学

环境水质的化学热力学，水质转化的化学动力学，复杂环境体系的水质化学动态学，自由能线性关系理论，传质与反应器原理，化学基础理论在环境中应用的价值与局限。

第四章　水体酸化与 pH 调整

水体碳酸平衡，碳酸开放体系，多元酸体系，水质酸碱性评价方法演变，pH 调整基本方程式，中和与缓冲系，酸雨的形成及对环境的冲击，酸雨及雾霾的水化学与水体酸化，矿物风化与酸性矿水，酸碱废水处理。

第五章　水体配位络合物

络合平衡及动力学，水体中配位化学及络合物，铁、铝、硅的溶液化学及羟基聚合物，重金属污染物形态及其鉴定分类法，重金属废水处理，络合容量，环境有机络合物与有机金属化合物。

第六章　水质沉淀与沉积

不同盐类的沉淀与分级沉淀，络合与沉淀，溶解沉淀区域图，化学沉淀中的阴离子竞争，结晶及动力学，水质稳定及调整原理，锅炉用水结垢及软化，水处理的化学沉淀法，水体沉积物的酸缓冲能力。

第七章　水体有机有毒物

水体天然有机物，有机有毒物的环境毒理学，结构与毒性，环境生态学及其方法，新生人工化学品，内分泌干扰物及其效应，转基因技术的定向与得失，生态风险评价及指标生物，水体集成毒性及定期采样器，多种有毒物的复合毒性，毒性的拮抗与加成。

第八章　水质化学氧化还原

化学氧化还原及电子活度，pe-pH 模式图，金属的氧化还原形态区域图，生命元素的地球循环，铁的氧化还原循环，水体有机物及有机有毒物，水处理的化学氧化法，深度化学氧化，光化学催化降解，矿物还原溶解与催化降解。

第九章　水质生物氧化还原

天然水体的微生物，微生物媒介的天然氧化还原，有机物的生物氧化与还原降解，好氧与厌氧，厌氧发酵原理及应用，微生物媒介的光化学催化，水体氧平衡与富营养化，藻类生态与毒性效应，污水与工业废水的生化处理，生物絮凝与生物膜，生物固定化处理。

第十章 颗粒物和微界面

水体颗粒物与环境纳米微米污染物，粒度分布及鉴定方法，水体中胶体形态与电学特征，恒定电荷与恒定电位，双电层结构及定量计算式，Stumm 表面络合理论及应用，DLVO 理论与第二极小值，微界面集成概念及应用，吸附动态模式的发展。

第十一章 吸附和絮凝

吸附和解吸，等温线和等温式，表面络合吸附模式，凝聚基本理论，水环境中的凝聚和絮凝特征，絮凝动力学，天然水体絮凝过程，水质絮凝处理及模式，有机与无机絮凝剂，螯合剂及掩蔽剂，聚合类混凝剂的特性及混凝机理，表面吸附接触絮凝。

第十二章 水体沉积物

沉积物的生态毒理学，沉积污染物形态与毒性，水质模式，水体化学动态学，天然水体中的水质转化，化学稳定性及二次污染，悬浮沉积物及其评价基准，水体沉积物的评价方法，污染沉积物的复原处理及标准。

第十三章 水质处理强化

传统的给水和污水处理技术，水质处理高技术的发展趋势，水处理化学药剂，水处理纳米材料，纳米絮凝剂，界面吸附絮凝理论，高分子膜及超滤膜的应用，第三代给水处理流程，污水生物处理的膜化，厌氧生物处理，污水处理资源化，污泥浓缩与处置。

第十四章 水质模拟模型模式

水质的实验模拟与现场模拟，水质化学平衡模式，水质动态模式，河流、湖泊、海洋、地下水的水质动态模式，水质与水量耦合模式，云技术与大数据的应用趋势。

前面所列各版环境水质学学科体系框架方案，都未能完全脱离“水质”本身的概念范畴。如果把环境水质学的观念放开，以“环境”全方位的视野来考虑，甚至可以根据近代科学对“水质”的研究趋势，大胆发挥“水质”与“环境”的总体联系，设想某种更广泛概括的体系方案，作为“广义环境水质学”或者“多元环境水质学”。过去我曾把“水体”（aqua）、“质量”（quality）、“学科”（-logy）三个英文名词连为一体，文字游戏般地合成一个学科名词，即 aqualitylogy。它的内容范畴可以畅想为：

（1）微结构环境水质学（水分子微结构特征、生物大分子、纳米物质、微粒子等的水分子微结构）；

（2）自然环境水质学（地球、宇宙、自然循环、大气、水体、岩土、全球气候变化）；

（3）社会环境水质学（人居环境、社会循环、环境污染与经济发展、控制战略）；

（4）生态环境水质学（自然生态、生物进化论、生态食物链、物种多样化）；

（5）性命环境水质学（人性、生命、生理、心理、健康、养生、脑科学）；

（6）数字环境水质学（互联网、大数据、图像化、智能化、数字地球）。

如此各项只能算是一种畅想方案。实际上，它们目前都与水质方面密切关联，尚有待科学发展达到多学科融合，或许在“多元环境水质学”方面能全方位有所贯通。

第三节　颗粒物与微界面水质过程

环境污染物质及其所涉及的各类反应过程种类纷繁，在环境科学与技术文献中名称和分类定义也多种多样，各研究者所用的概念也不统一。我在给学生讲课和答疑中经常不得不思考如何确切地阐述问题，从而养成追求清晰概念的习惯。在历年学习思考和发表文献中也时有新的创意，逐步对一些概念的认识及理解加以重新界定和诠释。当然它们并不一定确切，也不能期望为学界所公认。这里仅把我曾提出的有关颗粒物和微界面领域常用的一些观念再加以阐述，以求同识者存续。

自然界与人居环境中的水、气、土与生态各界中，充斥着形形色色的微细物质，如水体中的悬浮沉积物、大气中的灰烟和雾霾、土壤中的黏土和粉粒、生态界中的细菌和藻类等。作为环境科学研究对象，它们并无严格的分类和定义，一般统称为颗粒物，主要是指比溶解的低分子尺度更大的各种多分子或高分子的实体物。如果按照环境物质的粒度排序成为粒度谱，可以把粒度在 1 纳米以下的离子、小分子以及粒度在 100 纳米到数十微米的颗粒物区分开，在这二者之间的则有粒度为 1—100 纳米的胶体和高分子。它们彼此之间的界限并不是能够截然划分清楚的。

在尺度上超过 100 纳米到数十微米粒度范围的环境物质通常称为颗粒物。目前常规操作中常以 450 纳米孔径滤膜作为其分界尺度，它们广泛存在于水体、土壤和大气中，在各种环境过程中起着核心作用。例如，土壤和水体中的各种矿物微粒、黏土矿物、腐殖质以及土壤团粒、悬浮物、沉积物聚集体等，大气中不同尺度的可吸入颗粒物、气溶胶、烟尘、雾霾等，生态物质如生物大分子、细胞、细菌、花粉、藻类等，污染控制过程中的滤料、吸附剂、分子筛、气泡、絮凝体、高分子膜、活性污泥等。

各种颗粒物本身虽然也会对环境产生不良影响，但更重要的是它们可以成为环境纳米污染物和离子、小分子污染物的载体，起着在环境中传播和界面上各种化学反应的催化作用。此外，微米级颗粒物材料还在环境控制治理技术中广泛应用，成为不可缺少的手段。因此，近代环境科学与技术对它们的显著作用给予日益多的关注。无论在大气、土壤和水体的自然环境研究还是它们的污染控制实践中，颗粒物的作用都成为焦点和前沿问题，从而构成了环境微界面过程与技术这一新领域。由于它们在活性位基团特征上与粗粒颗粒物的相似性，我把它们列为广义颗粒物。

1—100 纳米的胶体和高分子与微米级颗粒物的环境行为特征十分相似，因而我提出可以把它们综合起来共同称为广义颗粒物。广义颗粒物的概念以胶体和高分子为主，它们的种类十分繁多，特别是其中人工制造的各类化学品，有相当多种会对生态环境产生程度不同的不良影响，成为环境污染物。举例来说，无机化合物如铝、铁及重金属水合氧化物、聚硫化物、聚磷酸、聚硅酸、炭黑、烟雾、新生微晶体等，有机化合物如各种农药、染料、卤代烃、多环芳烃、多氯联苯、内分泌干扰物等，生物活性物质如病毒、生物毒素、藻毒素以及蛋白质、多糖、酶等类的污染物，包括生物分泌物、激素、信息素等。可见，此尺度范围内几乎集中了最常见的主要污染物质，它们的环境行为与迁移转化过程有许多共同特征，我把它们总称为环境纳米污染物（environmental nano pollutants，ENP），在环境管理中可以综合统一研究控制。这一概念的范围比较广泛，其中包括近年来提出的持久性有机污染物（POP）和持久性有毒污染物（PTS）。它们常常与离子、小分子污染物结合在一起，并且共同吸附在微米级颗粒物界面上进行各种反应，发挥生态效应。因此，环境纳米污染物实际上是环境中最主要、最重要的环境科学研究与环境防护技术的关注对象，值得与环境纳米材料及生态物质共同探讨。

纳米物质和纳米材料是在科学技术深入研究的基础上逐步界定发展和开发应用的。环境中业已存在的纳米级污染物本身并不能直接算是纳米材料，但它们的粒度集中在纳米尺度范围内，并且有着许多方面的环境行为共同特征。正是由于这些特征，它们才表现出对生态环境的污染效应和在环境中广泛迁移转化的功能。环境科学与技术领域中虽对这些污染物做了许多方面的研究，但尚没有从纳米物质的角度，统一探讨它们的共同特征行为。在纳米科学技术日益发展时，从此角度进行综合研究，一方面，将会有助于深入认识它们的环境行为规律，发展更有效率的环境保护、控制治理技术；另一方面，也会对纳米科学与技术有新的认识。

环境纳米污染物质多是胶体和高分子。在以水为介质时，即形成与水有微界面的溶胶多相体系和高分子在水中呈真溶液的所谓均相体系。尽管有此不同，但在许多条件下它们可以相互结合、相互转化，有多方面的微观、介观特征。此处可以简单归纳如下。

（1）分子量和粒度的多分散性。与小分子物质不同，同类高分子物质的分子量是在一定范围内分布的，有不同的聚合度，水溶胶也有不同的聚集度。因而，它们的分子量和粒度都是多分散的，只能以某种统计平均值来表征，其行为则不能一概而论。

（2）化学官能团的多样多变性。这类物质一般都带有大量不同种类的官能团，而且彼此性质各异。在不同的溶液条件下其各自的响应变化不同，造成分布优势的变化，使化合物整体的表现特性随之改变。

（3）形态结构和形貌的序列性。这类物质的形态结构和表观形貌是多变的，但其变化具有显著的序列性。例如，高分子聚合物的链节逐步增长，黏土矿物的层次增大，溶胶单晶的集成度累积增簇，等等。形态形貌的序列增长，由量变到质变，其特征也随之序列化。

（4）反应活性位的各异相关性。小分子化合物在化学反应中往往整体转化为另一种产物。高分子和溶胶则时常只在部分活性位发生反应，其整体特性虽有化学态的变化，但并不总是蜕变为新的物质。而且，同一实体上部分活性位的反应也会使其他活性位反应条件发生变化而具有相关性。

（5）电性与极性的显著取向性。大量电荷与极性取向是溶胶与高分子十分突出的特性，而且整体的净电荷表现还不能完全代表各官能团的电性行为。荷电状况决定溶胶的分散和凝聚，也决定聚电解质分子本身的卷曲度和聚集。极性还决定它们的亲水亲脂性，对两亲分子的存在与行为更是起决定性作用。

环境纳米污染物上面的一些共同特征尚是从物理化学一般规律来探讨的。如果把它们放在天然和人为控制的水体环境中来考虑，将会发现它们有许多共同的环境和生态特征，也正是由于这些特征，它们才成为最重要的环境污染物。

（6）生物大分子的强烈结合性。纳米污染物往往具有显著的配位、极性、亲脂特性，有与生命物质强烈结合进入生物体内的趋势。特别是重金属化合物、人工化学品（如农药）等更易于同生物大分子作用，以某种化合态表现出生物有效性。

（7）生态系统的潜在累积毒性。纳米级污染物在环境中存在的浓度一般较低，往往被大量污染物所掩盖，但它们一旦摄入即可长期结合潜伏，在特定器官内不断积累增大浓度，终致产生显著毒性效应。另外，通过食物链逐级高倍富集，也可导致高级生物的毒性效应。

（8）微界面反应的错综复杂性。所有纳米级污染物都有强烈吸附于微界面的趋向，大量存在于颗粒物表面上。微界面上可以进行溶液中所有可能的反应，而且由于表面聚集催化作用，可以比在溶液中的反应提前或以更大强度发生。

（9）多种污染物的组合复合性。环境中永远是多种化合物以各种形态同时存在，相互结合、反应转化。它们的环境生态效应往往是综合产生，难于分辨。各种效应可以相互拮抗或协同，成为复合污染体系，特别是在污染严重的环境，难以分辨和控制。

（10）扩散和迁移的传播广阔性。小分子化合物的扩散属于分子扩散，纳米级物质则可由布朗运动及介质涡流促成扩散，特别是当它们吸附在颗粒物表面上或由生命体携带时，可以实现远距离的输送传播，在广阔的空间范围发挥污染效应。

随着环境科学研究的深入发展，逐渐发现大部分纳米级污染物都停留在颗粒物的表面上，并在此微界面上进行比在溶液中更强烈的反应，对生态环境产生污染效应。研究表明，首先，在水体中，溶液的水质组成及动态平衡状态实际决定于微界面的反应动力学进程；其次，污染物的生态效应也是首先发生于它们对细胞膜界面的冲击；最后，大量污染控制技术应用微界面过程来阻留、分离、降解、消除污染物及其污染功能。可见，纳米污染物与微界面过程的研究在环境污染科学与技术中占有日益重要的前沿地位。

环境界面（interface）的概念在环境界早有共识和广泛应用，与环境表面（surface）的概念不同。我在2000年提出“环境微界面”（micro-interface）这一概念并在后来加以深化，以之区别于常用的“环境界面”，并非故意要标新立异，搬弄文字。实际上，我认为在环境科学与技术领域的实践中，环境界面问题并不只是指单个颗粒物的界面行为，它应该是一个群体颗粒的集成观念。它包含颗粒群中各颗粒之间的相互依存和影响，还包含颗粒表面活性基团和颗粒间隙孔隙率的作用等。因此，它是一个整体集成观念，需要从物理、化学、生态，特别是数理统计等诸多方面进行综合考虑研究。

环境微界面是指颗粒物聚集群体的不连续微界面与周围介质及其间孔隙和水分子等构成的集成体系，其实质是微界面上活性反应位的综合体系。相间界面由于其分子作用力的不平衡性，在物理、化学特征上一直被作为某种特殊区域对待。在天然或人工环境中，固–液、液–气、气–固等宏观界面在物质传递时都起着重要作用。颗粒物群体构成的微界面体系更是广泛存在，在各种环境过程中发挥巨大作用，即使对宏观界面，其作用过程也往往需要从微观角度加以解析。几乎所有在溶液中的反应，都可在微界面上进行，而且界面往往具有催化作用，使反应提前或强化进行。这些过程与环境纳米污染物均密切相关，决定着它们在环境和生态系统中的行为。

环境水质学的研究表明，天然水体的基本水质实际上是由土壤和沉积物与水溶液的固-液平衡关系确定的，而其中动力学的速率决定步骤往往是某种微界面反应，亦即微界面上的反应进程决定了水体的水质组成状况，由此可见微界面过程在水质体系中的地位。

环境微界面在天然水体和工程水体的各种水质反应过程中往往都是关键控制因素和速率决定步骤，它们的实体表现和水质过程如下图所示。

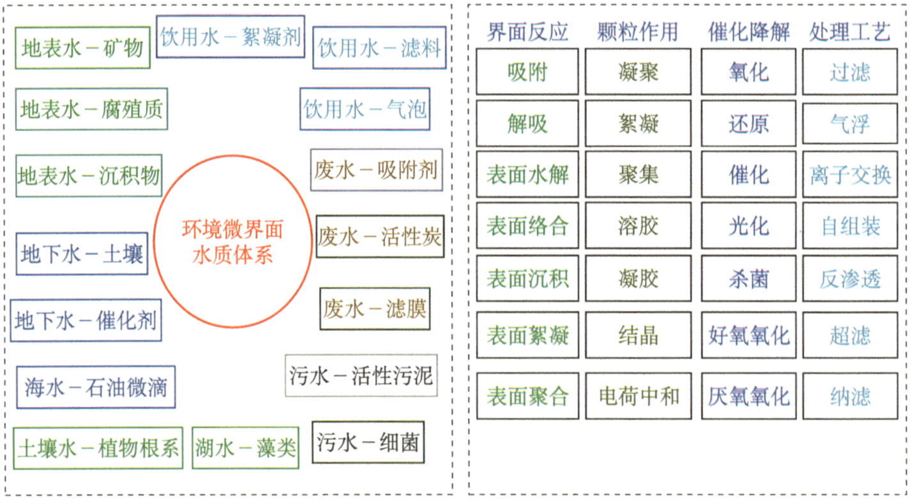

环境微界面水质过程

综合起来，环境微界面对于微量、痕量纳米污染物的意义可以归结如下。

（1）浓度富集带：污染物以极大的富集倍数聚集在各种颗粒物和生物体的微界面上；

（2）迁移携带体：随悬浮物在水体中迁移远比污染物本身的扩散可以达到更广的范围；

（3）汇留储藏库：吸附沉积在水体底部淤泥层中，成为污染物的汇聚停留场所；

（4）再次释放源：在环境条件变化或受到扰动时，污染物会再次释放成为二次污染源；

（5）反应活性区：微界面上多种反应可以活跃进行并有催化作用，有时成为关键步骤；

（6）降解光解域：有机有毒物在界面催化作用下进行生物降解和化学、光化学降解；

（7）生物摄食径：微生物和生物的生命活动，通过细胞界面摄食营养质并屏蔽有害物；

（8）人体健康患：通过食物链或各种途径透过细胞膜对人体健康构成急性或潜在危害；

（9）高难检测法：纳米级污染物在界面上的形貌是分析检测方法和仪器鉴定高难对象；

（10）高效处理术：应用微界面手段消除和分离纳米污染物是高效处理技术的发展趋势。

纳米污染物在环境中广泛存在，在浓度上达到微量、痕量污染物水平，在环境中广泛存在，而且每种化合物随环境条件和反应进程常分解为多种化合态，不同化合态的生态环境效应也不相同。因此，其分布不只是在空间位置上有浓度的含义，其总浓度中不同化合态所占份额以及何种化合态占绝对优势更有意义。另外，纳米污染物各种化合态在微界面上与在溶液中的分布具有特殊价值。如果需要求得某种污染物在环境中所有化合态可能的总体分布，只依靠直接测定和数据统计归纳往往不能达到目的，一般还需要借助各种表面吸附模式的程序计算，例如 MINTEQA2 即为用于表面络合化学平衡模式计算工具之一种。

由 Stumm 于 20 世纪 70 年代提出的微界面配位络合理论，经过计算模式化和逐步扩展应用，现已成为水质化学中的主流共识理论。其基本

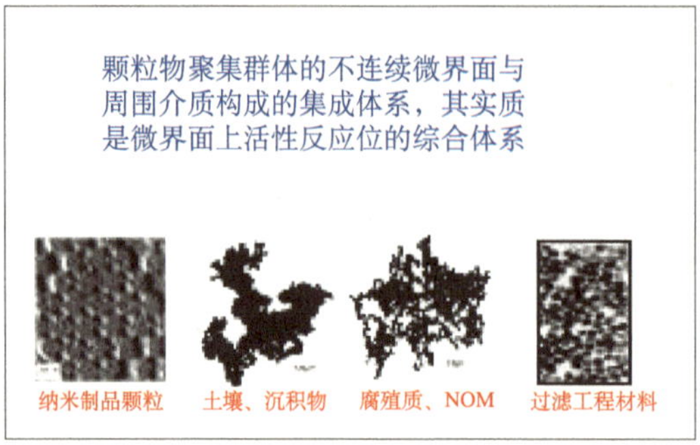

环境微界面水质体系

概念就是把溶液中的化学反应平衡观念应用到固-液界面反应平衡中，同样应用质量作用定律和平衡常数实现定量计算。它把历来以实验求定吸附等温式的经验计算方法转化为以表面配位和双电层理论为基础的模式计算方法，实现了溶液化学反应与界面化学反应在观念上的统一和计算方法的程序化。

表面配位理论及其计算模式的关键点在于：认为固-液界面反应与溶液中反应的差异主要是前者会受到界面荷电状态的影响，其平衡常数若加以静电校正，就可按质量作用定律进行类似计算。当然，求定这些常数和校正值要经过适当的实验测定和计算，比较复杂，但应用一定的计算机程序和软件是不难实现的，而且这种方法可以处理的问题远超过吸附等温式所能处理的问题。对于环境纳米污染物的微界面过程定量计算可以广泛应用。

微界面配位理论和计算模式目前向两个方向继续发展。一是在基本理论和作用机理的实证和改进方面，如吸附剂结合位与亲和力解析、更合理的表面位双电层模型、热力学与动力学的综合运用、亚稳态平衡吸附模式的建立等；二是在推广应用和简化计算的探索及比较方面，如在不同水质体系、不同化合态的应用，在各种水质评价方法中的结合，计算与实验过程的标准化和软件化，微界面吸附在水质过程中的决定性验证，等等。应用微界面理论与计算模式来研究环境纳米污染物的共同特征及其量化规律，应该是十分值得开辟的研究领域。

20 世纪 90 年代后新发展的微界面吸附模式主要有 W. J. Weber、黄伟林、J. J. Pignatello、邢宝山等提出的活性位分区模型和模式。这类模式经过大量的实验研究，逐步得到共识和讨论，但它们的应用和影响还没有达到表面络合模式的广泛程度。如果说表面络合模式主要应用在无机吸附剂和吸附物，那么活性位分区模式主要针对有机物吸附剂和吸附物。从地球化学角度说，可以把土壤及沉积物等吸附剂统称为地质吸附剂，它们的结构模型恰如上面我所提出的水体颗粒物模型，由无机矿物质（如黏土矿物等）与天然有机物（如腐殖质等）所综合构成。过去一个时期，曾把它们当作统一的有机物吸附剂来对待，以溶液分配定律以及溶剂分配系数（如正辛醇等）来做定量处理。活性位分区模式则认为吸附曲线并非线性直线分配而呈非线性曲线规律，因而吸附剂应有不同的吸附活性区域，呈现共存的综合吸附规律。

W. J. Weber 和黄伟林把地质吸附剂的构成分为三个不同活性区，即无机物吸附剂区域、有机物吸附剂玻璃相（glassy）和橡胶相（rubbery）。前者是线性吸附区，主要成分是无机矿物类吸附剂；后两者是不同的非线性吸附区，主要是天然有机物（NOM）吸附剂。玻璃相主要是无定形有机物，其吸附符合对数线性规律，如 Freundlich 型；橡胶相主要是较为成熟的凝固形有机物，其吸附符合纯非线性规律，如 Langmuir 型。由此可得出它们分别的及综合的计算式。这三种活性区模式简称为 DRM 模式。

J. J. Pignatello 和邢宝山几乎同时提出把地质吸附剂的吸附行为分为两相或两区，实际是把无机物吸附剂和部分有机物吸附剂合认为线性吸附区，而把其余的有机物吸附剂部分作为非线性孔隙吸附区。部分有机物吸附剂中含有大量纳米级孔隙，在溶液填充及吸附过程中呈非线性规律，符合 Langmuir 型曲线。这两类模式在吸附剂结构分区上有所差异，但在数据定量解析计算方法上较为相似，各自以多种不同土壤及沉积物进行实验比较而在分别发展中。黄伟林和邢宝山也各自在中国与不同单位合作开展许多研究工作。

这两种以天然有机物吸附剂为主的吸附模式，都表现为吸附进程与结构孔隙条件及活性位特性等环境状态有关亦即与时间进展速率有关，因此它们的吸附行为不仅以化学热力学平衡规律为基础，更表现为非线性的动态和稳态平衡过程，而吸附本身并非是完全的可逆过程。这也影响到污染物从被吸附状态的解吸难度和方法，由此产生污染土壤及沉积物的修复手段，标准及费用要加以重新计算拟定，涉及大量研究工作，必要时，须制定新的国家标准规范。

由此看来，微界面吸附规律的实质，不论无机吸附还是有机吸附都更深入涉及其吸附活性位及被吸附物形态等的特征和数理统计方法等进一步的研究发展。

此外，我饶有兴趣的是吸附过程的双吸附模式与我提出的絮凝过程的双水解模式在思考方法和数学观念上竟有相当类似之处，这或许还有在数学和机理上可以进一步探索的余地。

第四节　聚合类混凝剂的作用机理

水处理工艺过程所用的传统混凝剂是硫酸铝，新型的无机聚合类混凝剂如聚合氯化铝等，从北欧、苏联、日本等国家和地区陆续提出并大量应用。从该时起，他们就一直声称并实际表明其混凝除浊效能高于传统的硫酸铝。不过，其具有优异效能的根本原因及作用机理并没有明确定论。虽然于20世纪50年代，如苏联的杰里亚金等胶体化学家对颗粒物凝聚絮凝过程提出过DLVO计算理论和异相凝聚机理，但都仍是针对一般颗粒物相互作用进行力学作用的过程加以阐述。20世纪60年代，美国对水处理混凝理论曾进行过广泛讨论，主要是Black等的传统主张，即混凝的物理作用观与Stumm等人提出的"凝聚的化学观"(1962年)相对应。当时，化学观认为铝、硅等的水解羟基络合化合态在混凝中起到更大作用，日本丹保宪仁先后发表过四篇论文，应用凝聚物理理论及多核络合物概念定量计算混凝过程，我在《絮凝机理的胶体化学观》(1964年)的专论中提出絮凝形态学，把凝聚物理理论与化学观相结合，强调势能曲线第二极小值和异相凝聚的作用等，并支持Stumm等的络合化合态观点，说明多核络合物在水解聚合中的电荷变化及中和作用。不过，所有这些文献都仍是以硫酸铝及其Al(Ⅲ)水解产物为混凝剂作为讨论对象而展开的。

1984年，我和我最早的硕士研究生常青综合了苏联库里斯基及日本野田道宏等的聚合类混凝剂观点，并结合Stumm等的络合化学态观点，

通过 $FeCl_3$ 混凝剂的实验验证，表明其浓溶液也具有类似铝的聚合化学态特征和优良的混凝效能。次年，我在瑞士 EAWAG 对 Stumm 和 O'Melia 阐述了这些观点，得到他们认可，并在该所进行了聚合氯化铁的更深入研究，最终与Stumm共同署名发表了 *The Coagulating Behaviors of Fe*（*Ⅲ*）*Polymeric Species, I, II* 两篇论文（1987 年）。这两篇论文不但验证了聚合铁化合态于不同浓度及不同碱化度制备时有相似的形态特征及混凝效能，而且初次提出其自发水解和强制水解的双水解模式观念，这些概念在我回国后都继续传承于聚合铝混凝剂的一系列实验研究中。

O'Melia 教授及其学生 Dempsey、姚重华、Gray 等都曾做过聚合铝、铁的研究，发表过若干文献，并出版过 *Polymeric Inorganic Coagulants* 专集。据说 Gray 见到我在 EAWAG 的聚合铁研究文稿时很欣赏，后来曾在其学位论文中加以引用。不过，他们的工作虽然涉及铝、铁的络合化学态并表明铝和铁二者水解行为的差异，但在讨论的混凝机理中仍很少联系当时已经流行的表面络合理论，而是继续沿用传统的硫酸铝混凝机理，认为聚合铝、铁络合化学态都是先发生化学沉淀，生成凝絮再以卷扫沉淀来发挥混凝除浊作用。这种传统的作用机理一直延续在 O'Melia 等的认识中，成为美国混凝学界的权威观点。同时，他们认为聚合铝只是在某些水质条件下有优越效果，而其预先制备的方式可以选择应用。基于这类观点，在欧洲各国、俄罗斯、日本、中国等已经发展到以聚合类混凝剂完全代换硫酸铝时，美国却一直坚持使用硫酸铝辅以有机高分子絮凝剂，而很少发展无机聚合絮凝剂。我曾当面向 O'Melia 教授请教，他说那是企业界的事情，可能学者们研究了理论却没有发展生产工艺，而美国的聚合类混凝剂在市场上虽也有少量但价格较高。

美国 Letterman 教授等在 1985 年前后发表系列论文，首次应用表面络合理论及絮凝动力学相结合的方式，试图深入阐述混凝作用机理和混凝剂用量计算模式。他们先应用硫酸铝，后来又应用其他金属铝盐作为混凝剂，采用 MINEQL 计算程序进行 Al（Ⅲ）在溶液中的水解化学平衡计算，得出在不同 pH 值条件下生成各种多核络合物，其中包括 Al_2、Al_{13}、Al_{14} 等。它们在 pH>6 的条件下即生成 Al（OH）$_3$ 和凝胶等沉淀物，随后成为凝絮吸附于浊度颗粒物表面实现电中和及絮凝。此过程应用表面络合模式三层模型和絮凝动力学方程式进行复杂计算，求出覆盖颗粒物的表面积浓度，从而得到最佳的混凝效果和混凝剂合理用量。不过，他们仍是应用 Al（Ⅲ）在溶液中的自发水解过程，以最终生成 Al_2 以及 Al（OH）$_3$ 沉淀物等凝絮在颗粒物表面吸附的观念来进行计算。实际 Al（OH）$_3$ 凝絮此时的电中和能力已很弱。此模式没有涉及 Al（Ⅲ）在预加强制水解时可以集中形成聚合络合态，也未考虑即使在更高 pH 条件下它们仍可有稳定的溶解形态及电中和能力。Letterman 教授的论文在机理作用观念上仍是传统的理论，首先经化学沉淀生成凝絮而后卷扫沉淀除浊。另外，其理论性计算过程比较复杂而不利于实际应用。

O’Melia 的研究生王志石在研究过滤过程中的絮凝作用时，综合运用了表面络合原理和电位计算体系，也涉及凝聚絮凝机理和表面沉积作用。他发现，金属氢氧化物在颗粒物表面生成沉淀时的溶度积会比其在溶液中的原有数值有所降低。他的计算路线基本与 Letterman 教授的相同，所用混凝剂为硝酸铝，也考虑到溶解络合态在凝聚中的作用，但未讨论聚合类混凝剂的行为。

美国学者 Dentel 于 1988 年提出一种混凝剂定量计算模式，称为 PCNM，大量简化 Letterman 模式的计算过程。其基本概念和电荷密度计算与 Letterman 的大致相同，符合传统的混凝理论，认为不论溶液中铝和铁的形态如何，都可考虑为首先生成氢氧化物沉淀，其量由溶液化学平衡计算求得。他提出的简化计算模式比较接近于实用，计算结果与实验大致符合。在一次哥德堡化学水处理会议后，我曾与他在酒店相遇，曾长时间讨论混凝形态问题直到深夜，不过当时仍未能完全达成共识。

关于聚合类混凝剂的作用机理同传统混凝理论有何差异，为何有更佳效能的问题，是我本人及我们团队长期思考和重点研究的方向，因为这是聚合类混凝剂能够存在发展和合理应用的根本基础。当时对聚合混凝剂优异功能的主要观点是，其形态经过预制控制而包含大量 Al_{13} 成分，在投加后仍可以保持稳定而适应不同水质，随之可继续发挥最佳除浊效果，仍沿循着电中和凝絮沉淀过程的理念，在作用机理上没有根本改观。

1990 年，我发表了《无机高分子絮凝剂的基础研究》专论，归纳总结了此领域国际上和我们团队的有关成果。文中提出：经水解聚合预制的无机高分子絮凝剂有可能被颗粒物或胶体直接加以吸附，发挥其最佳形态的电中和及架桥黏结的效能，并预计此作用机理会逐步随着研究而得到不断阐明。

1992—1995 年，栾兆坤、我、冯利等发表了《聚合铝的凝聚絮凝特征及作用机理》等多篇中英文实验研究论文，如《铝的水解聚合形态分析方法研究》《水解聚合铝溶液中形态分布的定量模拟研究》等，并于 1996 年在英国爱丁堡第 7 届化学水处理会议上做题为 The differences of behavior and coagulating mechanism between inorganic polymer flocculants and traditional coagulants（无机聚合絮凝剂与传统絮凝剂的行为及混凝机理的差异）的报告。这些论文等以多种仪器实验鉴定证明了两种混凝剂的混凝机理差异，成为我们团队在中国继续开展此方向研究的基础。

该批混凝实验用高岭土作为浊度颗粒物，利用各种现有仪器方法来鉴定除浊效能。初期研究得到的基本观念可以提出：①不同碱化度 *B* 值的聚合铝在各种 pH 值（5.2—9.5）的原水中都有超过 $AlCl_3$ 的除浊功效，用量较少而除浊率较高；②各混凝剂在其电泳度（EM）接近 0 值时有最佳除浊效果；③聚合铝在高岭土颗粒物的吸附量与其电泳度呈正相关关系；④氯化铝或硫酸铝迅速化学沉淀生成的凝絮作为吸附卷扫体，其吸附及电中和能力都相对较低，因而其用量虽较高但相应除浊率较低；⑤预制的聚合态 Al_{13} 在投加量较高时，因电中和能力超出高岭土颗粒物而电荷有可能逆转出现除浊恶化现象。

此实验中以颗粒计数仪和 BET 氮吸附法求得颗粒物的比表面积，再以电位滴定法求得单位表面积的吸附位（mol/m^2），并以吸附过滤实验求得各次试样的吸附量。各次吸附实验与混凝实验同步进行，就可以得到吸附量与电泳度的对应相关关系以及它们与混凝除浊率的相应关系。

根据历次悬浊液混凝效果可以求得混凝剂投加量的凝聚临界浓度（CCC）、最佳脱稳浓度（CDC）、除浊恶化再稳定临界浓度（CRC）等关键临界值。由这些数值可以绘出混凝除浊效果的“投药量-pH值”的凝聚脱稳区域图。如果把逐次投加不同碱化度的混凝剂量应用Ferron扫描计算法求得其Al_a、Al_b、Al_c等形态分布，并认为Al_b即为Al_{13}形态，遂即在绘制图上可得到$AlCl_3$（AC）和聚合氯化铝（PAC）各自的混凝脱稳区域，从而表明含Al_{13}量最佳时，可令电泳度近于0的覆盖区域超越$AlCl_3$时甚多，可知聚合铝的混凝适应溶液区域胜过氯化铝及对比实验中的硫酸铝。

此后，把聚合铝的强制水解形态以Ferron比色扫描计算法分类为Al_a、Al_b、Al_c三类，进而又把Al_b划分为Al_{b1}及Al_{b2}，后来并由核磁共振^{27}Al NMR实验证明Al_{b2}才是确切的Al_{13}，从而建立了较为完整且有特色的聚合铝水解形态系列和鉴定方法。

2002年，王东升、我、徐毅、叶长青等先后应用Gregory的流动光学监测技术发表系列文章，表明聚合铝的形态分类组成在凝絮生成及成长过程中的重要性，以及硫酸根的存在对混凝过程中电中和及化学沉淀的影响作用，并且表明强制水解生成的聚合铝中Al_b形态即使在pH=8—9的溶液中仍可保持稳定性呈溶解状态存在。所有这些都说明聚合类混凝剂与传统的金属盐混凝剂在混凝作用机理过程诸方面的差异和优越性。

经强制水解预制的羟基聚合铝混凝剂中包含大量聚阳离子Al_{13}，即Al_{b2}，其形态稳定主要是因为其Keggin结构在溶液中发生解体和继续水解都有一定惰性，能够在水溶液中保持其原有形态。它又是混凝剂中的优势形态，在投入水溶液中后可以优先于水解反应而立即吸附在颗粒物表面上，并且以其高正电荷和较大的分子量在界面上发生电中和作用及颗粒间黏结架桥效应。吸附在颗粒物表面的 Al_{13} 仍会与颗粒物表面羟基反应，继续发生水解沉淀过程，由羟基不饱和络合物成为氢氧化物沉淀凝胶并且发挥黏结架桥作用。

这就是羟基聚合铝与传统混凝剂在混凝过程作用机理的根本差异。由于含有较高浓度 Al_{13} 的羟基聚合铝絮凝剂能够在更低的投加量下达到较强除浊效果使颗粒物脱稳絮凝，故而显示为更优良的混凝剂。其实，聚合类无机高分子絮凝剂的作用机理和效应可以看作处于有机高分子絮凝剂与传统混凝剂之间的位置，在水质净化实践中加以综合运用。

2003—2006 年，王东升和我等以不同碱化度的聚合铝为混凝剂做除浊实验，将各种形态组成的实验结果分别应用 Dentel 的简化模式（PCNM）加以归纳计算。结果表明，其电中和过程及反应产物效果等参数经过变换后，始能基本适应 PCNM 的计算方法，只是混凝特征有明显不同。从而说明，以自发水解生成凝絮吸附电中和而进行絮凝沉淀的作用机理不能完全适合不同形态组成的聚合铝混凝剂的吸附絮凝过程。此实验结果同样可以绘出与 PCNM 相应的凝聚脱稳区域图，这表明两类混凝剂的混凝 pH 区域和剂量有相当差别，而聚合类混凝剂的 pH 适应区域要扩展到 8 以上。

2007 年，伍晓红、王东升、葛小鹏、我等发表了系列论文，以定量计算实验方法进一步验证聚合铝特有的吸附凝聚絮凝模式。实验以球形硅颗粒模拟浊度，以两类多种混凝剂进行常规除浊流程，所得结果可见两者过程有显著不同，表现完全如上所述。

此批实验中定量计算硅球表面积被混凝剂吸附所覆盖的部分，可以求得聚合铝在最佳絮凝时是以 Langmuir 型单层吸附，硫酸铝则是以沉淀凝絮实行 Freundlich 型多层吸附。此种不同形象则由透光率脉动检测仪（PDA）、凝絮分形系数鉴定（SLS）以及电子显微镜扫描图像等多种仪器加以验证。此种吸附及混凝并行的定量实验也已经被完整地证明：聚合类混凝剂的直接吸附凝聚絮凝的混凝机理模式与传统混凝剂硫酸铝等的先化学沉淀后凝絮卷扫的混凝机理有显著差异。

实验所得数据结果如果按照 DLVO 理论计算公式加以归纳计算，则可以得到不同投药量状况下的综合势能曲线图。综合势能计算以程序软件进行，总计算式如下，其中参数符号含义从略（可参见原文献）。

$$V_T = V_A + V_R = -\frac{AR}{12H} + \frac{64\pi Rn^0 K_B T\gamma_0^2}{\kappa^2}\exp(-\kappa H)$$

由曲线可以得到两颗粒物在尚未直接接触时，势能曲线表现出综合第二极小值，亦即此时两颗粒物可能发生相互吸引的相持作用。对混凝过程而言，实际相当于在溶液中形成相对松散的凝絮团，也可以发挥絮凝吸附卷扫的除浊功效。计算曲线表明，当混凝剂为硫酸铝时，投药量达到 5μmol/L 时，第二极小值可以达到 15kT，从而发生这种松散凝絮团。如果投加聚合铝为混凝剂，则当投药量达到 2μmol/L 时，第二极小值即可以达到 15kT，也会产生松散凝絮团。可见聚合铝的投药量远低于硫酸铝时，就可能达到同类的凝絮卷扫除浊效果。应用 DLVO 理论计算水处理混凝过程机理验证综合势能曲线第二极小值，试算所得结果与实际实验现象一致，这在国际文献中尚属首次。

根据上述不同类混凝剂的作用机理，可以归纳得到不同的吸附絮凝作用模型：一种是传统的硫酸铝作用模型，Al（Ⅲ）在溶液中迅速自发水解由化学沉淀生成 $Al(OH)_3$ 凝絮，在颗粒物表面进行吸附再相互黏附卷扫增大体积，由沉淀或过滤分离去除。此种模式的凝絮在颗粒物表面的吸附覆盖需达较多面积（>1/3）才可产生黏附卷扫效应，可以称为“覆面式模型”（cover model）。另一种是聚合类混凝剂，其 Al（Ⅲ）已经过预先强制水解形成高比例集中的羟基络合聚合物 Al_{13}，在溶液中形态相对稳定，可以迅速直接吸附在颗粒物表面，形成丘状凸起多点分布，在颗粒间黏附成链状，聚合物并在颗粒表面羟基络合下生成 $Al(OH)_3$ 沉淀物结合长松散絮凝体，同样发挥卷扫吸附作用。此种模式在颗粒表面形成丘状凸点相互黏附，可以称为“丘点式模型”（patch model）。两种模式的差异均可由吸附曲线及电镜图像等清楚表明。应用聚合类混凝剂形成的丘点式模型的混凝过程，所需剂量较少，并可在 pH 值较高的水质中完成，相对较优，但若药剂投量过大，则有可能发生再恶化逆转现象。根据这种作用机理模型可以设想另一类型的混凝作用过程，即可称为“表面接触絮凝”或“微界面絮凝”。

传统的混凝作用模式即覆面式模型目标是令颗粒物相互黏附絮凝增大体积，以便利用重力沉淀的方式加以分离去除。聚合类混凝剂及有机絮凝剂所用的混凝作用模式即丘点式模型，则是在颗粒物表面直接吸附并生成凝絮加以分离，是利用界面吸附促进絮凝除去污染物。此种表面接触絮凝作用模式较为高效，可以省略传统的低效沉淀过程代之以其他分离手段，改变现有传统水处理工艺流程。其原理符合 Stumm 的表面络合理论，苏联在澄清池和现代微絮凝过滤等工艺中均已应用。实际上，许多水处理工艺过程中都已使用它，并可由此开发出多种新工艺技术。

第五节 铝盐水解-聚合的双水解模式

无机高分子聚合氯化铝（PAC）作为絮凝剂一直是我和团队多年来的研究方向和主要探索课题，特别是其聚合形态的生成机理及转化过程更是我本人的研究兴趣和关切的领域。其中，羟基聚合铝化合态作为最有效的絮凝剂成分，其特性、鉴定、生成过程及提纯工艺则是团队多年来连续研究和生产实践的核心内容。它在溶液中的水解-聚合过程机理一直也是无机化学-胶体化学领域以及环境科学和工程学科多年来在发展中探索和争论的内容。

我于 1984—1985 年在 EAWAG 进行羟基聚合铁研究时，首次提出铁溶液中聚合过程的双水解观念模式，至 1987 年在同 Stumm 教授合作的两篇论文中于 *Water Research* 上发表，其中提出羟基聚合铁可以经由加碱转化和浓度增强两种方法来生成，并且得出新的水解度计算方法和羟基聚合铁形态分类指标。当时观察到浓度增强产生黄色沉淀物，而加碱转化产生褐色沉淀物，实际前者即经由自发水解过程生成，而后者经由强制水解过程生成。

回国后到 1990 年，我遂将该模式转用于羟基聚合铝形态。虽然 Al 和 Fe 并不属于同类元素，但 Al（Ⅲ）和 Fe（Ⅲ）的水解羟基化过程有诸多相似处，从而也建立起羟基氯化铝的双水解模式一并进行其形态转化研究。其后，经过历年微调改进，逐步达到规范化。该模式也曾于 1996 年 9 月刊载于国际化学水处理会议文集中。

2004 年国际化学水处理会议在美国奥兰多召开，我在大会上发表了关于聚合铝双水解模式的报告，该报告收录于会议文集 *Chemical Water and Waste Water Treatment*, Ⅷ中。

大约在 2005 年，我的综合创作欲望突然升高，毅然辞谢了中国工程院要我参与东北地区水资源考察的任务，打算回来集中总结写作铝、铁、硅这三种元素共同的羟基化原理。这是因为它们都是水处理混凝剂，生产制作工艺也是我熟悉的，而且在水解-聚合过程原理方面有许多共性，在学科上都属于无机高分子。这本书可算得一本专著，以“无机高分子絮凝理论与絮凝剂”为书名于 2006 年以中文出版，书中对双水解模式做了较详细的阐述，反映了我当时的基本认识。该书曾寄给 O’Melia 教授参阅，并得到他的赞许，但限于语言不同而未能深入交换意见。

羟基聚合铝的水解-聚合过程和形态转化的确切验证与普遍认定，实际决定于所用仪器、操作程序和认知方法。就我们团队的发展历史看，最初都是应用分光光度法，后来建立了 Ferron 逐时络合比色扫描计算法，再加上普遍应用的 ^{27}Al NMR 核磁共振标准测定法，二者联合应用曾作为我们常备的研究方法。至于各种光谱法、小角度 X 射线散射法、原子力显微镜法等国际上都曾广泛应用于此研究领域，我们也有所采用。国际研究结果的大量文献，包括我国学者毕树平、孙忠等结构化学计算法的研究成果等都给了我们很大启发和推动。

2010 年后，我与已在北京师范大学任教师的我的博士研究生冯成洪和现博士研究生毕哲结合成特殊的研究小组，受到 Sarpola 和赵赫等研究成果的启发，集中应用电喷雾质谱（ESI-MS）法来研究羟基聚合铝 K-Al_{13} 和 M-Al_{13} 等的形态转化过程。我们借助于对 Al（Ⅲ）水解-聚合溶液化学的更多理解，对 Al（Ⅲ）羟基化的电喷雾质谱解析原理和方法做了针对性的改进，提出一套近于规范化的谱图解析定性及半定量的方案。该结果最后于 2015 年发表于美国《环境科学与技术》上。这种新的仪器检测手段对我们进一步理解双水解模式有很大帮助。

毋庸讳言，当前任何一种单独的仪器方法都不能独自确证羟基氯化铝的形态结构。我们目前用 ^{27}Al NMR 核磁共振、Ferron 络合比色扫描计算、电喷雾质谱等主要仪器鉴定方法对同批样品进行实验，再加以原子力显微图像、固体 MAS NMR、XRD 衍射等多种仪器方法的参照，对 Al（Ⅲ）羟基化形态转化规律和双水解模式已有一定的理解和肯定，但更期望着化学结构仪器鉴定直接确证方法能有进一步现代化发展。

近年，我们实验室的三位研究生冯成洪、伍晓红、毕哲，把他们的博士学位论文，加上近期研究成果，得到实验室期许，由冯成洪主笔写作为一本专著——《聚合氯化铝絮凝形态学与凝聚絮凝机理》，于 2015 年 3 月由科学出版社出版。该书基本归纳了团队历年来特别是在仪器鉴定羟基聚合铝形态及其水质絮凝过程定量计算方面的成果，由我和王东升作序，可以作为我在 2006 年出版专著的续篇。与此同时，王东升和萧峰以我为第一作者，在 *Advances in Colloid and Interface Science* 上发表了一篇综述专论。该文发表前虽然未经过我最终审阅，其中有些细节尚未完全符合我的理解，但它基本上反映了我 2008 年在西安、2011 年在哈尔滨两次国际会议上所做报告的理念，也概括了我们团队在羟基聚合铝絮凝剂形态及作用机理不同于硫酸铝的独立理论体系。

《聚合氯化铝絮凝形态学与凝聚絮凝机理》

作者群体合影（2015 年）
自左至右为：冯成洪、汤鸿霄、伍晓红、毕哲

概括起来，我们对于所提出铝盐 Al（Ⅲ）羟基水解-聚合“双水解模式”的理解，总体说来观念尚一直比较稳定。

1. 自发水解

Al（Ⅲ）元素因其原子序数和原子结构的特征，在溶液中 Al 原子总是与其他配体配位络合，首先是以六配位与溶剂水分子或羟基 OH^-配位，建立质子交换平衡状态。当铝盐溶解于水或者铝液在水中稀释时，如果没有外界加入碱化剂，铝盐的溶解—水解—聚合过程将自动进行，随溶液浓度、pH 值、温度而变化，属于化学平衡反应的热力学过程，可以称为自发水解（spontaneous hydrolysis）。

自发水解反应如果遇到溶液的 pH 值继续不断升高，其水解羟基化的发展将使 Al（Ⅲ）的各单核水解物之间相互聚合以达到新的平衡。这时羟基同时在两个 Al 原子上配位形成双羟基架桥连接构成聚合物，由二聚体、三聚体等初聚物到低聚物、高聚物，就其本性而言都是以六配位方式形成六元环结构并聚合增大。传统认识一直把这类形态当作中空的六元环聚合体，这种观念主要依据最终形成的晶体结构而建立，对存在于溶液中的聚合体形态则只有某些粒度和计算验证，尚缺少直接的结构观测证实。后来，也主要是依据晶体结构研究有若干文献提出，六元环结构的中空位置上实际也可存在相应的八面体，即称为 $M\text{-}Al_{13}$ 的形态。目前认为它可能与其他八面体平面结构共存。因此，在自发水解形成的溶液中，其单体结合为聚合体是由双羟基桥联，构成完全为六配位八面体结构的平面形态。溶液达到的平衡状态取决于当时的溶液浓度、pH 值、温度等条件。例如：

$$Al^{3+}\leftrightarrow Al(OH)^{2+}\leftrightarrow Al(OH)_2^{+}\leftrightarrow Al_2(OH)_2^{4+}\leftrightarrow Al_6(OH)_{12}^{6+}\leftrightarrow Al_{13}(OH)_{32}^{7+}\leftrightarrow Al_x(OH)_y^{(3x-y)+}$$

$$----nAl(OH)_3^{0}\downarrow\leftrightarrow Al(OH)_4^{-}{}_{(am)}$$

在聚合过程中，随羟基化程度 OH/Al 比值的升高，实际存在着聚合物不断增长而电荷由增长转向衰减这两种先后发展趋势。开始时，聚合物逐步聚合增大，其总体电荷也随之不断增大，而电荷不断增强的结果，将会逐渐阻碍聚合的进一步进行，因此聚合及电荷增大是有一定限度的。达到某转折点后，继续羟基化，使产物所含的羟基增多而整体电荷随之降低，虽增多的羟基仍可能促进聚合，但降低电荷的产物将趋向低电荷的聚合物以至沉淀物。实际上此转折点可能发生于水解度 OH/Al 为 2.2—2.5 范围，最高整体电荷可能不超过 8—10 e^-。如果溶液 pH 值足够高而超过当时溶度积限度，此过程将迅速进行，最终发生低电荷甚至零电荷的 $n\mathrm{Al(OH)}_3^0$ 或 $\mathrm{Al}_n(\mathrm{OH})_{3n}^0$ 沉淀物。

2. 强制水解

如果向酸性铝溶液中逐步加入碱液，或者在碱性铝液中加入酸液，碱性与酸性 Al 溶液的交界处则因存在 pH 值的相当差距而出现不平衡状态。一般认为，在局部区域内存在大量 OH^- 环绕 Al 离子，有可能发生强制的水解过程而生成 $\mathrm{Al(OH)}_4^-$ 并部分转化为 $\mathrm{Al(O)}_4$ 的四配位四面体结构，亦即部分由双羟基架桥（olation）转化为氧基架桥（oxylation）。这种在人为条件下进行的反应可以称为强制水解（forced or stress hydrolysis）。

这是在实验室中制作聚合氯化铝及其滴定曲线时的演变过程，也是工业生产中聚合氯化铝的制备生成过程。生成的产物具有笼式 Keggin 结构，它以四面体配位的 $\mathrm{Al(O)}_4$ 为核心，12 个八面体配位铝作为外围，一般称为 K-Al_{13}。其外围八面体被认为是由二聚体或三聚体，即由初聚体构成的。例如：

$$\mathrm{Al(O)_4 + 4\,Al_3(OH)_6^{3+}\ [+ 6Al_2(OH)_4^{2+}] \rightarrow AlO_4Al_{12}(OH)_{24}^{7+}}$$

在此时，单纯铝盐溶入水中后并不能自发生成 Keggin 结构的 Al_{13}。在酸性溶液中，从六元环八面体配位结构的铝聚合物自动地转为以四面体配位为核心的 Keggin 结构也尚缺乏理论依据。实验表明，加碱注入溶液的操作条件对 Al_{13} 的产率有关键影响，说明 Al_{13} 的生成是倚赖于人为操作的特殊反应过程。四面体结构 Al 生成物形态已由核磁共振检测间接证实，但其生成过程的机理正是历来铝聚合物溶液化学研究的核心及争论焦点。

目前主流观点认为，酸碱液间界面 pH 的突变及界面反应是关键因素。实验表明，在 pH 值为 4—5 的界面差距下，有可能产生 K-Al_{13}。实验中碱液微滴越微细，它与铝液的微界面总和越广阔，生成 Al_{13} 的产率越大。由于 Al_{13} 的粒度约为 2 纳米，可以设想 Al_{13} 的生成过程也是一种微界面纳米级自组装过程。Al_{13} 的生成有赖于 Al（O）$_4$ 和初聚体等前驱物双方的数量及生成速率的恰适配合，同时也决定于操作条件的各种因素。一般说来，在酸性铝液中，水解度较低而 pH 也低的条件下，加入的碱液微滴会迅速被酸液中和，难以生成较多 Al_{13}；但在水解度甚高而 pH 值也高的条件下，初聚体存在甚少，也不利于生成 Al_{13} 而趋向于沉淀物。四面体结构 Al 的生成机理尚有若干不同观点，也是目前该领域研究结果的分歧所在。

强制水解生成 Al_{13} 及其聚合的发展过程属于稳态平衡，需要一定反应熟化时间，在熟化过程中同时有各六元环聚合物的状态随之平衡调整，也会使溶液的水解度及 pH 值发生相应变化。实验表明，不同操作条件下大约在两小时可以完成，一般在 24 小时后溶液可以基本达到整体稳定。

3. 双水解模式

在向酸性铝液中滴入碱液实行强制水解时，溶液中原有的自发水解反应仍然存在，并随之进行化学平衡的调整。此时溶液中同时有两组水解-聚合反应在进行，它们彼此是共存和共轭的关系，构成一种联立反应的溶液体系。加入溶液的碱液 OH^- 有一部分生成 Al（OH）$_4^-$ 并转化为 Al（O）$_4$，再结合已有的初聚体生成 K-Al_{13}。其余部分则以提高溶液 pH 值的趋势促成自发水解的平衡移动，生成更多的八面体，而其水解初聚体则提供为生成 K-Al_{13} 的外围前驱物。因此，溶液中同时存在 K-Al_{13} 和八面体六元环两类生成物，溶液整体呈稳态平衡随机调整的状态。

在水解度 OH/Al 较低时，加入碱量虽使溶液的 pH 值有所升高，但生成的 K-Al_{13} 甚微，自发水解生成物中的初聚体多于生成 K-Al_{13} 所需。随着加入碱量增大，Al（Ⅲ）的水解度升高，生成的 K-Al_{13} 所占比例也增高。达到一定 pH 值后，$K\text{-}Al_{13}$ 占用了自发水解已有的全部初聚物，遂使自发水解平衡随之调整，趋向于生成更多初聚物，甚至使某些六元环解体。如果加入的 OH^- 量完全消耗于两种水解-聚合反应中，则溶液呈稳态缓冲状态，其 pH 值基本保持稳定，达到溶液整体新的稳态平衡。当加入碱量甚多，剧烈提高水解度 OH/Al 时，甚至令 $K\text{-}Al_{13}$ 占绝对优势，将会生成 $n[K\text{-}Al_{13}]$ 聚集体，从而最终生成沉淀物。

总之，酸性铝液加入碱液后会有强制水解产生，但并不是单独孤立地进行的。溶液中原有的自发水解会被引发同时进行平衡转移，成为一个复杂的动态过程。溶液整体存在着典型的化学平衡、聚合稳态平衡和微界面自组装过程，这些反应相互转化、交叉进行。Al（Ⅲ）的羟基形态转化的双水解模型表达了羟基聚合物溶液化学的总体格局，其中的许多反应机理和定量关系以及动力学过程仍有大量问题有待阐明。如果能够确切得到各类反应的平衡参数，整体的定量计算体系程序将是更理想的模式，这需要更深入的研究和动态平衡数理计算研究加以开拓。

第六节　纳米材料元件聚合十三铝

无机高分子聚合氯化铝作为絮凝剂一直是我和有关团队多年来的研究方向和主要探索内容，特别是其形态的合成机理及转化过程更是我本人的研究兴趣和关切的领域，其中，羟基聚合铝化合态作为最有效的絮凝剂成分，其特性、鉴定、生成过程及提纯工艺则是研究的核心内容。近年来这一领域的研究内容日益广泛深入，文献众多。特别是未进行羟基化的金属铝原子结合体 Al_{13} 的发现，其本身已形成一种原位的新材料，有可能发展为独立的纳米材料和制备技术科学，已经超出我的化学知识所能充分理解和掌握的范畴，不再是环境科学所能完全概括得了的。

金属铝盐经水解过程而羟基化生成各级系列聚合形态，是聚合类絮凝剂的最优絮凝形态，公认为其化学组成形态可写为 $[Al_{13}(OH)_{32}{}^{7+}$ 或 $Al_{13}O_4(OH)_{24}{}^{7+}]$，简称聚合十三铝（$Al_{13}$）。由 Al_{13} 转型聚合而生成的 Al_{30} $[Al_{30}O_8(OH)_{56}(H_2O)_{24}{}^{18+}]$ 是 ^{27}Al NMR 鉴定发现的更大的羟基铝聚合体。随着对这类化合态的深入研究，目前已经认识到它们也是一类独立的纳米材料，作为絮凝剂只不过是其众多优异功能中的一个方面。目前，以 Al_{13} 及其复合物制成的纳米材料已有多种，具有广泛的用途及极大的发展空间。此外，已有国外文献提出把羟基聚十三铝作为研究水体界面过程的标准颗粒物样品，利用其结构形态的均匀固定状态，作为颗粒物模拟固体对象的统一标准来研究溶液中微界面各种反应的过程机理，这将会对水质微界面科学的进展发挥更大作用。

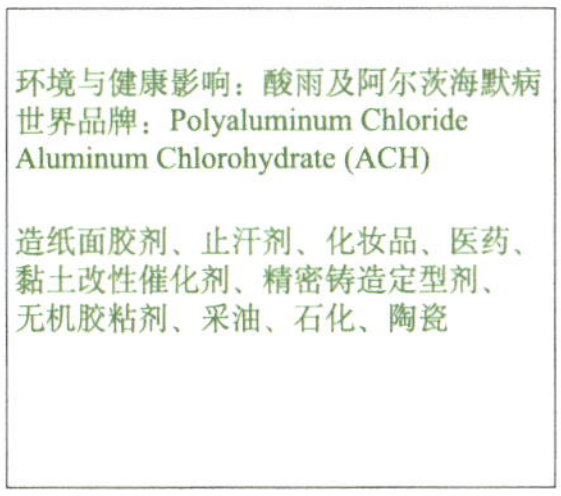

聚合氯化铝的广泛应用展望

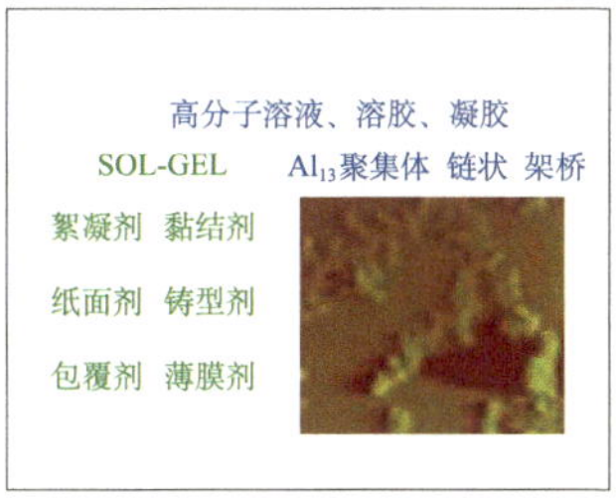

Al_{13} 纳米物质的广泛用途

Al_{13} 纳米物质的广泛用途

历年来，我们对 Al_{13} 作为独立纳米材料，对其提纯制备方法进行了探讨（见本书第八章第八节）。同时，还由博士后谷景华以小角度 X 射线散射法，由博士后吕春华以静态激光光散射法（LLS），以及由葛小鹏博士以原子力显微镜图像做过大量效能鉴定，全都是把羟基聚十三铝朝着更高效的纳米絮凝剂进行开发研究。我还把这种材料的提纯制备方法归纳出 10 种在实验室和生产工艺中可以考虑采用的方案。

2004 年前后，我向国家高技术研究发展计划（“863 计划”）提出申请课题“纳米型无机高分子絮凝剂制备技术”并得到批准。该项目是以研究制备高纯聚合絮凝剂的生产工艺提出的，其实际产品中的 Al_{13} 成分含量要求达到 80%—90%，应该说它已属于制备独立的高纯羟基聚合铝 Al_{13} 纳米材料生产工艺的研究预备阶段。

在“863 计划”项目申请书中阐述的部分内容摘录如下：

目前，国内外尚没有关于纳米型无机高分子絮凝剂（Nano-IPF）的理论与应用的系统研究，中国科学院生态环境研究中心环境水化学国家重点实验室絮凝剂研究集体多年来一直致力于新型无机絮凝剂的研制、生产和应用，是我国推动这一领域发展的主要科研单位，其研究成果具有该领域的国际前沿地位。该团队不但研制开发了多种新型品种的絮凝剂，而且承担完成了我国现代化生产样板厂及多座类似生产厂的工艺技术工作。

该集体曾针对纳米级Al_{13}形态展开了广泛实验，通过化学制备分离纯化得到了高纯的Al_{13}产品，同时，对其物化性能进行了多方面研究。另外，对电化学、膜法制备高效聚合铝等新工艺也进行了一定探索，取得有前途的进展。本项目在此基础上，将深入系统地探讨对混凝过程起主要影响作用的典型纳米形态聚合铝的物化性能，明确该类形态的形成条件与制备原理，探讨其相互作用规律。按预期分子量及荷电性质进行科学设计与合成系列纳米型无机高分子絮凝剂，并进行其最优生产工艺的开发，以奠定其工业化生产基础。当然，为研制新一代絮凝剂，无论在理论基础还是生产工艺方面，都还有众多难题有待探索克服，逐步趋近完善。

本项目预计的研究内容和目标可归纳如下。

（1）充分利用现代先进仪器手段，如激光光散射仪、扫描探针-隧道显微镜等研究Al_{13}及其聚集体的形态结构、生成条件和絮凝功能，为发展生产工艺建立科学基础，推进水溶性无机高分子纳米材料的高新技术。

（2）在现有实验室研制提纯Al_{13}工艺方法的基础上，沿精细化工的路线，结合改造现有的生产工艺，建立纳米级聚合铝的高纯度生产路线及典型工程。

（3）进一步提高电化学法生产Al_b及Al_{13}高含量的工艺路线，达到80%以上的水平，并建立一定规模的现场或预制的典型生产厂。

（4）继续研究超滤中空纤维膜法生产Al_b及Al_{13}高含量的工艺路线，达到80%以上的水平，并建立一定规模的现场或预制的典型生产厂。

（5）本项目预期的争取目标是以上述任何一种路线，建立Al_{13}及其聚集体占90%以上的纯纳米级聚合铝生产工艺及典型工程。

（6）研究探讨纳米级聚合铁及聚合硅类絮凝剂的生产工艺路线。

以上各研究点均是具有创新意义的新发展。综上所述，纳米级絮凝剂的研究是环境科学、化学及纳米技术领域的前沿热点，为水处理混凝技术发展的核心问题所在。本项目的完成不仅能创立我国该领域的国际学术前沿地位，具有高度的学术理论价值，而且能推动无机高分子絮凝剂技术发展跨入第三代，为用水和废水处理迎来一个崭新的时代，并将进一步推动我国生产力高新技术的发展与水质控制问题的解决。

当时除我们研究组的各项高纯纳米聚合铝制备工艺研究取得一定进展外，协作的刘忠洲研究组也以前后两期博士生进行膜法生产工艺研究，他们应用中空纤维管式膜进行实验，在实验装置中制备出较高碱化度的纯制聚合铝，但因制品黏性甚高而液体浓度尚较低，我向他们提出改用制品溶液管内流动而渗出管外达到高浓制品的方案，或者在能够达到水处理应用投加浓度时，以现场制备立即投加的方式直接应用于水处理厂，岂不促成省略了工厂制备运输稀释等环节的某种新型工艺。

不过，后来这项课题由于多种因素改由栾兆坤研究员主持，他把这部分研究工作另做安排，因而研究内容有所调整，应用中空纤维管式膜进行实验的研究随之中断，使我感觉有些遗憾。该项目最终也取得许多新成果，例如以低温膜蒸馏浓缩制备技术、逆向二段化学制备技术等进行了中试研究和产业化示范，达到 Al_{13} 含量占 70% 以上的高纯度、高浓度制品。

栾兆坤研究组取得的成果，作为“863 计划”专题的部分结果验收。我虽然没有直接参与研究这些成果，但栾兆坤作为我的研究生和亲密同事及朋友，在他不幸病逝前还同我进行了倾心交谈和学术交流。他领导的研究组在聚合铝工艺研究和生产模式改进的成果正在全国推广，在新纳米材料方面的研究也不断取得进展，这是十分令我欣慰和抱有期望的。

第七节　纳米材料的生态效应

21 世纪前 10 年，国际科技界兴起纳米科技热潮，各种纳米材料开发出来，随之“环境纳米科学和环境纳米技术”似也成为一类专门学科。美国就创立了“环境分子科学实验室”（EMSL）在此领域进行广泛深入的研究。

我除了在著文及会议报告中提出这种动向外，还适时申请承担了国家自然科学基金重点项目“环境纳米材料及其生态效应”，后又协同对其甚感兴趣的江桂斌院士，在他领导的生态毒理室邀请周群芳女士参加，她的专业是毒理学研究，对纳米材料的生理损伤取得了许多有价值的成果。同时，我也汇集了水室的有关研究组，还有我的博士研究生晏晓敏利用王子健先生的水生模拟实验装备进行实验。大家群策群力，经三年多时间，完成了我国几乎最早进行的纳米材料生态毒性研究，并在成果验收会议上获得好评。我多年的研究工作一直都是在国家自然科学基金重点项目支持下完成的，这次项目可以说是我的最后一个项目，最终得以圆满结束。后来，在这个项目研究成果的影响下，经江桂斌院士推动，“973 计划”基础研究项目中有许多单位在此领域开展了更深入实用的研究工作。

《环境纳米材料及其生态风险》是我于 2007 年 11 月在北京香山科学会议第 314 次学术讨论会上的一次报告的摘要稿，后来我与周群芳合作将其发表于 2011 年出版的“中国化学科学丛书”《环境化学卷》中。记得在我做报告后，有位从事纳米材料研究开发的学者发言说："现在我们每开发一种新的纳米材料，就有环境学家提出毒性生态效应问题，弄得我们提心吊胆无所适从。"由此可见，纳米材料生态效应问题初期提出时对纳米材料研究者产生了很大冲击，但这也更反映出开发环境友好型纳米材料的必要性。这篇报告的摘要可以部分反映我的认识，现修订转录于此，并略加补充。

附：环境纳米材料及其生态风险

21世纪前后，近代生物分子学与纳米技术的进展推动着环境科学与技术向超微层次发展，形成环境分子科学与环境纳米技术两个新的研究领域，集中在分子和纳米尺度探讨环境污染的社会影响与生态、健康效应。纳米技术生产出形形色色的新产品并已遍布各种现代工业和社会生活，它们的应用材料和废弃物不断进入自然和人居环境，据统计，目前仅在日常生活用品中的纳米材料制品就已有500余种。另一方面，纳米科学与技术的发展强力地扩展了高效纳米材料在环境污染控制和水处理技术中的利用，它们在使用后也会随污染物一起进入环境。所有这些纳米制品在提高功能和效益的同时，也增大了它们对生态和人体健康产生不良效应的潜在风险性。

实际上，环境中天然的和人为的纳米级别的物质早已存在，它们拥有的纳米物质特征正是其表现出显著环境污染效应的重要因素，而针对纳米物质特效功能开发的新产品更集中凸现了随之产生的环境生态效应。天然生成的如矿物粉尘、有机高分子、病毒等，人类活动产生的如燃烧烟尘、多环芳烃、炭黑、机械和轮胎磨损物等，原有技术制备的如农药、染料、涂料、POPs等多种化学品，专门纳米技术制备的如碳纳米管、富勒烯、纳米铁等各种纳米材料，所有这些不同来源具有纳米特征的物质都可能在不同程度上具有环境生态风险性，可以统称为环境纳米污染物（Environmental Nano-Pollutants）。这一观点曾以 *Environmental nano-pollutants（ENP）and aquatic micro-interfacial processes* 为题，在 *Water Science and Technology* 上发表，其后得到大量引用。

纳米物质的特征主要表现在微尺度物理效应和结构化学效应两方面。由于纳米物质的尺度与生物基因在同一数量级，纳米颗粒物不但可能透过细胞膜，而且可能干扰DNA的排列组合，从而产生变异导致生理障碍。另外，它们的尺度由微米减小到纳米量级，遂使比表面增大三个数量级，由此形成的微界面体系会拥有更强大的吸附能力。纳米制品粒子在吸附和富集了环境中的有害污染物后，二者综合形成某种复合体，就可能进一步强化其生态损伤效应。因此，在污染控制中使用高效纳米材料吸附分离污染物后再排入环境，有可能产生二次污染，也是应该特别加以关注的问题。

纳米制品物质的结构具有多方面的特殊性，例如原子团簇，分子单元团簇，结构均质无缺损，表面不饱和配位，半导体特性，自组装能力等，显示出特异的光、电、磁、热效应和强吸附、强催化氧化、强聚集等物理、化学作用。因此，纳米技术制品可以作为对环境污染物更高效的监测、控制、分离、降解材料加以利用，但同时在使用废弃后有可能直接进入环境中成为持续的二次污染物。由于纳米材料很有可能发展成为大量应用的环境控制材料，如何在开发设计和应用过程中保持环境友好性也是十分重要的研究课题。

应用纳米材料实现环境污染控制的技术几乎遍及空气、水体、土壤、生态等全部领域，水处理技术中研制和采用了各种纳米制品，其中也有把原有的材料以纳米技术加工而成的。如果粗略分类大致包括：吸附剂、离子交换剂、絮凝剂、过滤剂、螯合剂、氧化剂、还原剂、催化剂、除垢剂、消毒剂、监测剂、修复剂、抑制剂，等等。纳米制品则有如碳纳米管、富勒烯（C_{60}）、枝状聚合物

（PAMAM）、纳米硅、纳米铝、纳米铁、纳米贵金属、纳米 TiO_2、复合催化剂、纳米滤膜、纳米传感器以及各种纳米芯片和器件，等等。它们都在相应污染物的检测和控制过程中呈现出特殊的功能作用，同时也有实验表明可能存在某种生态风险。

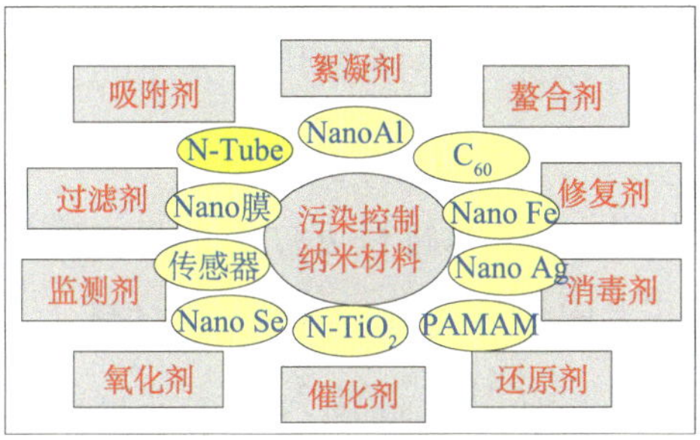

环境污染控制的纳米材料

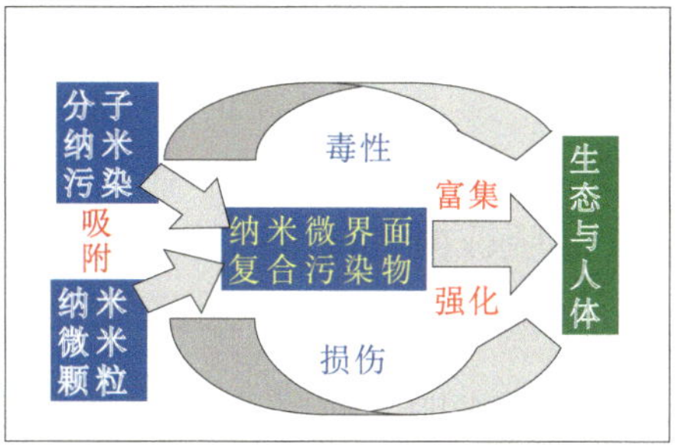

纳米污染物与颗粒物的复合

对纳米材料生态风险性的评价必须全面地加以综合考察，不能孤立地强调其风险程度。除关注其生态损伤和毒性的可能强度外，还要考虑其数量和浓度、接触时间（即暴露时间）、传播途径、周围环境条件、生物体抵御能力和承受限度、潜在存留期限、防护条件，等等。虽然大量研究文献表明，这种潜在风险确实存在，需要引起关注，但在效应实证、方法规范、控制政策等诸多方面都尚处于初期阶段，仍然赶不上纳米技术生产和应用本身的迅速进展。

环境微界面是纳米、微米尺度的胶体颗粒物和高分子聚合物群体构成的综合界面体系。它们广泛存在于大气、水体、土壤、生态和工程技术领域内，对其中各种反应和过程起着关键作用，也是污染控制和治理所利用的基本层面。微界面体系首先具有巨大的总表面积，同时拥有多种官能团、反应位及电荷点，因而可以进行界面上的吸附、配位、光化、生化、合成、降解、絮凝、聚集等种种反应过程，并且具有催化、敏化等加强作用。人工纳米制品的结构和功能区更为规范和集中，其微界面特性也更加突出。对纳米尺度微界面反应过程及其对生态和人体的损伤风险性进行深入探讨，无疑是十分重要的研究方面。

在环境污染治理方面，已开发出多种高效纳米材料，可以预见，它们将成为未来环境保护应用的核心技术及发展方向。如何开发环境友好型的污染控制纳米材料，如何在应用工艺过程中和使用后废弃投入环境后保证生态安全，都是纳米技术界和环境技术界所应共同关注的重要课题。

晏晓敏博士在重点基金项目中对不同的纳米材料进行了对水生微生物多组毒性实验研究，胡春研究组还开发出多种消毒杀菌的纳米材料。

实验表明，碳纳米管通过氧化改性，在其表面接入亲水性官能团如−OH、−COOH、−C=O 等基团后，表面化学特性发生改变，能增大碳纳米管在水中的分散稳定性。修饰后的碳纳米管在水中的分散稳定性明显增强，其表面负电荷增加，但 SEM 图像显示碳纳米管结构也受到极大破坏，无定型碳含量增多。改性修饰后的碳纳米管的吸附功能增强，但毒性效应的变化也是需要考虑的附加因素。

碳纳米管在使用后最终都将进入水环境中，可能继续对水生生态造成影响，其复合物仍然具有高的健康和环境风险，例如，农药阿特拉津等在碳纳米管上有高的吸附和可逆解吸能力。当废弃的纳米材料进入环境后，一旦生物体摄取了含阿特拉津等污染物的碳纳米管，这些污染物就会在生物体内释放，产生相应的毒性效应。吸附了有毒物质的碳纳米管在与生物体接触或进入生物体后可能同时显示有毒物质和碳纳米管的毒性效应。这种联合效应在碳纳米管的毒性研究或环境风险评价时也应引起足够的重视。

第八节　好读书欲求甚解而难得

我一生爱好读武侠小说，认为其对我的性格养成和强烈民族主义意识的形成有一定潜移默化的作用。至少当前睡前时间阅读它们能消除我的疲劳，并且丰富我的人生阅历，开阔我的精神视野和想象空间，能够与我的科学思考并行不悖、相得益彰。所以，我常劝一些言不离西方的朋友们去读读中国武侠名著，心想或许会起到潜移默化的作用。因此，我酷爱读武侠小说的习惯在朋友中出了名。甚至在我八十岁生日时，清华大学施汉昌教授竟代表环境模拟与污染控制联合实验室赠送我一箱新版“金庸全集”，作为生日礼物送到我家，虽然我已不能第三次读完全套，却仍使我欣喜不已而对他感激不尽。

我与港台通俗武侠小说的结缘已是中年以后的事。大概在 20 世纪 70 年代末期，一次与哈尔滨工业大学周定教授同乘长途火车到广州出差。她小声对我说：“给你看一样东西，你一定感兴趣。”她拿出来的原来是一本古龙先生的小说《碧血洗银枪》。周定教授说那是上次与一位香港来客同车旅行时送给她的。我读后感到十分新奇精彩，它的语言笔法完全不同于内地的传统小说。到广州后我立即去街头书摊搜寻，才发现书名中有“碧血”二字者尚有金庸著的《碧血剑》，从此识得金庸而对港台武侠小说喜爱得一发不可收拾。不过翻印的港台武侠小说趋于泛滥，我则只选其中文学哲学俱佳的精品浏览。颇有心得的首如金庸的历史演绎和人性刻画，古龙的妙语连珠和蒙太奇笔法，特别是黄易的大漠黄沙激战场面描述，尤其是倪匡把中国玄学传奇与现代科学幻想融汇一炉，都曾使我感叹神往。当然睡眠时间的被侵占也曾令我有所克制，但精神的愉悦和对世事的洞悉却仍使我受益匪浅。

我的读书习惯是不求甚解，当然对科学文献是要字斟句酌的，但在文化方面也有时转为思辨求解、穷追不舍，《红楼梦考证》即为一例。对此领域的兴趣并非来自小说本身，而是20世纪30年代浏览胡适文存时留下印象最深的“考证”学。到70年代这篇名作成为批判胡适和周其昌的靶子，瞬又转为辩论不休的“红学”以至“曹学”，连带引起我对清史和考古学的莫大兴趣。《红楼梦》作者曹雪芹及其书中人物的真伪、家世、续书究竟有无，大观园何在，种种疑团百家百说，蔚为中国文化的奇观。我几乎遍览“红学”群书，虽然对各种观点仍是莫衷一是，却为各种考证求原的途径方法所吸引，不免也进行比较取舍，在旁注中寻字摘句，当作一种文化历史游戏。这与我在科学文献中比较各种实验曲线图谱差异有异曲同工之妙，从而还体会到胡适所谓“大胆设想，小心求证”的含义，在科学研究探索中也不妨加以应用。

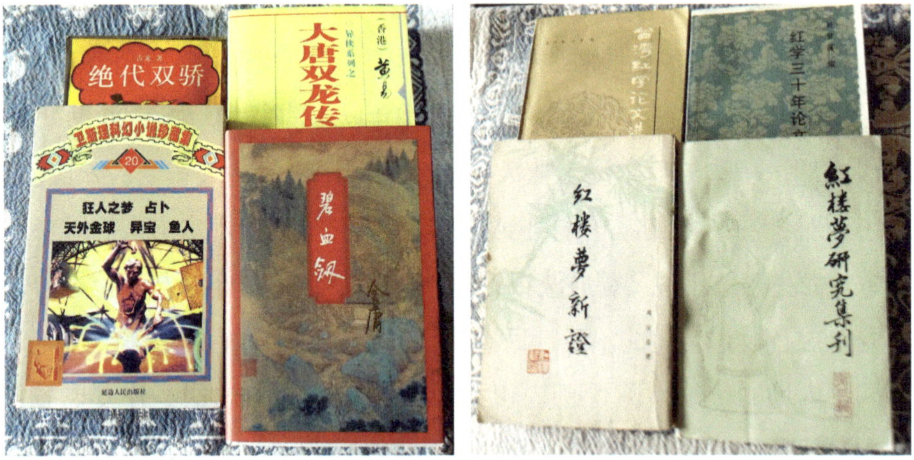

杂览通俗小说与“红学”群书

我在成为资深院士以后辞去工作职务并且谢绝带研究生后，除在余暇用计算机撰写本书外，大量时间都用在了读电子书上。一屏在手，百书杂陈，恰似过去流连忘返于图书馆书架间，读书之乐何如。只叹人生苦短，知识海洋似水无涯，谨此略作弥补而已。

作为专业补课，电子书却也能比较低价地下载英文原版或章节大纲，从有关现代化学及水质科学的教材中，我广泛领会到全书内容或系列框架观念，有助于我对环境水质学范畴内涵的思考，开阔我的视野，不亚于下载单篇研究论文时所得收益。特别是中外环境社会科学，如环境哲学、环境伦理学等不同流派观点的论述，我过去了解较少。许多环境观念的深入诠释和梳理，不时超越修正自己的认识局限，促使我更多地思考中国环境的现实问题，扩展我对环境科学整体的思考。

最需补课的近代量子力学，当前新潮流的大数据、人工智能、脑科学等观念使我茅塞顿开、与时俱进，得以理解现代科学的进展趋势。不过，过去量子学大师们的学说争论、当代微粒子暗物质的寻索求证、人类与机器人的未来智慧优劣、思想意识与脑细胞的联系、唯心唯物的生命之谜，种种世界难题，似是科学求真并无止境。我则仍只停留在高级科普启蒙初步，同样欲求甚解难矣哉，但思有生之年免做科学盲人，最终化为尘土时回归自然，尚能满足此生所愿可矣。

再去翻看少年时读过的文言文原书，竟觉得已无力咬文嚼字究其真意，欲求甚解甚难，反倒不如选读南怀瑾、于丹、范曾等的诠释文章，它们适合我本身的水平，能够使我对其有所领会而增进思考，使我对儒释道墨诸家能略知一二。我读史补课也是如此，虽然不敢再问津《资治通鉴》、二十四史等巨著，但也不愿认同翻说正史过度演义的作品。反而是一些或许不太离谱的小说如《大秦帝国》《二月河文集》等，能够补上我对历史大纲中的人物细节的演绎缺失。

对流行的网络小说，我大多感到粗俗不愿涉猎，但也偶有发现或许是混杂其中的创作珍品，如《大唐悬疑录》对《兰亭序》《长恨歌》《推背图》等古籍的源流追索，《古董局中局》对近代中日文化交流纠缠的引述，等等，均饶有趣味。这些长篇演绎虽占去我不少所剩不多的睡眠时间，却也使我增长许多关于历史人生和考古鉴定知识。

我的老伴在71岁离职后，在繁忙家务和助我编书的余暇，竟能由我介绍通读四卷《大唐狄公探案》，可见通俗小说的确引人入胜。但这使我至今愧悔，我为了抢得编选文集的时间，或许强她所难而却有违她交友、旅游的真正爱好，没有与她更多回顾终生感受做心有灵犀的交谈。直到她78岁在病床上才说出："我们都还算是不虚此生的好人。"现在我仍独自留存人间，思考起来，我们夫妇二人自身都有些传奇的曲折人生，不也正是一篇欲求甚解而难得的故事吗？

读书求乐诸此各端，或许都是老年岁月的不肯屈服和无奈消遣，另一园地的开辟却使我感到别有洞天。我历年的学生们有缘同在北京者，分散在北京大学、清华大学、北京师范大学、中国环境科学研究院等各处任职，以与我同单位的张利田、王东升、石宝友、葛小鹏等为首的众人，以及远在广东的胡勇有、山东的高宝玉、海南的伍晓红，经常来探望我。有时群聚甚欢，谈论环境形势、科研教学和环境管理工作心得，交流各校各界新发展，使我这足不出户的"宅男"遍知环境科技界新动向，不致独居寡闻。

徐毅、郭瑾珑等甚至带头在微信上建起一个群，名为"水质学之家"，汇聚所谓"汤门弟子"，至今已汇集全国各地近五十名学生。后来他们竟彼此按入学年份称姐论弟，实出我所预计。大家相约不传谣言谬

全国各地学友访问聚会同乐

论，互通环保信息，交流彼此近况，交谈学术论点，一时热闹非凡，蔚为大观，数年至今不息。

再有由现任室主任杨敏、王东升等组织环境水质学国家重点实验室校友会，推举校友清华大学企业的陈经理为会长，定期操办召开全室校友会已有三届。2017 年召开第三届会议时，约我到会发言讲话，我随即做了约一小时的报告，题目是“环境污染控制的哲学认识”，会后留影为念，这算是环境水质学国家重点实验室又一次的师生大聚会。

环境水质学国家重点实验室校友会留影（2017 年）

第九节　我作为科技人的行为与反思

我在 80 岁时的自述报告中，把自己的生平解析为“文化人”“政治人”“科技人”三个时期，并归纳为每个时期不过是三种因素各为主体的综合多元“社会人”“杂家”而已。现在于本书结尾处再归纳一下我主要作为科技人的行为与反思。

实际上，我真正接触科技领域是 1950 年进入哈尔滨工业大学在苏式教育体制下预学一年俄文后。那时才升入五年制本科，又恰逢全国院系调整，经过数次变换专业，我终于被分配到土木建筑系的给水排水工程专业。当学习过基础课和给水排水管网课程后，我竟又不甘寂寞地翻译出版了两本管道钳工和与给水工程有关的俄文专业书，这可以算是我进入科技人角色的起跑线（见第三章第四节“生活和专业的双起跑”）。

在哈尔滨工业大学的二十余年中，我虽然经受过“文化大革命”，也尝试过业余及专职政治工作的艰辛及苦衷，但我本身职业为教师，一直未抛弃本行专业，断断续续地从事科技工作。例如，带着苏式土木工程专业多元培养的工程师底气，下工厂、工地，带队伍承包工程，进修化学主讲课程，积累文献综合探讨，专业劳动实践体验，并且开启了为水处理聚合混凝剂来研究建设生产系统，最后编著出版了融入化学化工的《用水废水化学基础》一书。所有这些都为我立志做一个科技人和开辟求索环境水质学学科打下基础（见第三章第二节“苏式的专业教育”、第四章第二节“饥寒交迫，但不忘技术革新”、第四章第三节“第一篇专论的形成”、第四章第六节“环境水化学研究牛刀小试”、第四章第七节“水化学教学的启蒙”、第四章第八节“《用水废水化学基础》的诞生”等)。

进入中国科学院环境化学研究所，特别是调入水污染化学研究室成为全职科技人员后，我更下定决心，做一个真正的学者式科技人，心无旁骛，不再谋求任何更高的行政职位，而是做一个辛苦但快乐的纯粹科技人。一方面，我自觉性格、兴趣和能力不适合政治及行政工作；另一方面，前半生最有活力的年华已消耗殆尽，时不我待，不可再求非分之思。不料事与愿违，经过在 EAWAG 亲身体验科学研究实验，再塑造成为尚不算合格的科技人以后，正在兴高采烈的高潮时却只得奉命回国。随后组建国家重点实验室，带领团队承担国内外科研任务，又偶成中国工程院院士，诸多情势接踵而来，欲罢不能。回顾我一生，并没有达到自己预想追求的结局，只能在本书中反思：社会人不能脱离所处时代机遇，“被选择”加上“不懈奋斗”才可能达到尽力尽善的终极。看起来，我的后半生似乎仍然是无法脱离开纷繁的非专业事务，做一个纯粹科技人。

作为完善的学者式科技人，我想他对国家和社会的责任应该表现在两个方面：一是，他应能在技术上开辟创新，设计建设对生产功能工艺有实际效益的硬件工程；二是，他同时在科学学术软件发展上有所发现、发明，推动学科丰富深化前进不息。正是众多前人前仆后继、生生不息地实现他们的抱负，构成了人类社会文明进展的历史长途。我虽在这两方面尚不能称半途而废只是略有所得，但也难得寸功只可汗颜而归。然而，在现代人类社会群体中，要完成这两方面任务，更包括科学和技术事业，又不再是只依靠个人聪明才智、孤军奋战就能完善其功的，仍然要有财政经济支撑，结合组建团队，调整人事公关，甚至利用权威策略，这些都仍是不可避免的。只想做一个独善其身的纯粹科技人，可能还是一种幻想。反思我的后半生行为，凡是有所收益却终失误的关键环节，或许正是因为这种妄想在作怪（见第五章第五节“在水污染化学研究室做全职科研”、第六章第六节“在 EAWAG 的研究工作”、第七章第三节

“环境水质学国家重点实验室”、第七章第九节“我们的团队我们的兵”、第九章第九节“专心写作《无机高分子絮凝理论与絮凝剂》等）。

我作为教育人，除了长期担任主讲教师进行讲课和实验教学外，还作为导师先后指导培养了60余名硕士生、博士生、博士后。结合科研任务，将专题分配到个人，又将其组成学科整体。在注重完成学位研究的同时，锻炼他们从文献查阅到书写发表论文等工作方法的能力。他们在毕业后都能胜任环境管理、科研、教学等不同职务，为国家建设事业做出贡献（见第四章第一节“身为人师”、第四章第七节“水化学教学的启蒙”、第七章第九节“我们的团队我们的兵”等）。

我作为科研人，历尽艰辛，先后十余年遍及祖国江湖考察汞、铅、铜污染，漫游青海提出“三个不可避免”的论点，试图为我国拟定沉积物污染评价标准，却未能改造和防止水污染的逐年侵害积存，空余大本评价建议书和论文集（见第五章第七节“重金属水质污染面面观”、第八章第一节“联合国大型合作铜污染评价”、第八章第二节“风雨交加力采柱状样”、第八章第三节“三种模式比评表面络合理论”）。

我作为工程人，多次下厂体验工艺、实验研究，设想以表面絮凝单元代替沉淀过滤传统单元，设计革新水处理流程，几次图样构思并没有建成新设施、新工艺投入生产（见第七章第五节“稳定化聚合氯化高铁的研制”、第七章第六节“三优概念的水处理试验厂”）。

我作为材料人，创推聚合类铝铁混凝剂，从实验室到生产企业现场操作，不但要把旧生产工艺全面代换成新生产模式，而且试图造成水处理药剂研制生产一条龙。虽然促成了我国以聚合铝全面代替硫酸铝的特有局面，却未能完善国际独创的喷雾干燥造粒工艺，最终达到完全现代化控制生产（见第四章第五节“我国聚合氯化铝的发端”、第八章第七节“国际化学水处理和中国水处理化学双年会”、第八章第八节“聚合铝的形态提纯与复合杂交”、第八章第九节“聚合铝生产模式的工业化”等）。

我作为化学人，以实验室仪器鉴定配合生产工艺，后期集中探讨研究无机聚合形态转化规律，虽然拟定了独立的聚合絮凝机理和双水解模式，并且试图开发新的环境友好纳米材料，虽发表若干论文，但最终仍限于实验证明学说论理阶段，未能完成相应生产工艺，更没有实现工业生产产品（见第十章第四节“聚合类混凝剂的作用机理”、第十章第五节“铝盐水解-聚合的双水解模式”、第十章第六节“纳米材料元件聚合十三铝”、第十章第七节“纳米材料的生态效应”等）。

我作为水质学探索人，历经多年数版改进，提出某种环境水质学框架大纲，并且出版了若干专集专论，团队合力最终出版了上下两卷《汤鸿霄环境水质学文集》。虽率团队主要集中于核心的微界面水质过程研究，在仪器鉴定评价实践中加以验证，提出若干新概念，发表各种论文评述，却未能按愿望合力编写一本供研究人参考、有独立体系的环境水质学甚至环境微界面水质学专著，没有制作出一份我国水体污染质量数据库和信息图［见第八章第四节“污染沉积物的吸附和质量评价”、第十章第一节“环境水质学学科体系框架探索（上）”、第十章第二节“环境水质学学科体系框架探索（下）”，第十章第三节“颗粒物与微界面水质过程”］。

我作为环境污染控制的中国科技人，虽然参加过中国工程院全国及西北水资源考察，发表过无数对我国环境污染控制方略的评论和大量公众报告，反复思考着我国环境污染治理的策略和道路，晚年也粗浅学习了几篇环境伦理学、生态哲学著作，但终未能深入博览剖析世界及我国环境污染控制的海量资料数据，形成肯定论点，不敢正式发表自己有所思考的“适度污染的环境控制论”和“环境污染控制的哲学”草稿（见第九章第二节“国家环境咨询委员会活动一瞥”、第九章第三节“水量和水质矛盾及管理”、第九章第四节“全国水资源学者大会师”、第九章第五节“随从考察云贵川青纪行”、第九章第七节“美国水资源系统考察记”等）。

最后，我作为家庭社会人，临近 80 岁高龄时，遭遇老伴 MM 于 78

岁时因病去世的悲痛。她与我同经历人生起伏，我至今痛感当她在世时，我奔忙于自己的所谓事业，对她照顾甚少。相对于她对我一生无微不至的关怀，照料起居，共创事业，还能为研究所和中国科学院的工程建设做出自己的贡献，确实感到如今我独自留世，与她共苦却未能同甘，无地自容，追悔莫及。所幸两个女儿都成为独当一面的企业强人，家庭幸福，对我抚慰照顾，随时回家问候。更喜大女儿丽虹的儿子即我的外孙李盾，从美国学成归来，与孙媳及曾孙在国内定居，事业有成。小女儿丽野的儿子姜以豪，健康活泼。全家虽不住在一起，但不时聚会共享四世同堂之乐，只是不免共忆 MM 在世往事时仍不胜唏嘘。

MM 在世时的全家福（2007 年）

MM 去世后的四世同堂共聚（2015 年）

总之，除却享受和忍受老年衰病之苦外，我的奢望及遗憾甚多，只能束之高阁，留待后人。科学技术的发展川流不息，终究是学海无涯，生命有限，个体人虽生存一世，也只能尽力而为，无愧已心罢了。

第十节　环境科学技术的扩展与融合

在本书基本完成之际，我又写了一篇短论，展望环境科学技术及环境水质学的发展趋势，题为“环境科学与技术的扩展融合趋势”。虽然我已辞去担任多年的《环境科学学报》主编之职，感谢编辑部仍然予以迅速刊载，发表于2017年2月，后得到多种刊物关注。现于此处加以转录，作为我泛读电子书的心得畅想，并作为本书的终篇。

附：环境科学与技术的扩展融合趋势

环境保护是人类最切身的事业，它紧密关系生态生存和社会生产的方方面面，诸如政治、经济、民生、科技，可以说无所不及，全方位相关。环境科学与技术这一学科门类，随着人类社会工业革命后而逐步产生，在其发展形成的过程中，就不断吸纳综合所有其他学科的进展来丰富自己的内容，从而汇聚成最广泛的多学科交叉无边界集成的学术领域。不过，它也正因如此而至今尚未能建立起得到科学技术界共识的统一格局体系，仍处于各学科“共聚一堂”的局面。于是，它目前仍不得不处于类似我国春秋甚至战国时期群雄并起的发展态势，由多门学科来共同完成着环境保护这一人类生存和生产密切攸关而赖以持续发展的事业。

时至今日，若干著名地学家主张，由于资源和生态环境受到人类不断地消耗、损伤和污染，地球约在19世纪已进入“人类世”（Anthropocene）的地质纪元年代，而全球气候变化正在危及人类生存的现实环境和预期隐忧。发达国家经历过由《寂静的春天》一书唤起的生态环境保护热潮，大量投入人力物力渡过了库兹涅茨（Kuznets）曲线的高峰，同时也开创了环境科学与技术由众多学科并举的局面。目前一些发达国家似已进入土壤与水体沉积物修复和新生化学品食物污染防护等潜隐进行阶段，但是大量发展中国家特别如中国和印度等，正面临着生态环境严峻恶化的时期，处于经济发展与环境污染难以协调共赢的矛盾中。如何在战略和战术上渡过这一难关，正是环境科学和技术学科需要进一步深入扩展，发挥其威力的期望所在。当前，这一科技门类在原来地学、生物生态学、化学、工程技术等基本学科组成的基础上，值得关注的扩展趋势可谓沿着以下几个方向前进，而又相互融合集成达到难于分割的整体效应，这也原是所有学科发展的必然趋势。

一是向人文科学领域扩展：结合经济、法律、伦理、社会学甚至东西方哲学等学科内容，更强力地影响和规范着有关的政治政策和生态环境保护战略，探讨绿色循环经济，城乡复合生态学的区域模式，讨论“生态社会主义还是生态资本主义”的大方向原则问题。

二是向宏观自然科学技术领域扩展：充分运用卫星遥感、数值信息、模拟模式、多媒体图像等学科技术，再加上互联网、大数据、人工智能等新增创新手段，试图以数字量化来描述大范围环境体系变化，达到准确阐释和预报环境动态和灾害。

三是向微观自然科学技术领域扩展：紧密跟踪毒理、基因、分子生物学等生命学科，结合微界面、生物催化、量子力学及纳米技术等科技进展，特别是利用近代原子分子结构鉴定仪器，试图进一步阐明环境过程的微观机理和本质，从而更有针对性、有效地解决环境公害和人类健康生存及物种多样延续问题。

更是融合各学科的创新技术向组合拳式的工程技术扩展，如各种清洁新能源、电动移动运输、碳呼吸电池电源、医疗微型机器人、食品及新药健康保障、转基因安全新品种、环境友好纳米材料、水体流域污染总体控制、土壤及沉积物污染修复、水质及大气特种污染物控制，以及种种低能耗高效率控制和消除环境污染的新技术集成，等等。

作者从事研究求索的“环境水质学”作为环境科学与技术这一门类中新生而尚未入流的分支，自然更具有上述整体门类的特色，在其几乎无所不包而又无所适从的氛围中成长着。但愿于目前21世纪的科技创新大发展中，在多学科汇聚融合的巨流中，找到自己一股科学技术集成涓涓细流的位置，从而也能综合参与解决如政治经济战略、全球气候变化、大气雾霾、流域水体及土壤沉积物修复、新异转基因化学品激增、生态及生物毒理风险评价、食品及饮用水健康供给等诸多环境保护领域中均居关键环节的水质问题。

水这种奇异物质，由于它的特殊分子结构形态，在液、气、固各物态甚至超能条件下都可以跨界存在，发挥同其他物种强力结合的功能，因而在宇宙中几乎无处不达甚至成为判断生命是否存在的指标物。它在地球生态环境物质中独树一帜，于所有物质迁移转化过程中都发挥着关键机理作用。即如当前我国正在高度困扰着环境科技界的雾霾问题，其形成和传播过程实际都涉及颗粒物微界面层中的水质转化过程和二次污染物生成机理的水合作用问题。

水质是水分子与其结合物质所共同表现的行为，在中文语言中它包含有两方面的含义，即性质（property）和质量（quality）。这两方面都是环境科学与技术探讨研究和环境保护政策控制应用时不可缺失的因素。

从根本上说，水质和水量二者之间是水资源功能中相辅相成密不可分的辩证关系。水质污染就会减少有效可用水量，而资源水量充沛或短缺时则要缓解或恶化水质的环境容量和需求状况。在学科专业方面，水质学与水文学、水力学应该并列而各有体系。水质与水流相互结合的水体动态计算模式正是水资源综合评价当前的发展趋势。

“环境水质学”集成融合各边缘相关学科成为综合整体的设想也终会成为现实。

附录一

汤鸿霄大事年表、曾任社会兼职、历年获奖项目

大事年表

1931年10月4日	生于河北省徐水县大辛庄村，该时全家实已定居北平。
1938年9月—	北平东四十二条小学，学习。
1944年9月—	北平市立第二中学，学习。
1947年9月—	河北省立北平高级中学，学习，参与中共地下党外围活动。
1949年10月6日	加入新民主主义青年团。
1950年1月19日	加入中国共产党。
1950年9月—	哈尔滨工业大学俄文预科，学习。
1951年9月—	哈尔滨工业大学五年制本科，采矿系与地质系，学习。
1952年9月—	哈尔滨工业大学土木系，给水排水工程专业，学习。
1955年9月—	调至审干办公室，做政治工作。
1956年11月—	回原专业学习。
1958年9月	哈尔滨工业大学本科毕业，获工程师资格。
1958年9月—	哈尔滨工业大学，见习助教。
1959年5月—	哈尔滨建筑工程学院，助教。
1959年8月—	助教，兼教研室党支部书记，城建系党总支书记。
1962年12月—	讲师，兼教研室党支部书记。
1966年9月—	劳动、下厂、教学交替进行。
1977年5月—	中国科学院环境化学研究所情报室，借调工作。
1977年11月—	中国科学院环境化学研究所情报室，助研。
1978年8月—	中国科学院环境化学研究所水污染化学研究室，蓟运河汞污染专题研究（1978—1980年）组组长。
1979年4月—	副研究员，湘江镉污染专题研究（1979—1985年）组组长。
1980年—	室副主任，课题组组长。

1984 年 1 月—	水污染化学研究室，副主任，课题组组长。
1984 年 6 月—	瑞士联邦水资源与水污染控制研究所，副教授，研究聚合铁及表面络合科学研究工作，直接指导人为 Werner Stumm 教授。
1985 年 9 月—	奉命回国工作并继续完成未了的实验数据资料。
1985 年 9 月—	中国科学院环境化学研究所水污染化学研究室，主任，课题组组长。
1986 年 9 月—	研究员，硕士研究生导师。中国科学院研究生院兼课教授，教授“环境水化学”数学期。
1986 年—	“六五”国家科技攻关项目“稳定性聚合铁的污水回收利用及生产工艺”，联合国教科文组织中德合作研究项目“鄱阳湖铜污染”项目研究（1987—1990 年主要参加，1990—1995 年作为项目主持）。
1988 年—	国家科学技术进步奖环境保护评委会副组长。
1988 年 9 月—	环境模拟与污染控制国家重点联合实验室筹建学术带头人，副主任。筹建及建成环境水化学国家重点实验室，主任。
1990 年—	承担“九五”国家科技攻关项目“水厂高效絮凝技术集成系统”。
1991 年—	建成唐山聚合铝喷雾干燥生产厂，其工艺模式推广至全国各地。
1993 年—	博士生导师，享受国务院政府特殊津贴。
1995 年 5 月—	当选为中国工程院院士。
1996 年—	环境水质学国家重点实验室，学术委员会主任。
1997 年—	中国科学院生态环境研究中心，学术委员会主任。
1998 年—	参与重点基金项目“水体颗粒物与难降解有机物特性与控制技术”、“973 计划”专题项目“废水难降解有

	机有毒物特性与控制研究”、中国工程院项目“全国水资源战略研究”与“西北地区水资源战略研究”。
2001 年—	参与重点基金项目“痕量污染物在水体沉积物的界面复杂反应过程”。
2003 年—	参与“863 计划”专题项目“纳米型无机高分子絮凝剂开发”。
2006 年 8 月—	担任国家环境咨询委员会委员。
2006 年—	参与重点基金项目“纳米污染物微界面过程及生态效应”。
2011 年—	转为中国工程院资深院士。先后陆续辞去生态环境研究中心学术委员会主任、*Journal of Environmental Sciences* 主编及《环境科学学报》主编职务。

曾任社会兼职

1988 年—	国家科学技术进步奖环境保护评委会副组长。
1989 年—	《环境科学》《中国环境科学》《中国给水排水》《工业水处理》等编委 。
1990 年—	国家自然科学基金委员会环境工程学科评委。
1990 年—	中国环境科学学会理事会顾问。
1996 年—	《环境科学学报》主编。
1998 年—	国家自然科学基金委员会环境化学学科评委会主任。
2008 年—	*Journal of Environmental Sciences* 主编。

历年获奖项目

1978 年	国家建设委员会重点科研项目“无机高分子絮凝剂聚合铝”获全国科学大会奖。
1981 年	“黏土矿物对重金属的吸附特征”获中国科学院科技

进步奖三等奖。

1982年　“水体重金属形态和沉积物的吸附规律”获中国科学院科技进步奖三等奖。

1984年　“湘江水体重金属污染物的形态分布和吸附模式”获中国科学院科技进步奖二等奖。

1985年　（专题主持）“蓟运河水污染化学和治理方案”获中国科学院科技进步奖一等奖。

1986年　“湘江水体重金属污染物研究”获湖南省环境保护局一等奖。

1986年　“水体重金属的化学平衡模式和化学稳定性”获中国科学院科技进步奖三等奖。

1987年　（专题主持）“水环境容量研究”获国家科学技术进步奖二等奖。

1992年　“聚合氯化铁的研制和应用”获中国科学院科技进步奖三等奖。

1999年　何梁何利基金奖。

1999年　美国科学情报研究所SCI经典引文奖。

2000年　“水体颗粒物和难降解有机物的特性及控制技术原理”获中国科学院自然科学奖一等奖。

2002年　“持久性污染物的环境界面化学与控制技术原理”获国家自然科学奖二等奖。

2004年　“无机高分子絮凝剂及高效絮凝技术”获国家科学技术进步奖二等奖。

2010年　2010年度科学中国人奖（科学中国人评选组委会）。

附录二
汤鸿霄主要著述目录

N. M. 孟耐思．上下水道管的敷设．汤鸿霄，译．北京：建筑工程出版社，1957.

A. C. 柯岗．怎样加强城市给水系统的工作．汤鸿霄，译．北京：建筑工程出版社，1959.

汤鸿霄．水化学及水微生物学．北京：中国工业出版社，1961.

汤鸿霄．给水处理构筑物的设计原理．北京：建筑科学院情报所，1972.

汤鸿霄．混凝剂及其作用原理的发展趋势．北京：建筑科学院情报所，1973.

汤鸿霄．用水废水化学基础．北京：中国建筑工业出版社，1979.

汤鸿霄．用水废水化学基础．2 版．北京：中国建筑工业出版社，1982.

W. 斯塔姆，J. J. 摩尔根．水化学：天然水体化学平衡导论．汤鸿霄，译．北京：科学出版社，1987.

汤鸿霄．环境水化学纲要．环境科学丛刊，1988，9（2）：74.

汤鸿霄，钱易，文湘华，等．水体颗粒物和难降解有机物的特性与控制技术原理·上卷·水体颗粒物．北京：中国环境科学出版社，2000.

钱易，汤鸿霄，文湘华．水体颗粒物和难降解有机物的特性与控制技术原理·下卷·难降解有机物．北京：中国环境科学出版社，2000.

汤鸿霄．无机高分子絮凝理论与絮凝剂．北京：中国建筑工业出版社，2006.

汤鸿霄．汤鸿霄环境水质学文集（上卷，下卷）．北京：科学出版社，2010.

后　　记

回想这数年间，静夜无眠搜肠刮肚回忆构思，日间头脑尚清晰上机对屏造字之时，虽也曾数次辍笔，自觉多此一举，无益于人，无非是自找苦吃，自娱自乐。但又反思，承诺责任在身，朋友和学生一再催问，做事应有始有终，遂欲罢不能。虽说我自感记忆尚未完全流失，但有模糊处也不免查对过往资料，并可求证于同事及尚存老友，却再也不能梦中询问曾经同历一生心意相通的发妻。即便是原来自觉尚值得记录的事实，写起来有时也觉得意义不大。不过，仍不得不老骥伏枥，依旧每日开机 2—3 个小时，敲键选图。终致勉强成篇数十万字，接近完稿。但以这稿本出版公之于世，仍恐无甚价值，或许只配拷贝数本，交付老友和学生传阅，同温旧梦，共勉不忘初心，于愿足矣。因此，在向中国工程院交稿以求出版之前，先请杨晓芳博士帮忙审阅，自行打印若干本，赠送给母校哈尔滨工业大学和已在催促等候的环境水质学微信群聊诸学友及多年老友们，以资先读为快。

自忖此稿如尚值得出版问世，或许能获得读者以下三方面的同感，概述如下。

第一，我六十余年来的亲身经历，恰逢我国环境污染保护科技界的逐步形成，其主要借鉴来源由苏联转向欧美。环境科技界从几乎不为人知到今日成长发展的全过程，可能目前尚无人能愿追忆。此回忆录所记述的历史片段环节或许便于感兴趣的人士作为资料参考。

第二，我们这一代随中华人民共和国成立而成长起来的知识分子，科技强国富民的初心始终不改，现在仍愿竭尽余力随众进入新时代。虽然各人功业千秋自有不同，但若同忆往年，其心态历程或可相互呼应安慰，与时俱进。

第三，我创作“环境水质学”多元边缘学科名目，求索多年自觉尚有集萃心得，却也遗留不少半了未了心愿。另外，研究建立水处理无机高分子絮凝剂的现代生产工厂，其工艺模式虽推广全国，但依然未臻完善。科技研究发展本属世代交替前进，实望未了研究心愿能有同好延续不息。我把回忆录中数节发表在我的学生们建立的“水质学之家”微信群聊中，得到他们齐声热烈响应，使我感到后继有人，也促使我完成本书的写作。

在写作过程中，依靠生态环境研究中心葛小鹏、杨克武等博士细心收集编纂的历史背景资料图片自不待言，杨晓芳博士在文稿审阅中付出辛勤劳作，本所编审组张利田、王东升等领导也拨冗助力良多，中国工程院郭永新老师的审查评阅，都使本书得以玉成，自当衷心致谢。

编稿过程中曾先后寄稿求证于姚重华、钱易、李圭白、文湘华、尹澄清、刘瑞霞、王子健等众多共历往事的好友，他们都提出许多有益的建议，有助于我的回忆精准。特别是姚重华先生以不少存稿图像见赠，实感我心。所有这些以及微信群中诸学友的热情鼓励，均在此一并感谢。此外，两个女儿丽虹、丽野及各位亲眷的逐时问候照顾也令我抚慰有加。而堪比三女儿的家政陪护员周亚娥等，细心全面护理我老年起居饮食的辛苦劳作更使我难以忘记。

特别需要提出的是中国工程院原秘书长葛能全先生，他作为“中国工程院院士传记”丛书的审稿人，在春节期间用了六天时间细读全文，不但提出许多审阅意见和建议，而且对我所述中国工程院建立的史实做了若干更准确的校正，并写长信给我以资激励，我对这番细致工作和情意更是衷心感谢，而且感动不已。

汤鸿霄

2019年1月15日